# 전사들의 황금제국, 금나라

일러두기

- 이 책은 2020년도 동북아역사재단 기획연구 수행 결과물임(NAHF-2020-기획연구-24).

동북아역사재단
연구총서 129

# 전사들의 황금제국 금나라

## – 금나라 통치전략 연구

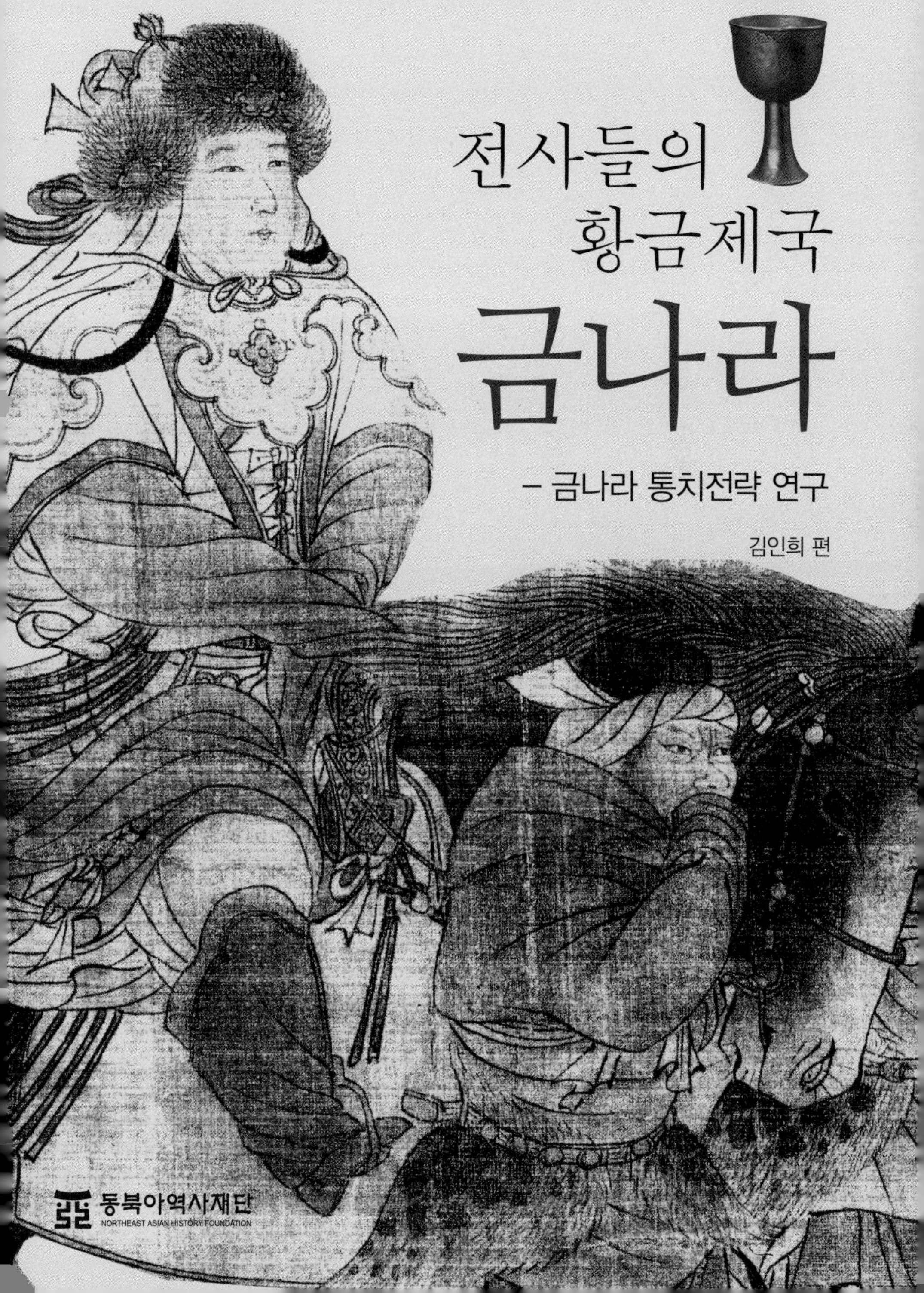

김인희 편

동북아역사재단
NORTHEAST ASIAN HISTORY FOUNDATION

■ 책머리에

## 두 번째 정복 왕조, 금나라

동북아역사재단에서는 10~21세기 초까지 중국 영토에 건립된 북방 왕조들을 연구하고 있다. 대표적인 북방 왕조로는 거란(907~1125년), 금나라(1115~1234년), 원나라(1271~1368년), 청나라(1636~1912년)가 있다. 학계에서는 이들 왕조를 '정복 왕조'라 부른다.

정복왕조론은 독일 출신의 미국 동양사학자인 비트포겔(Karl August Wittfogel)이 처음 제시한 개념이다. 비트포겔은 1949년 『중국 사회사, 요(The History of Chinese Society, Liao)』의 서문에서 진한 시기부터 청나라에 이르는 중국 왕조를 '전형적 중국 왕조'와 '정복 왕조'로 구분했다. 정복 왕조는 다시 '침투형 왕조(Dynasties of Infiltration)'와 '정복 왕조(Dynasties of Conquest)'로 구분하였다. 16국과 북위 등 침투형 왕조는 한의 문화에 흡수되어 사라진 반면, 정복 왕조는 한족화를 보류하고 끝까지 자기 민족의 특징을 유지했다고 하였다.

정복 왕조가 활약한 천 년은 동아시아에서 대변혁이 일어난 시기다. 10세기 이전 동아시아는 한족 정권을 중심으로 천하질서를 형성하였다. 천하질서는 중심의 한족 정권과 주변의 이적(夷狄) 정권이 수직적 위계질서를 바탕으로 신속 관계를 형성한 국제질서를 말한다. 천하질서는 책봉과 조공제도로 구체화되었다.

그러나 10세기 초 거란이 중원으로 진출하면서 전통적 천하질서가 와해되기 시작하였다. 북방 민족은 계속해서 남진하였고, 한족 정권은 북방 민족에 밀려 남쪽으로 축소되다가 결국 청나라에 의해 멸망하였다. 거란의 남쪽 경계는 베이징, 톈진 일대에 이르렀으며, 북송과 대치하였다. 거란의 뒤를 이어 일어난 금나라는 황하를 넘어 화이하(淮河) 일대에 이르렀으며, 남송과 대치하였다. 거란은 중원을 완전히 정복하지 못하였으나 금나라는 중원을 완전히 정복하였다.

두 왕조는 각각 북송, 남송과 신속 관계를 확정하고, 조공을 바칠 것을 요구하였다. 이는 전통적인 봉공체계(封貢體系)의 기본 정신을 뒤흔드는 혁명적 사건이었다. 이전에는 중원의 한족 왕조가 사방의 이민족 정권을 책봉하고 조공을 받았다면, 이제는 이민족 정권이 한족 황제를 책봉하고 조공을 바치는 형태로 바뀐 것이다. 저명한 미국의 중국학자인 페어뱅크(John King Fairbank)는 이러한 상황을 "뒤바뀐 조공 또는 역조공"이라 하였다.

금나라에 이어 13세기 초 등장한 몽골제국은 중국 전역을 통일한 것에 머물지 않고 러시아, 동유럽, 바그다드에 이르는 세계 제국을 건설하였다. 마지막 정복 왕조인 청나라는 전성기에 지금의 중국 영토보다 더 넓은 지역을 통치하여 역대 중국 왕조 중 가장 넓은 영토를 통치하였다. 현재 중국의 넓은 영토는 청나라의 유산이다. 다른 정복 왕조들이 100여 년의 짧은 역사를 끝으로 멸망한 데 반하여, 청나라는 276년간 존속하였다.

금나라는 4개의 정복 왕조 중 두 번째에 해당한다. 거란이 첫 번째 정복 왕조로서 기반을 다졌다면, 금나라는 원나라와 청나라가 진정한 정복 왕조로 성장할 수 있는 도약의 발판을 마련하였다.

### 이적도 정통 왕조가 될 수 있다

한나라 이후 정통 왕조가 되기 위해서는 정치적, 지리적, 문화적, 종족적 조건을 충족해야 했다. 금나라는 소흥화의 이후 남송과 신속 관계를 맺고 세폐를 받았으므로 정치적으로 정통이 되었다. 비록 구주(중국)를 완전히 정복하지는 못하였지만 중원을 정복하였기에 지리적 조건도 대체로 갖추었다고 할 수 있다. 문화적으로는 한족의 유교 문화를 적극 수용하였으므로 정통 왕조로서 손색이 없었다. 그러나 가장 큰 문제는 종족적 조건을 충족하는 것이었다. 금나라 통치자는 여진족으로, 한족으로 피를 바꿀 방법은 없었다.

금나라 이전의 북방 왕조들은 정통 왕조가 되기 위해 한족의 조상을 훔쳐 왔다. 선비족이 세운 북위와 거란족이 세운 거란은 스스로 황제(黃帝)의 후손이라 하였다. 선비족과 거란족은 모두 동호 계통의 유목민으로 화하 계통의 한족은 아니었다. 그러나 이들은 정통 왕조가 되고자 남의 조상을 훔쳐 오는 것을 서슴지 않았다. 황제는 모든 제왕의 시조

이기 때문에 황제의 후손이라는 것은 정통 제왕의 지위를 계승했다는 의미가 된다.

그러나 금나라의 선택은 달랐다. 금나라 통치자들은 놀랍게도 "이적과 화하는 바뀔 수 있다(夷夏可變)"는 논리를 피력하며 종족적 한계를 정면 돌파했다. 기존의 중원으로 들어온 북방 민족 정권들은 감히 화이지변(華夷之辨)에 대항하지 못하였고, 스스로 이적의 위치에 머물렀다. 그러나 금은 비한족 정권도 정통이 될 수 있다는 관념의 변화를 통해 당당히 정통 왕조가 되었다.

거란과 금나라는 송나라의 정통성에 대한 태도에서도 차이를 보였다. 거란은 자신을 정통 왕조라 하였으나 북송도 정통 왕조인 것을 굳이 부정하려 하지 않았다. 그러나 금나라는 달랐다. 금 통치자들은 남송의 정통성을 부정하고 유일한 정통 왕조가 되고자 하였다. 원나라 사가들은 송 · 요 · 금 3사 중 "누가 정통인가"에 관한 대토론을 거쳐 "세 나라 모두 정통(三國各與正統)"이라는 결론을 내렸다. 이로써 금나라는 종족적 한계를 뛰어넘어 객관적으로 정통 왕조로 인정받게 되었다.

명나라 이후 한족 사관들은 원나라 사가들의 편찬 태도에 불만을 품고 송사 중심의 새로운 역사를 편찬하고자 하였다. 이들은 송나라를 정통으로 보고 거란과 금을 부속적인 위치에서 서술하려 하였는데, 이를 대송사(大宋史)라 한다. 민국 시기 진위푸(金毓黻)는 "송나라가 중심이고 거란과 금나라는 종속적 위치에 있었다"는 관점에서 연구해야 한다고 하였다. 이러한 대송사 관점은 현재도 주류를 이루고 있는데, 이에 대해 일부 중국 학자들은 요금사 연구의 정상적인 발전을 막는 것이며, 심지어는 역류(逆流)라고 비판하였다.

## 전사들의 황금제국, 금나라

이 책의 제목은 '전사들의 황금제국, 금나라'다. '황금'과 '전사'는 금제국의 특징을 가장 잘 나타내는 말이라고 생각하기에 이 책의 이름으로 삼았다.

금나라의 국명에 관해서는 두 가지 설이 있다. 하나는 '황금설'이고 다른 하나는 '신라 김씨설'이다. '신라 김씨설'의 경우 금나라 당시의 기록이 아니고 청나라 시기에 등장한 것으로, '황금설'이 더 타당성이 있다. 아골타는 "금나라가 녹슬지 않는 황금처럼 영원히 빛나기를" 바랐다.

금나라는 '전사'들의 제국이었다. 금나라 전사들은 다른 정복 왕조들처럼 빠른 속도로 주변 국가들을 정복해 나갔다. 아골타가 1115년 대금(大金)을 건국한 이후, 금나라는 1124년 서하와 신속 관계를 맺고, 1125년 거란을 멸망시키고, 1126년 고려와 신속 관계를 맺고, 1127년 북송을 멸망시켰다. 금나라 전사들이 동아시아를 통일하는 데는 겨우 12년이 걸렸을 뿐이다. 이런 놀라운 성과는 태조 아골타를 비롯해 태종 오걸매, 종친인 아리합만, 완안종한 등 영민하고 용감한 전사들이 있었기에 가능하였다. 금나라 전사들은 말의 등을 집으로 삼고, 전장을 종횡무진하였다. 금나라는 전사들의 피와 땀으로 이뤄진 황금제국이었다.

이 책에서는 금나라의 시조, 정통관, 외교, 군사, 농경, 정치제도, 법률, 종교 정책 등을 살펴보았다. 결론적으로 금나라는 대제국을 경영하기 위한 관료제 구축이나 군사력과 경제력 확보, 종교 제도 확립, 정통성 확보 등에서 거란보다 진일보한 면을 보여 주었다. 그러나 한족 문화를 인정하지 않고 폭력적인 방법으로 여진 습속을 강요하였고, 한족에 대해 차별 정책을 편 것은 금나라가 지닌 명암의 한 단면이기도 하다.

1992년 중국과 수교한 이후 1990년대 말 '송원요금원사 연구회'가 창립되었다. 그러나 지금도 국내의 금나라 연구자 수는 턱없이 부족한 상황이다. 그리고 연구 내용 면에서도 고려와 금나라의 관계사 중심의 연구가 많았고, 금나라 자체를 대상으로 한 연구는 극히 일부였다. 이 책의 출판으로 금나라 연구가 더욱 활발해지기를 기대해 본다.

2021년 9월

저자를 대표하여 김인희 씀

■ 차례

제1장

# 중원의 무법자

김인희 • 동북아역사재단 연구위원

# 1. 금 시조의 기원과 국명

『금사(金史)』에는 금의 국명에 대한 서로 다른 두 가지 견해가 나온다. 「태조」에서는 광물질인 금(金)으로 국명을 정했다고 한다. 금 태조 아골타(阿骨打)는 "거란은 빈철(鑌鐵)을 국명으로 삼았는데, 빈철의 견고함을 취한 것이다. 빈철은 견고하지만 결국에는 변하여 망가지는데, 오직 금만이 변하지 않고 망가지지 않는다. 금은 흰색으로, 완안부(完顏部)는 흰색을 숭상하여 국호를 대금(大金)이라 하였다"[1]라고 하였다. 빈철은 '광이 나는 철'이라는 뜻으로, 표면을 매끄럽게 갈아 부식제로 처리하여 무늬가 있다. 아골타가 '금'으로 국명을 정한 것은 빈철은 시간이 지나면 색이 변하고 부식되지만, 금은 시간이 지나도 색이 변하지 않고 부식되지 않기 때문이었다. 즉, 거란은 빈철처럼 멸망하였지만, 금나라는 금처럼 영원히 멸망하지 않으리라는 것이다.

금의 국명에 대한 또 다른 해석은 「지리지」의 기록이다. "상경로(上京

路) 해고(海古) 지역은 금의 고토이다. 금의 말로 금(金)을 안출호(按出虎)라 하는데 안출호의 수원이 바로 이곳이기에 금원(金源)이라 하였으며, 건국하고 그 이름을 취하였다"[2]라고 하였다. 『대금국지(大金國志)』에서도 '금'을 국호로 삼은 것은 "그 나라에서는 금이 생산되고 금수원(金水源)이 있어 대금(大金)이라 하였다"[3]라고 하였다.

학자들은 대부분 금의 국호와 관련된 두 가지 설 중 안출호수설을 지지하고, 빈철설은 날조되었다고 본다. 류푸장(劉浦江)은 "빈철은 '요(遼)' 혹은 '거란'과 관련이 없으며 『태조실록』의 내용은 날조된 것이다. '대금'이라는 국호는 안출호수에서 나온 것으로, 『태조실록』을 편찬한 이는 아골타가 군사를 일으켜 거란을 정복한 것이 정당하다는 논리로 이 같은 황당한 이야기를 꾸며 낸 것이다"[4]라고 하였다. 리시우롄(李秀蓮)도 빈철설은 여진이 거란보다 고귀하다는 것을 빗대어 말한 것이라 하며 빈철설을 부정하였다. 리시우롄은 안출호수설도 지지하지 않았으며, "여진이란 말은 원래 황색이라는 의미가 있는데 한자로 '금'이라 번역한 것"[5]이라 하였다.

〈그림 1〉 금 황실에서 사용한 금제 접시와 잔[6]

위의 두 가지 설이 금 당시 금의 국호에 대한 견해라면, 이보다 늦은 청나라 시기의 문헌인 『만주원류고(滿洲源流考)』에는 또 다른 견해가 나온다. "금 시조는 본래 신라에서 왔으며 완안씨라 부르기 때문에 그 부족을 완안부라 한다. 신라 왕은 김씨이며 금의 먼 조상은 신라에서 나왔다. 또는 신라 왕은 성씨가 김씨로 수십 대를 이은 것으로 보아 금이 건국할 때 김씨에서 성씨를 취하여 금이라 하였음은 의심할 바 없다. 『금사』「지리지」에서는 금나라에 금수원(金水源)이 있기 때문에 국명으로 삼았다고 한다. 사가들은 이 말을 억지로 끌어다 붙이는데, 근거가 없다"[7]라고 하였다. "신라 왕의 성씨를 금의 국명으로 삼았다"는 것은 금 시기에는 없던 견해로 신빙성이 의심되지만, 『만주원류고』에서 이같이 주장한 것은 금의 시조가 신라인이라는 문헌 기록에 근거한 것이다.

금나라 역사는 시조 함보(函普)에서 시작된다. 함보의 기원에 대해 『금사』와 『고려사』에서는 "고려에서 왔다"고 한다. 『신록기』와 『송막기문』에서는 함보가 신라인이라고 한다.

『금사』의 첫 편인 「세기」에서는 태조 아골타의 10대 조상이며 금의 시조인 함보는 고려에서 왔다고 한다. 함보와 형제 2명은 고려에서 여진 부락으로 와 각각 나뉘어 거주하였다. 함보는 완안부 내부 씨족 간의 혈족 투쟁을 해결하고 배상하는 규약을 만들었다. 이 같은 업적을 인정받아 함보는 완안부의 여자를 맞아 결혼하여 완안이라는 성씨를 얻었다.

『고려사』의 기록을 통해 고려에서의 함보의 행적을 알 수 있다. 예전에 평주(平州) 지역 승려인 금준(今俊)이 달아나 여진으로 들어가 아지고촌(阿之古村)에 살았으며 금의 선조가 되었다고 한다. 또는 평주 지역 승려 김행(金幸)의 아들 김극수(金克守)가 여진 아지고촌에 들어가 여진 여자와 결혼하여 아들을 낳았다고 한다.

이처럼 금의 시조는 고려에서 왔다는 기록과 신라인이라는 기록이 있는데, 일반적으로 나말여초(羅末麗初)에 이동하였기 때문에 이러한 기록이 남은 것으로 본다.

## 2. 금의 정복 전쟁

금 황실과 달리 금의 일반 백성들은 대부분 여진족이었다. 여진족의 조상은 일찍이 백두산과 헤이룽강(黑龍江) 유역에 거주하였다. 『송막기문』에 따르면 "여진은 곧 옛 숙신국으로, 동한 때는 읍루, 북위 때는 물길, 수와 당 시기에는 말갈이라 하였다. 흑수부(黑水部)는 지금의 여진이다"라고 하였다. 926년 발해가 거란에 점령되면서 흑수말갈은 거란 통치에 속하게 되었다. 오대 시기 여진이라는 이름도 서적에 출현하였다.

거란 통치자는 여진인에 대해 와해 정책을 시행하였다. 강제로 여진인을 랴오둥반도(遼東半島) 등지로 이주시켜 거란인의 호적에 편입시켰는데, 이들을 숙여진(熟女眞)이라 한다. 이와 달리 여진인은 대부분 동북의 백두산과 헤이룽강 사이에 남아 있었는데, 이들을 생여진(生女眞)이라 한다. 거란의 직접 통치를 받아 익숙한 여진을 숙여진이라 하고, 거란의 직접적인 통치를 받지 않아 생소한 여진을 생여진이라 하였다.

11세기 초 생여진은 완안부를 중심으로 부락 연맹을 형성한 후 빠르게 성장하였다. 완안부는 거란의 강력한 지지를 받아 생여진 귀족 중 지위가 높아졌다. 생여진 지역은 거란의 관할권에 있었으나 실질적인 통치가 이루어지지 않았으며, 오고내(烏古迺)는 거란의 절도사로 임명되었으나 자주성이 강하였다. 완안부는 세력이 강해지자 여진 부락들을 통제하려 하였는데, 불안을 느낀 여진 부락들은 거란 황제에게 불만을 호소하였다. 거란은 완안씨의 군사행동을 제한하였으며 완안부는 거란에 대한 불만이 점차 강해졌다. 그리고 거란은 여진과의 상거래에서 불합리한 요구를 하였으며, 여진 여자 상납을 요구하였기에 여진의 불만은 나날이 커졌다. 11세기 중엽 위협을 느낀 완안부의 수령 오고내는 군사력을 강화하기 시작하였다. 그는 병기를 만들고 무력으로 많은 재물을 약탈했으며 빼앗아 온 사람들을 노예로 삼았다.

1112년 거란 천조제(天祚帝)는 동북의 쑹화강(松花江) 하류인 혼돈강에서 춘날발(春捺鉢)을 거행하였는데, 이때 여진 각 부족의 수령들은 천조제에게 하례해야 했다. 춘날발의 가장 중요한 행사는 거란 황제가 쑹화강에서 잡은 첫 번째 물고기로 두어연(頭魚宴)을 개최하는 것이었다. 천조제는 잔치의 흥을 돋우기 위해 여진 수령들에게 춤을 추라고 하였다. 다른 여진 수령들은 천조제의 명에 따라 모두 춤을 추었으나 아골타는 추지 않았다. 천조제는 극도로 분노하여 아골타를 죽이려 하였으나 외척이며 대신이었던 소봉선(蕭奉先)이 만류하여 아골타는 죽음을 면하였다. 두어연에서 돌아온 후 아골타는 군사력을 강화하고 복수할 날을 기다렸다.

아골타는 두어연에서의 굴욕을 잊지 않고 1114년 2,500명의 군사를 이끌고 영강주성(寧江州城)[8]에서 거란군과 전쟁을 벌여 승리하였다. 영강주에서 대패하였다는 소식을 들은 천조제는 한족 군사 10만을 출병시켰다. 당시 아골타의 군사는 1만도 채 되지 않았는데 출하점(出河店)[9] 전투에서 거란군을 상대로 대승을 거두었다. 거란군은 대패하고 물러났고 여진은 승승장구하여 단숨에 지린(吉林) 방면에서 카이위안(開原) 방면으로 진출하여 마침내 랴오양(遼陽)을 함락하고 발해만의 진저우(金州)에 도착하였다. 아골타는 다음 해인 1115년에 건국하고 국호를 대금(大金)이라 하였으며 연호는 수국(收國)이라 하였고 스스로 황제라 칭했다.

이후 아골타의 군대는 계속해서 승리를 거두었다. 천조제는 아골타 군대를 공격하기 위해 10만 대군을 이끌고 출발하였다. 그러나 거란 내부에서 야율장노(耶律張奴)가 반란을 일으켜 천조제를 폐위시키려 하였기에 천조제는 싸우지도 못하고 돌아갔다. 이 소식을 들은 아골타는 2만 명의 군사를 이끌고 거란 군대를 공격하여 대패시켰다. 『금사』「태조」에 따르면 거란의 군사는 전사한 자가 백여 리에 이르렀으며, 천자의 수레와 장막, 휘장, 병기와 군수물자, 기타 보물과 말과 소 등 약탈한 물자가 헤아릴 수 없었다고 한다. 금의 군대는 거란과 전쟁하는 과정에서 거란, 해, 발해, 한족, 실위 등의 포로와 귀순한 이들로 세력이 급격히 강해졌다.

1120년 아골타는 군사를 이끌고 거란 상경(上京)을 공격하여 점령하였다. 1122년 아골타는 직접 군사를 이끌고 중경(中京)을 공격하였고 천조제는 사막으로 도망갔다. 동시에 아골타는 서경(西京)을 공격하여 함락시켰다. 아골타는 연경(燕京)을 직접 공격하고 동생 오걸매(吳乞買)

를 남겨 감독하게 하였다. 연경을 공격한 금나라 군대는 거주민과 재물을 모두 거둬 북쪽으로 돌아갔다. 이때에 이르러 거란 5경을 모두 정복하였다. 1123년 아골타가 사망하자, 뒤를 이어 아골타의 동생 오걸매가 태종으로 즉위하였다. 태종은 1125년 거란의 마지막 황제 천조제를 포로로 잡았으며, 거란은 멸망하였다.

1118년 북송 휘종은 사신 마정(馬政)을 금에 보내 공동으로 거란을 공격하자고 제안하였고, 해상지맹(海上之盟)을 맺었다. 북송의 목적은 거란으로부터 지금의 베이징인 연경을 포함한 연운 16주(燕雲十六州)를 되찾아오는 것이었다. 1120년 북송의 사신 조양사(趙良嗣)는 이미 상경을 함락한 아골타를 만나 연경을 협공하자고 제안하였다. 아골타는 북송이 금과 함께 연경을 협공하고, 거란에 바치던 세폐를 금에 바친다면 연경을 북송에 주겠다고 허락하였다. 북송은 처음부터 금으로 하여금 거란을 토벌하게 하는 이이제이(以夷制夷) 전략을 구사할 예정이었다. 이이제이는 오랑캐로 오랑캐를 제압한다는 뜻이다. 금은 이미 북송의 전략을 알고 있었지만 개의치 않고 중경과 서경을 함락시켰다. 금은 연경성 안의 황금과 비단, 백성, 은을 모두 약탈한 후에 빈 성을 북송에 주었다. 금은 허울뿐인 빈 성을 줌으로써 북송의 배신에 복수한 것이다.

1125년 금 군대는 두 갈래로 나뉘어 변경(汴京)을 공격하였다. 변경은 현재의 허난성(河南省) 카이펑(開封)으로 북송의 수도였다. 완안종한(完顔宗翰)이 이끄는 서로군은 서경을 공격하여 점령하였다. 금 군대는 승리를 거듭하며 순조롭게 변경에 도달하였다. 완안종망(完顔宗望)이 이끄는 동로군은 연경을 공격하였다. 금 군대가 황하를 건너자 송 휘종은 두려움에 떨며 금에 사신을 보내 평화협정을 맺고, 자신은 황위를 아들 조환(趙桓)에게 넘겨주고 남쪽으로 도망갔다. 금군은 변경을 포위하고 송군을 공격하였으나 전투는 한 달간 지속되었으며, 결국 북송이 승리하였다.

금 군대는 일시적으로 퇴각하였으나 반년 후 다시 공격하였다. 1126년 태종 시기 완안종한과 완안종망은 다시 군대를 이끌고 변경을 공격하였고, 송 흠종은 금 군영으로 와서 투항하였다. 1127년 4월 금군은 보물을 약탈하고 송 휘종, 흠종과 비빈, 종실 등 3,000여 명을 포로로 잡아 북으로 돌아갔는데 이를 '정강의 변(靖康之變)'이라 한다. 이로써 북송은 멸망하였다.

태종은 1124년 서하와 신속(臣屬) 관계를 맺었다. 태종은 1123년 고려에 사신을 보냈는데, 고려는 태조 시기 맺은 형제의 맹약(兄弟之盟)을 근거로 번속국의 예로 금의 사신을 맞이하지 않았다. 태종은 "고려는 대대로 거란의 신하였으니 당연히 거란을 모시는 의례로서 금을 모셔야 한다"[10]고 요구하였다. 1126년 고려는 결국 신속 관계를 인정하게 되었다. "금은 고려에서 나왔기 때문에 처음에는 잘 통하였으나 적국이 되었으며 후에 고려는 금에 신하라 칭하게 되었다."[11]

금은 1115년 건국한 이래 1124년 서하와 신속 관계를 맺고, 1125년 거란을 멸망시키고, 1126년 고려와 신속 관계를 맺고, 1127년 북송을 멸망시켰다. 금은 매우 빠른 속도로 주변국을 정복해 나갔는데, 이 모든 일이 건국 후 12년 만에 이루어졌다. 이 같은 경이로운 성과는 사실 금조차도 상상하지 못한 것이었다.

# 3. 뒤바뀐 조공

금은 북송을 멸망시켰으나 갑자기 늘어난 영토를 관리할 자신이 없었다. 완안종한은 변경을 함락한 후 송의 군신들에게 "하늘이 화(華)와 이(夷)를 낳았고 각자 나누어 가진 지역이 있으니 내가 어찌 중국을 차지하겠는가"[12]라고 하였다. 누가 변경을 지킬 것인지를 결정하는 시기에 여진 통치자의 신임을 받은 한족 유언종(劉彦宗)은 "조씨를 복위시키자"라는 의견을 내기도 하였다. 이 주장은 받아들여지지 않았고, 금은 괴뢰 정권을 세우는 방식으로 중원을 통치하고자 하였다.

1127년 금은 장방창(張邦昌)을 초(楚)의 황제로 세워 간접 통치하려 하였다. 얼마 지나지 않아 장방창은 왕권을 강왕(康王) 조구(趙構)에게 넘겨주었다. 조구는 지금의 허난성 상치우시(商丘市)에서 남송을 개국하고 고종(高宗)으로 즉위하였다. 1129년 금이 다시 공격해 오자 조구는 남쪽으로 도망가 1130년 항저우(杭州)에 도읍하였다.

1129년 금은 초를 폐하고 유예(劉豫)를 왕으로 세워 두 번째 괴뢰 정권인 제(齊, 1130~1137년)를 건립하였다. 1134년 완안종필(完顔宗弼)은 5만 군사를 이끌고 남송을 공격하였으나 남송의 명장 악비(岳飛)에게 대패하였다. 금 태종이 병으로 사망하자 금군은 퇴각하였다. 1137년 금 희종은 완안종필을 파견하여 제를 폐하고, 변경과 연경에 행대상서성(行臺尚書省)을 건립하고 허베이(河北), 허난, 산둥(山東) 지역을 직접 통치하기 시작하였다.

남송은 한세충(韓世忠), 장준(張俊), 악비의 노력으로 금과의 전쟁에서 어느 정도 승리를 거두었다. 그러나 고종은 금과 화의(和議)하는 데 방해가 될까 두려워 이들의 병권을 박탈하였다. 금 희종과 남송 고종은 1141년 소흥화의(紹興和議)를 맺었는데, 이 강화의 핵심은 남송이 금의 부용국(附庸國)으로 전락하였다는 것이다. 1142년 남송 고종이 금의 완안종필에게 올린 서표(誓表)에 따르면, "남송 고종은 스스로 '신하 조구'라 하고, 금을 상국(上國)이라 하였으며, 번방(藩方)이 되는 것을 금이 빨리 허락할 것을 청하였다. 그리고 고종은 송 왕실은 대대로 신하로서 예를 지킬 것이며, 매년 황제의 생신과 정월 초하루에 하례하고, 은 25만 냥과 비단 25만 필을 공물로 바칠 것을 맹세하였다."[13] 완안종필은 이에 화답하여 고종을 황제에 책봉하는 책문(冊文)에서 "대대로 신하로 복종하고 영원히 금의 신하가 되어라"[14]라고 하였다. 금은 의례에서 남송을 번속국인 서하와 동일시하였다.[15]

소흥화의의 핵심은 금과 남송의 신속 관계를 확정 지은 것으로, 전통적인 봉공체계(封貢體系)의 기본 정신을 뒤흔드는 혁명적 사건이었다. 이전에는 중원의 한족 왕조가 사방의 이민족 정권을 책봉하고 조공을 받았다면, 소흥화의로 이민족 정권이 한족 황제를 책봉하고 조공을 받는 형태로 바뀌었다. 페어뱅크(John King Fairbank)는 이러한 상황을 "뒤바뀐 조공 또는 역조공"[16]이라 한다.

건국 30년 후인 1151년 금의 제4대 황제 해릉왕(海陵王)은 도성을 연경으로 옮기려 하였다. 당시 도성인 상경 회녕부(會寧府)는 지금의 헤이룽장성 아청현(阿城縣) 바이청쯔(白城子)에 있어 금의 광활한 영토를 통치하기에 적당하지 않았다. 황제가 도성을 옮기려 한다는 소식을 들은 귀족들은 반대를 표하였다. 그러나 양양명(梁襄明)은 정치 중심을 남쪽으로 옮겨야만 진정한 천하의 주인이 될 수 있다고 하였다. 그는 "금은 거란 황실과 다르며 거란의 기반과 근본은 종남산(終南山)과 태화산(太華山) 북쪽의 내몽골 파림좌기(巴林左旗)의 상경에 있다. 그러나 우리 금 황제의 사업은 산의 남쪽 연경에 있다"[17]라고 하였다. 1151년 해릉왕은 천도를 선포하였고 연경에 궁전을 짓기 시작하였다. 1153년 연경의 이름을 중도(中都)로 바꾸고 정식으로 도성을 옮겼다. 도성을 남쪽으로 옮긴 이후 금의 정치 중심은 중원으로 이동하였고, 중원에 대한 장악력도 높아졌다.

해릉왕은 베이징으로 도읍을 옮긴 후 1156년 "태보(太保) 관직에 있는 앙(昂)에게 명하여 상경에 가서 시조 이하 10명 황제들의 관을 모셔와 대방산(大房山)에 안장하였다."[18] 사당에 모셔졌던 함보는 드디어 자신의 세속의 귀속처인 시조릉(始祖陵)에 안치되었다. 해릉왕은 고토에 대한 그리움을 완전히 단절하고자 천도 후 태조와 태종의 관을 상경으로 모시고 와서 안장하였다. 해릉왕은 "천하가 일가를 이룬 후에 정통이 될 수 있다"[19]고 생각했다. 해릉왕은 남송을 완전히 병합하기 위해 일전을 벌였으나 실패하고 부하에게 살해되었다.

남송 효종(孝宗)은 즉위 후 금을 공격하여 중원을 수복하고자 하였으며 노장군 장준(張浚) 등에게 북벌하게 하여 1163년 금군을 궤멸하였다. 탄사퇴(湯思退) 등 신하들은 장준의 북벌이 나라를 망치는 일이라 하며 화의할 것을 주장하였다. 효종은 조서를 내려 장준을 파면하고 주화파를 임용하여 금에 사신을 보내 융흥화의(隆興和議)를 맺었다. 금 세종은 사태 수습을 위하여 화의하였는데, 이전보다 남송의 지위가 높아졌다. "무엇보다 '군신'에서 '숙질'로 관계가 바뀌었기 때문에 양자의 관계는 종적 관계에서 횡적 관계로 바뀌었다고 할 수 있다. 이로써 남송도 황제라 칭할 수 있었으며, 세공(歲貢)은 세폐(歲幣)로 명칭이 바뀌었고 액수도 감면되었다."[20] 그러나 황제의 체면에 직결되는 부분에서는 큰 변동이 없었다.

이러한 상황은 1165년 금 세종과 남송 효종 사이에 오간 국서의 내용을 통해 알 수 있다. 남송 사신 위기(魏杞)와 강서(康湑)는 금나라 궁궐에 들어가 황제를 알현하고 효종의 국서를 전하였다. "국서에 따르면, '조카 송 황제 신(昚)은 삼촌 대금(大金) 성명인효황제(聖明仁孝皇帝) 전하(闕下)께 삼가 조아리며(謹再拜) 서신을 올립니다'라고 하였다. 위기가 돌아갈 때 회신을 보냈는데 '삼촌 대금 황제'라고 쓰고 이름을 쓰지 않았으며 '삼가 조아린다'라는 표현도 쓰지 않았다. 금 황제는 '조카 송 황제'에게 '국서를 보낸다'라고만 하여 존칭을 사용하지 않았으며 '전하'라는 표현도 쓰지 않았다"[21]고 한다. 따라서 금 황제에 대한 송 황제의 지위는 여전히 열등하였음을 알 수 있다.

1208년에는 가정화의(嘉定和議)를 맺었는데 남송 영종(寧宗) 시기 재상 한탁주(韓侂冑)가 감행한 북벌의 결과였다. 당시 한탁주는 전권을 행사하고 있었는데 사대부의 공격을 받아 권력이 불안해졌다. 1207년 한탁주는 금나라를 북벌하여 공을 세워 자리를 보존하고자 하였으나 실패하였다. 남송의 주화파는 한탁주를 죽여 그의 머리를 금나라에 바치고 다시 화의를 체결하였다. 화의를 통해 금에 대한 남송의 지위는 숙질관계에서 백질(伯姪) 관계로 바뀌었고, 세폐로 은 30만 냥과 비단 30만 필을 바치게 되었다.

이상에서 살펴본 바와 같이 금과 남송의 관계는 일진일퇴가 있었으나, 금의 지위가 월등히 높았음을 알 수 있다. 남송은 금을 상대로 고종 시기 소흥화의, 효종 시기 융흥화의, 영종 시기 가정화의를 맺었는데, 이는 모두 굴욕적인 것이었다.

## 4. 금의 강역과 민족 구성

『금사』「지리지」에 따르면 "금의 동쪽 끝은 혼동강(混同江) 하류의 길리미(吉里迷)와 올적개(兀的改) 등의 종족이 사는 곳에 이르렀으며, 북으로는 포여로(蒲與路) 북쪽에서 3천여 리 떨어진 화로화탄모극(火魯火疃謨克)에 이르렀다. 서북쪽으로는 오르도스(河套) 지역에 이르러 몽고부(蒙古部), 탑탑아부(塔塔兒部), 왕고부(汪古部) 등 사막의 여러 부락과 경계를 이루었다. 서남쪽으로는 태주(泰州) 부근에 이르러 서하와 경계를 이뤘다. 남송과는 남으로 진령(秦嶺)과 화이하(淮河)로 경계를 이루었으며, 서쪽은 대산관(大散關)을 경계로 하였다"고 한다.

길리미와 올적개는 야인여진의 한 지계로 헤이룽강 하구 일대에 거주하는 민족이며, 화로화탄모극은 외싱안령(外興安嶺) 남쪽에 위치한다. 따라서 금의 동쪽 경계는 동해에 이르렀으며, 북쪽 경계는 헤이룽강을 넘어 외싱안령 남쪽 러시아 땅에 이르렀음을 알 수 있다. 동남쪽은 고려와 경계를 이뤘다.

오르도스 지역은 황하가 북으로 흘렀다가 굽어 다시 남쪽으로 내려오는 내몽골 중서부의 평원 지역을 말한다. 대산관은 산시성(陝西省)의 바오지시(寶鷄市) 일대를 말한다. 금의 서쪽 경계는 북쪽의 외싱안령에서 출발하여 란저우(蘭州) 일대까지 길게 이어진다. 하투 지역을 중심으로 북쪽은 몽골과 경계를 이루고 남쪽은 서하와 경계를 이룬다. 진령은 산시성(陝西省) 남부, 화이하는 허난성 일대에 위치하는데, 이 두 지역을 연결한 선은 중국에서 남북을 가르는 경계이기도 하다. 금의 남쪽 경계는 이미 황하를 넘어 화이하에 이르러 중원을 완전히 장악하였다. 금의 남쪽 경계는 남송과 마주하였다.

금의 강역은 현재의 헤이룽장성, 랴오닝성(遼寧省), 지린성, 허베이성, 베이징시, 산둥성, 허난성, 산시성(山西省)을 포괄하며, 산시성(陝西省)과 간쑤성(甘肅省) 일부도 포괄하였다. 전 왕조인 거란의 강역이 동서로 긴 형태였다면, 금은 남북으로 긴 형태이다. 따라서 금은 거란보다 더 깊숙이 중국 내부로 진출하였음을 알 수 있다.

해릉왕이 천도한 후 금은 거란의 5경에 기초하여 5경을 설치하였다. 베이징에 중도 대흥부, 헤이룽장성 남쪽에 상경 회녕부, 허난성 카이펑에 남경 개봉부, 랴오닝성 랴오양에 동경 요양부, 내몽골 닝청현(寧城縣)에 북경 대정부, 산시성(山西省) 다퉁(大同)에 서경 대동부를 설치하였다.

금의 강역은 세 부분으로 구분할 수 있다. 첫 번째는 거란이 통치하던 동북 지역과 몽골 사막 이남의 화북 지역으로 금나라가 발원한 곳이다. 두 번째는 거란 상경 임황부 남쪽으로 허베이, 산시(山西) 등 연운

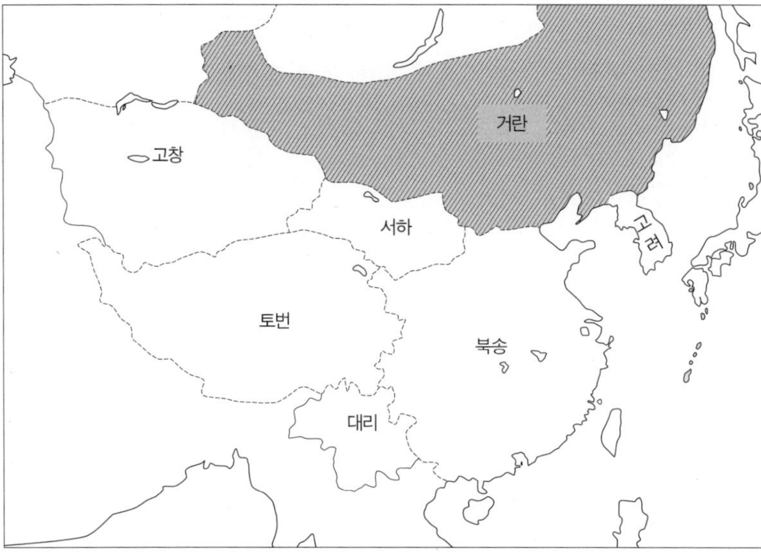


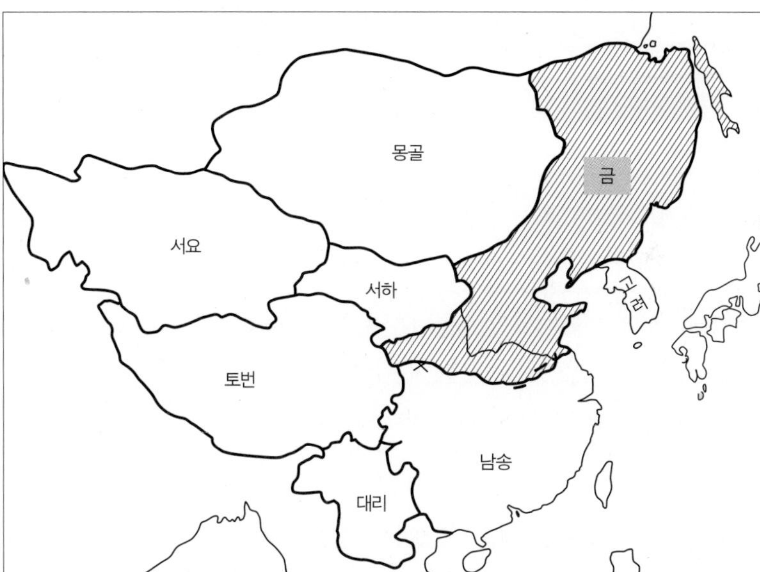


〈그림 2〉 거란과 금의 강역 비교

16주에 해당하는 지역이다. 세 번째는 화이하와 진령 이북의 북송 지역으로 새롭게 금에 편입된 지역이다. 동북 지역과 몽골 사막 이남의 화북 지역에는 여진인, 거란인, 발해인 등이 거주하였으며 연운 16주와 북송 지역에는 한족이 거주하였다.

금의 인구는 시기별로 차이가 있는데 전성기인 장종 말년에는 5천만이 넘었고, 말기에는 6천만에 이른다. 사료에 근거해 보면, 금대 전국 호구 총수와 인구수는 〈표 1〉과 같다.[22]

〈표 1〉 금대 호수와 인구 통계표

| 연대 | 호수 | 인구수 |
|---|---|---|
| 세종 대정 초년(1161년) | 300여만 호 | 12,290,000명 |
| 세종 대정 27년(1187년) | 6,789,449호 | 44,705,086명 |
| 장종 명창 원년 (1190년) | 6,939,000호 | 45,447,900명 |
| 장종 명창 6년(1195년) | 7,223,400호 | 48,490,400명 |
| 장종 태화 7년(1207년) 1 | 7,684,438호 | 45,816,079명 |
| 장종 태화 7년(1207년) 2 | 8,413,164호 | 53,532,142명 |
| 금 멸망(1254년) | 9,879,624호 | 63,525,982명 |

금 통치 시기 한족 인구에 대해 젠보짠(翦伯贊)은 금 전체 인구의 3분의 2를 차지한 것으로 보았다.[23] 왕쩡위(王曾瑜)는 한족이 금 인구의 5분의 4 정도를 차지한 것으로 보았다.[24] 장신옌(張新艳)은 좀 더 구체적으로 한인의 숫자를 조사하였다. 그는 "금 초기에는 4천만 정도, 금 중기에는 42,205,210명, 금 말기에는 6천만이 넘었을 것으로 보고 있다."[25] 〈표 1〉에 나타난 금 중기인 장종 시기와 금 말기의 인구와 비교해 보면

금 전체 인구의 절대다수가 한인이었음을 알 수 있다. 따라서 전체 인구의 10%도 되지 않는 금인이 절대다수의 한인을 통치한다는 것은 금 통치자가 떠안은 가장 큰 난제였다.

# 5. 한족에 대한 탄압

"금은 먼저 정복한 거란 지역 사람을 한인(漢人)이라 하고, 이어서 정복한 북송의 허난, 산둥인을 남인(南人)이라 하였다."[26] 즉, 금은 거란의 통치를 받던 지역의 한족은 한인이라 하고, 북송 지역 거주민은 남인이라 하였다는 것이다.

이 둘은 같은 한족이지만 금의 통치를 받아들이는 태도에 차이가 있었다. 연운 지역에 거주하는 한인들은 서진 이래 정권이 자주 바뀌고 북방 민족 정권의 지배를 받았기 때문에 금의 통치에 적극적으로 저항하지 않았다. 송나라 사람 마확(馬擴)은 "연운 지역의 한인은 시대의 조류에 휩쓸려 세태를 따랐는데 거란인이 오면 거란에 순종하고, 서하가 오면 서하를 따르고, 금이 오면 금을 따르고, 천자의 군대가 오면 천자를 따라 죽임을 면하기를 꾀할 뿐이었다"[27]라고 하였다.

그러나 막 금나라에 복속된 북송 지역 남인들은 금나라에 저항적인 태도를 보였다. 이러한 상황은 금 세종이 한인과 남인의 금 정부에 대한 충성도를 평가한 내용을 통해 알 수 있다. "한인은 예로부터 충직한 자가 적어 거란 군대가 오면 거란에 복종하고, 송나라 사람이 오면 송에 복종하고, 본 왕조가 오면 금에 복종하여 그 습속은 교활하고 잘 변하는데 천성적으로 그러하다. 남인은 강건하고 감히 직언하는 자가 많으며 전에 한 사람이 죽임을 당하였는데도 다시 간하니 심히 존경할 만하다."[28]

한마디로 한인은 금 통치에 복종하였으나, 남인은 저항하였다는 것이다. 금 통치자는 남인을 금 통치체제에 순응시키기 위해 말살, 탄압, 동화, 회유 정책을 실시하였다.

금 통치자들은 초기부터 남인을 대대적으로 탄압하였다. 금은 거란, 북송과의 전쟁 중 다수의 남인을 살해하거나 포로로 잡았다. 특히 완안종한이 유명한데, 그는 남인에 대해 적대적인 감정을 가지고 잔혹하고 강력한 수단으로 남인을 탄압하였다. 심지어 태종 시기에는 남인을 모두 말살하자는 정책이 제안되기도 하였다. "안반발극렬(按班勃極列) 사사(謝謝)는 남인을 산 채로 묻어 버리기를 원하였는데, 태종은 요구를 따르지 않았다."[29]

비록 남인 모두를 몰살하지는 않았지만 잔혹한 탄압은 계속되었다. 해릉왕 시기에는 "인진사(引進使) 고식(高植)과 형부낭중(刑部郎中) 해구(海狗)를 각 도에 파견하여 사로잡은 도적들을 감시하고 능지처사하도록 하였으니, 혹 톱으로 팔다리를 썰기도 하고 불로 피부를 지지기도 하였다. 이어 주둔하고 있던 천호(千戶)와 모극(謀克) 등에게 명하여 이후 다시 도적을 잡으면 모두 죽이도록 하였다."[30] 금 군대는 매우 잔혹하여 포로의 머리, 몸통, 팔, 다리를 잘라 죽이는 능지처사를 행하였을 뿐만 아니라 몰살하기도 하였다.

금에서 민족 간의 지위는 평등하지 않았다. 태조에서 희종에 이르는 시기 각 민족의 지위는 불평등이 뚜렷했는데 기록에 따르면 "병권, 화폐, 곡물은 먼저 여진인이 사용하고 그다음 발해인, 거란인이 사용하고, 마지막으로 한인이 사용하였다"[31]고 한다. 금 전기 여진족은 정치 군사, 경제상 가장 높은 지위를 차지하였다. 발해인은 여진족 다음으로 높은 지위로 여진 통치자의 가장 견고한 동맹자였다. 아골타는 영강주에서 군대를 일으킬 때 "여진과 발해는 본래 한 집안이다"[32]라고 하였다. 따라서 발해족은 여진족 다음으로 지위가 높았으며 족원상 친근감이 있고 정치적으로 혼인 관계를 맺어 여진 통치자의 신임을 얻고 중용되었다. 남인의 정치적 지위는 가장 낮았는데, 해릉왕 이후 약화되기는 하였으나 여전히 존재하였다.

금 군대는 전쟁 중 "사로잡은 한인을 삭발시키고, 말을 끌거나 짐을 지게 하였으며, 얼굴이 예쁜 여자는 약탈하고 늙고 못생긴 여자는 죽였다"[33]고 한다. 노비의 생활은 처참하였는데, 이에 관해 다음과 같은 기록이 있다.

> "송 정강 연간(靖康年間, 1126~1127년) 이후 금의 포로가 된 자는 황제의 자손이든 관리의 자손이든 모두 노비가 되었으며 그들에게 고역을 하게 하였다. 매달 한 사람당 피 다섯 말을 주고 그들 스스로 찧게 하였는데 피 한 말을 벗기면 겨우 8리터를 얻을 수 있었으며, 이로써 그달의 식량으로 삼았다. 매년 5줌의 마를 주어 스스로 옷을 짜서 입게 하였으며 이 외에

단 한 푼의 수입도 없었다. 남자들은 옷을 만들어 입지 못하게 하여 일 년 내내 알몸을 드러내야 했는데 이를 가엽게 여긴 금나라 사람은 불을 지펴 밥 짓는 일을 하게 하였다. 비록, 가끔 불가에서 온기를 취할 수 있었으나 땔감을 가지러 나갔다가 돌아와 다시 불 앞에 앉으면 살갗이 벗겨져 며칠 지나지 않아 죽었다."[34]

여진 통치자는 광활한 지역에서 절대다수의 한인을 통치하기 위해 대대적인 이민 정책을 실시하였다. 맹안모극(猛安謀克)은 여진의 전통적인 씨족사회 조직으로, 이후 군사 기능이 결합되어 지방 행정조직으로 재편되었다. 태종 말기부터 대대적으로 여진 맹안모극을 장성 이남의 남인 지역으로 이주시켰는데, 1133년 "완안종한은 여진인들이 한족 지역에 흩어져 살게 하였다."[35] 희종 시기 남송으로부터 허난과 산시(陝西) 지역을 빼앗아 대규모의 맹안모극을 중원으로 이주시켰다.[36] 해릉왕 시기 소수를 장성 이북의 북경로(北京路)로 이주시킨 것 외에 대부분은 중원의 한족 지역으로 이주시켰다.[37] 천회(天會), 황통(皇统), 정륭(正隆) 연간의 세 차례 이민 정책으로 태화(泰和) 말년 장성 이남 맹안모극호(猛安謀克户)는 360만 이상이었는데, 이는 전체 인구의 47%에 해당하였다.[38] 맹안모극호가 중원으로 이주한 후에는 관청의 밭을 군인에게 주었는데, 실제로는 한인의 땅을 빼앗아 여진족 맹안모극호에 준 것이었다. 맹안모극호는 부족 단위로 이동하였으며 한족보다 많은 특권을 갖고 한인의 좋은 토지를 대량 점유하였다.

맹안모극호의 대대적인 남천과 한족 토지 점유는 당연히 남인과의 마찰을 불러일으킬 수밖에 없었다. 금 통치자는 이를 해결하고자 통혼 정책을 추진하기도 하였다. 장종 시기 상서성에서 "'제나라 사람과 둔전호는 화목하지 않은데 혼인하게 한다면 국가가 오랫동안 안정적일 수 있는 계책이다'라고 제안하였고, 장종은 이를 따랐다."[39]

금 통치자들은 남인의 정체성을 약화하기 위한 정책도 실시하였다. 그 정책의 핵심은 남인을 남송 또는 한족 문화로부터 격리시키는 것이었다. 기록에 따르면 금 초기 남송 사신은 금으로 갈 때 현지 한족들을 볼 수 없었다고 한다. "1169년 루월(樓鑰)이 금에 사신으로 갔는데 옹구(雍丘)를 지날 때 말을 모는 이가 '그동안 남송 사신을 보는 것을 허락하지 않았는데 근년에는 마음대로 볼 수 있게 되었다'라고 하는 말을 들었다. 진덕부(眞德府)에서 길가에 있던 할머니 서너 명이 남송 사신을 보고 '내 인생에 처음으로 사신을 본다'라고 하는 말을 들었다"[40]라고 한다. 남송 사신은 "의심받을 일을 피하기 위해 마차 안에 있으면서 감히 말을 하지 못했다."[41] 이러한 엄격한 격리 정책은 금 중후기까지 이어졌다.

금 통치자는 남인들이 여진식으로 삭발좌임(削髮左衽)하도록 하였다. 태종 1126년 11월 추밀원(樞密院)은 양로(两路) 지휘(指揮)에게 "지금 많은 곳이 금에 귀속되었으니 마땅히 풍속도 동일해야 하고 머리도 자르고 단건(短巾), 좌임해야 한다. 감히 위반하는 자는 옛 국가를 그리워하는 것과 같은 것으로 법에 따라 엄격히 처리할 것이며 실수가 없도록 하여라"[42]라고 하였다. 태종은 한인들이 송나라 복식을 유지하는 것은 옛 국가를 그리워하는 것이라고 생각하였으며, 이러한 행위는 반드시 벌을 받아야 한다고 생각했다.

여진족은 머리의 일부를 삭발하고 나머지 머리를 남겨 길렀는데 이

〈그림 3〉 금나라 남성 발식과 복식. 허난성 자오쭈오(焦作) 금나라 무덤에서 출토된 토우[43]

〈그림 4〉 곤발을 한 남자와 뾰족한 모자를 쓴 남자. 이 그림은 「문희귀한도(文姬歸漢圖)」의 일부로, 한나라 말기 상황을 그린 것이나 복식과 발식은 여진족의 풍속을 따랐다.[43]

를 곤발(髡髮)이라 한다. 그리고 둥근 깃, 좁은 소매의 옆트임이 있는 긴 장포를 입었다. 이러한 복식은 장발을 하여 틀어 올리고 앞트임을 하는 한족의 복식과는 달랐다.

1129년 금 원수부(元帥府)는 다시 한번 한족들이 한복(漢服)을 입는 것을 금하고 곤발을 하도록 명령하였고, 따르지 않으면 죽였다. 명령을 내린 날부터 각급 관리는 전력을 다해 이를 집행하였는데, 수단과 방법을 가리지 않았다. 예를 들어 대주(代州) 군수 유도(劉陶)는 시장에서 군인 한 명을 잡아 정수리 머리를 잘라 시범을 보이고 만약 머리 길이가 이와 같지 않으면 죽였다. 해주(解州)의 경수충(耿守忠)은 한인들이 일할 때 입는 짧은 앞치마인 독비(犢鼻)를 입은 것을 보면 한인 복식을 입은 책임을 물어 죽였다. 무고하게 피해를 입은 백성은 그 수를 헤아릴 수 없었다.[44] 비록 후에 관대해지기는 하였으나 영향은 계속되어 장종 시기인 1200년에는 "모든 사람이 옷의 여밈과 머리를 금과 같이 하였다"[45]고 한다.

해릉왕 즉위 초 한인들의 불만을 완화하기 위해 "허난 사람들은 옷을 마음대로 입을 수 있게 하였다."[46] 해릉왕의 완화 정책으로 일부 관대해졌으나 초기 정책은 금 중후기까지 영향을 미쳤다. 이 같은 강압 정책으로 일부 지역에서는 여진인의 복식과 발식이 유행하였다. 범성대(範成大)의 『남비록(攬轡錄)』에 따르면, "백성들은 오랫동안 호속에 익숙해 있으며 태도와 취미도 이미 호속으로 변하였다. 가장 심한 것은 복식으로 모두 호족 방식으로 만들었다. 화이하 이북 지역이 모두 그러하며 특히 경사(京師) 지역이 더욱 심하였다"[47]고 한다. 경사는 북송의 옛 도읍인 카이펑을 말하는 것으로, 여진 복식은 카이펑 지역에서 가장 유행하였음을 알 수 있다. 장종 시기인 1200년의 기록을 보면 "모든 사람은 옷의 여밈과 머리 모양이 금과 같았다"[48]라고 한다. 이미 여진의 복식과 발식이 한인 사회에 정착하였음을 알 수 있다.

## 6. 금 통치자의 여진 문화 보호

금은 한족을 대대적으로 탄압하였으나 여진인의 한화는 막을 수 없었다. 금 초 한인을 대거 임용하고, 해릉왕이 연경으로 천도하면서 여진인의 한화는 가속화되었다. 특히, 맹안모극호가 대대적으로 한족 지역으로 이동하게 됨에 따라 여진 문화는 위기에 처하였다. 가장 번성한 시기인 세종과 장종 시기에는 한족 문화를 제한하고 여진 문화를 보호하는 조치들이 취해졌다.

세종은 여진인이 한족 문화를 지나치게 받아들여 부패하고 타락하였으며 본래의 상무정신을 잃게 되었다고 생각했다. 세종은 1171년 이후 여진의 옛 습속을 보호하는 여진 문화 부흥 정책을 실시하였다. 세종은 해릉왕을 비판하며 "해릉왕은 한인 풍속을 배워 근본을 잊었다. 만약, 국가의 옛 습속을 따른다면 세상에 걱정이 없을 것으로, 여진 습속은 오랫동안 지켜져야 한다"[49]라고 하였다.

〈그림 5〉 한족 복식을 착용한 금나라 궁궐 사람들. 「석륵청강도(石勒聽講圖)」는 해릉왕 시기 궁정 생활의 모습을 보여 주는 그림으로, 그림 속 인물들은 모두 한족 복식을 입고 있다.

세종은 해릉왕이 수도를 남쪽으로 옮긴 후 새로운 여진 세대가 여진족의 민족 전통을 잊는 것을 걱정하여 대신들에게 다음과 같이 말하였다.

"회녕은 우리나라가 일어난 곳이다. 해릉이 영안으로 도읍을 옮긴 이후 여진인들이 옛 풍속을 점차 잊고 있다. 나는 그 당시 여진인의 풍속을 본 적이 있는데 지금도 잊을 수가 없다. 요즘 잔치와 음악 연주는 모두 한족의 풍속을 배운 것으로, 대개 의례를 갖추고 있으나 짐이 마음으로 좋아하는 바는 아니다. 동궁이 여진의 풍속을 알지 못하는 것은 오로지 나 때문인데 옛 풍속을 유지할 필요가 있다. 앞으로 이러한 것이 사라질까 두려우니 오래도록 방치해서는 안 된다. 자손들이 회녕으로 가서 옛 풍속을 보고 익혀 본받기를 바란다."[50]

세종은 1184년 친히 여러 황자와 황손을 데리고 상경 회녕부를 찾아 뿌리를 찾았으며, 태조 아골타가 군대를 일으킨 곳에 '대금득승타송비(大金得勝陀頌碑)'를 세우고 여진인의 민족정신을 드높였다. 심지어 세종은 군신들에게 "죽은 후에 태조의 곁에 묻어 달라"[51]고 하였다.

세종은 여진인이 한족 성을 쓰고 한족 옷을 입는 것을 금하고, 여진 언어와 문자를 보급하였으며 검소하고, 솔직하고, 말을 타고, 활을 쏘고, 열심히 농사짓는 여진인의 옛 습속을 부흥할 것을 제창하였다. 세종은 특히 여진인의 소박함과 정직함을 중시하였다. 세종은 종종 여진 귀족들에게 다음과 같이 말하였다.

> "여진의 옛 습속이 가장 순박하고 곧다. 비록 글을 알지 못하나 하늘과 땅에 제사하였으며, 친척을 공경하고, 노인을 존경하고, 손님을 잘 접대하고, 친구와 신의가 있으며, 형식에 구속되지 않고 모두 자연스럽게 드러나니 여진 습속의 우수한 점은 고서에 기록된 것과 다르지 않다. 너희들은 당연히 배워서 알아야 하며 옛 습속을 잊지 말아야 한다."[52]

세종은 황태자에게도 다음과 같이 당부하였다.

> "너희들은 어려서부터 한인의 풍속을 익혀 여진의 순수하고 곧은 풍속을 알지 못한다. 여진의 문자와 언어가 잘 통하지 않는데 이는 근본을 잊은 것이다. 너희들은 나의 뜻을 따라야 하며 자손들도 당연히 나의 가르침을 잊지 말아야 한다."[53]

이 발언을 통해서도 알 수 있듯이 세종은 한인과 여진인을 명확하게 구분하였다. 세종의 한족에 대한 인식은 당괄안례(唐括安禮)와 세종 사이에 오간 대화를 통해 명확히 알 수 있다. 당괄안례는 세종이 한인을 지나치게 군인으로 징발하는 것에 반대하여 "맹안인과 한족은 모두 한 집안으로 함께 농사짓는 우리나라 사람이다. 최근 그들을 모두 군인으로 징발하는데 농사에 방해가 될까 두렵습니다"[54]라고 하였다. 이를 들은 세종은 당괄안례를 질책하며 "짐은 네가 식견이 있다고 생각하였는데 매사에 모두 한인을 본받으며 아무 일이 없는 것처럼 농사일에 힘쓰라 한다. 추측건대 송나라 사람들은 장차 분쟁을 일으키려 하는데 국가에 변고가 생긴다 해도 한가하게 농사만 짓고 있겠는가? 너는 한어에 익숙하여 『시경』과 『상서』를 읽었으나 잠시 내려두고 본조의 법규에 대해 말하도록 하라. 이전에 관리들을 모두 여진인으로 임용했는데, 그대 혼자만 한인을 임용할 것을 주장하였다. 이것이 옳은 것인가 옳지 않은 것인가? 이른바 네가 말한 한 집안이라는 것은 모두 같은 종족을 가리킨다. 여진인과 한인은 실제로 두 종족이다. 내가 동경에서 즉위할 때 거란과 한인은 모두 오지 않았다. 오직 여진인만 왔으니 어찌 같은 종족이라 할 수 있겠는가?"[55]라고 하였다.

세종은 여진인이 한족 성으로 바꾸지 못하게 하였으며,[56] 남인의 복식을 입지 못하게 하고 이를 어기는 자에게는 죄를 물었다.[57]

세종의 뒤를 이은 "장종은 금나라 사람과 금나라 언어를 번(蕃)이라 칭하지 못하게 하고 위반한 자는 곤장을 때렸다."[58] 번은 고대 중국에서 외족 혹은 다른 나라 사람을 폄하하여 사용하는 용어였다. 그리고 장종도 "칙령을 내려 여진인이 한족 성을 쓰지 못하게 하고 남인의 복식을 입지 못하게 하였다."[59]

거란은 이원체제를 유지하여 거란은 거란의 법으로 다스리고 한족은 한족의 법으로 다스렸다. 그러나 금 통치자들은 기본적으로 한족을 여진족에 동화시키는 정책을 실시하였기에 한족에 대한 탄압이 가혹하였다. 그러나 소수의 여진인이 다수의 한족 사이에서 생소한 농경에 종사해야 했기에 여진인이 자신의 문화와 정체성을 유지하는 것은 결코 녹록하지 않은 일이었다.

제2장

# 금나라 시조 함보는 신라인

김인희 • 동북아역사재단 연구위원

## 1. 함보를 바라보는 서로 다른 시선

그동안 한·중·일에서 이루어진 금 시조 함보(函普)[1]에 대한 연구를 보면, 국가별로 뚜렷한 견해 차이를 보인다.

가장 먼저 연구를 시작한 일본 학자들은 함보 관련 문헌 기록은 허구라며, 함보의 고려 내원설을 부정하였다. 일본이 함보에 대해 연구하기 시작한 것은 1930~1940년대 중국 동북 지역을 점령하면서부터다. 일본 연구자들은 함보는 실존 인물이 아니라 가공된 인물이라고 하였다. 대표적인 연구자로는 나이토 도라지로(内藤虎次郎)[2], 이케우치 히로시(池內宏)[3], 다사카 오키치미(田坂興道)[4], 오가와 히로토(小川裕人)[5], 미카미 쓰구오(三上次男)[6]가 있다. 이케우치 히로시는 "『금사(金史)』「세기(世紀)」의 태조 아골타 이전 10명의 조상 중 6대 경조 이후는 실존했던 인물이나, 이전의 5대는 금의 역사가 유구함을 과시하기 위해 허구로 계보를 만들어 낸 것"[7]이라 하였다. 그는 "함보가 살인 배상법을 만들고,

헌조 시기 농경을 시작하고 집을 지었다고 하는데 이는 동북 지역에 오랜 역사가 있으며, 이러한 습속은 동북 지역 여러 민족이 모두 가지고 있는 것으로 여진족만의 특별한 역사적 사실이 아니므로 5대 이전 조상에 대한 이야기는 허구"[8]라고 하였다. 미카미 쓰구오도 이케우치 히로시의 견해에 동의하였다.[9]

중국 학계의 연구 경향은 몇 가지로 나누어 볼 수 있다.

첫째, 함보 관련 기록을 신뢰하는 경우다. 진위푸(金毓黼)[10]와 쑨진지(孫進己)[11]는 『금사』와 『송막기문(松漠紀聞)』의 기록을 모두 인정하고 함보는 고려에서 온 신라인이라고 하였다.

둘째, 사료 중 일부 기록은 인정하고 일부는 부정하는 경우로, 가장 많은 학자가 이 그룹에 속해 있다. 장보취안(張博泉)[12], 멍구튀리(孟古托力)[13], 청니나(程妮娜)[14], 리즈팅(李治亭)[15], 둥완룬(董萬倫)[16], 자오융춘(趙永春)[17], 두싱즈(都興智)[18], 왕지우위(王久宇)[19] 등은 『금사』의 기록은 인정하고 『송막기문』의 기록은 부정하였다. 『금사』에서는 함보가 "고려에서 왔다"라고 하고, 『송막기문』에서는 "신라인"이라고 하는데, 『금사』의 기록만을 취하여 함보는 고려에서 온 여진인이라고 하였다.

셋째, 함보 관련 기록은 국내외의 정치적, 군사적, 외교적 목적을 위해 허구로 만들어 낸 것이라는 입장이다. 신경루(辛更儒)는 이케우치 히로시와 미카미 쓰구오의 관점에 동의하면서 "희종이 10명의 황제에 대한 이야기를 만들어 낸 것은 황제 계승에 있어 형제 계승 전통을 부자 계승으로 바꾸기 위한 여론 준비를 위한 것이다"[20]라고 하였다. 따라서 신경루는 경조 이전의 기록을 부정하며, 당연히 함보 또한 실존 인물이 아니라고 하였다. 치옌(綦岩)은 "고려를 '부모의 나라'라고 부른 것은 고려의 비위를 맞춰 9성(九城)을 얻기 위한 것이며, 함보는 여진인이다"[21] 라고 하였다.

한국 학계에서는 함보 관련 기록을 신뢰하고 고려 내원설을 지지한다. 이병도는 "시조의 실존 여부는 후고(後考)를 요할 문제이지만 당시 여진인 사회에서 금의 시조가 고려인이라 하여 고려를 부모의 방(邦)으로 관념하였던 것은 움직일 수 없는 사실"[22]이라고 하였다. 그는 함보의 신라인설에 대해서는 유보적 입장을 취하였으나, 금이 고려를 부모의 나라로 인식한 것은 객관적 사실로 인정하였다. 김상기[23], 이동복[24], 김위현[25]은 함보의 신라인설을 지지하였다. 특히 김위현은 "함보 집단은 나말여초에 이주하여 여진화된 집단"이라 하여 신라유민설을 주장하였다. 최근 연구에서 강준영은 "함보는 여진 지역에 거주하던 신라인이며, 『금사』에서 시조가 '고려에서 왔다'라고 한 것은 각기 발해 유민과의 융화나 고려와의 외교 교섭을 위한 표현이었음이 확인된다"[26]고 하였다.

이상의 연구 결과를 종합하면 국가별로 뚜렷한 견해 차이를 보이고 있음을 알 수 있다. 일본 학자들은 함보 관련 기록이 가공되었음을 증명하는 방식으로 함보의 실존을 부정하였다. 중국 학자들은 비교적 다양한 견해를 제출하였으나 전반적인 경향은 "함보는 고려에서 온 여진인"이라는 것이다. 한국 학자들은 함보는 한반도에 기원을 둔 인물이라고 본다. 이처럼 국가별로 상반된 견해를 보이는 것은 자국적 입장에서 함보의 국적과 족속 문제를 해석하였기 때문이다.

이 글에서는 먼저 함보 관련 기록의 전승상의 특징, 역사적 배경, 정보의 출처, 편찬자, 편찬 시기, 편찬 과정, 사료로서의 가치 등을 분석하여 사료의 진실성 여부를 판단해 보고자 한다. 다음 단계로 사료 간 차이점과 공통점을 밝히고, 함보가 신라계 고려인임을 밝히도록 하겠다. 마지막으로 금 통치자가 시조가 고려에서 왔음을 주장할 수 있었던 것은 정통론에서 종족주의를 배제하는 과감한 선택이 있었기 때문에 가능하였음을 논증하도록 하겠다.

## 2. 함보의 출신에 대한 기록들

### 1) 최초의 기록, 『고려사』

『고려사』에서 함보 관련 기록은 네 군데 등장한다.

첫 번째는 강종(康宗) 오아속(烏雅束) 시기인 1109년 여진 사신 요불(裹弗)과 사현(史顯) 등이 9성의 반환을 요구하기 위해 고려에 입조하여 한 말이다.

> "예전에 우리 태사(太師)인 영가(盈歌)는 '우리 조상은 대국에서 왔으니 자손들도 고려에 귀부하는 것이 의리에 맞는 일이다'라고 말씀하셨습니다. 지금 태사인 오아속 역시 대국을 '부모의 나라'라고 생각하고 있습니다."[27]

위 기록의 영가는 목종(穆宗)이다. 목종과 강종은 아골타가 금을 건국하기 이전의 통치자다. 따라서 여진은 금 건국 이전부터 시조가 "고려에서 왔다"고 믿고 있었음을 알 수 있다.

그런데 연구자들 중 일부는 위의 기록은 1109년 오아속이 9성의 반환을 요청하기 위해 보낸 요불(裊弗) 등이 언급한 내용으로 "'부모의 나라'라고 하여 고려의 비위를 맞춰 9성을 얻기 위한 것"[28]이라고 한다. 이어지는 기록에서 "고려에서 9성을 설치하여 유랑민들이 의지할 곳이 없어져, 태사가 우리를 보내 옛 땅을 청하게 되었다. 만약 9성을 돌려주면 자손 대대로 공물을 정성껏 바칠 것이고 기와 조각 하나라도 고려 국경에 던지지 않을 것을 하늘에 맹세합니다"[29]라고 하여 얼핏 타당성이 있는 듯 보인다.

두 번째는 금 태조 아골타가 금을 건국한 1115년의 기록이다. 고려는 아골타가 금을 건국하자 고려에 전승되는 아골타의 가계에 관한 내용을 정리하였다.

> "혹은 '옛날에 우리나라 평주(平州) 지역 승려 금준(今俊)이 도망가 여진의 아지고촌(阿之古村)에서 살았는데, 이 사람이 금의 선조'라고 한다. 혹은 '평주 지역 승려 김행(金幸)의 아들 김극수(金克守)가 여진의 아지고촌으로 갔다고 한다. 시조는 여진 여자와 결혼하여 고을태사(古乙太師)를 낳았으며 고을태사는 활라태사(活羅太師)를 낳았고, 활라태사에게는 여러 명의 아들이 있었다. 장남은 핵리발(劾里鉢)이고 막내는 영가(盈歌)인데, 영가는 재능이 출중하여 사람들의 마음을 얻었다. 영가가 죽자 핵리발의 장자 오아속이 계승하였고, 오아속이 죽자 동생 아골타가 제위에 올랐다'고 한다."[30]

이 기록으로 보아 고려에는 금 시조에 관한 두 가지 설이 있었음을 알 수 있다. 하나는 금준이 시조라는 것이고, 다른 하나는 김극수가 시조라는 것이다. 그러나 공통점은 이들 모두 승려 신분과 관련이 있으며 아지고촌으로 가서 금의 시조가 되었다는 것이다.

위 기록의 내원은 두 가지로 나누어 볼 수 있다. 하나는 고려 사회에 전승되던 내용으로 금 시조가 금준이나 김극수이며, 이들이 여진의 아지고촌으로 갔다는 것으로, 이러한 내용은 금이나 남송의 문헌에는 등장하지 않는 것으로 보아 고려의 독자적인 전승으로 보인다. 다른 하나는 금 시조가 여진으로 간 후의 행적으로 여진 사신 등 여진과의 교류를 통해 얻은 정보로 보인다.

위의 기록에 따르면 금 시조는 고을태사를 낳았다고 하는데, 「세기」의 계보에 의하면 소조(昭祖)에 해당한다. 고을태사의 아들인 활라태사는 경조(景祖)이고, 핵리발은 세조(世祖)이고, 영가는 목종이고, 오아속은 강종이다. 「세기」 기록과 비교할 때 시조에서 소조 사이의 덕제(德帝), 안제(安帝), 헌조(獻祖)에 대한 기록이 없다. 따라서 『고려사』의 기록에 따르면 아골타 이전에 4대 7명의 황제가 있었음을 알 수 있다.

세 번째는 아골타가 금을 세운 지 2년째 되는 해인 1117년의 기록이다. 아골타는 아지(阿只) 등 5인을 통해 보낸 서신에서 다음과 같이 말하였다.

> "형인 대여진(大女眞) 금국(金國) 황제는 동생인 고려 국왕에게 서신을 보낸다. '우리는 조상 때부터 한구석에 끼어 있었으며, 거란을 대국(大國)이라 하고 고려를 '부모의 나라'라 여기며 조심스럽게 섬겨 왔다. … 고려

국왕은 우리와의 화친을 허락하고 형제가 되어 영원한 우호 관계를 맺길 바란다'라고 하였다."[31]

역시 일부 학자는 위 기록 중 아골타가 고려를 '부모의 나라'라고 한 것을 "보주(保州)를 얻기 위해 고려에 아첨한 것"[32]이라든지, "후방의 안전을 도모하기 위한 것"[33]이라고 하여 금 시조의 고려 내원설을 부정한다. 그러나 만약 아골타가 고려에 환심을 살 목적으로 '부모의 나라'라고 했다면, 같은 서신에서 고려 국왕을 '동생'이라고 표현하지는 않았을 것이다. 따라서 일부 학자들이 주장하는 것처럼 금이 고려의 환심을 사기 위해 '부모의 나라'라고 주장한 것은 아님을 알 수 있다.

위 문장으로 볼 때 아골타는 공사를 구분할 줄 아는 합리적 사고의 소유자임을 알 수 있다. 1109년 기록의 경우에도 여진이 고려에 친밀감을 표시하여 외교적 이득을 얻으려 했을 가능성은 있으나, 그렇다고 강종과 목종이 모두 조상에 대한 이야기를 거짓으로 꾸며 냈다고 볼 수는 없다. 만약, 강종과 목종이 외교적 이득을 얻기 위해 시조가 고려에서 왔다고 거짓말했다면, 고려보다 우위를 차지하게 된 아골타가 동일한 거짓말을 반복했을 리가 없을 것이다.

네 번째 기록은 1119년 예종이 아골타에게 보낸 서신이다.

"중서주사(中書主事) 조순거(曹舜擧)를 금에 보내 예방하였는데, 보낸 서신에서 '더구나 금의 근원은 우리 땅에서 시작되지 않았는가'라는 구절을 보자 금 황제는 거부하고 받지 않았다."[34]

이 기록은 아골타가 "금의 근원이 고려에 있다"라는 말을 보고 고려 예종이 보낸 서신을 받지 않았다는 것이다. 보기에 따라서 아골타가 함보가 고려에서 왔다는 사실을 부정한 것으로 볼 수도 있다. 그러나 1117년 기록에서 아골타는 이미 시조가 고려에서 왔음을 인정하였으므로 이 기록은 고려 내원설을 부정한 것이 아니라 기존의 종속 관계를 상기시킨 것에 분노했다고 보는 것이 타당하다.

『고려사』 기록을 통하여 다음과 같은 사실을 알 수 있다. 첫째, 고려에는 여진과는 독자적인 금 시조의 고려 내원설이 전승되고 있었다. 둘째, 『고려사』는 함보의 고려에서의 이름과 신분, 부모에 대한 내용이 기록되어 있는 유일한 문헌이다. 셋째, 금은 건국 이전부터 시조가 고려 출신이라고 믿고 있었으며, 아골타도 인정하였다. 넷째, 『고려사』는 『금사』의 기록과 비교할 때 3대 3명의 황제가 적어 4대 7명의 황제가 있었다.

### 2) 금 통치자의 자기 역사 기술, 『금사』

금 초기 여진 귀족과 통치자는 건국 이전 역사에 관심을 두고 구전으로 전하던 내용을 적극적으로 수집하고 정리하였다. 가장 먼저 관심을 가진 이는 아리합만(阿離合懣, 1070~1119년)이다. 아리합만은 명장이며 뛰어난 정치가였다. "아리합만은 총명하고 말재주가 뛰어났으며 보고 들은 일은 절대로 잊지 않았다. 그는 금 초기 조상과 족속에 대한 일을 모두 암기하였으며, 사갈(斜葛)과 함께 여진의 씨족 세계(世系)를 편찬하였다. … 일찍이 세조(世祖)는 아리합만이 기억력이 매우 뛰어나 일반인은 따라가기 어렵다고 칭찬하였다."[35]

아리합만은 경조(景祖)의 여덟 번째 아들로 시조 함보의 6대손이고, 세조·숙종·목종과는 형제간이고, 태조 아골타의 삼촌이다. 아리합만은 황실의 직계 후손으로 조상들의 계보를 모두 기억하고 있었으며, 사갈과 함께 여진의 씨족 세계를 편찬하였다. 아리합만과 사갈이 편찬한 서적은 최초로 금 황실의 세계를 정리한 것으로, 아리합만이 사망한 1119년 이전에 금 황실 세계에 대한 초기 기록이 완성되었음을 알 수 있다.

아리합만은 49세에 사망하였는데, 그가 병중에 있을 때 또 다른 종실인 완안종한(完顏宗翰, 1080~1137년)이 찾아와 조상의 역사에 대해 조사하였다. 완안종한은 경조의 증손자이자 세조의 조카이며, 태조와 태종, 희종 시기 전쟁을 진두지휘한 명장으로 거란과 송을 멸망시켰다. 완안종한은 1121년 "매일 아리합만을 찾아가 병문안하고 조상의 옛 습속과 법규에 대해 조사하였다."[36] 또 다른 기록에 따르면 "완안종한은 여진 노인을 방문하는 것을 좋아하여 조상의 역사에 대한 일을 많이 조사하였다"[37]고 한다. 따라서 완안종한이 조사한 내용은 아리합만이 조사한 내용과 그 외 여진 노인을 대상으로 조사한 내용을 종합한 것임을 알 수 있다.

아리합만이나 완안종한이 편찬하거나 조사한 자료는 현재 전하지 않는다. 그러나 두 사람이 조사한 자료가 『조종실록(祖宗實錄)』의 핵심적 내원이 되었음은 의심할 바 없다. "1128년 금 태종은 조서를 내려 전해지는 조상에 관한 이야기를 조사하여 국사를 편찬하기 위한 준비를 하도록 하였고, 이 일을 완안욱(完顏勗, 1099~1157년)과 야율적월(耶律迪越)이 담당하게 하였다. 완안욱 등은 전하는 이야기와 옛일 중에 가려 뽑아 시조 이하 10명의 황제 이야기를 3권으로 종합하였다."[38]

『조종실록』 편찬에 핵심적 역할을 한 완안욱 역시 종실 사람으로 경조의 손자이며 목종 영가의 다섯 번째 아들이다. 그는 "학문을 좋아하여 나라 사람들은 그를 수재라고 하였다."[39] 1141년 완안욱 등은 "『조종실록』 3권을 완성하여 궁으로 들어가 희종에게 바쳤는데, 희종은 향을 피우고 서서 받았으며 공로의 많고 적음에 따라 상을 내렸다."[40]

『조종실록』은 현재 전하고 있지 않지만 원 시기 탈탈(脫脫) 등이 『금사』의 첫 편인 「세기」를 집필하는 데 중요한 자료가 되었다. 「세기」는 함보를 비롯한 건국 이전 황제들의 세계에 대해 비교적 긴 기록을 남겼다. 내용을 요약하면 다음과 같다.

> "금 시조 함보는 동생 보활리(保活里)와 함께 고려에서 왔는데, 여진 완안부에 도착하였을 때 이미 60여 세였다. 형 아고내(阿古乃)는 승려였기 때문에 같이 오지 않고 고려에 머물렀다. 함보는 완안부의 복간수(僕幹水) 근처에 거주하였고, 보활리는 야라(耶懶)에 거주했다. 함보가 완안부에 도착했을 때 완안부는 오랫동안 부족 간에 대립하고 있었다. 함보는 재능을 발휘하여 부족 간의 대립을 해결하고 배상제도를 만들었다. 그는 능력을 인정받아 60여 세의 여진족 여자와 결혼하여 완안 성씨를 얻었다. 함보는 아들 둘과 딸 하나를 낳았는데 장자는 오로(烏魯)이고, 둘째는 알로(斡魯)이며, 딸은 주사판(注思板)이다."[41]

함보는 동생과 함께 여진 땅으로 와서 여진족 내부의 분쟁을 해결하고 여진족 여자와 결혼하여 완안이라는 성씨를 얻었다. 위의 기록에 이어지는 글에서는 시조 함보부터 아골타 이전 황제 7대 10명의 세계를 정리하였다. 세조, 숙종, 목종은 형제 계승을 하였기에 황제는 10명이지만 세대는 7대가 된다.

『금사』는 금 종실들이 자신의 조상에 대한 역사를 직접 조사하여 기록한 것으로, 금 황실이 자신의 조상이 "고려에서 왔다"는 사실을 공식적으로 인정하였다는 점에서 의미가 있다.

### 3) 남송 관찰자의 역사 기술, 『송막기문』과 『신록기』

남송 사가의 함보 관련 기록으로는 『송막기문』, 『신록기(神麓記)』, 『삼조북맹회편(三朝北盟會編)』, 『건염이래조야잡기(建炎以来朝野雜記)』, 『건염이래계년요록(建炎以来系年要錄)』, 『구조편년비요(九朝編年備要)』, 『속편양조강목비요(續編兩朝綱目備要)』가 있다. 이 중 『송막기문』과 『신록기』를 제외한 다른 문헌들은 두 문헌의 내용을 인용한 것이다. 예를 들어 『삼조북맹회편』 권3은 『송막기문』을, 권18은 『신록기』를 인용하였다. 따라서 남송인의 기록은 『송막기문』과 『신록기』를 중심으로 살펴보도록 하겠다.

#### (1) 홍호의 『송막기문』

『송막기문』의 저자인 홍호(洪皓, 1088~1155년)는 1129년 5월 남송 고종의 명을 받고 정강의 변(靖康之變) 때 금으로 끌려간 휘종과 흠종 등의 송환 문제를 교섭하기 위해 금으로 갔다. 그러나 완안종한에 의해 냉산(冷山)에 유배되었다. 냉산은 지금의 헤이룽장성 우창현(五常縣) 다칭딩쯔산(大青頂子山)이다. "냉산은 금 상경에서 200여 리 떨어져 있으며 매우 추워 4월에 꽃이 피기 시작하고 8월에 눈이 내린다. 오막살이집은 100채가 안 되는데 모두 우감군(右監軍) 완안희윤(完顏希尹, ?~1140년)이 다스린다."[42] 홍호는 금에 억류된 지 15년이 지난 1143년 남송으로 돌아왔다. 홍호는 여진에 머무는 동안 여러 기록을 남겼으나, 금 정부는 "정보가 유출될 것을 우려하여 모든 책을 불살랐다."[43]

홍호는 남송으로 돌아온 후 진회(秦檜)의 모함을 받아 영주(英州)에 안치되었다. 이 시기 금에서의 기억을 더듬어 쓴 것이 『송막기문』이다. 그러나 진회는 사사로이 사서를 편찬하는 것을 금했기 때문에 세상에 나오지 못하다가, 진회가 사망한 후 장자인 홍괄시(洪适始)가 교간(校刊)하여 1156년에 편찬하였다. 『송막기문』은 홍호가 금에서 15년간 보고 들은 금의 군사제도, 의례제도, 산천 지리, 경제 물산, 민족문화, 사회 풍속 등에 대해 서술하였는데 내용이 상세하고 풍부하다.

『송막기문』 중 금 건국 이전 세계에 대한 내용은 전반부와 후반부로 나눌 수 있다. "『송막기문』에 나오는 10명 황제의 시호를 천회(天會) 말년(1137)과 황통(皇统) 5년(1145)의 시호와 비교해 볼 때 『송막기문』은 천회 말년, 즉 1137년 관방 기록을 채용했음을 알 수 있다. 『송막기문』과 『금사』에서 10명 황제들의 시호가 차이 나는 것은 홍호가 황통 3년(1143) 남송으로 송환되었기 때문에 황통 5년에 반포한 시호에 대해 알지 못했기 때문이다."[44] 후반부의 내용은 시호 명칭이 「세기」와 차이가 날 뿐 세계는 일치하므로 이 글에서는 전반부 내용을 중심으로 살펴보도록 하겠다.

> "여진족의 추장은 신라인으로 완안씨(完顔氏)라 불렀다. 완안은 한어로 '왕(王)'이라는 뜻이다. 여진은 그가 세상일에 밝아 후에 그에게 수령 자리를 양보하였다. 3형제 중 한 명은 만호(萬戶)로 숙여진의 추장이 되었다. 다른 한 명은 다른 나라로 갔다. 완안은 60여 세로 여진족 아내 역시 60여 세다. 아들 둘을 낳았는데 장자의 이름은 호래(胡來)다. 이로부터 세 사람을 지나 양가태사(楊哥太師)에 이르렀다. 양가태사는 자식이 없어 조카인 아골타의 동생 문열(文烈)을 아들로 삼았다. 그 후 양가는 달랄(闥辣)을 낳았고 문열을 생가로 돌려보냈다. 금 황제의 9대조 이름은 감복(龕福)으로, 시호를 경원황제(景元皇帝)로 추증하였고, 시조(始祖)라고 불렀으며, 배우자는 명의황후(明懿皇后)다."[45]

이 기록은 신라인 감복이 여진 사회에서 재능을 발휘하여 수령이 되고 자식을 낳고 정착한 상황과 간략하지만 그의 형제들의 행적과 후계 전승 과정, 희종에 이르러 황제로 추서된 사실을 보여 준다. 이 기록에서 장자의 이름은 호래라고 하는데, 호래는 경조 오고내로 덕제·안제·헌조·소조에 대한 기록이 없다. 따라서 아골타 이전에 3대 6명의 황제가 있었음을 알 수 있다.

『송막기문』은 홍호가 기억을 더듬어 정리하였기 때문에 『금사』에 비하여 간략하나 금 종실이 자료의 내원이기 때문에 기본적인 내용은 일치한다. 위 기록 중 문열은 후에 태종이 되는 인물인데, 홍호는 그가 목종의 양자가 되었다가 아들을 낳자 파양되는 과정을 자세히 설명하였다. 이러한 기록은 『금사』에는 전하지 않는 것으로 『송막기문』의 함보에 관한 기록은 당시 여진 귀족들 사이에 전승되던 이야기를 사실 그대로 기록하였음을 알 수 있다.

### (2) 묘요의 『신록기』

『신록기』는 내용이 방대했을 것으로 보이나 현재 전하지 않고 있다. 지금 볼 수 있는 것은 남송 서몽신(徐夢莘)이 『삼조북맹회편』을 편찬할 때 『신록기』의 내용을 인용한 부분이다. 1194년 편찬된 『삼조북맹회편』에서 『신록기』를 인용한 것으로 보아 늦어도 1194년 이전에 편찬되었음을 알 수 있다.

『신록기』 중 전반부는 묘요(苗耀) 자신이 조사한 내용이고, 후반부는 『송막기문』과 마찬가지로 1137년 관방 기록을 참고하였다. 『신록기』의 전반부 내용은 다음과 같다.

> "여진 시조 긍포(掯浦)는 신라에서 도망해 와 아촉호(阿触胡)에 도착하였는데 전혀 갈 곳이 없었다. 마침내 완안에 의지하여 완안을 성씨로 삼았으며 60세에도 결혼하지 못하였다. 이때 각 통치자들은 힘으로써 약한 자를 능욕하였으며, 제도라 할 만한 것이 없었는데, 긍포는 나무를 쪼개어 문서로 계약하는 것과 같은 기능을 하게 하였다. 그리고 사람들에게 돈을 빌려주고 이자를 받는 것과 농사짓는 것을 가르쳐 사람들은 마침내 큰 부자가 되었다. 만약, 소·닭·돼지·개·말을 훔치는 자를 만나면 차꼬와 수갑을 채우고, 버드나무 가지로 매질하는 것 외에 일곱 배로 배상

하게 하였고, 법령을 엄격하게 하여 사사로이 하지 못하도록 하였다. 따라서 멀고 가까이 있는 자들이 모두 복종하고, 신이라고 불렀다. 이웃의 비찰이(鼻察異) 마을 추장은 성이 결도고단(結徒姑丹)이고 아명은 성화자(聖貨者)다. 그의 딸은 마흔 살이 넘었는데 아직 결혼하지 못하였다. 그래서 소와 말, 재물, 농기구를 예물로 삼아 긍포에게 시집갔다. 후에 여진의 여러 추장은 결맹하여 긍포를 수령으로 추대하였다."[46]

이 기록은 긍포가 신라에서 도망해 와 도착한 지점, 완안이라는 성씨를 얻게 된 이유, 긍포의 업적, 아내의 출신과 혼인 과정, 수령으로 추대되는 이유 등에 대해 설명하고 있으나 후손에 대한 설명은 없다. 후반부 내용은 『금사』의 세계를 따르면서 후손들의 행적을 구체적으로 설명하였다.

『신록기』의 내용은 『금사』나 『송막기문』과는 차이가 나는데 이는 자료의 출처가 다르기 때문이다. 내용 중 시조의 이름은 긍포로, 『금사』나 『송막기문』과 달라 이들 기록을 참고하지 않았음을 알 수 있다. 그리고 패근(孛堇)이라는 여진어가 등장하는 것으로 보아 『신록기』는 여진인으로부터 채록한 것임을 알 수 있다.

## 3. 믿을 만한 함보 관련 기록

비록 편찬 시기는 가장 늦으나 함보에 대한 가장 이른 기록은 『고려사』로, 『고려사』는 금 건국 이전 함보에 대한 유일한 기록이기도 하다. 『고려사』의 기록을 통하여 금 통치자들은 건국 이전부터 시조가 고려 출신이라는 사실을 신뢰하였음을 알 수 있다. 『고려사』에는 『금사』에 전하지 않는 함보의 고려에서의 이름과 신분에 대한 내용이 전하고 있다.

편찬 시기로 보면 『금사』가 『송막기문』보다 이르다. 그러나 실제 담고 있는 내용은 『송막기문』이 더 이른 시기 자료다. 그 이유는 『송막기문』은 1143년 홍호가 남송으로 돌아가기 전의 자료이기 때문이다. 『신록기』는 금 세종에 대한 언급이 있는 것으로 보아 가장 늦은 시기에 편찬되었음을 알 수 있다.

『고려사』, 『금사』, 『송막기문』, 『신록기』의 함보에 관한 내용을 정리하면 〈표 1〉과 같다.

〈표 1〉『고려사』, 『금사』, 『송막기문』, 『신록기』의 함보에 관한 내용

| | 『고려사』 | 『금사』 | 『송막기문』 | 『신록기』 |
|---|---|---|---|---|
| 편찬 시기 | 1451년 | 1141년 | 1156년 이전 | 1194년 이전 |
| 편찬자 | 정인지 | 완안욱 | 홍호 | 묘요 |
| 자료의 출처 | - 고려 사회 전승<br>- 여진 사신 | 여진 종실 | 여진 종실 | 여진인 |
| 시조 이름 | 금준 또는 김극수 | 함보 | 감복 | 긍포 |
| 고려에서의 신분 | - 금준: 승려<br>- 김극수: 승려의 아들 | | | |
| 세대 | 4대 | 7대 | 3대 | |
| 황제의 수 | 7명 | 10명 | 6명 | |
| 출신국 | 고려 | 고려 | 신라 | 신라 |
| 완안 성씨를 얻게 된 이유 | | 완안씨 여자와 결혼하여 | | 완안씨에 의탁하여 |
| 이동 시 상황 | 아지고촌으로 들어가다(入) | 고려에서 왔다(來) | | 달아나다, 도망하다(奔) |
| 도착지 | 아지고촌 | 복간수 | | 아촉호 |
| 형 이름과 신분, 행적 | | 아고내, 승려, 고려에 남음 | 다른 나라로 감 | |
| 동생 이름과 행적 | | 보활리, 야라에 거주 | 만호, 숙여진 추장 | |
| 시조의 업적 | | 부락 간의 분쟁을 조절하고 배상법을 만듦 | 세상 이치에 밝음 | 계약제도 마련, 경제관념과 농업교육, 형벌과 배상법 제정, 타 부족을 복종시킴 |
| 결혼한 나이 | | 60여 세 | 60여 세 | 60세 |
| 부인 나이 | | 60여 세 | 60여 세 | 40세 |
| 부인 신분 | 여진족 여자 | 여진족 여자 | 여진족 여자 | 여진족 비찰이 추장의 딸 |
| 자식 | | 아들 2명, 딸 1명 | 아들 2명 | |
| 장자 이름 | 고을태사 | 오로 | 호래 | |

사료의 성격에 있어 『고려사』와 『금사』는 정사이고, 『송막기문』과 『신록기』는 개인 저작이다. 『금사』는 다른 왕조사보다 실제에 부합하는 내용을 사실적으로 서술하였기에 신뢰를 받고 있다. 일반적으로 정사가 개인 저작보다 신뢰성을 인정받고 있으나 『송막기문』이나 『신록기』도 한족 저자들의 여진 사회에 대한 편견 없는 기록으로 인정받고 있다. 청대에 편찬된 『사고전서(四庫全書)』는 『송막기문』에 대해 높은 신뢰도를 보이며, "홍호는 완안희윤의 자식들을 가르쳤기 때문에 금의 일을 자세히 알고 있었다. 따라서 『송막기문』에 기록된 역사적 사실은 작가가 금 조정에 있었기 때문에 거짓인지 진실인지 서로 참고하여 기록한 것으로 허튼소리를 하는 것에 비할 바가 아니다"[47]라고 하였다.

함보에 관한 기록은 신화적 색채가 없고 사실적이라는 것도 함보 관련 기록이 사실일 가능성을 높여 준다. 일반적으로 시조에 관한 이야기는 신화적 색채로 뒤덮여 있거나 영웅담이 과장되게 표현되기 마련이다. 그런데 『금사』의 함보에 대한 기록은 매우 소박하고, 심지어는 초라하여 가공되었다고 보기 어렵다. "「세기」의 서사 방식은 아주 소박하고 유물주의적이며 인본(人本)이지 신본(神本)이 아니다."[48] 따라서 함보에 대한 『금사』의 기록은 신뢰할 만하다.

고려와 여진 사회에는 서로 영향을 받지 않은 상황에서 독자적인 전승이 있었다. 『고려사』의 1115년 기록에 따르면 금 시조는 평주 사람 금준 혹은 김극수라 하는데, 이는 고려 사회의 독자적 전승이다. 『고려사』에 따르면 함보는 승려이거나 승려의 아들이라고 하는데, 『금사』에서는 형인 아고내가 승려라고 한다. 구비 전승 과정에서 구체적인 내용에 차이가 발생하였으나 두 기록 모두 함보 집안이 승려와 관련 있다고 하는 공통점이 있다. 따라서 여진의 영향을 받지 않은 고려에 독자적인 전승이 있고, 두 전승 간에 공통점이 발견된다는 점으로 보아 함보는 고려 출신임을 알 수 있다.

〈표 1〉을 통해 볼 때 각 문헌에 나타난 함보에 대한 구체적인 내용은 차이가 있다.

첫째, 함보의 출신지가 다르다. 『고려사』와 『금사』에서는 고려라 하고, 『송막기문』과 『신록기』는 신라라 한다. 『신록기』에서는 "신라에서 도망 왔다"라고 하였는데, 신라인으로 봐도 무방하다.

둘째, 함보가 도착한 곳이 다르다. 『고려사』에서는 "아지고촌에 도착하였다"고 하고, 『금사』에서는 "복간수 근처에 도착하였다"고 하고, 『신록기』에서는 "아촉호에 도착하였다"고 한다.

셋째, 함보의 업적에 차이가 난다. 『금사』에서는 부락 간의 분쟁 조절과 배상법을 만들었다고 한다. 『송막기문』에서는 세상 이치에 밝았다고 하여 모호하게 표현하였다. 『신록기』는 함보의 업적을 가장 자세히 서술하였다.

넷째, 가족에 대한 기록에서 차이가 난다. 『고려사』는 유일하게 함보의 부모와 신분에 대한 내용이 나온다. 『신록기』는 『금사』, 『송막기문』과 비교할 때 동생과 형, 자식에 대한 기록이 없다는 것이 특징이다. 『금사』와 『송막기문』도 형제들의 구체적인 행적에서 차이가 난다. 『금사』에서는 형 아고내는 고려에 남았다가 후에 거란으로 귀부하였고, 동생 보활리는 함보와 함께 왔다고 하였다. 『송막기문』에서는 동생 만호는 숙여진의 추장이 되고, 다른 한 명은 다른 나라로 갔다고 한다.

다섯째, 혼인 시 아내의 나이와 출신에 차이가 난다. 『금사』에서는

60여 세의 완안부 여자이며 이름이 현녀(賢女)라고 한다. 『송막기문』에서는 이름은 없고 역시 완안부의 60세 여자라고 한다. 『신록기』에서는 이웃 비찰이 마을 추장 딸과 결혼하였는데 그녀는 40세라고 한다.

여섯째, 장자의 이름과 아골타 이전 황제의 수와 세대가 다르다. 『금사』에는 7대 10명이고, 『고려사』에는 4대 7명, 『송막기문』에는 3대 6명의 황제가 있었다.

이처럼 구체적인 내용에 차이가 나는 이유를 몇 가지로 나누어 볼 수 있다.

첫째, 함보 이야기는 구비 전승되다가 문자로 정착하였다는 특징이 있다. 금은 완안희윤이 문자를 만들기 이전에 "문자가 없었기 때문에 기록을 남기지 못하였다. 당연히 조상에 대한 기록도 남기지 못하였다."[49] 구비 전승은 말로 전달된다는 특징 때문에 내용이 단순화되고, 전승자에 의해 왜곡되거나 과장되기도 한다. 함보 관련 문헌 자료는 모두 상당 기간 구비 전승되다가 문자로 정착되었기에 구체적인 내용에서 차이가 난다.

둘째, 제보자가 달랐다. 『고려사』의 내용은 고려 사회 독자 전승과 여진 사신으로부터 얻은 정보다. 『금사』와 『송막기문』의 주요 정보 제공자는 여진 종실이다. 『신록기』의 경우 기존 문헌을 참고한 것이 아니라 묘요가 직접 여진인으로부터 채록한 것이다. 제보자가 다르기 때문에 당연히 구체적인 내용도 차이가 난다. 이는 구비 전승되는 설화문학의 특징이기도 하다.

셋째, 편찬자의 입장이 투영되었다는 점을 들 수 있다. 『금사』는 금 통치자의 자기 역사 서술이다. 이에 비해 『고려사』와 『송막기문』, 『신록기』는 관찰자 입장에서 들은 이야기를 그대로 기록한 것이다. 『금사』에서는 함보가 "고려에서 왔다"라고 담백하게 표현하였으나 『신록기』에서는 "신라에서 도망하였다"라고 하였다. 남송의 문유간(文惟簡)이 쓴 『노정사실(虜廷事實)』에 따르면 금의 "먼 조상은 죄를 짓고 벌을 받는 것을 피하기 위해 고려에서 왔다"[50]라고 하였다. 금은 함보가 여진 땅으로 온 이유를 은폐하였으나, 관찰자인 남송인은 "죄를 지어 도망하였음"을 밝혔다. 편찬자의 입장에 따라 구체적인 내용에 차이가 발생했다.

그러나 이러한 차이에도 불구하고 함보의 이름, 출신과 행적, 전체적인 스토리는 상당한 유사성을 보인다. 금 시조는 한반도에서 출발하여 여진 완안부로 왔고, 여진 여자를 만나 여진 사회에 정착하였다는 것이다. 시조의 이름 중 함보, 감복, 긍포는 한자 표기상의 문제로, 실제로는 동일인이다.

따라서 구비 전승되다가 문자로 정착하고, 각기 채록한 대상이 다르고, 편찬자의 입장에 따라 구체적인 내용에 차이가 있으나, 금 시조 함보의 고려 내원설은 사실일 것으로 보인다.

# 4. 함보의 출신에 대한 두 가지 서술

## 1) 함보는 고려에서 이동

『고려사』와 『금사』에서는 함보가 "고려에서 왔다"라고 기록하고 있다. 필자는 이러한 기록이 상당한 타당성이 있다고 판단하는데, 그 근거는 다음과 같다.

첫째, 여진 종실은 비교적 정확한 정보를 가지고 있었다. 함보에 대해 최초로 조사하고 기록한 아리합만은 경조의 아들이다. 따라서 그가 들은 정보는 경조나 소조로부터 확보하였을 것이다. 소조는 함보의 4대손이고, 경조는 5대손이다. 과거 북방 수렵민과 어렵민은 보통 스무 살 이전에 결혼하였기 때문에 소조와 경조는 함보로부터 약 60~80년 이후에 해당한다. 60~80년은 조상의 기원에 대한 내용이 충분히 전승될 수 있는 시간으로 아리합만이 획득한 자료가 사실일 가능성이 크다.

둘째, 금 황실이 인정하였다. 앞에서 살펴본 바와 같이 『고려사』에 따르면 목종 영가, 강종 오아속, 태조 아골타는 모두 함보가 고려에서 왔다는 사실을 인정하였다. 심지어 아골타는 시조가 고려에서 왔음을 잊지 말 것을 "유훈으로 남겼다."[51] 금 황실은 초기부터 자신들의 조상이 고려에서 왔다는 사실을 문서로 작성하여 공식화했다. 완안욱 등은 1141년 『조종실록』을 희종에게 바쳤는데 희종은 매우 만족하여 "공로에 따라 상을 내렸다"[52]고 한다. 이로 보아 희종도 『조종실록』의 내용에 불만이 없었으며, 함보가 고려에서 왔다는 사실을 인정하였음을 알 수 있다.

금 통치자는 시조가 고려에서 왔다는 사실을 금 말기까지 견지하였다. 선종(宣宗) 시기 왕회(王澮)는 "금은 고신(高辛)을 계승한 황제(黃帝)의 후예로 나라를 세운 지 백 년이 지났는데 황제를 위한 사묘를 세우지 않는 것은 부끄러운 일이다"[53]라고 하였다. 이에 장행신(張行信)은 "『시조실록』에 근거할 때 오직 '고려에서 왔다'라고 하였지 고신(高辛)에서 나왔다는 말은 듣지 못하였습니다. … 왕회가 말한 것을 돌아보건대 매우 오만하고 안하무인한 말일 뿐입니다"라고 하였다. 장행신의 보고에 선종은 '옳다'라고 하였다.[54] 따라서 금은 말기까지 시조의 고려 내원설을 견지하였음을 알 수 있다.

셋째, 금 황실이 시조가 자신의 신하 국가에서 왔다고 거짓말하지는 않았을 것이다. "『조종실록』은 희종 시기인 1141년에 완성되었는데, 이 시기는 고려가 금에 사대를 취하던 시기다. 공상으로 시조를 만들어 냈다면 자신의 나라에 사대하는 나라에서 왔다고 하지는 않았을 것이다. 따라서 함보는 공상으로 꾸며 낸 이야기가 아니다."[55]

## 2) 함보는 신라계 인물

『송막기문』과 『신록기』에 따르면 함보는 신라인이라고 한다. 함보가 신라인일 가능성을 밝히면 다음과 같다.

첫째, 『송막기문』과 『신록기』는 정보의 출처가 다름에도 불구하고 모두 함보가 신라인이라 기록하고 있다. 전자는 여진 종실로부터 들은 이야기고, 후자는 제보자를 알 수 없으나 여진인에게서 들은 이야기다. 따라서 서로 다른 제보자에게 채록한 이야기에서 모두 신라인이라 한 것은 여진 사회에 함보가 신라인이라는 이야기가 광포되어 있었음을 말한다.

둘째, 완안씨는 다른 여진과 계통이 다르다. 『노정사실』[56]에 따르면 "여진족은 협곡(夾谷), 적잔(赤盞), 온숙(溫熟), 치만(馳满), 납합(納合), 도단(徒丹), 오고론(烏古論), 오림답(烏林答), 흘석렬(紇石烈) 등 수십 개의 성씨가 있는데 이들은 조상들이 거주했던 지역의 지명을 따른 것으로 오직 완안씨만이 다르다"라고 하였다. 헤이룽강 중하류에 거주하는 퉁구스 계통의 민족인 어룬춘족, 어원커족, 허저족은 수렵과 어렵을 하며 이동 생활을 한다. 이들은 물가에 정착지를 정하고 정착지를 부족명으로 삼는다. 그런데 완안씨는 여진족이 씨족명을 정하는 일반적인 방식을 취하지 않았다. 이는 완안씨가 여진족의 전통을 따르지 않는 별개의 종족임을 말한다.

"『만주원류고(滿洲源流考)』에 따르면 완안은 '만주어에서 존대(尊大)라는 뜻'[57]이라고 한다. '한기선(韓企先)은 완안이 '존대'라는 의미가 있기 때문에 훈을 따서 아골타의 성씨를 왕(王)씨라고 하였다'[58]고 한다."[59]

『금사』와 『송막기문』에서는 함보가 완안부에 의탁하여 또는 완안부 여자와 결혼하여 완안씨를 얻었다고 하여 『노정사실』의 기록과 배치된다. 그러나 『노정사실』과 『만주원류고』의 기록을 통하여 남송인들은 완안씨는 여진족의 다른 성씨와 계통이 다르다고 인식하고 있었음을 알 수 있다.

셋째, 함보는 신라인의 이름이다. 함보는 두 가지 계통의 이름을 가지고 있다. 하나는 『고려사』에 나오는 금준과 김극수이고, 다른 하나는 중국 문헌에 나오는 함보, 감복, 긍포다. 전자는 한자식 이름이고, 후자는 신라식 이름이다. 신라인은 보통 한자 이름과 신라어 이름을 가지고 있었다. "신라 전기에는 대체로 고유어를 기준으로 한 작명법을 따랐으나 전기의 말기에 이르면 벌써 한어식 작명법이 유행하였고 후기에는 보편화되었다."[60]

양주동은 현재 흔히 사용되는 바보, 곰보, 뚱뚱보, 느림보 등의 '~보'는 '아이'라는 의미로, 신라 시기에 보편적으로 사용되던 인칭 접미사라고 하였다. 사복(蛇福)의 다른 이름인 '사복(蛇卜), 사복(蛇伏), 사파(蛇巴)'와 장보고의 신라 이름인 궁파(弓巴), 궁복(弓福)의 '파(巴), 복(卜), 복(伏), 복(福), 보(寶)' 등은 모두 '보'와 통용되는 말이다. 그리고 '보'는 이외에도 '부(夫)'로 쓰인 경우가 많다. '부(夫)'는 신라 시기 인명에 무수히 쓰였다고 한다.[61] 이기문도 양주동의 견해에 동의하였다.[62]

최근 연구에 따르면 "신라 시대의 목간이나 금석문의 인명을 보면 끝에 '지(支), 지(智), 지(知), 지(只), 리(利), 혜(兮), 차(次), 파(巴)' 등의 경칭 접미사가 붙는다"[63]고 한다. 앞에서 지적한 바와 같이 파(巴)는 '보'와 통용된다. 함보의 '보'는 신라인의 인명에서 매우 보편적으로 사용된 인칭 접미사이며, 현대 한국어에도 다양하게 남아 있다.

이에 반하여 함보는 여진인의 이름으로 적당하지 않다. "여진인은 일반적으로 산, 물, 동물, 식물, 인체 기관, 생활용품, 장유유서, 성격, 출생 시 부모의 나이, 성격 등으로 이름을 지었다."[64] 연구에 따르면 "함보는 여진인의 이름 중 동사로 지은 최초의 이름으로, 만주어 발음은 'kambuljambi'이고 '비틀거리며 걷다'라는 뜻"[65]이라고 한다. 그러나 '비틀거리며 걷다'라는 의미의 동사 이름은 사물의 특징이나 성격, 상황으로 작명하는 여진의 습속과 부합하지 않고, 의미도 지나치게 부정적이어서 이름으로 적당하지 않다. 따라서 함보는 여진어 이름이 아니라 신라 이름일 가능성이 크다.

## 5. 함보는 신라계 고려인

함보 관련 문헌 기록은 모두 구비 전승되다가 문자로 정착하였다는 특징이 있다. 이로 인하여 내용이 단순화되고, 왜곡되고, 과장되었으나 가장 핵심적 내용인 "함보가 고려에서 왔다"는 사실은 공통으로 나타난다.

『금사』, 『송막기문』, 『신록기』는 모두 여진인에게서 채록한 자료이고, 『고려사』는 독자적으로 고려 사회에 전승되던 자료다. 따라서 전파를 상정할 수 없는 상황에서 함보가 고려 출신이라는 내용이 전승되었다는 것은 함보의 고려 내원설이 사실임을 말해 준다. 함보에 관한 기록은 일반적인 건국신화가 가지고 있는 신화적 색채나 시조의 영웅화가 발견되지 않는다. 함보의 행적은 오히려 초라하기까지 하여, 함보 이야기가 거짓으로 꾸며졌을 가능성은 없어 보인다. 함보에 대한 최초의 기록자라 할 수 있는 아리합만은 함보로부터 100년을 전후한 시기에 살았던 사람으로 함보에 대한 비교적 정확한 정보를 들을 수 있었다. 마지막으로 금 황실이 처음부터 끝까지 함보의 고려 내원설을 견지한 것도 함보의 고려 내원설에 힘을 보탠다.

각기 다른 정보 출처를 가진 『송막기문』과 『신록기』에서 모두 함보가 신라인이라 한 것은 여진 사회에 관련 전승이 광범위하게 퍼졌음을 말한다. 남송인이 쓴 『노정사실』에서는 완안씨만이 거주지를 성씨로 사용하지 않는다고 기록하였는데, 이는 완안씨가 정통 여진족이 아님을 말한다. 그리고 함보라는 이름은 여진어 작명법과 맞지 않으며, 신라의 인칭 접미사 '~보'를 쓴 것으로 보아 함보는 신라인임을 알 수 있다.

함보가 이동한 시기는 920~930년경으로 나말여초다. 『고려사』와 『금사』에서는 함보가 고려 출신이라고 하고, 『송막기문』과 『신록기』에서는 신라인이라고 한다. 연구자들은 이처럼 기록에 혼선이 있는 이유가 나말여초에 함보가 이동해 왔기 때문이라고 한다.

『금사』에 따르면 경조 오고내는 1021년에 출생하였는데 중국 학자들은 1021년을 기준으로 함보가 완안부에 도착하고 활동한 대체적인 시간을 추정하였다. 함보가 여진으로 온 시기에 대해 장보취안(張博泉)[66]은 919년, 멍광야오(孟廣耀)[67]는 921년, 순진지(孫進己)[68]는 930년, 왕지우위(王久宇)는 930년경[69]이라 하였다. 아골타가 출생한 1068년을 기준으로 계산하면 아골타 이전에 총 7대 조상이 있다. 한 대를 20년으로 계산하면 대략 928년이 된다.

필자의 연구와 중국 연구자들의 연구를 종합할 때 함보는 920~930년에 여진으로 이동했음을 알 수 있다. 이 시기는 고려가 건국(918년)하고 아직 신라는 멸망(935년)하지 않은 시기다. 『고려사』에 따르면 함보는 원래 평주 사람이라고 하는데, 평주는 현재 황해도 평산군을 말한다. 황해도 평산군 일대는 이미 고려에 정복된 지역으로 함보는 신라계 고려인이라 할 수 있다. 따라서 "고려에서 왔다" 또는 "신라인이다"라는 기록이 병존하게 되었다.

제3장

# 금 통치자의 역사기억 만들기와 정통왕조론

김인희 • 동북아역사재단 연구위원

# 1. 전통적 정통왕조론의 한계

중국에서 정통 왕조의 개념은 시대에 따라 차이가 있었다. 한대에서 송대에 이르는 시기 정통 왕조가 되기 위해서는 정치적, 지리적, 문화적, 종족적 개념을 충족해야 했다. 정통 왕조는 정치적으로 주변국으로부터 조공을 받고, 지리적으로는 정치의 중심이 중원에 있고 구주를 다스리며, 문화적으로는 유가를 향유하고, 종족적으로는 한족이 통치하는 정권을 말하였다. 정치적 개념으로 볼 때 금은 소흥화의를 통하여 남송과 신속 관계를 맺었으므로 정통 왕조라 할 수 있었다.

금은 남송과 여러 조약을 통하여 군신 관계, 숙질 관계, 백질 관계를 맺고 세공과 세폐를 받았으며, 남송으로부터 신하로서의 예를 갖출 것을 약속받았기 때문에 정치적으로 볼 때 정통 왕조라 할 수 있다.

금의 통치 영역은 황하(黃河)를 넘어 화이하(淮河) 유역에 이르렀다. 비록 중원을 장악하였으나 중국 전체를 완전히 통일한 것은 아니었기에 지리적 개념으로 볼 때 완벽한 정통 왕조라고 할 수 없었다. 따라서 해릉왕은 중원으로 적극 진출하여 정통 왕조의 기반을 다지고자 하였다. 해릉왕은 "여러 대 동안 강성했던 국력을 믿고 거리낌 없이 남송을 정벌하여 천하를 통일하려고 하였는데, 그는 일찍이 '천하가 한 집안이 된 후에야 정통이 될 수 있다'라고 말한 바 있다."[1] 해릉왕은 1151년 3월 "연성(燕城)을 넓히고 궁실을 짓도록 하고"[2] "4월 조서를 내려 도읍을 연경으로 옮겼다."[3] "1153년에는 천도 사실을 나라 안팎에 알렸다."[4] 1156년 "시조 이하 10명 황제들의 관을 모셔 와 대방산(大房山)에 안장하고,"[5] 1157년 "회령부에 명하여 옛 궁전과 여러 귀족들의 주택 및 저경사(儲慶寺)를 헐어 버리고 그 터를 평탄하게 골라서 밭 갈고 씨 뿌리게 함으로써"[6] 북방에 대한 미련을 완전히 없애 버렸다.

해릉왕은 "남송이 비록 신하로 복종한다고 서약하였으나 성실하지 않다"[7]는 것을 구실로 삼아 1161년 대대적으로 군사를 일으켜 남송을 공격하였으나 완안원의(完顏元宜) 등에 의해 40세에 피살되었다. 이로써 중국 전체를 통일하여 완벽한 정통 왕조가 되고자 한 해릉왕의 꿈은 좌절되었다.

세종은 비록 중국 전체를 정복한 것은 아니었지만 중원을 점령하였으니 정통 왕조라 생각하였다. 세종은 "우리나라는 거란과 북송의 황제를 물리치고 천하의 중앙을 점거하였으니 어찌 천지(天地)에 제사 지내는 것(郊祀之禮)이 불가능하겠는가?"[8]라고 하였다. 즉, 중원을 장악하였으니 정통 왕조로서 손색이 없다는 것이다.

문화적 개념의 정통관을 극복하는 것은 비교적 쉬운 일이었다. 이러한 방법은 이미 거란이 시도한 바 있었다. 희종은 존공숭유(尊孔崇儒)하는 방식으로 문화적 개념에 있어 화이지변(華夷之辨) 의식을 약화시키고자 하였다. "희종은 1141년 2월 친히 공자묘에 제사를 지냈으며 '공자는 비록 황제의 지위에 있지 않았으나 그의 도(道)는 존경할 만하여 만세에 우러러보게 한다'라고 하였다."[9] 희종은 즉위 후 한 문화를 모방해 제도를 확립하고 문화적으로 한족 정권과 비교해 손색이 없는 정통 정권을 정립하려 하였다. "세종은 의례를 중시하였으며 혈통보다는 '덕이 있는 자(有德者)'가 정통이라는 사상을 가지고 있었다. 세종은 인정(仁政)을 실시하였기 때문에 중원인들은 그를 '작은 요임금과 순임금(小堯舜)'이라 하였다."[10] 금 통치자들은 금은 예법을 중시하고 유학을 존중하였으므로 문화적으로 이미 정통 왕조의 조건을 갖추었다고 생각하였다.

## 2. 종족주의 부정과 신개념 정통왕조론

종족적 개념의 정통관은 금 정권이 가장 극복하기 어려운 부분이었다. 그런데 금은 과감하게 "이적과 화하는 바뀔 수 있다(夷夏可變)"는 논리를 주장하였다. 금은 이적(夷狄)이라고 불리는 것에 반감을 갖고 이를 묵인하지 않고 반박하는 과정으로 나아갔다. 기존의 중원으로 들어온 북방 민족 정권들은 감히 화이지변에 대항하지 못하였고, 스스로 이적의 위치에 머물러 있었다. 그러나 금은 이적도 정통이 될 수 있다는 관념의 변화를 통해 당당히 정통 왕조가 되고자 하였다.

희종은 연경성(燕京城)의 서쪽에 개천계조예덕신공지성덕비(開天啓祚睿德神功之聖德碑)를 세워 완안부의 세계를 정식으로 확정하였다. 이 신공비의 내용은 남송의 문유간(文惟簡)이 쓴『노정사실(虜廷事實)』에 일부 전하고 있다. 금의 "먼 조상은 죄를 짓고 벌 받는 것을 피하기 위해 고려에서 왔다. 여진은 후에 신공성덕비(神功聖德碑)를 연경성의 서쪽에 세웠다. 참지정사(參知政事) 한방(韓昉)이 문장을 짓고, 한림승지(翰林承旨) 우문허중(宇文虛中)이 글을 쓰고, 한림특제(翰林待制) 오격(吳激)이 비석의 머리말을 전서로 썼다. 그 비석의 서문부터 '고려'라는 말이 나온다."[11] 문장을 쓴 한방은 희종의 스승이었으며 국사 편찬을 담당한 한족 관원이다. 한방은 1141년 4월 참지정사[12]에 임명되고 1147년 12월 파직[13]된 것으로 보아 성덕비가 세워진 시기는 1141년 4월 이후부터 1147년 12월 이전이다.

"1142년 4월 남송이 신하로 칭하게 된 사실을 세상에 선포하였다"[14]고 하는데, 아마도 이 시기에 성덕비를 세운 것으로 보인다. 이 시기는 1141년 『조종실록』이 완성되고, 같은 해 소흥화의를 맺어 남송과 신속관계를 맺은 다음 해다. 성덕비에는 『조종실록』의 조상들의 세계와 소흥화의 이후 남송이 신속국임을 밝히는 내용이 담겨 있었을 것이다. 한족들의 주거지인 연경에 신공성덕비를 세워 자신의 근원이 고려에 있음을 밝혔다는 것은 금 통치자가 종족주의를 부정하는 방식으로 정통왕조가 되겠다는 의지를 천하에 공포한 것이라 할 수 있다.

해릉왕은 "국가의 법은 귀천이 하나인데, 어찌 귀함이 혈통에 따라 차이가 있겠는가"[15]라고 하였다. 해릉왕은 민족에 귀천이 있다는 사상을 없애고자 하였다. "해릉왕은 한족과 다른 민족, 민족이 생활하는 지역으로 귀천과 존비를 구분하는 것은 잘못된 것으로 문화와 업적을 기준으로 정통과 비정통을 구분해야 한다고 생각했다. 해릉왕은 부견(苻堅) 등 소수민족은 중원 지역에서 정권을 건립하여 웅대한 업적을 이루었으니 당연히 중국 정통이며 정권의 합법성이 있다고 생각하였다. 여진인도 웅대한 업적을 이루었으니 역시 중국 정통이라고 하였다."[16]

장종(章宗)은 보다 더 적극적인 방법을 택하였다. "장종은 여진인과 금 왕조를 '번(蕃)이라 지칭하는 것'을 금하고 위반한 자는 매를 때렸다."[17] 장종 시기 학자들도 장종의 주장에 힘을 보탰다. 왕약허(王若虛)는 "천하는 한 사람이 독점하는 것이 아니다. 이쪽과 저쪽의 경계는 나누어 점거하며 병립하는 것을 허용하고 약한 자가 힘이 센 자를 모시고, 힘이 센 자가 약한 자를 보호하며 각자 도를 다하면 된다"[18]라고 하였다. 즉, 모든 민족은 천하를 다스릴 권리가 있으며, 힘이 센 자가 힘이 약한 자를 다스리는 것은 당연하다는 것이다. 조병문(趙秉文)은 "『춘추(春秋)』에서 말하기를 제후가 이적의 예를 따르면 이적이 되고, 이적이 중국으로 진입하면 중국이 된다"[19]라고 하여 화하와 이적을 구분함에 있어 종족을 가볍게 여기고, 이적이라도 중국으로 진입하였으면 중국의 정통 왕조라고 하였다. "위 두 학자의 주장은 어떠한 민족 정권의 건립도 내재적인 합리성이 있음을 인정하였을 뿐만 아니라 금의 현실적인 상황에 근거해 금 정권의 합법성을 직접적으로 증명하였다."[20]

금 황제들이 함보가 "고려에서 왔다"라고 당당히 밝힐 수 있었던 것은 정통의 개념에서 종족주의를 배제하였기 때문에 가능하였다. 이는 기존의 북방 민족 정권이 황제(黃帝)의 후예임을 주장하는 방식으로 정통 왕조임을 주장했던 것과는 차원이 달랐다.

장종은 정통론에 있어 종족주의를 부정하는 동시에 한 왕조가 천명을 받았는지를 설명하는 덕운(德運) 논쟁을 통해 금을 정통 왕조의 반열에 올려놓고자 하였다. 장종은 '덕운지의(德運之議)'를 8년간 네 차례 토론하여 "금은 북송의 화덕(火德)을 계승하여 토덕(土德)으로 할 것을 결정"[21]하였는데, "금은 자신이 북송을 계승하였음을 명확히 함으로써 거란과 남송을 정통에서 배제하였다."[22] 남송은 자신이 북송을 계승한 화덕이라고 하였는데, 조병문은 "금 왕조가 흥하여 거란과 북송을 멸하고 북송의 두 황제를 포로로 잡아 오고 북송의 보물을 옮겼고 북송은 이미 멸망하였다"[23]라고 반박하였다. 이러한 과정을 통해 금은 천명이 다한 북송을 계승한 유일한 정통 왕조가 되었으며, 남송을 윤(閏)으로 강등하였다. 윤은 정통이 아니라는 뜻이다.

금은 자신을 유일한 정통 왕조로 인식하였기 때문에 남송을 이적으로 간주하였다. 세종과 장종 시기 글들을 보면 남송을 만이(蠻夷)로 간주하였음을 알 수 있다. 세종 시기 대신인 왕적(王寂)은 "위풍당당하게 만맥(蠻貊)의 땅으로 나아가 회이(淮夷)를 소탕하고 개선가를 부르고 관인을 찍어 방백(方伯)임을 명한다"[24]라고 하였다. 만맥과 회이는 모두 남송을 지칭하며, 방백은 남송이 금의 제후국이라는 뜻이다. 장종 시기 조병문은 금의 명장 복산규(僕散揆)를 찬양하여 "용맹한 병사 3천을 이끌고 도이(島夷) 수만 명을 깨뜨렸네"[25]라고 하였다. 또 다른 글에서는 "어리석고 미련한 만황(蠻荒)은 천벌을 받을 것이다"[26]라고 하였다. "도이는 남북조 시대부터 북조의 왕조들이 남조를 폄하할 때 사용한 상용어"[27]이며, 만황은 야만적인 지역이나 민족을 말한다.

금대는 민족 관계와 민족의식에서 중대한 변화가 있던 시기다. 선비가 세운 북위와 같은 북방 민족 정권은 중원에 진입한 후에 자신의 특성을 잃고 한화되어 사라졌는데 비트포겔(Karl August Wittfogel)은 이들 왕조를 침투 왕조라 한다. 최초의 정복 왕조인 거란도 스스로를 정통 왕조라 하였으나, 북송도 정통 왕조임을 인정하여 남북조가 공존하는 형국을 벗어나지 못하였다. 그러나 금 통치자들은 남송의 정통성을 부정하고 유일한 정통 왕조가 되었다. 북방 민족인 금 정권이 중국의 유일한 정통 왕조임을 천명한 것은 "오직 한족이 건설한 정권만이 정통이라는 전통적 관념에 도전한 것으로, 누구나 '중국'을 쟁취할 수 있음을 표명한 것이다."[28]

## 3. 공동의 역사기억 만들기

에릭 홉스봄(Eric Hobsbawm)은 "전통의 발명이 자주 일어나리라고 예상할 수 있는 경우는 사회가 급속히 약화되거나 파괴되어 그 결과 낡은 전통과 충돌하면서 새로운 전통이 만들어질 때나, 아니면 낡은 전통과 그것들을 제도적으로 매개하고 보급하는 수단이 더 이상 융통성 있게 적응할 수 없는 것으로 판명이 나거나 아예 사라져 버렸을 때"[29]라고 한다. 금은 거란과 북송을 멸망시키고, 남송·서하·고려를 신속국으로 거느리게 되었다. 이로써 중원의 한족 정권 중심의 봉공체계는 크게 흔들렸고, 금을 중심으로 한 새로운 세력 판도가 형성되었다. 금은 자신들의 정치적 위상에 맞는 새로운 전통을 창조하고자 하였다.

금의 새로운 전통 창조는 두 단계로 진행되었다. 첫 단계는 거란을 상대로 전쟁하던 시기로, 여진족과 발해인을 하나의 족군으로 포섭하는 데 주안점을 두었다. 두 번째 단계는 북송을 멸망시킨 이후로, 한인과 거란인을 하나의 족군으로 포섭하는 데 주안점을 두었다.

첫 번째 단계는 함보를 중심으로 공통의 혈연을 강조하는 방향으로 진행되었다. 이러한 목적을 달성하고자 금 통치자는 본 민족의 기원에 대한 기억을 설명하고 재구성하여 『조종실록』을 편찬하였다. 『조종실록』이 갖는 가장 중요한 의미는 전설의 역사화를 통한 집단기억(Collective Memory)의 강화다. "집단기억에는 '삶에 보탬이 되는 지혜나 교훈의 보고'라는 온축적 가치를 넘어 역사의 물줄기를 새로운 방향으로 바꾸려는 집합적 열망이 투영되어 있다는 점에서 큰 의의를 부여할 수 있다."[30] 집단기억은 정체성이 다른 성원들이 상상의 공동체를 형성하는 데 필요한 추상적 신념을 제공한다. 통치자들의 정치적 목적과 사회의 필요에 따라 집단기억은 문자로 기록되고 역사가 된다. 전설이 문자화되면 고정불변의 역사가 된다.

금 통치자는 함보를 공통의 조상으로 하는 족원기억을 족군 성원들이 믿게 하고자 하였다. 성원들이 어떤 한 조상의 후손이라는 공통된 역사기원을 믿는 것은 하나의 족군이 응집하는 데 핵심적 요소다. 족군 공동체를 형성하는 관건은 공동의 혈통에 대한 상상으로 전체 성원이 모두 아주 오래된 어떤 공동 조상의 후예라는 것을 믿게 하는 것이다.[31] 시조 3형제의 족원기억은 3단계를 거쳤다. 1단계는 함보가 전체 여진인의 공동 조상임을 말한다. 2단계는 함보와 보활리의 연맹이다. 3단계는 함보, 보활리, 아고내의 후손이 연합하여 거란을 멸망시키는 것이다. "아고내는 갈소관 여진의 수령이 되었고, 보활리는 야라로 여진의 수령이 되었는데, 안출호수(按出虎水) 완안부 이외 확대된 여진 공동체 인식 범위 중 진정으로 핵심 권력에 진입한 여진 부족은 오직 야라로 여진 석토문부(土土門部)와 갈소관 여진 호십문부(胡十門部)로, 그들은 처음으로 그리고 가장 강력하게 안출호수 완안부를 지지한 이들이다. 시조 3형제의 역사에 대한 서술 중 갈소관 여진, 야라로 여진, 장백산 여진 등은 모두 족군의 위치를 찾을 수 있다. 그들의 지위는 시조 3형제 설화에 근거한 '공동 조상에 대한 전설(同宗故事)'을 이용하여 명확히 하였다."[32] 이는 생여진과 숙여진이 결합하여 공동으로 거란에 대항한 역사를 대변한다.

관념적으로 하나의 씨족은 모두 공동의 조상에서 나왔으며, 서로 보호해야 한다는 원칙을 가지고 있다. 집단기억의 형성과 강화에 있어 가장 중요한 것은 민족 공동의 조상을 발명해 내는 것이다. 함보를 중심으로 한 족보 텍스트는 여진인의 족군 인식을 합리적으로 강화하고 당시 사회 현실을 지지한다. 이러한 족보 텍스트는 정치적 힘을 통해 완성되고 역사적 지위를 갖게 된다. 함보를 공동 조상으로 하는 족군기억은 여진족군의 단합을 강화하였다.

금 통치자들은 여진족군 외에 발해인도 공동의 혈족으로 포섭하려 하였다. 『금사』「본기」에 따르면 아골타는 "양복(梁福)과 알답자(斡荅剌)에게 발해인을 불러 '여진과 발해는 원래 한 집안이다'라고 타일러 말하게 하였다"[33]고 한다. 이 문장은 함보 3형제의 후손이 다시 만난 이야기 다음에 나온다. 같은 내용이 『금사』「태조」에도 나오는데, 아골타는 영강주(寧江州)에서 군대를 일으킬 때 "여진과 발해는 한 집안이다"[34]라고 하였다. 아골타가 발해와 여진이 한 집안임을 강조한 것은 족원상의 공동 기원과 거란에 대한 원한을 이용하고자 하였기 때문이다.

집단기억의 강화는 특정 영웅을 기리는 장엄한 기념물이나 의례를 통해 완성된다. 금 통치자들은 집단기억을 강화하고자 장엄한 종묘 건축을 축성하고, 신성한 제사를 거행하였다.

태조와 태종은 계속된 전쟁으로 종묘제도에 신경을 쓸 수 없었다. 희종 대에 이르러 조상의 세계를 확정하고 이를 서적으로 편찬하였다. 여진 조상들의 계보 확정은 금대 여진인과 건국 이전 여진 각 부족이 '공동 혈통을 상상'하는 작용을 하였다. 그리고 희종은 중원 왕조의 의례제도를 모방하여 의례제도를 건립하였다. 희종은 "1136년 시조인 함보를 경원황제(景元皇帝)에 추서하고, 묘호(廟號)는 시조(始祖)라 하였다."[35] "1136년 8월 9대 시조 이하 황제와 황후의 시호를 추서하고 시조(始祖), 경조(景祖), 세조(世祖), 태조(太祖), 태종(太宗)의 사당을 영원히 옮기지 않기로 규정하였다."[36] "1143년 5월에 처음으로 태묘(太廟)와 사직(社稷)을 세우고,"[37] 12월에 시조 이하 황제 열 분과 태종 및 휘종의 시호를 더하여 올렸다.[38] 이때 시조 함보에게 시조의헌경원황제(始祖懿憲景元皇帝)가 추서되었다.[39] 이로써 여진 시조는 자신의 이름, 시호, 묘호가 있게 되었고 사계절 황가의 제향을 받고 자손들의 극진한 대접을 받게 되었다. 희종 말년에 이르러 종묘제도를 완성하고 시조 함보를 비롯한 10명의 황제를 태묘(太廟)에 모셨다.

사당에 모셔졌던 함보는 드디어 자신의 세속의 귀속처인 시조릉(始祖陵)에 안치되었다. "이처럼 겉으로 드러나는 역사적 증거와 관련 기억은 사회 현실이 은유하고 있는 것을 지지한다. 이러한 사회 현실은 금 통치자가 족원 전설에 대한 새로운 해석을 통하여 다른 지역 여진족군의 공동체 인식을 정합하고 여진족군의 공동체 인식 범위를 확대하여 여진 민족국가의 통치 기초를 공고히 하게 하였다."[40]

## 4. 구조적 망각과 이데올로기 조작

첫 번째 단계가 여진과 발해족군을 통합하는 과정이었다면 두 번째 단계는 소흥화의 이후 한족 지역을 직접 지배하는 과정에 등장한다. 금은 여진, 거란, 해, 발해, 한인 등의 족군이 공동으로 구성한 국가로, 특히 한인의 족군의식을 약화시켜 금 통치에 복종하게 하는 것은 국가의 명운이 걸린 중요한 문제였다.

금에는 두 종류의 한인이 있었다. 앞에서 살펴본 바와 같이 금 통치자들은 한인에 대해 말살과 동화 정책을 실시하였다. 그뿐만 아니라 동시에 이데올로기 조작을 통한 회유 정책도 실시하였다. 금 통치자들은 "금나라 사람은 모두 한 집안이다(國人一家)"라고 주장하였다. 희종은 여진인뿐만 아니라 금 통치권 아래 있는 다른 민족도 모두 금의 백성이라고 하였다. 1148년 "좌승상(左丞相) 종현(宗賢)과 좌승(左丞) 품(稟) 등이 말하기를 '주군(州郡)의 중요한 관원은 마땅히 모두 본국 사람으로 임용해야 합니다'라고 하였다. 희종은 '사해 안은 모두 나의 신하와 백성으로, 만약 분별하여 그들을 대우한다면 어찌 천하의 통일을 이룰 수 있겠는가? 속언에서도 사람을 의심한다면 쓰지 말고, 사람을 쓰면 의심하지 말라 하였다. 오늘부터 본국 사람과 다른 여러 민족 사람들을 일률적으로 능력에 따라 임용하도록 하라'라고 명령하였다."[41] 당안안례(唐括安禮)는 세종이 한인을 지나치게 군인으로 징발하는 것에 반대하여 "맹안인과 한족은 모두 한 집안으로 농사를 지으면 모두 우리나라 사람이다. 당일 군인으로 징발한다면 농사에 방해가 될까 두렵다"[42] 라고 하였다. 한인 사이에도 이러한 사상이 있어 희종 시기 유괄(劉筈)은 "지금 천하는 한 가정으로 누구는 남(南)이고 누구는 북(北)이라고 구분할 수 없다"[43]라고 하였다.

"종족의 발전과 재구성은 구조적 망각과 새로운 집단기억의 강화를 통하여 달성된다. 어떤 조상들은 망각하고 어떤 조상들은 특별히 기억하고 강조하며 또는 다른 사람의 조상을 훔쳐와 덕을 보려고 하고 심지어 조상을 창조하기도 했다."[44] 금 초기 금 통치자는 여진과 발해족군을 통합하기 위해 함보를 공동 조상으로 하는 새로운 집단기억을 강화하였고, 효과를 거두었다. 남송과 신속 관계를 맺고 직접 통치하기 시작한 이후에는 한인들의 족군의식을 망각시키고 가족 개념을 활용하여 국가 공동체 의식을 강화하려 하였다. 그러나 아직 함보가 다양한 족군을 포괄한 금이라는 국가의 공동 조상으로 숭배되는 단계로는 나아가지 못하였다. 따라서 금 통치자의 '공동의 역사기억 만들기' 프로젝트는 절반의 성공으로 끝났다고 할 수 있다.

## 5. 함보의 고려 내원설의 정통왕조사적 의미

금 통치자가 시조의 고려 내원설을 견지할 수 있었던 이유는 무엇일까? 중국에서 정통 왕조가 되기 위해서는 정치적, 지리적, 종족적, 문화적 요소를 모두 충족해야 한다. 금 희종은 1141년 소흥화의를 통하여 남송으로부터 "대대로 신하로 복종하고 영원히 금의 신하가 될 것"[45]을 약속받았다. 정치적 개념으로 볼 때 남송은 금의 신속국이 되었다. 그리고 금의 남쪽 경계는 화이하에 이르러 중원을 차지했기 때문에 지리적 개념도 충족하였다. 문화적으로도 거란과 마찬가지로 유교 문화를 수용하여 문명국가로서 손색이 없었다. 그러나 금이 절대로 뛰어넘을 수 없는 한계는 종족적 개념이었다.

한대 이후 한족이 다스리는 왕조를 정통 왕조로 인정하였다. 따라서 북방 민족인 선비와 거란은 중원에 왕조를 건립한 후에는 정통성 확보를 위해 황제(黃帝)의 후예임을 자처하였다. 그러나 금은 기존의 북방 왕조와는 달리 "이적과 화하는 바뀔 수 있다(夷夏可變)"는 논리를 피력하였다. 기존의 중원으로 들어온 북방 민족 정권들은 감히 화이지변에 대항하지 못하였고, 스스로 이적의 지위에 머물렀다. 그러나 금은 이적도 정통이 될 수 있다는 관념의 변화를 통해 당당히 정통 왕조가 되고자 하였다. 해릉왕과 장종 시기에는 비한족 정권도 정통이 될 수 있다는 논리를 펼치며 종족주의를 극복하였다.

금은 거란과의 전쟁 후, 통치권 내의 다양한 민족을 통합하고자 새로운 역사기억을 창조하였다. 1단계는 금 초기로, 여진과 발해족군이 모두 3형제의 후손이라 하였다. 2단계는 소흥화의 이후 한인 지역을 직접 통치하게 된 시기로, 말살과 동화 정책을 실시하는 한편 금나라에 거주하는 사람은 모두 가족이라는 개념을 활용하여 이데올로기 조작을 시도하였다. 그러나 함보를 중심으로 한 공동의 역사기억 만들기 단계로까지는 나아가지 못하였다.

금인의 정통관은 후대 북방 민족이 건립한 왕조 통치자와 문인들에게 적지 않은 반향을 일으켰다. 금은 그들의 후계 국가인 만주 왕조 아래서 전성기를 맞이하게 될 다민족 제국을 위한 이론적 토대를 발전시켰다.

금의 종족주의를 초월한 정통관과 송의 종족주의를 강조하는 정통관은 선명한 대비를 보이며 중국 근대 민족주의 사상의 기초가 되었다. 한족 혈통을 중시하는 종족 민족주의와 문화를 강조하는 문화 민족주의로 대별되는 근대 중국 민족주의의 근원은 금에 있다고 할 수 있다. 이와 같이 민족을 구성하는 핵심 요소를 무엇으로 볼 것인가 하는 문제는 근대 이후 현대까지 중국 민족주의에서 핵심적인 과제다.

마지막으로 지적하고 싶은 것은 현대 중국의 "중화민족 대가정"이라는 개념의 시작은 금이었다는 것이다. 물론, 중국의 전통 왕조는 가국일체(家國一體) 개념을 가지고 있었으며 국가는 가정의 확장된 개념일 뿐이었다. 그러나 이민족 집단을 포괄하여 '대가정'이라는 개념으로 지칭한 것은 금이 처음 시도한 것으로, 현재 중국 민족 정책에 중요한 영향을 미치고 있다.

제4장

# 금 제국의 남진: 동아시아 세력 균형과 금의 대외 관계

윤영인 • 영산대학교 성심교양대학 교수

## 1. 금의 흥기와 거란 정복

11세기 초 전연의 맹약 이후 거란과 송 왕조는 서로를 동등하게 대우하고 1세기 동안 국경의 안정과 평화를 유지하면서 경제 · 문화적 발전의 기반을 마련하였다.[1] 시베리아 남부에서 황해까지, 그리고 러시아 연해주에서 중앙아시아까지 이르는 대제국 거란은 "사방으로 전쟁 지역이었으나 그 사이에서 호랑이처럼 웅크리고 있어서 아무도 감히 건들지 못하였으나"[2] 12세기 초 금을 건국한 여진 완안부는 불과 10여 년 만에 국제 질서의 중심에 있었던 두 제국 거란과 송을 멸망시키고 중원을 정복하였다.[3]

금의 시조 아골타의 초기 병력은 몇천에 불과하였으나 거듭 승리를 거두면서 빠르게 세력을 확장하였다. 1115년 정월 '황제' 칭호와 '대금(大金)' 왕조, '수국(收國)' 연호를 선포한[4] 아골타는 그해 12월 불과 2만의 병력으로 거란의 70만 대군(기병 5만과 보병 40만)에 대승하였다.[5] 바로

〈그림 1〉 완안아골타의 동상(중국 헤이룽장성 하얼빈시의 금상경역사박물관(金上京歷史博物館) 소재)

이 시기 거란은 제국의 내부 모순을 드러낸 야율장노(耶律章奴)와 고영창(高永昌)의 반란으로 여진과의 전쟁에서 크게 고전하였다. 1115년 9월 야율장노의 반란은 천조제의 백부인 위국왕(魏國王) 순(淳)을 옹립하려는 시도였고,[6] 1116년 1월에는 고영창이 발해 유민들을 이끌고 나라를 세워 국호를 '대발해국(大渤海國)'이라 하였는데 10여 일 만에 요동부를 장악하면서 크게 위세를 떨쳤다고 한다.[7] 야율장노의 반란은 몇 주 만에 진압되고, 고영창의 대발해국 역시 5개월을 넘기지 못하였으나 거란이 여진과 대처하는 데 적지 않은 타격을 주었다.

아골타는 복잡한 국제 관계에서 능란하게 대처하였다. 송과 연합하여 거란을 공격하였고 나아가 당시 세력 균형의 중요한 축이었던 고려, 대하와의 충돌을 피하면서 평화로운 관계를 수립하였다. 아골타는 1118년 2월 화평 조건을 제시하는데, 금을 '형'으로 섬기고 만주의 상경·중경·흥중부 등 3개 지역을 할양하며, 황족과 대신들의 자손을 인질로 보내고, 송·대하·고려가 거란에 보낸 외교 문서를 바치라는 요구를 거란이 거부하여 전쟁이 계속되었다.[8]

거란이 요동을 상실한 상황을 목격한 송은 여진과 동맹을 맺어 거란을 협공하여 연운 16주를 회복하고자 하였다. 1117~1123년까지 송과 여진은 각각 6차례 사신을 파견하면서 꾸준히 협상을 진행했는데 주요 쟁점은 거란에 대한 협공, 연운 16주 반환, 금에 지급하던 세폐의 이양 문제였다. 그런데 6년 동안 협상이 진행되는 과정에서 정세는 점차 송에 불리하게 전개되었다. 금나라 군대는 파죽지세로 1120년 상경, 1121년 말 중경, 그리고 1122년 남경을 점령했지만, 송은 거란과의 전쟁에서 아무런 성과를 거두지 못하고 있었다.

12세기 초 송나라는 대하와의 충돌로 군사력에 큰 손실을 보았고 내부의 반란으로 큰 혼란을 겪고 있었다. 송은 거란을 '동등한' 상대로 인정하면서도 대하에는 명목적이나마 우월한 지위를 고집하면서 적대적인 정책으로 일관하였기에 11세기 양국은 계속 충돌하였다. 특히 치열하였던 1039~1044년의 5년 전쟁[9] 이후에도 1055년, 1067년, 1072년, 1081년, 1096년에 계속 충돌이 발생하였다.[10] 그리고 1100년에 즉위한 18세의 휘종은 1103~1106년과 1113~1119년 대하를 공격하였지만, 오히려 수십만의 군사와 막대한 물자를 잃었다.[11] 또 휘종의 사치와 조정의 부패로 사회적 혼란이 일어나고 1119~1121년에 발생한 '방랍(方臘)의 난'으로 6개 주와 52개 현에서 무려 200만이 희생되었다고 한다.[12] 이 기록은 어느 정도 과장된 면이 있지만, 당시 창궐한 민란으로 제국의 가장 풍요로운 지역이 큰 타격을 받은 것은 분명하다.[13] 송나라 조정은 변경에 배치하였던 정예 병력을 내지에 투입하면서 반란을 겨우 평정할 수 있었으나 여진과 약속하였던 1121년 거란에 대한 협공에 나설 여력이 없었다.

그리하여 송은 내란을 진압한 1122년 4월에야 10만 군사를 동원하여 연운 16주 공격에 나선다. 1122년 3월 거란의 천조제는 남경을 숙부 야율순(淳)에게 위임하고 서경으로 도피하였는데 연락이 끊기면서 남경의 관료들이 순을 황제로 옹립하는 등 혼란스러운 정국이 계속되고 있었다.[14] 그러나 송나라 원정군은 남경의 거란 잔여 세력에게 크게 패하고 회군하였다.[15]

## 2. '정강의 변'과 북송의 멸망

1222년 송이 점령에 실패한 거란의 남경은 12월 금나라 군대에 저항 없이 항복하였다.[16] 이렇게 빠르게 연운 16주를 점령한 금은 다음 해 봄에 송과 협상을 마치고 서서(誓書)를 교환하였는데 이전 약속과는 달리 연경과 그 주변 6개 주의 양도에만 동의하였다. 『대금조벌록(大金弔伐錄)』에 수록된 서서의 내용은 다음과 같다.

"때는 선화 5년 계묘년 3월 갑인 초하루 4일 정사에 대송황제가 대금대성황제 궐하에게 서서를 보냅니다. … 이전 대금대성황제가 [금을] 창건하여 일으켜 요나라[의 영토]를 모두 차지하였고 사신을 보내 오대 이후 거란의 연(즉, 연운 16주)에 속하게 되었던 지역들을 논의하게 하였습니다. [금이] 연경, 탁(涿), 역(易), 단(檀), 순(順), 경(景), 계(薊)의 주(州)와 이에 속한 현과 민호들을 모두 우리에게 특별히 이양해 주시니 그 호의를 다행으로 여깁니다. [이제] 요나라의 것이 대금의 소유가 되었으니 본래 거란에 주었던 은 20만 냥, 비단 30만 필, 그리고 더불어 연경[지역]에서 매년 나오는 세금의 5분의 1 혹은 6분의 1에 [해당하는] 전 100만 관 가치의 물품을 남경(평주) 경계[지역]로 운반하여 인계하겠습니다. [보내는] 물품의 종류와 액수는 계속 왕복하면서 협의를 통해 정하였고 국서에 이미 기재되어 있습니다."[17]

그리고 1개월 후인 4월 초하루에 금이 보낸 서서에는 다음의 내용이 추가되었다.

"우리 왕조는 모든 나라와 화합하여 평화롭게 지내기를 원하여 크게 우리의 성의와 신의를 보이고자 한다. 그리하여 연나라의 땅(즉, 연운 16주)을 이양하고 서약에 동의한다. 만일 우리가 [맹약을] 위반한다면 하늘과 땅이 이를 살피고 신명께서 바로 벌을 내려 자손이 끊어지고 사직이 무너질 것이다. 만일 다른 쪽이 변심한다면 [맹약으로] 협정한 내용을 인정하지 않는다."[18]

금이 철수한 후 1123년 4월 송나라 군대가 마침내 연경에 입성한다. 아골타는 송에 연운 지역을 넘기면서 동등한 위상을 인정받으며 송이 제공하는 은 20만 냥과 비단 30만 필의 세폐로 새 제국을 운영하는 데 필요한 물자를 확보할 수 있었다. 그런데 이 맹약은 아직 양국 사이에 가상의 친족 관계(형제, 숙질 등)를 설정하지 않았고, 송의 내부 문서는 여전히 여진을 '오랑캐(虜)'로 묘사하면서 '동등한' 대상으로 인정하지 않

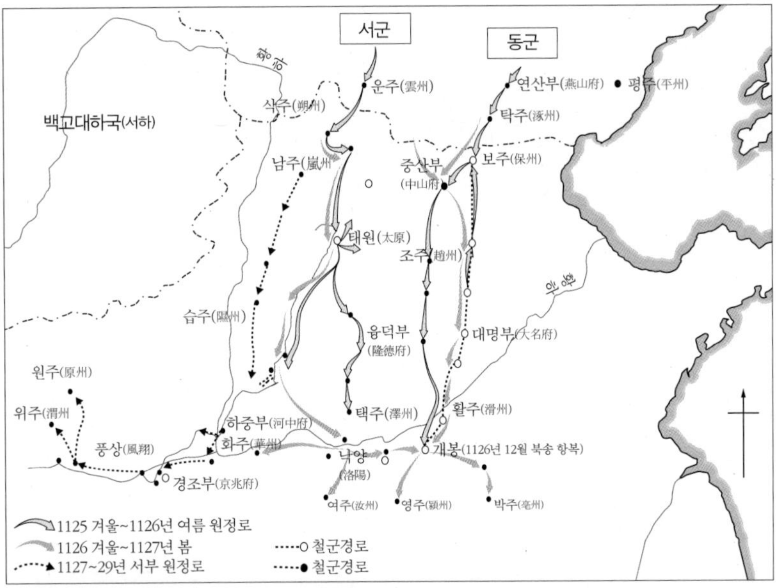


〈그림 2〉 금의 북송 공략(1125~1129년 금나라 군대의 중원 정복)

았다.[19]

1123년 8월 아골타가 사망하자 동생 오걸매(吳乞買, 태종)가 뒤를 이어 황제에 즉위하였는데 이내 장각(張覺)의 투항 사건이 발생하면서 양국이 충돌하였다. 장각은 본래 거란의 평주(금의 남경, 송의 태녕군) 관료로 1123년 1월 금에 항복한 지 몇 개월이 지나지 않아 다시 송에 투항하였다.[20] 그런데 평주는 금이 할양을 약속한 지역이 아니었기에 송이 장각의 투항을 받아들인 것은 분명 맹약을 위반하는 행위였다. 금이 동년 11월 평주를 공격하였고 장각은 연운 16주의 중심지인 연산부(燕山府)로 도주하였는데 금이 장각의 송환을 요구하자 연산부 선무사(宣撫使) 왕안중(王安中)은 결국 장각을 죽여 그의 머리를 보냈고, 이 처사에 대해 송에 투항하였던 많은 관료와 장수들이 조정을 크게 원망하였다고 한다.[21] 특히 송에 투항한 후 왕안중의 부장으로 있던 전 거란 장수 곽약사(郭藥師)는 다시 금에 투항하였는데, 금 태종은 그를 연경유수(燕京留守)에 임명하고 완안씨(完顏氏)를 사성(賜姓)하였으며 송의 허실을 잘 파악하고 있던 곽약사는 송과의 전쟁에서 큰 공을 세웠다.[22]

1125년 거란의 천조제를 생포한 금은 송과의 일전을 앞두고 있었는데 먼저 주변의 대하·고려와 원만한 관계를 도모하였다. 금은 압록강 유역의 내원성(來遠城)과 보주(保州)를 고려에 양보하고,[23] 대하에 황하 주변의 일부 영토를 할양하면서 이들 국가의 중립을 보장하였다.[24] 반면 송은 1세기 동안 계속 충돌한 숙적 대하를 회유하지 못하였고 고려를 포섭하려는 노력도 실패로 끝나고 말았다.[25] 1125년 10월 금의 기병이[26] 빠르게 진격해 오자 당황한 송 휘종은 1125년 12월 수도를 버리고 응천부[應天府, 현 허난성(河南省) 상치우(商丘)]로 피신하면서 아들에게 선위하였다.[27] 중원 왕조의 역사에서 보기 드문 내선(內禪), 즉 살아 있는 황제가 아들에게 황위를 물려준 사례가 발생한 것인데, 당시 조정 대신들의 큰 반대가 없었던 것을 보면 휘종의 실정에 대한 실망이 적지 않았음을 짐작할 수 있다. 수도가 포위된 긴박한 상황에 즉위한 흠종은 금의 요구를 대거 수용하였는데, 양국의 협상 결과가 『대금조벌록』에 수록된 서서 2편에 기록되어 있다. 먼저 1126년 1월 12일에 송이 보낸 첫 서서의 내용은 다음과 같다.

"헤아리니 태상황(휘종)과 대성황제(금 태조 아골타)가 바다를 통해 맺은 약속이 만년이 가기를 우리는 원하였으나 마침 평산 장각에게 내린 [송]

황제의 친필 조서로 [장각이] 배반하여 도망하였습니다. 이에 기쁜 맹약이 전쟁으로 변하기에 이르렀고 이내 대금국이 여러 지역에서 병사를 일으켰습니다. 이제 대성황제(아골타)의 둘째 아들 낭군[즉 완안종망(完顔宗望), 혹은 알리부(斡離不)]께서 먼저 수도의 성벽에 다다랐습니다. 일이 지금에 이르니 비록 후회한들 어찌할 것입니까! 특별히 지추밀원사 이열(李棁)과 상서공부시랑 정망지(鄭望之) 등을 보내 금나라 군영으로 찾아뵙고 우리의 잘못을 뉘우치고 화친을 청합니다. … 태상황제와 대금대성황제, 그리고 지금 황제의 의리는 형제와 같습니다. 이제 국서가 도착하니 응당 거란의 옛 사례에 따라 백부와 조카의 예를 따라 시행하겠습니다. 이미 황하(이북)를 놓아 주시길 허락하였으나 경계를 정하지 않았으니 태원, 중산, 하간 등 일대의 직할 현과 진을 나누어 경계를 긋고 대금이 강계에 병사를 주둔하기 이전을 기준으로 세울 것입니다. 내지에서 변란이 일어나면 해당 왕조가 각각 그들을 사로잡아 벌주거나 송환할 것입니다. 1척의 땅이나 한 명의 백성이라도 서로를 침범하거나 불러들이지 않습니다. … 이전에 합의한 은 20만 냥, 비단 30만 필 외에 더하여 매년 200만 관을 보내는데 금, 은, 비단과 기타 물건으로 바꾸어 납부하며 결코 조악[한 물품을 납부하거나] [납부] 날짜가 늦어지는 일은 없을 것입니다."[28]

"사목: 황제 아우 강왕이 소재(이부시랑)에 예속된 관료 1인을 앞으로 보내 직접 대면하여 우리의 신의와 좋은 마음을 보입니다. 또 하북(河北)과 하동로(河東路) 군대에 포상으로 나누어 줄 물품과 서적을 보내길 청하니 아래와 같습니다. 서신 5통, 금 500만 냥, 은 5천만 냥, 여러 색의 겉감 100만 필, 안감 100만 필, 말 · 소 · 노새 각 1만 두, 낙타 1천 두 …"[29]

〈그림 3〉 송 휘종의 「죽금도(竹禽圖)」(미국 보스턴 미술박물관(Museum of Fine Arts) 소장)

그런데 3일 후인 정월 15일의 수정안은 "조카 대송황제 환이 삼가 백부 대금황제 궐하에 보내는[侄大宋皇帝桓謹致書於伯大金皇帝闕下]"으로 시작하였고, "세폐의 납부 기일을 어기고[歲輸之物愆期]"와 "태상황이 자신의 잘못을 반성하며 '신령스러운 물건(즉 제위)'을 넘겨주었다[太上皇帝自省前非, 傳付神器]"라는 구절을 추가하였으며, 초안에서 "잘못을 뉘우치고 화친을 청합니다[引過乞和]"라고 한 것을 "상황이 잘못을 뉘우치고 스스로 후회하여 화친을 고하면서 맹약을 요청합니다[代上皇引過自悔, 告和乞盟]"라고 더욱 간곡하게 표현하였다.[30]

송이 할양을 약속한 태원 · 중산 · 하간의 3개 부(府)는 연운 16주 남쪽의 요충지로, 송의 동북 변경이 외부 공격에 그대로 노출되는 것이었다. 또 배상금의 금 500만 냥과 은 5,000만 냥은 세폐의 250배에 달하는 막대한 액수였다. 그리하여 1월 말 송나라의 변경 군대가 개봉(開封)에 도착하자 조정에서는 금과의 맹약을 파기하자는 주장이 제기되었다.[31] 그리고 1126년 2월 초하루에는 송나라 장수 요평중(姚平仲)이 40만의 병사를 이끌고 도성 밖에 진을 치고 있던 7만의 금나라 군대를 야밤에 기습 공격했는데 오히려 크게 패하고 말았다.[32] 이에 당황한 흠종은 맹약을 충실히 이행할 것을 약속하는데 금나라 병사가 철군하자 이내 치욕적인 화해를 파기하고 다시 전쟁을 준비하였다.[33]

그리하여 1126년 2월부터 7월까지 양국은 하동[河東, 현재 산시성(山西省) 일대]에서 계속 충돌하였고, 금은 8월에 군사를 둘로 나누어 한 갈래는 하북을 관통하여 11월 말에 개봉의 성벽 아래까지 다다랐고, 서쪽 군대는 9월 태원을 함락한 후 동으로 진격하여 윤11월 계사일에 동원정군과 합류하였다.[34] 계속되는 패배에 송 조정은 다시 금과의 협상을 시작하였고, 하북과 하동의 지방 관료들에게 금에 저항하지 말라고 명령하기도 하였다.[35] 그러나 송 조정에서는 주전파와 주화파의 논쟁이 계속되었다. 이에 금은 협상을 거부하고 20여 일 동안 치열한 공격을 시작하였고 송은 개봉이 함락되면서 12월 2일 항복하여 9대 168년 만에 멸망하였다.[36] 금나라 군대는 개봉을 약탈하고 휘종과 흠종을 비롯한 황족들과 고위 관료들을 포로로 잡아 요동으로 귀환하였다. 금 태종은 1127년 2월 6일 압송되어 온 휘종을 "정신이 혼미한"이란 의미의 혼덕공(昏德公)에, 흠종을 "두 배로 혼미한"이라는 뜻의 중혼후(重昏侯)에 봉한다.[37]

## 3. 남송 정벌 실패와 '소흥화의'

개봉 함락을 불과 며칠 앞둔 1126년 11월 29일 금 추밀원은 중원 일대에 다음과 같은 변발령을 선포하였다.

"이제 어느 곳이든 이미 우리 왕조에 귀부하였으니 모두 같은 풍속을 가지는 것이 마땅하다. 따라서 머리를 깎고 옷깃을 왼쪽으로 여미는 짧은 옷을 입어야 할 것이다. 감히 이 명령을 위반하는 자들은 곧 이전 왕조에 충성심을 품고 있는 것이니 법에 따라 처벌받을 것이다."[38]

변발령은 중원에 대한 금의 통치 의지를 나타낸 것이지만 이내 한족들의 거센 반발을 불러왔다.[39] 이에 금 조정은 송의 전 관료 장방창(張邦昌)을 '황제(皇帝)'에 '책봉'하고 괴뢰국 '대초(大楚)'를 세워 중원 한족들의 통치를 위임하였으나 기대와 달리 대초는 단 32일 만에 무너지고

〈그림 4〉 1129~1130년 금의 강남 공략

말았다.[40] 대초가 빠르게 무너진 가장 큰 이유는 휘종의 아홉 번째 아들이자 흠종의 아우인 강왕, 즉 남송의 고종을 중심으로 송의 잔여 세력이 결집하였기 때문이다. 고종은 금나라 군대의 추격을 피해 건강[健康, 현재의 장쑤성(江蘇省) 난징시(南京市)], 응천부[應天府, 현 허난성(河南省) 상치우(商丘)], 양주(揚州, 현 장쑤성 양저우)를 거쳐 임안부[臨安府, 현 저장성(浙江省) 항저우(杭州)]로 갔다가 한때는 배를 타고 바다로 도망하였는데, 이는 중원의 군주가 해상으로 도피한 첫 사례였다.[41] 후에 고종은 임안을 임시 수도로 삼았는데 도성의 북쪽에 있는 수많은 호수와 늪지대가 금나라 기병 공격을 방어하기에 유리하였고 나아가 바다를 통해 쉽게 도피할 수 있는 지형적 조건을 고려한 듯하다. 금은 창강(長江)을 넘은 첫 정복 왕조였는데, 남송과의 전투에서 계속 승리하였으나 1127년

6월 우부원수 알리부(斡離不), 12월 아골타의 사촌이자 서남로 도통 알로(斡魯), 1129년 아골타의 동생 도모(闍母) 등 유능한 장수들이 잇달아 전사하였다.[42]

1130년 9월 금나라 조정은 이전 괴뢰 정권 '대초'의 실패에도 불구하고 다시 '대제(大齊)'를 세워 송나라 진사 출신인 유예(劉豫)를 황제로 책봉하고 한족 세력들을 포섭 혹은 진압하고자 하였다.[43] 대제의 영토는 북으로 황하, 남으로 화이하(淮河)를 경계로 하여 현재의 허베이(河北), 허난(河南), 산둥(山東), 산시(山西) 그리고 산시성(陝西省) 지역에 걸쳐 있었는데, 명목상 '황제국'의 대우를 받았고 『금사』의 기록들은 시종일관 [대]제, 고려, [대]하의 순서로 열거하였다. 하지만 대제에 주둔한 금나라 장수들이 유예의 동향을 감시하고 나라의 중대사를 결정하였다고 한다.[44] 중원 한족의 황제를 자처한 유예는 남송의 인사들을 회유하면서 1131~1137년까지 매년 남송을 공격하며 자신의 입지를 강화하고자 하였다.[45] 특히 1133년 10월에는 전 남송의 장수 이성(李成)이 한수(漢水) 중류의 군사적 요충지 양양(襄陽)과 그 주변을 점령하는 큰 성과를 거두었으나 다음 해인 1134년 5월에 악비(岳飛)의 반격으로 철수하였다.[46]

남송은 협상의 전제 조건으로 대제의 폐지를 요구하였는데 1135년 금 태종 사망 후 새로 즉위한 희종은 유예를 신뢰하지 않았다.[47] 금은 휘종의 시신을 돌려보내고 황하 이남에서 철수하는 조건을 제시하였으나[48] 남송은 이를 거부하였다. 그런데 1137년 8월 장수 역경(酈瓊)이 4만의 병사와 총 20만의 백성을 이끌고 대제에 투항한 '회서병변(淮西兵變)'이 발생하면서 남송은 크게 좌절하였다.[49] 1137년 11월 희종은 마침내 '대제'를 폐지하고 순조롭게 화북 지역을 제국의 통치체제에 편입하였다.[50]

〈그림 5〉 악비 동상(중국 항저우시 악왕묘(岳王廟))

이때 협상을 주장하는 금의 좌승상 완안달라(完顔撻懶)와 남송의 진회(秦檜)가 각각 정권을 주도하면서 양국은 1138년 10월 황하를 경계로 하는 협정에 동의하고 금나라 군대는 개봉을 포함한 하남 지역에서 철수하였다.[51] 하지만 이 협정도 오래가지 못하였는데, 완안종필(完顔宗弼, 혹은 兀朮)은 완안달라를 숙청하고 정권을 장악한 후 1140년 5월 개봉을 다시 점령한다.[52]

전쟁이 교착상태에 놓이자 양국은 다시 협상에 나선다. 1141년 2월 금은 휘종과 흠종에게 주었던 혼덕공(昏德公)과 중혼후(重昏侯)라는 모욕적인 작위를 천수군왕(天水郡王)과 천수군공(天水郡公)으로 바꾸어 봉하였다.[53] 남송도 이에 응하여 전장에서 장수들을 불러들여 병권을 회수하였고, 그해 겨울에 주전파의 대표 인물 악비가 제거되었다. 1141년 가을에서 1142년 봄 사이에 진행된 협상의 결과로 맺은 맹약을 '소홍화의(紹興和議)'라고 하는데,[54] 서서(誓書)의 요약문(節文)이 『건염이래계년요록(建炎以來繫年要錄)』에 수록되어 있다.

> "이제 변경을 획정하니 마땅히 회수[화이하] 중류를 경계로 하고 서쪽으로 당주(唐州)와 등주(鄧州) 2개 주를 할양하여 상국에 속하게 합니다. 등주로부터 서쪽으로 40리, 그리고 서남쪽으로 40리까지를 경계로 삼아 [모두] 등주에 속하게 합니다. 그 40리 밖 남쪽과 서남 지역은 모두 광화군(光化軍)에 속하게 하여 '보잘것없는 나라[弊邑, 즉 남송]' 변경의 주군(州軍)으로 삼겠습니다. [금 황제의] 생신과 신년에 사신을 보내 축하드리는 것이 끊임이 없을 것이며, 해마다 조공으로 은 25만 냥과 비단 25만 필을 임술년(壬戌年, 1142)부터 시작하여 매년 봄에 사람을 시켜 사주(泗州)로 운송하여 납부하겠습니다. 회북(淮北), 경동(京東), 경서(京西), 협서(陝西), 그리고 하북(河北) 지역에서 유랑하여 남쪽에 머물고 있는 사람들 [중에] 관청에 그 이유를 알리고 고향으로 돌아가기를 원하는 자가 있으면 막지 않으며, 연주(燕州) 이북 지역의 사람들은 절차에 따라 보낼 것입니다. 이후로는 상국[즉 금]에서 도망 온 자들을 감히 받아들이거나 숨겨 주지 않으며 1촌의 영토, 1명의 백성도 감히 침범하거나 약탈하지 않을 것입니다. 혹 [우리나라에서] 반란을 일으켜 상국의 경내로 도망한 자가 있어도 병사들이 그들을 쫓아 들어가지 않으며 다만 [금에] 공문을 보내 잡게 할 것입니다. …"[55]

'소흥화의'는 11세기 초 전연의 맹약 형식과 내용을 따르고 있다. 세폐의 액수를 명시하고, 국경을 획정하며, 국경에 주둔하는 군사의 수와 시설 확충을 제한하여 변경에서의 평화를 보장하였다. 이 '맹약'은 송이 서표(誓表)를 올리고 금으로부터 서조(誓詔)의 회신을 받아 '체결'되었는데, 여기서 '표(表)'와 '조(詔)'는 위계적인 군신 관계를 나타낸다.[56] 전연의 맹약과는 달리 남송은 "보잘것없는 나라(弊邑)"를 자칭하였고 금을 "상국(上國)"으로 존대하며 세폐(歲幣)는 "공(貢)"으로 기록하였다. 또 『금사』의 완안종필 전기에 따르면 고종은 자신의 이름인 '구(構)'를 사용하면서 금의 신하임을 인정하였다.

> "황통 2년 2월 … 송의 군주가 단명전 학사 하주(何鑄) 등을 보내 서표를 올렸다. 그 표에 말하기를 '신(臣) 조[趙]구(構)가 아룁니다. … 신이 이제 서표(誓表)를 올리니 엎드려 바라건대 상국에서 서조(誓詔)를 빨리 내려주셔서 이 보잘것없는 나라가 영원히 의지토록 해 주십시오'라고 하였다. …"[57]

『금사』는 유괄(劉筈)을 사신으로 보내 강왕(고종)을 "송 황제로 책봉[冊康王為宋帝]"하였다고 기록하였지만,[58] 『송사』는 책봉 사실을 은폐하고 금의 '서조'를 '서서(誓書)'로 바꾸었다.[59] 송은 1141~1142년까지 금의 외교 문서에 '제1서(第一書)', '제2서(第二書)' 등 번호를 매겼는데 유독 '제5서(第五書)'만이 모든 사료에 누락되어 있다. 이를 두고 독일학자 프랑케(Herbert Franke)는 '제5서'가 바로 고종을 책봉한 문서였기에 기록에서 삭제된 것으로 추정하였다.[60] 즉, 객관적 사료로 높은 평가를 받는 『건염이래계년요록』과 『삼조북맹회편(三朝北盟會編)』 등의 사서들도 남송 황제가 금으로부터 '책봉' 받은 사실은 그대로 기록하지 못한 것이다. 이때 중원을 상실하고 남쪽 변방으로 밀려난 송은 "내부지향적(China turning inward)" 문화론으로 돌아서게 된다.[61]

## 4. 해릉왕의 남벌과 '융흥화의'

1141년의 맹약으로 금은 광대한 중원의 농경지와 약 600만 호에 달하는 한족을 통치하게 되었다. 당시 화북의 인구는 약 4,800만으로 추정되는데 한족이 약 3분의 2를 차지하였다고 한다. 희종은 중원 통치를 위해 만주의 여진족을 대거 화북으로 이주시키는 '대이동(the Great migration)'을 단행하였다.[62] 재위 초기에 과거제도를 시행하고 중앙 권력을 강화한 희종은 차츰 사치와 향락에 빠져 황후를 비롯한 황족과 대신들을 잔혹하게 죽이면서 내부의 반발을 초래하였다.[63] 1149년 태조 아골타의 서장자인 종간(宗幹)의 차남, 즉 희종의 사촌인 완안량(完顏亮)이 황제를 시해하고 황위를 찬탈하니 해릉양왕(海陵煬王, 1149~1161년)이다. 사서가 "경솔하고 조급하여 시기가 많으며 잔인함을 헤아릴 수 없었다(為人慓急, 多猜忌, 殘忍任數)"[64]라고 묘사한 해릉왕은 동아시아 역사에서 패륜의 대명사이자 최악의 폭군으로 꼽히는 인물이다.[65] 해릉왕은 어린 시절 '한족을 모방하는'이라는 의미의 '패렬한(孛烈漢)'이라는 별명으로 불리었을 정도로[66] 한족 문화와 제도를 수용하는 정책을 추진하였다. 1153년에는 남경(연경)을 '중도(中都)'로 개명하여 궁궐을 조성하고 수도로 삼아[67] 제국의 중심을 남으로 옮겼다.

12세기 중반 금은 송으로부터 '신복'의 예와 '세공(歲貢)'을 받았고, 고려·대하와 매우 원만한 국제 관계를 유지하고 있었으나 해릉왕은 제국의 물자와 군사를 무리하게 동원하면서 '남벌'에 나서게 된다. 『금사』에 기록된 장중가(張仲軻)와의 다음 대화는 남송을 정벌하여 천하 통일을 이루고자 한 해릉왕의 의지를 드러내고 있다.

> "해릉[왕]이 [장]중가와 『한서』를 논하였다. 중가에게 말하길 '한나라의 경계는 7~8천 리를 넘지 못하나 이제 우리나라의 크기가 1만 리에 이르니 가히 크다고 하겠다!'라고 하였다. 중가가 말하기를 '우리 왕조의 강토가 비록 크지만 천하에는 4명의 군주가 있는데 남에는 송, 동에는 고려, 서에는 하가 있습니다. 만약 하나로 [통일]할 수 있다면 그야말로 큰 [위업]입니다'라고 하였다."[68]

해릉왕은 1159년부터 본격적으로 남벌을 준비한다. 3월에 대하와 협상을 마치고 양국의 경계를 획정하였으며, 4월에 전국의 병기를 수집하고, 8월에는 56만 마리의 말을 조달하였다.[69] 그리고 다음 해인 1160년 10월에는 창강 유역의 수전에 대비하여 3만 명의 선원(水手)을 징집하였다.[70]

1161년 6월 해릉왕은 중도에서 남경(개봉)으로 이동하였고 7월에는

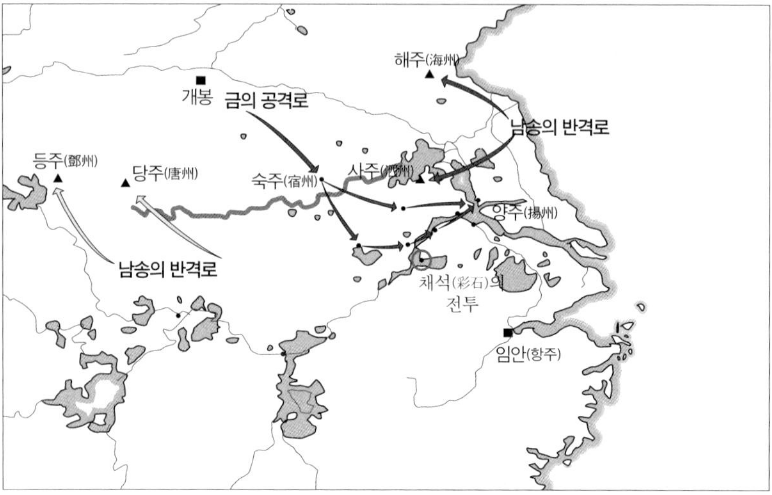


〈그림 6〉 1161~1162년 해릉왕의 남벌과 남송의 반격

천하의 유일한 황제라는 정통성을 강화하기 위해 거란과 북송 황실의 후손 130여 명을 학살했다.[71] 그리고 9월에 100만 대군(실제 60만으로 추정)을 이끌고 본격적인 남벌을 시작하였다. 그런데 금의 침략을 충분히 예상하였던 남송은 국경인 화이하가 아닌 창강을 방어선으로 하여 수군을 적극적으로 활용하는 전략을 채택한다. 금나라 군대는 창강 북안까지 빠르게 진격할 수 있었지만 익숙하지 않은 지형에서 크게 고전하였고 특히 송의 수군에게 거듭 패하였다.[72]

그런데 1161년 10월 동경 요양부에서 완안종보(完顏宗輔, 아골타의 셋째 아들)의 아들 오록(烏祿)을 옹립하는 정변이 일어나 중도를 점령하였다.[73] 반란이 발생한 지 2일 후 해릉왕의 군대는 화이하를 건너고 있었는데, 아직은 반란 소식을 접하지 못하였을 것이다. 그러나 11월 분명 정변 소식을 접했을 해릉왕은 여전히 군사를 되돌리지 않고 있었는데,

송과 대치하는 상황에서 쉽사리 회군을 결정하기가 어려웠을 것이다. 그리하여 금과 송의 전쟁에 금의 내전, 북방 거란족과 한족의 반란이 더해지면서 혼란의 정국으로 치달을 가능성이 있었다.

그러나 해릉왕이 진중에서 시해되자 정국을 빠르게 장악한 새 황제 세종은 먼저 남송과의 전쟁을 신속히 끝내고자 하였다. 1162년 금은 창강 유역에서 군대를 철수하였고 1141년 맹약에 따른 관계 회복을 제안한다. 하지만 화이하 일대를 빠르게 장악하고 20년 전 금에 할양한 지역 일부도 수복한 남송은 타협을 거부한다. 나아가 시종 유화책으로 대응한 고종의 선위를 받아 1162년 6월에 즉위한 효종은 '북벌'에 대한 강력한 의지를 표명하면서 악비의 시신을 예를 갖추어 장사지내고 그 후손에게 관직을 수여하였다.[74] 1163년 5월 남송 군대는 화이하를 넘어 황하와 화이하를 연결하는 대운하의 통제거(通濟渠)가 지나는 요충지인 안후이성(安徽省) 북부의 숙주(宿州)를 점령하였는데 금의 반격으로 1주 만에 후퇴하였다.[75] 『속자치통감(續資治通鑑)』에 따르면 송나라 군대는 숙주성 인근 부리[符離, 현 안후이성 쑤저우시(宿州市)]에서 궤멸하여 화이하를 넘다가 죽은 병사의 수를 헤아릴 수 없었고, 참수된 자가 4천여 명, 금이 노획한 갑옷만 3만 벌에 달하였다.[76] 이 참패로 전의를 상실한 남송이 협상에 응하면서 1165년 초 다시 맹약을 맺는데 이를 '융흥화의(隆興和議)'라 한다.[77]

1165년의 이 맹약도 전문(全文)이 전하지 않지만 여러 문헌을 통해 주요 내용은 파악할 수 있는데, '소흥화의'에 비해 송의 위상이 개선되었다. 남송의 황제는 이제 금의 책봉을 받은 신하가 아니라 "숙부 금 황제[叔大金聖明仁孝皇帝闕下]"와 "조카 송 황제[姪宋皇]"라는 가상의 친족 관계가 설정되었고, 매년 납부하는 물자도 "공(貢)"이 아닌 세폐라는 이전 명칭으로 되돌렸으며, 은과 비단의 액수도 각각 30만에서 25만으로 감액되었다.[78] 그러나 동시에 남송은 3년간의 치열한 전쟁과 막대한 희생에도 불구하고 회복한 약간의 영토마저 금에 반환하고 1141년 맹약에서 명시한 국경선인 화이하 이남으로 철수해야 하였다.

## 5. 13세기 초 금의 내우외환

1165년 '융흥화의'를 맺은 금 세종은 근 30년의 오랜 재위 기간에 남송과 평화를 유지하였고 대하와 고려를 상대로는 시종 회유와 타협을 통해 변경의 안정을 도모하였다. 그런데 1170년 윤5월에 대하의 권신 임덕경(任德敬)이 군주 인종(仁宗, 1139~1193년)을 겁박하여 나라를 동서로 분할한 뒤 동쪽의 산시(陝西) 북부와 오르도스 지역에 자신이 통치하는 '초(楚)'를 세우고 금 조정의 추인을 구하였다.[79] 금으로서는 대하에 개입할 수 있는 절호의 기회였지만 세종은 임덕경의 요청을 거부하고 보내온 공물마저 돌려보냈다. 그로부터 불과 수개월 만인 그해 11월에 대하 조정은 임덕경을 제거하고 금에 감사의 뜻을 표하였으며 양국은 매우 좋은 관계를 유지하였다.[80]

한편 고려에서는 1170년 무신들이 정변이 일으켜 조정을 장악하였는데, 1174년 서경유수 조위총은 정변의 주모자를 토벌한다는 명분으로 군사를 일으켰다. 이내 수세에 몰린 조위총은 다음 해 9월 금에 자비령 서쪽, 압록강 동쪽의 40여 성을 들어 내부(內附)하고자 하였는데, 금 세종은 이를 거부하였다.[81] 고려 조정은 다음 달 서경 반란을 진압한 후 금에 사례를 표하였고 양국은 원만한 관계를 유지하였다.[82]

『금사』는 금이 대하와 고려의 내부 분쟁에 개입하지 않은 것을 "작은 요순(小堯舜)"으로 칭송받으며 "군자의 도"를 갖추었던 세종의 덕행으로 보았다.[83] 하지만 금의 비개입 정책은 당시 세력 균형의 국제 질서에서 가장 현실적이자 실리적인 전략이기도 하였다. 금이 대하와 고려의 내부 분쟁에 개입하여 얻을 수 있는 실익은 거의 없었고, 자칫하면 대하와 고려의 반발을 불러일으켜 남송과의 대치에서 불리한 정세로 전개될 수도 있었다.

12세기 후반 30여 년 동안 남송과의 맹약 관계를 준수하고 대하와 고려에 개입하지 않으면서 평화로운 국제 질서를 유지한 세종은 1189년 1월 67세의 나이로 사망하였는데, 공교롭게도 다음 달에 남송의 효종 역시 아들 광종(光宗, 1189~1194년)에게 전위하였다. 금의 새 황제 장종[章宗, 마달갈(麻達葛)]은 세종의 손자로, 1185년 부친인 황태자 완안윤공(完顔允恭)이 요절한 후 황태손에 봉해졌고 순조롭게 황위를 계승하였으나 20년의 재위 기간(1189~1208년) 동안 제국은 점차 극심한 내우외환에 시달린다. 12세기 후반에는 황하의 범람 등 여러 자연재해가 발생하였는데 특히 1194년 황하의 범람으로 북으로 흐르던 강줄기의 방향이 남으로 바뀌면서 허베이와 산둥의 비옥한 농토가 수몰되고 유랑민이 급증하면서 혼란이 고조되었다.[84]

12세기 말 금이 쇠퇴의 조짐을 보이자 남송 영종(寧宗, 1194~1224년)의

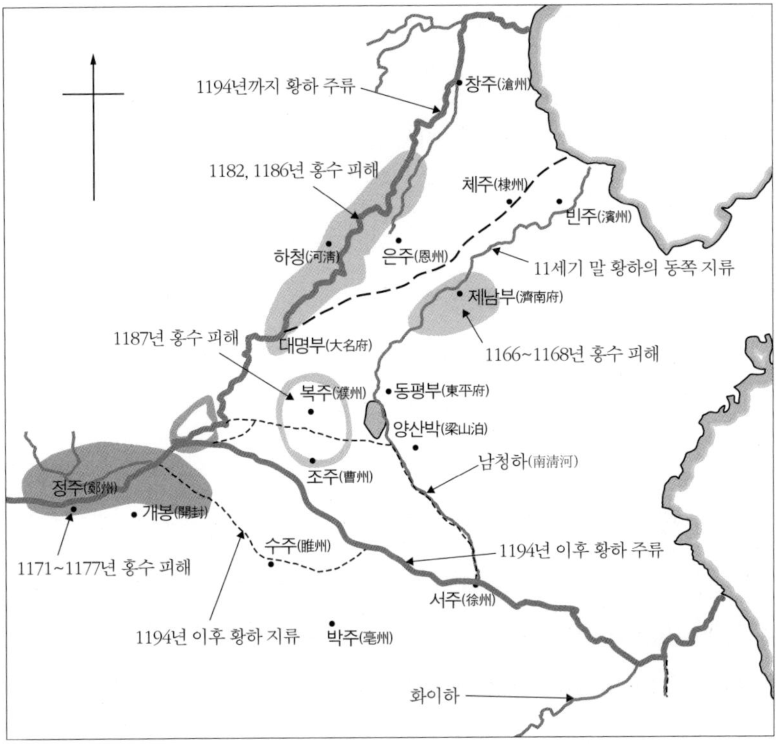


〈그림 7〉 12세기 후반 황하 하류(허베이와 산둥 지역)의 홍수 피해

옹립에 공을 세우고 조정에서 권력을 잡은 외척 한탁주(韓侂胄)가 강경책을 주장한다.[85] 한탁주는 북송의 명재상 한기(韓琦)의 증손자로, 모친은 고종의 자열황후 오씨(慈烈皇后 吳氏, 1115~1197년)의 동생이었고, 처는 오황후의 조카딸이며, 종손녀가 영종의 공숙황후(恭淑皇后, 1165~1200년)로 황실과 중첩된 혼인 관계를 맺고 있었다. 그러나 1197년 오황후가, 1200년에는 공숙황후가 차례로 사망하면서 한탁주는 황실 내부에서 후원자를 잃게 되었다. 이에 일찍이 1189년과 1195년 금에 사신으로

다녀온 경험이 있었던 한탁주는 북벌을 통해 자신의 권력과 입지를 확고히 다지고자 하였다.

11세기 내내 북송의 영토 회복을 주장해 온 남송 관료들은 한탁주의 '개희북벌(開禧北伐)'에 적극 호응하였다. 1206년 4월 16만의 군사를 서로군, 중로군, 동로군으로 나누어 북으로 진격하였는데[86] 이는 금과 벌인 수차례의 전쟁에서 남송이 선제공격을 감행한 첫 사례였다. 남송은 전쟁 초기 사주[泗州, 현 안후이성 동북부 쑤이하(濉河) 하류에 위치한 쓰현(泗縣)]를 점령하는 성과를 거두었으나, 그곳은 금이 방어에 그리 힘쓰지 않은 곳이었고, 다른 전투에서 크게 패하고 말았다.[87] 나아가 남송 지휘관들의 무능력, 전략 부재, 군수물자 공급 등 여러 문제가 부상하였고, 금나라 지역에서의 한족 봉기도 기대보다 미미하였다. 남송의 기습에 일단 후퇴하였던 금은 곧 13만 5천의 군사를 징집하여 1206년 10월 대대적인 반격에 나서 화이하 일대를 회복하고 창강 북안까지 진격하였다.[88] 마침내 12월에 남송의 7만 서로군을 통솔한 장수 오희(吳曦)가 금에 귀부하면서 북벌은 처참히 실패하였다.[89] 금 장종은 "오희의 투항은 짐의 경략(吳曦之降, 朕所經略)"한 결과라고 하였는데, 1207년 2월 오희를 촉국왕(蜀國王)에 책봉하면서 남송에 대한 대대적인 공격을 준비하였으나 같은 달 오희가 암살되면서 무산되었다.[90]

수세에 몰린 남송은 1207년 5월, 8월, 11월에 연이어 사신을 보내 세폐의 증액을 제시하면서 화의를 청하였다.[91] 하지만 금이 제시한 조건은 금군이 점령하고 있는 화이하 이남 지역의 할양, 거액의 배상금과 세폐 지급, 포로 송환에 더해 전쟁을 일으킨 주범으로 지목한 한탁주의 머리였다.[92] 1207년 11월 24일 남송의 예부시랑 사미원(史彌遠,

1164~1233년)이 이끄는 세력은 영종의 황후인 공성인열황후 양씨(恭聖仁烈皇后 楊氏, 1162~1232년)의 지지를 확보하고 한탁주를 제거하였다.[93] 1208년 6월 금은 종전을 선포하며 화이하 이남 지역에서 철수하였고, 남송이 은 5만 냥과 비단 5만 필의 세폐 증액과 한탁주의 머리를 보내면서 맹약 관계가 회복되었다.[94]

1208년 11월 남송과의 화의가 이루어진 직후 41세의 장종이 후사 없이 사망하였는데 숙부이자 세종의 7남 완안윤제(完顔允濟)가 즉위하니 위소왕(衛紹王, 1208~1213년)이다.[95] 이 시기 금이 직면한 가장 큰 외부 위협은 칭기즈칸이 이끄는 북방 초원의 신흥 세력 몽골이었다. 급격히 성장하는 몽골 세력에 대비하고자 조정은 병력을 증강하였으나[96] 대다수의 변경 군사는 여진족이 아니라 거란족과 해(奚)족 출신이었다.[97] 금나라 말기에 거란족의 반란이 빈번하게 발생하자[98] 조정은 "거란 유민들이 다른 뜻을 가질까 의심하여 거란족 1호(戶)를 2호의 여진족 사이에 거주시켜 방비하도록 명하였다"[99]고 한다.

위소왕 즉위 후 몽골의 공격이 더욱 거세진 배경에는 칭기즈칸과 위소왕의 오랜 개인적 갈등이 있었다. 칭기즈칸은 일찍이 위소왕이 황제가 되었다는 소식을 전해 듣자 남쪽을 향해 침을 뱉으면서 "위소왕처럼 '평범하고 나약한(庸懦)' 자가 어찌 황제가 될 수 있는가!"라고 하면서 절하기를 거부하였다.[100] 실제 위소왕은 몽골·대하·남송과의 국제 관계, 그리고 제국 내부의 경제적 혼란과 조정에서의 갈등에 대처하는 능력과 예지력이 부족한 모습을 보여 준다. 1208년 5월 몽골의 공격에 시달리던 대하가 금에 사신을 보내 몽골에 대한 협공을 제안하였는데, 위소왕은 "적들이 서로 공격하는 것은 중국(즉, 금나라)의 복이니 우리가

〈그림 8〉 중국 내몽골 오르도스에 있는 칭기즈칸의 동상

무엇을 걱정하겠는가"라면서 거부한다.[101] 위소왕은 동아시아 세력 균형에서 대하의 역할과 몽골의 군사력을 모두 과소평가하였던 것이다.

이후 대하는 1210년 몽골과 화해하였고 나아가 금의 서쪽 변경을 공격하기 시작한다.[102] 대하가 근 1세기 동안 유지된 우호 관계를 파기하고 적대적 행동에 나서게 된 배경에는 금에 대한 배신감과 몽골의 신뢰를 얻고자 한 노력이 있었다. 1214년에는 남송과 연합하여 금을 협공하고자 하였는데 남송의 소극적인 대처로 무산되었다.[103] 『금사』는 태종의 천회(天會, 1123~1135년) 연간에 맺은 화의로 양국은 80여 년간 충돌이 없었으나 정우(貞祐, 1213~1216년) 연간 초기부터 10여 년간 서로 싸우면서 정예병을 탕진하여 결국 모두 망하였다고 기록하였다.[104] 신흥 몽골 세력을 견제하기 위해 협력이 필요하였던 중대한 시기에 금과 대하는 서로 충돌한 것이다.

한편 대하를 복속시킨 칭기즈칸은 1211~1216년 친히 금을 공격한다.[105] 1211년 봄 몽골의 동쪽 군대가 거용관(居庸關)을 지나 수도와 근교를 약탈하였고, 서쪽 군대는 산시(山西)와 산시(陝西)로 진군하여 대하와의 국경 지대에 배치된 금나라 군대를 견제하였다. 1213년 봄 몽골은 다시 거용관을 넘어 수도와 허베이, 산둥과 산시(山西)를 공략하였다. 이 와중에 1213년 8월 승상 흘석렬호사호(紇石烈胡沙虎)가 위소왕을 시해하고 장종의 서형이자 위소왕의 조카였던 50세의 오도보(吾睹補 혹은 從嘉, 즉 선종)를 옹립하였는데, 선종은 즉위 후 2개월 만에 호사호의 파벌을 제거할 수 있었다.[106] 이제 몽골은 물론 대하·남송과의 변경에서도 충돌이 계속되면서 수세에 몰린 금 조정은 1140년과 1145년 희종이 한족과 발해 맹안모극(猛安謀克)을,[107] 1163년 세종이 거란 맹안모극을 혁파한 이래[108] 여진족이 병권을 독점해 온 정책을 포기한다. 1213년 10월에는 "여러 부류들과 본조인(즉, 여진인)은 일체(諸色人與本朝人一體)"임을 선포하고 다음 해 11월에는 거란과 한족 등 출신을 따지지 않고 모두 무과에 응시하는 자격을 허용하기에 이른다.[109]

## 6. 금의 남천과 남벌

1214년 3월 금이 위소왕의 딸을 공주로 봉하여 몽골에 보내고 어린 남녀 500명과 비단, 말 3천 필의 배상금을 지급하자 몽골군은 철수하였다.[110] 하지만 중도는 여전히 몽골의 공격에 노출되어 있었는데, 이에 선종은 금의 남경, 즉 송의 옛 수도인 개봉으로의 천도를 추진한다.[111] 그런데 당시 대다수의 조정 관료들과 태학의 생도들은 선종의 남천(南遷)에 반대하였고,[112] 특히 승상(丞相) 도단일(徒單鎰)은 중도를 지켜야 하며 천도가 불가피하다면 여진족의 본거지인 요동으로 되돌아가야 한다고 주장하였다.

"천자의 수레가 한번 움직이면 북쪽 지역을 모두 지킬 수 없습니다. [몽골과] 이미 강화를 맺었으니 군사를 모으고 곡식을 쌓아 수도를 지키는 것이 상책입니다. 남경(개봉)은 사면으로 군대가 들이닥칩니다. 요동은 [우리의] 근본이 되는 땅으로 산과 바다를 끼고 있어 [지형의] 험준함을 의지하기에 충분합니다. [요동에서] 한쪽을 준비하여 막고 훗날을 꾀하는 것이 차선책입니다."[113]

그러나 당시 요동은 물자가 척박하였을 뿐만 아니라 1211년 말 거란족 야율유가(耶律留哥, 1165~1220년)가 반란을 일으켜 요동을 점거하고 있었으며,[114] 1211년과 1212년 12월에는 동경(요양)이 몽골군에 거듭 함락되었다.[115] 1212년 12월 완안승유(完顔承裕, 혹은 胡沙)가 60만의 대군을 이끌고 정벌에 나섰으나 몽골의 지원을 받은 반란군에게 패하였다.[116] 다음 해에 선무사 포선만노(浦鮮萬奴)가 40여 만의 군사로 출정하였으나 또다시 패하였고 질책을 두려워한 포선만노는 패잔병을 이끌고 동쪽으로 이동하여 독자적 세력을 구축하였다.[117] 즉 1214년 몽골, 거란족 야율유가, 그리고 포선만노 등 여러 세력이 할거하면서 충돌하고 있었던 요동은 제국의 새 수도로 삼기에는 적합하지 않았다.[118]

반면 개봉은 북송의 옛 수도라는 명성은 물론, 1158~1159년에 해릉왕이 궁궐을 증축하였고[119] 황하가 북쪽에서의 공격을 가로막아 주며 허난과 산시(山西)의 물자를 수송하는 수로와 연결되어 있었다. 나아가 한 학자는 위소왕의 시해자들에 의해 옹립된 선종은 자신의 정치적 정통성을 보완해야 하였고 개봉으로의 천도를 통해 금 황실과 황제의 정통성을 천하에 표명하고자 시도하였다고 보았다.[120]

그러나 금의 남천은 몽골, 남송과의 관계를 동시에 악화시키는 결과를 초래하였다. 제국의 중심이 남으로 옮겨오자 변경에 대한 위기감이 고조되었고, 북송의 수도였던 개봉의 궁궐에서 금 황제를 알현해야 한

〈그림 9〉 1223년 요동, 서북방, 산둥을 상실한 금 제국의 영토

다는 새로운 현실에 거부감을 표출하였다. 선종은 남천을 단행하기 불과 4개월 전인 1214년 1월 장종 시기에 결정하였던 덕운(德運, 왕조의 정통을 상징하는 오행) 논의를 다시 시작하는데,[121] 논의 과정과 최종 결론에 대한 구체적인 기록은 남아 있지 않으나 여러 정황으로 볼 때 북송의 "화(火)"를 계승하는 "토(土)"를 덕운으로 재확인한 듯하다.[122] 이는 남송의 정통성을 정면으로 부정하는 것으로 개봉으로의 천도와 더불어 남송 조정의 거센 반발을 불러왔다.

13세기 초 금과 남송은 세종과 효종 시기에 유지되었던 평화로운 관계를 회복하지 못하였다. 남송은 1211년 이후 세폐를 보내지 않았으며, 금은 1214년 3월과 8월에 두 차례나 세폐를 독촉하고 있는데 1215년 3월에 남송이 세폐의 감액을 요구한 것을 보면 적어도 5년 동안 세폐 납부가 없었음을 암시한다.[123] 1214년 7월에 금의 남천을 정식으로 통보받은 남송 조정에서는 이제 금과 맺은 굴욕적인 맹약 관계를 파기하자는 주장이 제기되었다.[124] 1215년 남송의 관료 유광조(劉光祖)는 금과의 협상 자체를 반대하는 상소를 올린다.

> "여진은 우리가 같은 하늘을 이고 살 수 없는 원수입니다. 하늘은 이 원수들을 망하게 하고자 변량(汴梁)으로 보내어 죽게 하였습니다. 폐하께서는 천자이시나 [하늘의] 의도를 알지 못하십니다. 하늘이 부여한 것을 취하지 않는 것은 곧 하늘의 [뜻을] 저버리는 것입니다. 하늘을 저버렸는데 하늘이 우리에게 노하지 않은 적은 없습니다."[125]

다른 한편 몽골은 금의 남천을 '화의의 파기'라는 적대적 행위로 간주하였다. 금 조정은 몽골과의 타협을 원하였으나 1215년 7월 칭기즈칸이 제시한 허베이와 산둥의 할양, 황제 칭호 포기와 '하남왕(河南王)'으로의 위상 격하라는 조건을 수용할 수는 없었다.[126] 1215년 5월 개봉으로 남천하고 1년 만에 중도가 함락되었다.[127] 이제 금은 영토의 북쪽 절반을 상실하고 그 세력이 황하 유역의 허난과 산둥 · 산시(山西) · 산시(陝西)의 일부 지역으로 축소되면서 북으로는 몽골, 남으로는 남송, 서로는 대하, 동으로는 산둥의 한족 반란 세력에 둘러싸인 작은 제국으로 전락하였다.

그런데 이러한 상황에서 1217년 4월 금은 남송이 세폐를 미납하고 산둥 한족 반란 세력을 지원한 것을 명분으로 삼아 남벌(南伐)을 선언하였다.[128] 선종은 1217년 1월 남벌을 시작하기 3개월 전에 남벌의 목표가 결코 영토 확장이 아님을 분명히 밝히고 있는데[129] 기본 전략은 핵심 지역에 타격을 가한 후 유리한 입장에서 협상을 통해 물자를 확보하는 것이었다. 금은 1217년 4월을 시작으로 1222년까지 7년 동안 매년 봄마다 송에 대한 남벌을 진행하였는데,[130] 특히 1219년 이후 칭기즈칸이 10여 년 동안 서쪽 정벌에 나서면서 북방에서의 몽골의 압박이 많이 완화되어 일시적으로 더 많은 병력을 투입할 수 있었다.

그런데 이때 금 제국의 인구 중 대다수를 차지한 한족의 반란 세력들이 중요한 변수로 등장하였다.[131] 남송은 이들을 '충의군(忠義君)'이라 불렀는데 특히 황하의 범람 등 자연재해로 큰 피해가 발생한 산둥에서 봉기한 이전(李全) 등은 강력한 독자적 세력으로 성장하였다.[132] 『금사』 등 사서는 붉은색의 겉옷을 입은 반란 세력을 "홍오적(紅襖賊)"으로 기록하였는데, 공교롭게도 붉은색은 바로 송 왕조의 덕운인 "화(火)"를 상징하는 색이었다. 남송은 반란 세력의 충성심을 크게 신뢰하지는 않았으나 관직을 수여하고 물자를 지원하면서 금을 견제하고자 하였다.[133]

1218년 봄, 금은 10만의 군대를 동원해 남송을 공격하였으나 별다른 성과를 얻지 못하였고, 다음 해인 1219년에는 80여 일 동안 진행된 남벌에서 3만의 병사를 잃고 철수하였다.[134] 1221년 4월에는 부마 복산안정(僕散安貞)이 이끄는 군대가 창강 북안의 황주(黃州)와 기주[蘄州, 현 후베이성(湖北省) 황강시(黃岡市)와 치춘현(蘄春縣) 일대]로 진격해 송나라 황실의 남녀 70여 명을 생포한 전과를 이루었지만 이내 회군해야 하였다.[135] 남송과의 전쟁이 5년 차에 들어선 1221년 4월 금은 칭기즈칸을 "형(兄)"으로 섬기는 새로운 관계를 제안하지만 거부당하였다.[136] 1222년 2월 다시 남벌을 강행하지만 역시 아무런 성과를 거두지 못하였고,[137] 막대한 군사와 물자를 소모한 금은 남벌을 포기하기에 이른다.[138]

## 7. 대하와 금의 멸망

1223년 12월 선종이 61세로 사망하자 셋째 아들 완안영갑속(完顔寧甲速, 혹은 完顔守緖)이 즉위하니 마지막 황제 애종(哀宗, 1224~1234년)이다. 애종은 몽골의 위협에 대처하기 위해 먼저 남송·대하와의 관계 개선에 나선다. 남송은 1224년 3월 금과의 협상은 거부하였지만, 6월 금의 남벌 중단 선포 후 군사행동을 멈추었다.[139] 금이 남송과 새로운 맹약을 맺지 않고 남벌을 포기한 것은 곧 세폐의 포기를 의미하였으나 몽골의 위협에 대처하기 위해서는 남송과의 소모적 전쟁을 끝내야 하는 절박한 상황에 놓여 있었다.

금은 1225년 9월 대하와도 화해하여 맹약을 맺는다. "대하의 군주는 금 황제를 '형(兄)'으로 대우하며 양국은 국서에서 각각 자국의 연호를 사용한다"라는 내용이 전해지며, 이는 대하의 국제적 위상이 격상된 것이지만 몽골의 공격으로 양국의 왕래는 곧 단절되었다.[140] 1226년

1월 칭기즈칸은 대하 정벌을 천명하고 친히 대하의 주요 도시들을 공격하여 함락하였고, 수도인 중흥부[中興府, 현 닝샤(寧夏)자치구 인촨(銀川) 일대] 남쪽 영주[靈州, 현 닝샤자치구 링우(靈武)]에서 대하의 10만 대군을 대파하였다.[141] 대하는 1227년 6월 마지막 황제 이[외명]현(李[嵬名]晛)이 항복하면서 멸망하였다.[142]

하지만 7월 칭기즈칸이 사망하면서 오고타이칸이 즉위하는 1229년 8월까지 금은 어느 정도 몽골의 위협에서 벗어날 수 있었다. 그러나 오고타이칸은 즉위를 축하하는 금의 사신을 접견한 자리에서 "너의 군주가 오래 항복하지 않아 우리 선제(칭기즈칸)를 전장에서 늙게 하셨으니 내 어찌 이를 잊을 수 있겠느냐, 부의가 무슨 소용인가!"라고 질책하면서 금에 대한 정벌을 논의하였다고 한다.[143] 이후 수년간 몽골의 대규모 원정이 계속되었고 몽골군은 마침내 1232년 1월 황하를 넘어 개봉을 포위하였다. 금은 협상을 시도하였지만 7월 몽골 사신 일행 30여 명이 살해되면서 무산되었다.[144] 개봉에서 기아에 시달리고 전염병이 창궐하는 절망적인 상황에서도[145] 금은 몽골의 공격을 1년이 넘게 막아내었으나 1233년 4월 결국 항복하기에 이른다.[146]

그런데 그보다 6개월 전인 1232년 12월에 애종은 개봉을 탈출하여 허난의 귀덕[歸德, 송대 응천부(應天府)로 현 허난성(河南省) 상치우(商丘)]으로 갔다가 1233년 6월에 다시 송나라 국경에서 불과 60여km 거리의 채주[蔡州, 현 허난성 루난(汝南)현]로 피신하였다.[147] 하지만 개봉의 절반 규모에 불과하였던 채주의 방어 시설은 매우 열악하였고 군사와 물자가 절대적으로 부족하여 포위당한 지 몇 주가 지나지 않아 성안에서는 식인 행위마저 횡횡하였다고 한다.[148] 1233년 8월 애종은 양곡을 빌리고자 남송에 파견한 사신에게 자신의 심정을 다음과 같이 토로하였다.

> "짐이 즉위한 이래 변경 장수들을 훈계하여 남쪽 변경을 침범한 적이 없다. 변경의 신하 중 [남송에 대한] 정벌을 자청하는 자를 질책하지 않은 적이 없다. 지난번 [남]송의 주 하나를 얻었지만 이내 돌려주었다. … 그런데 [남송은] 이제 우리가 지치고 약해진 상황을 이용하여 우리의 수주를 점령하고 우리 등주를 꾀하고 또 우리 당주를 공격하니 저들의 도모하는 [생각이 어찌] 이렇게 짧은가! 대원(大元)은 40여 개 나라를 멸망시켰고 [그 재앙은] 서[대]하에 이르렀다. [대]하가 망한 후 [몽골의 공격이] 우리에게 미치며 우리가 망한 후 분명 [남]송에 미칠 것이다. 입술이 없으면 이가 시린 것이 자연의 섭리이다. 만일 우리와 연합하고 화해하여 우리를 위하면 곧 그들 자신을 위하는 것이다. 경은 이러한 [이치]를 저들[남송]에게 알리도록 하라."[149]

하지만 남송은 금의 사신을 거부하였을 뿐만 아니라 2개월 후인 1233년 10월에는 몽골에 30만 석(石)의 군량미를 제공하면서 직접 1만의 군사를 보내 채주의 공성전에 참여하였다.[150] 본래 남송은 13세기 초 '개희북벌' 실패 후 방어에 치중하는 소극적 전략을 유지하면서[151] 몽골의 제의에 수차례 응하지 않았으나, 이제 금의 멸망이 눈앞에 보이자 중원을 회복할 절호의 기회로 보았다.

1234년 정월 채주의 함락이 임박하자 애종은 내족(內族, 즉 황실의 친족)인 완안승린(完顔承麟)에게 전위하였는데, 이는 자신의 몸이 비대하여 말을 타기 어려우니 민첩한 승린이 탈출에 성공하여 황실의 명맥을 잇도록 도모한 조치였다.[152] 그러나 전위 당일 몽골군이 성안으로 진입

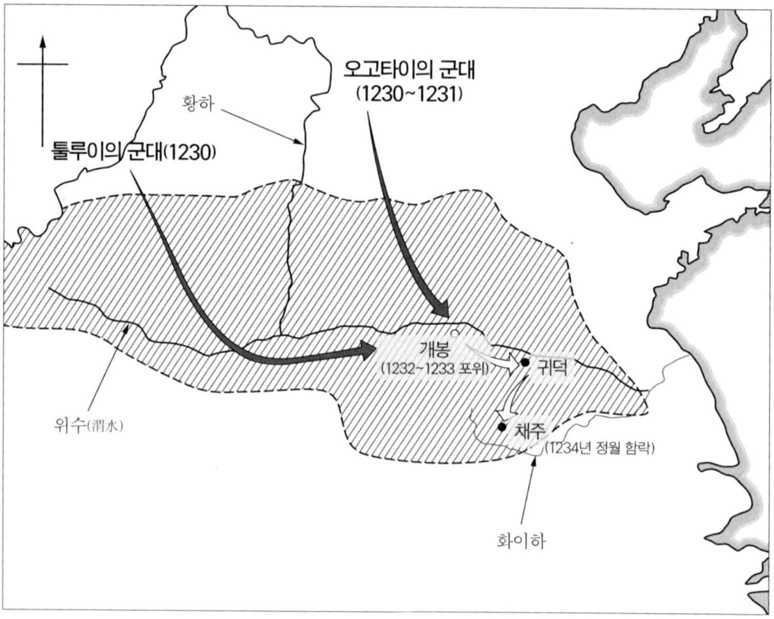

〈그림 10〉 1233~1234년 몽골군의 개봉과 채주 공격

하자 애종은 자살하였고 재위 반나절 만에 '말제(末帝)' 완안승린도 사로잡혀 참수당하면서 금은 멸망하였다.[153]

## 8. 금 제국과 동아시아 세력 균형

1125년 여진은 거란의 마지막 황제를 생포하였고 기세를 몰아 1126년 윤11월에는 송의 수도 개봉을 함락하고 두 황제 휘종과 흠종마저 사로잡으면서 천하 통일의 위업을 달성하는 듯하였다. 금 제국의 팽창은 실로 놀라운 것으로 『금사』의 편찬자들은 여진이 "신처럼 병사를 쓰면서 전쟁에서 승리하고 공격하여 취하는 데 있어 당대에 적수가 없어 10년이 되지 않아 대업을 이루었다"[154]고 기록하였다. 새로 정복한 화북 지역에는 '대초'와 '대제'라는 괴뢰 한족 정권을 세워 완충 지대로 삼았다가 제국에 편입하였고 이후 요동으로부터 여진 부족들을 대거 이주시켜 통치를 강화하였다.

하지만 금은 이내 동아시아 세력 균형의 현실을 마주하게 되었고 강력한 기병도 무덥고 습한 지형에서 크게 고전하면서 결국 화이하를 경계로 삼아 남송과 대치하게 된다. 어느 학자는 금의 기본 전략이 중원에서의 통치를 안정시킨 후 주변에서 공물을 획득하는 것이었다고 주장한다.[155] 그러나 중원 동북쪽 귀퉁이 연운 16주에 만족하며 송과 공존하고자 하였던 거란과 달리 금은 수차례나 송을 정복하고자 남벌을 시도하였다. 금은 1141년 남송의 고종을 책봉하면서 세공(歲貢)을 받는 우월한 위치에서 맹약을 맺지만, 남송은 이후 20여 년의 평화로운 관계 속에서 어느 정도 세력을 회복하였고 1161년 해릉왕의 남벌을 막아낸다. 이후 금 세종은 남송과 타협하면서 평화로운 국제 질서를 회복하였고 그 후 30여 년간 충돌을 피하면서 번영을 이루었다.[156] 13세기 최강의 군사력을 보유한 몽골이 대하와 금을 정복하고 1253년 대리국과 1259년 고려의 항복을 받아낸 후인 1276년에야 비로소 남송 정복에 성공한 사실은 금나라 시기 동아시아 국제 질서와 세력 균형의 현실을 잘 보여 준다.

12세기 후반 빈번하게 발생한 자연재해로 야기된 사회적 혼란과 한족의 반란에 직면한 금은 초원의 신흥 세력인 몽골의 주요 공격 대상이었다. 하지만 몽골과의 타협을 거부하고 북송의 옛 수도인 개봉으로 천도하면서 30여 년간 격렬하게 저항하였다. 금은 왜 몽골과의 타협에 소극적이었을까? 미국의 인류학자 바필드(Thomas Barfield)는 만주에서 흥기한 '외래 왕조'인 금의 전략이 중원의 한족 왕조와 근본적으로 달랐음을 강조한다. 한족 왕조가 북방 세력에 세폐를 보내면서 변경의 안정을 추구하였다면, 만주에서 흥기한 '월경국가(越境國家, Transborder States)'인 금은 초원의 내부 정치에 적극적으로 개입하고 군사적 충돌을 주저하지 않았으며 물자 제공을 요구한 몽골과의 타협을 거부하였다는 것이다.[157] 타협을 거부하고 군사적으로 대응한 외래 왕조 금의 전형적인 강경 전략은 막강한 몽골의 군사력에 부딪혀 실패하고 말았다.

동아시아의 역사 전통에서는 왕조의 멸망 요인으로 종종 제왕의 타락과 정권의 부패에서 비롯된 사회적 혼란을 강조한다. 이에 더해 금의 멸망에 대해 "해릉[왕]이 영안[중도]으로 천도한 이래 여진인은 점차 예전의 풍습을 잊게 되었다(自海陵遷都永安, 女直人寖忘舊風)"[158]라는 세종의 말을 인용하면서 여진족이 대거 중원으로 이주한 후 한족 문화에 물들고 타락하여 전사(戰士)의 기상을 상실한 결과로 보기도 하였다.[159] 하지만 13세기 초 금의 멸망 과정에는 몽골의 흥기로 균열되기 시작한 동아시아 국제 질서의 변화에 적절하게 대응하지 못한 전략적 실책이 크게 작용하였다. 금은 80년 동안 원만하게 유지된 대하와의 관계 악화를 방치하였고, 한족 반란 세력에게 산둥을 상실한 후에도 덕운(德運) 논쟁과 남천을 추진하여 남송을 자극하면서 사방으로 적대 세력에 포위되는 위급한 상황을 자초하였다. 나아가 쪼그라든 제국의 재정과 물자를 보충하기 위해 남송에 대한 7년간의 남벌을 진행하였으나 군사력만 소모하고 말았다. 1227년 몽골의 대하 정복으로 동아시아 세력 균형이 붕괴되기 시작하였고 금은 몽골과 남송의 협공에 1234년 건국 120년 만에 멸망하였다.

제5장

# 금 제국의 군사력과 농업의 관계

박장배 • 동북아역사재단 연구위원

# 1. 금 제국의 흥망과 농업 정책

1127년 금 제국(1115~1234년)은 중원을 차지하고 경영하다가 1234년 몽골에 의해 멸망했다. 금의 집권 세력이 어떻게 제국을 만들고 유지했는가 하는 문제는 여러 각도에서 접근할 수 있다. 기존 연구에서는 금나라 건국 후 노예제가 발전하고 12세기 중반에는 봉건화가 진행되었다고 설명하는 견해도 있다.[1] 사회경제체제를 지칭하는 용어가 어떻든 그만큼 여진인의 금나라가 겪은 경제적 변동의 폭이 컸다는 것은 부정할 수 없을 것이다.

중국 정사의 하나로 간주되는 『금사』[2]를 보면, 1책의 67%에 해당하는 「본기」와 3책과 4책의 「열전」은 대부분 전쟁 기사로 채워져 있다. 그러니까 『금사』는 50% 이상 전쟁 관련 내용으로 구성되어 있다고 할 수 있다. 군대에는 병장기와 군량이 필요하고, 무엇보다 군량을 공급하는 농경이 중요한 문제다. 금의 집권 세력은 북중국의 거주민인 한인 엘리트와 농민을 대거 포용하면서 제국을 건설하고 유지할 수 있었다.

금 제국의 농업은 거란의 농업 유산을 물려받았다. 거란국 농업 발전의 주역은 한인 관료와 농민들이었다. 중원의 혼란은 거란 부족들이 한인 세력을 흡수할 수 있는 기회를 열어 주었다. 유목 부족 중에서 한인 세력과 협력할 줄 알았던 세력이 거란국 건국의 주역이 되었다. 거란 세력은 농업경제를 활용할 줄 아는 능력을 보여 줌으로써 이후의 외래 왕조들이 통합 경제를 창출하고 유지할 수 있는 선례와 토대를 마련했다고 하겠다.

금 제국 경영의 핵심 제도인 맹안모극제(猛安謀克制)는 군사 조직이자 농업 생산 조직이었다. 금은 맹안모극제를 통해 군사력을 확보했지만 동시에 둔전을 통해 군사력을 유지하였다. 기본적으로 둔전제를 통해 맹안모극제를 강화하고 유지하였다고 할 수 있고, 금대의 둔전은 이전 어떤 시대의 둔전과도 성격이 달랐다고 지적된다. 금대의 둔전은 착취적 성격이 강했다는 견해도 있지만, 금의 엘리트층은 북송보다 낮은 토지세를 받았으며 한족 문화를 적극 받아들여 한족을 지배에 이용하고자 했던 것으로 보인다. 이 글에서는 맹안모극제를 통해 금의 농업 생산이 군사력 강화에 어떤 영향을 미쳤는지 파악해 보고자 한다.

## 2. 금의 맹안모극제

여진족은 유목민이었던 거란과는 달리 씨족이 중요한 역할을 했다. 여진족이 세운 금이 급부상한 이유로는 흔히 여진족 사회의 독특한 사회구조가 거론된다. 금을 세운 완안아골타는 1114년 맹안모극제를 도입했는데, 이는 사실 기존의 제도를 개조한 것이었다. 여진족 사회에는 전통적으로 맹안(猛安)과 모극(謀克)이라는 씨족 구조가 있었다. 완안아골타는 이를 군사 조직으로 탈바꿈시켜 300가구를 모극이라 하고 10모극을 맹안이라 편제한 다음, 1모극에서 100명의 병사를, 1맹안에서 1,000명의 병사를 차출하였다. 여진족은 평시에는 맹안과 모극이라는 사회 조직에 따라 생업에 종사하다가 유사시에는 군사 조직으로 편제되었다. 생산 조직이면서 군사 조직이라는 이중성은 거란 사회의 부족제보다 효율성이 뛰어났다고도 할 수 있다.

맹안모극은 무엇보다도 군사편제 단위였다. 『금사』「병지」에서는

"각 부락의 우두머리는 발근(孛菫)이라 불렀고, 군사를 거느리는 것[行兵]을 맹안과 모극이라고 불렀다. 인원이 많고 적음에 따라 명호를 정했는데 맹안은 천부장(千夫長)이며 모극은 백부장(百夫長)이었다. 모극의 보좌직을 포리연(蒲里衍)이라 불렀고, 사졸의 부종(副從)은 아리희(阿里喜)라고 불렀다. 각 부의 병사들 수가 처음에는 제도로 정해지지 않았는데 태조가 즉위한 지 2년에 이르러 2,500인의 [군사로] 야율사십(耶律謝十)을 격파한 이후에 처음으로 300호(戶)를 모극으로 삼고 모극 10개를 맹안으로 하도록 하였다"[3]라고 맹안모극을 정리하였다.

맹안모극제는 병농일치(兵農一致)의 조직으로 여진족 지배체제에 군사적으로 위협이 될 수 있기 때문에 원칙적으로 정복한 주변 민족들을 이 제도에 편입시키지 않았다. 금 제국의 성장 과정에서 생산 조직이자 군사 조직이라는 이중성을 가진 맹안과 모극제가 어떤 역할을 했는지, 특히 농업 지대인 북중국의 점령과 지배 과정에서 어떤 역할을 했는지 규명하는 것은 금 제국에서 농업이 갖는 의미를 파악하는 데 관건이 되는 요소이다.

## 3. 금인의 화북 이주와 맹안모극의 확대

당송대 농업기술의 혁신은 벼농사 지대인 강남 지역에서 일어났지만, 여타 지역에도 영향을 주었거나 동시다발적으로 일어났다. 그것은 거란의 영역에도 영향을 주었는데, 거란국에서 흡수한 한인 관료와 농민들이 중대한 역할을 했다. 『요사』에 대규모 관개시설 공사를 시행했다는 기록은 없지만, 매우 실용적인 인의위치(因宜爲治) 정책을 견지함으로써 철제 농기구와 거름 기술을 가진 한인 관리와 농민들을 활용할 수 있었다. '인의위치'는 각지의 실제 상황에 근거하여 적합한 조치를 취한다는 의미로, 통상 인지제의(因地制宜)라고도 한다. 그것은 "국제(거란의 제도)로 거란을 다스리고 한제(한인의 제도)로 한인을 다스린다"[4]는 것이다. 이렇게 해서 거란국은 '남농북목'의 유목-농경 통합 국가가 되었다. 금 제국은 이러한 거란의 농업 부문에서의 성취를 바탕으로 중원을 통치할 수 있었다고 볼 수 있다.

수당 시대에 말갈로 불리던 여진족은 11세기 초 동아시아 전역을 격변의 소용돌이 속에 몰아넣는다. 금은 건립 후 불과 10여 년 만에 화북 전역을 장악했다. 금의 성장 과정을 음미해 보면 금 제국이 가진 농업 특성을 보다 명확히 알 수 있다. 여진인은 본래 흑수(黑水)와 백산(白山) 사이에 살았다. 흑수는 오늘날 헤이룽강(黑龍江)을 말하고, 백산은 백두산을 말한다. 쑹화강(松花江) 부근의 비옥한 흑토 지대는 여진인이 오랫동안 경작해 온 지역이다. 거란국의 지배를 받았던 남쪽의 숙여진은 농경 생활에 적응해 갔고, 거란국의 지배 정도가 매우 약했던 생여진은 북만주 일대에서 농경과 수렵을 병행하고 있었다.

금대 초기 만주 지역은 정치와 경제의 핵심이었다. 금대 만주의 농업은 거란국 시대와 비교하여 몇 가지 큰 변화가 있었다.[5]

첫째, 개간 지역이 대폭 확대되었다. 시라무런하(希拉穆仁河)와 랴오하(遼河) 유역 외에 개간 지역은 북쪽으로 우위얼하(烏裕爾河) 유역까지 확대되었다. 둘째, 농경기술이 명확히 향상되었다. 거란 시대보다 발굴된 농기구의 수량도 증가하였는데, 이것들은 정교한 농경에 필요한 농기구들이었다. 셋째, 농업 생산은 한족이나 발해인 등 농경민족을 넘어서 여진, 거란, 해(奚) 등의 민족에게도 확대되었다. 농업 생산 지대를 경영한 것은 금나라가 쑹화강 유역에 도읍하는 데 물질적 기초가 되었다.

기존 연구들이 지적하였듯이, 금대의 토지 제도는 여진족과 거란국 지역, 송 지역 등 세 지역의 토지 상황이 각기 달랐다. 이들 각각의 토지 발전 상황은 불균등했고 토지 소유제도 차이가 있었다. 만주 지역의 토지 제도는 주로 우두지(牛頭地) 제도와 '사원 점유 토지 제도', 한인과 발해인 등의 전호제가 있었다. 그중 우두지 제도는 여진족 본래의 토지 제도로, 금대 만주에서 가장 민족적인 특색을 띤 토지 제도였다.[6]

금대의 토지 점유 양식에는 관전(官田)과 사전(私田)이 있었다. 관전은 국가나 황제의 명의로 토지를 점유하고 뒤에 분배되거나 상으로 수여된 경작지였다. 사전은 한족, 거란족과 여진족 귀족, 관리, 지주의 사유 토지였다. 금나라 초에 여진족 토지 분배와 점유 제도는 '우두세지(牛頭稅地)'라고 일컬었는데 국가가 여진 귀족이 점유한 경작자와 부림소의 수량에 근거하여 관전을 분배했다. 여진 통치자는 여진인의 경작 의욕을 고취하고 맹안모극 조직을 발전시키기 위해 우두지를 분배하였다. 또한 항복한 거란인, 한인, 발해인, 해인(奚人) 등의 군민을 맹안모극제로 조직하고 우두지를 분급해 주었다.

맹안모극의 토지는 본래 국유지로, 개인이 소유하거나 매매할 수 없었다. 금 세종 대에 이르러 맹안모극의 노동력 고갈 현상이 엄중해졌다. 관전의 사전화도 보편화하였고, 우두지의 국유지 색채도 갈수록 엷어졌다. 그리고 여진 통치자는 북중국의 통치를 강화하고자 3차례에 걸쳐 맹안모극의 남천을 단행했다.

맹안모극의 남천에 따라 중원 토지 제도의 영향을 받아 맹안모극 자체의 토지 점유 방식에도 변화가 일어났다. 희종 황통 5년(1145) 둔전군제(屯田軍制)를 창안하고 여진인, 거란인을 중원으로 이주시켜 한인과 잡거하도록 했다. 새로 이주한 맹안모극에서는 계구수지(計口授地)를 실시함과 동시에 한인 토지 제도의 영향 및 여진 귀족의 지주화를 방지하기 위하여 우두지 분배제를 완전히 폐지하지 않았다. 그러나 사실상 한족의 지주전호제에 영향을 받아 맹안모극 내부의 지주전호제가 발전하고 여진 귀족은 개인 지주화되었다. 이것은 우두지 제도에 충격을 주었다. 여진족의 토지 소유 제도는 우두제에서 계구수전(計口授田)을 거쳐 최종적으로 지주전호제로 변하였다.

여진족이 황하 남북을 차지한 이후 북중국에는 지주전호제가 확대되었다. 금이 북중국을 점령하고 국유지가 크게 늘었다. 금은 북중국의 대량의 황무지를 국유로 했으며, 그 관지(官地)에 한족 농민을 불러서 경작시켰다. 여기에서 여진 귀족들은 지주전호제의 지주가 되었다. 한족 지주 계층은 금 황실이나 여진 귀족과 결탁하여 자신들의 지위를 유지하였다. 금대 여진 맹안·모극호의 중원 이동은 매우 큰 사회경제적 변화를 야기했다. 한마오리(韓茂莉)의 연구에 따르면, 여진족의 중원 이주는 중원의 농업 발전을 늦추고 저해했다고 한다.[7] 그러나 이는 정복 전쟁기의 모습이었다. 금 통치 시기에 북중국에서 징수한 토지세는 비교적 가벼워서 북송이나 당시의 남송보다도 낮았다. 이것은 북중국 인구가 현저히 증가한 중요한 원인이 되었다.

금대 초에 이루어진 여진 맹안모극호의 중원 이동은 1133년부터 거의 20년 동안 지속되었다. 이는 해릉왕(海陵王) 시기에 기본적으로 중지되었다. 대략 100만 정도의 인구가 이동했다. 이동의 첫 번째 단계는 1114년 9월 금 태조 완안아골타가 거란국을 멸망시키는 전쟁을 시작하여 1117년 4월 서경(西京)과 연경(燕京)을 공략하기까지의 기간이다. 아골타는 3년도 안 되는 기간에 거란국과 북송을 멸망시켰다. 새로운 점령지의 안정과 관리는 금 정부가 고려해야 할 가장 중요한 문제였다.

1133년 금 정부는 대량의 맹안모극호를 중원으로 이주시키고 새로운 토지를 채웠다. 맹안모극호의 중원 분포 범위는 상당히 넓었는데,

여러 로(路) 중에서 하북(河北), 산동(山東), 대명부(大名府) 및 중도로(中都路)에 가장 많이 집중되었다. 이들 중 73.7%가 하북과 산동 일대에 안치되었다. 1153년 해릉왕 완안량은 국도를 상경 회녕부(會寧府)에서 연경으로 옮기면서 동시에 연경을 중도로 개명하였다.

물론 맹안모극호의 농업 안착은 간단한 일이 아니었다. 금 세종 대정(大定) 21년(1181) 정월 임자일에는 다음과 같은 기록이 있다.

> "황제가 산동과 대명(大名) 등 로(路)의 맹안모극의 백성이 교만하고 방종하며 사치하면서 농경을 일삼지 않는다는 것을 들었다. 조서를 내려 실상을 점검하고 사람 수에 맞추어 땅을 주게 하였으며 반드시 스스로 경작하게 하였다. 땅에 여유가 있고 힘이 넉넉하지 않은 자는 사람을 불러 소작 주는 것을 허락하였고, 농사철에 술 마시는 것을 금지하였다."[8]

여진인이 맹안모극 본연의 임무를 수행하면서 농업을 경영하는 것은 쉽지 않은 일이었다고 생각된다.

금나라 초에 황하 유역의 농업 생산 체계가 파괴된 후 금 희종(熙宗) 시기(1135~1149년)에 농업이 회복되기 시작했다. 금 세종 시기(1161~1189년)와 장종(章宗) 시기(1189~1208년)에 현저한 발전이 있었으니 이때가 금나라의 전성기였다. 베이징과 요동(만주)에서 발견된 금대의 농기구는 거란국 시기보다 훨씬 발전된 수준을 보여 주며 중원과 유사한 모습을 보인다.[9] 경지 면적도 상당히 확대되었으며, 단위면적당 생산량도 늘었다. 12세기 중엽 이후 북방의 경제는 현저히 발전하였다. 금 세종과 장종 시기에 국가 재정이 현저히 늘어나고 사회도 안정을 이룩

했다. 이때 북중국 인구는 북송대의 인구수를 초과했다. 세종 시기에는 태평성세를 이뤄 세종은 '소요순(小堯舜)'이라는 칭호를 얻기도 했다.

금의 농업 수준을 잘 보여 주는 것으로 금나라에 농업 관련 관료기구가 정비되어 있었다는 것을 들 수 있다. 「백관지」에 금나라의 농업 관료기구에 대한 자세한 설명이 있다.

> "권농사사(勸農使司)를 태화 8년(1208)에 폐지하였고, 정우 연간에 다시 설치하였다. 흥정 6년(1222)에 권농사(勸農司)를 폐지하고, 사농사(司農司)로 고쳐 설립하였다. 사(使)는 1인이고 정3품이다. 부사(副使)는 1인이고 정5품이다. 천하 사람들을 권장하고 독촉하여 농사에 힘쓰도록 하는 일을 관장하였다. 사농사는 흥정 6년(1222)에 설치하고 채방공사(采訪公事)를 겸임하였다. 대사농(大司農)은 1인이고 정2품이다."[10]

품계를 보면 농업 정책을 관장하는 관리의 역할이 증대되었다고 할 수 있다. 그리고 이러한 농업 관련 기관 이외에 제형사(制刑司)를 설치하여 운용하였다. 금나라는 대정 29년(1189) 6월 "을미일에 처음으로 제형사를 설치하여 9로(路)를 나누어 안찰하고, 아울러 권농 및 채방(采訪)의 일을 겸하며, 둔전과 진방(鎭防) 여러 군대는 모두 여기에 속하게 하였다."[11] 또 명창 5년(1194) 5월 "을미일에 조서를 내려 각 로(路)의 맹안모극에게 농사에 바쁘지 아니한 시기에는 무예를 연습하게 하고, 본로(本路)의 제형사가 그중에 게으른 자를 살펴 벌주게 하였다."[12] 이러한 점들을 보면, 제형사는 권농사보다 군사적인 역량을 갖추는 데 관심이 있었음을 알 수 있다.

〈그림 1〉 농경을 준비하는 모습. 1208년에 제작된 벽화. 산시성(山西省) 툰류현(屯留縣) 리가오촌(李高村) 금나라 무덤에서 출토. 소 한 마리가 앞에서 걸어가고 농부 두 명이 쟁기와 가래 등의 농기구를 들고 따라가고 있다.[13]

이렇게 정비된 농업 관련 제도와 기구는 제국을 뒷받침하는 중추 중 하나였다. 그와 같은 의미는 다음의 '종묘악가'에서 잘 드러나고 있다. 세 번째 잔을 올릴 때 「가화지곡(嘉禾之曲)」을 연주하였다.

"많은 상서로운 기운이 모여들어 천하의 태평성대를 보이니, 상서로운 벼 이삭이 생기고 한 가지에 두 개의 이삭이 열매를 맺는구나. 땅은 비옥하고 넓으며 연달아 이어져 남동쪽이 없으니 구름처럼 무성한 곡식은 풍년을 예감하네. 한번 베어내면 창고에 가득하니 집집마다 가득차서 노인은 노래하고 길마다 태평가를 부르네. 요임금의 백성들이 이와 비견되니, 제왕의 힘[帝力]이 어디에서 이와 같이 자연스럽게 실현되겠는가?"[14]

이처럼 『금사』는 농업의 힘과 제왕의 힘을 결부시켰다. 농업 생산을 유지하기 위한 제도적 장치를 갖추고 운용했다는 측면에서 농업 생산의 안정과 발전은 금 제국의 국가적 관심사였다. 특히, 군사 국가로서의 금나라의 특성은 제형사나 둔전제와 같은 제도적 장치를 통해 확인할 수 있다.

## 4. 맹안모극제 운용과 군사력

군사력은 경제력이 뒷받침되지 않으면 장기적으로 유지될 수 없다. 여기에 둔전제의 중요성이 있다. 맹안모극은 금 제국의 군사와 치안의 핵심 역량이라는 점에서는 변함이 없지만, 군사비 조달 방식에는 변화가 있었던 것으로 보인다. 특히 군사비를 충당하는 핵심 장치로 둔전을 빼놓을 수 없다. 금 황제는 군사력뿐 아니라 제국의 기간산업인 농사에도 관심을 기울였고 맹안모극에 속하는 둔전에도 관심을 두었다. 둔전제 자체는 금 왕조의 발명품이 아니라 금이 거란이나 송과 싸우면서 획득한 제도로 보인다.

『금사』 수국(收國) 원년(1115) 정월 신축일 기록에는 다음과 같은 내용이 있다. "요나라 보병은 모두 섬멸되었으며 밭을 가는 기구[耕具] 수천 개를 노획해 각 군에 나누어 주었다. 이번 싸움으로 요나라 사람들은 본래 둔전(屯田)을 하고자 하였기 때문에 한편으로는 전투하면서 또

한편으로는 지켰던 것이다. 그래서 저들의 밭을 가는 기구도 노획할 수 있었던 것이다."[15] 이 기록은 본래 사회 조직이자 군사 조직이었던 맹안모극제가 둔전과 결합하는 사례를 보여 준다고 할 수 있다.

앞서 언급했듯이 맹안모극제 정비 과정은 여진족의 화북 이주와 궤를 같이하는 것이었다. 이와 관련하여 『금사』에는 다음과 같은 언급이 보인다. 대정 17년(1177) 12월 임신일에 "황제가 재상과 집정들에게 말하기를 '내 나이가 이미 55세이다. 만약 60이 넘으면 비록 뭔가를 하고자 하여도 할 수 없을 것이다. 마땅히 내가 건강할 때 여진인 맹안모극 및 국가 정사의 아직 완성되지 않은 것과 법령의 완전하지 못한 것을 모두 정리하여 처리하라. 해야 할 일에 대하여 짐은 게으름을 피우지 않겠다'라고 하였다."[16] 세종은 맹안모극을 중심으로 한 통치 제도의 완성을 최우선적인 관심사로 두었음을 알 수 있다.

제도가 정비됨에 따라 맹안모극은 농업 경영이자 구휼 운용의 한 단위가 되었다. 천회 3년(1125)에는 풍년이 들자 모극마다 창고 하나씩의 곡물을 저장하도록 했다.[17] 대정 11년(1171) 정월 "병신일에 남경의 수재를 입은 둔전 맹안을 진휼하도록 명하였다."[18] 대정 12년(1172) 5월 "갑술일에 산동 동로 호랄온(胡剌溫) 맹안의 백성들이 기근이 들어서 구휼하도록 명령하였다."[19] 이처럼 농업 경영 단위로 설정된 맹안모극에게 중요한 것은 여진인 경영 주역들의 농사 능력과 의지였다. 이와 관련하여 금 중앙정부는 맹안모극의 구성원들이 농업 경영에 매진할 수 있도록 독려하였다.

금 제국의 인구가 농업을 중심으로 편제되었다면 그다음으로 제기되는 문제는 크게 두 가지일 것이다. 첫 번째는 맹안모극의 책임 경영

권 계승 문제이며, 두 번째는 농사와 군사의 조화 문제라고 할 수 있다.

먼저 맹안모극의 세습과 계승 문제를 살펴보면, 금 중앙정부에서 이 문제에 깊은 관심을 가지고 대책을 마련하려 했던 흔적을 엿볼 수 있다.

A. 대정 17년(1177) 10월 "정축일에 각 맹안에서 아버지가 별도의 직분을 맡고 있으면, 자식은 반드시 25세 이상이어야 세습을 이어받도록 허락하는 법을 제정하였다."[20]

B. 태화(泰和) 원년(1201) 8월 "경진일에 처음으로 호주가 끊긴 자의 밭과 집은 3분의 1을 그의 딸 및 손녀에게 주도록 명하였다. 무자일에 사공 양(襄)에게 특별히 관직을 바꾸어 하간부로(河間府路)의 산주해(算注海) 세습 맹안으로 임명하였다. … 임인일에 제령(制令)을 내려 맹안모극은 모두 안찰사에 예속하고, 감찰어사는 단지 부(部)를 사찰해 검거하여 죄가 있으면 감림관(監臨官)이 아울러 연좌되도록 하였다."[21]

이처럼 금 중앙정부는 세습맹안의 유지에 각별히 관심을 기울였을 뿐만 아니라 관리에도 공을 들였다. 이로 미루어 보면 세습맹안은 맹안모극 제도의 안정성 유지에 매우 관건이 되는 사안이라 할 수 있다.

다음으로 농사와 군사 훈련의 문제를 살펴보면, 다음의 사료들은 농사와 군사 훈련을 병행해야 하는 맹안모극의 실태를 일부 전해 준다.

A. 명창 5년(1194) 5월 "을미일에 조서를 내려 각 로의 맹안모극에게 농사에 바쁘지 아니한 시기에는 무예를 연습하게 하고, 본로(本路)의 제형

사가 그중에 게으른 자를 살펴 벌주게 하였다."[22]

B. 대정 22년(1182) 3월 "정축일에 상서성이 서북로 초토사(招討司)에게 지시하기를 맹안모극의 관이 본부의 사람들에게 무예를 연마하고 군사 장비를 익히도록 독촉할 것을 명령하였다."[23]

C. 승안 원년(1196) 6월 "계유일에 병기 휴대가 금지된 노분(路分)에게 조서를 내려 보궁수(步弓手)는 사량군(射糧軍) 안에서 선발하게 하고, 마궁수(馬弓手)는 맹안모극 군호의 나머지 장정 안에서 선발하게 하였다. 그중에 백성에게 해가 되는 자가 있으면 본 주현에서 판단하여 보내게 하였다. 만일 맹안호가 없으면 2백 리 내 주둔군의 나머지 장정 안에서 선발하여 취하고, 보궁수의 규정에 따라 매월 2관석(貫石)의 돈과 양식을 공급하게 하였다."[24]

D. 세종 대정 3년(1163) 2월 "군인이 사사로이 짠물을 달여 소금을 만들거나 관염(官鹽)을 훔치는 것을 금지하는 법을 정하였고, 맹안모극에게 순찰하여 잡도록 명하였다."[25]

사료 A, B, C는 군사와 농사를 병행하기가 쉽지 않았던 정황을 드러낸다. 사료 A에서 말한 "게으른 자"라는 용어 자체는 여진 습속과 농업 경영 자체가 서로 다른 영역으로, 적응에 상당한 공력이 필요하다는 점을 드러낸 것으로 보인다. 이렇게 "게으른 자"를 처벌하고 군사기술의 숙지를 "독촉"하는 것은 국가 기능이 정상적으로 유지될 때도 군사 기

〈그림 2〉 곡물을 키질하고 빻는 여인.[26] 1135년에 만들어진 금나라 벽화. 1999년 산시성(山西省) 툰류현(屯留縣) 리가오향(李高鄉) 쑹촌(宋村) 금나라 무덤에서 출토. 위쪽에 부녀자 한 명이 앉아서 키질하고 있고, 옆에는 연자방아가 놓여 있다. 오른쪽 아래에는 소 두 마리와 말 두 마리가 여물을 먹고 있고 바가지를 든 한 남자가 구유 앞에 서 있다. 이 그림은 농경과 군사를 함께 담당해야 했던 금나라 백성의 삶을 잘 보여 준다.

능과 농경 기능을 조화시키는 것에 어려움이 있었음을 말해 준다. 맹안모극이 병사들의 영리 행위를 단속한 사례 D는 맹안모극 유지가 금 제국의 존속에 매우 중대한 문제였다는 것을 다시 한번 보여 준다.

그러나 맹안모극제와 관련하여 『금사』에 나타난 최대의 난제는 여진인 그리고 맹안모극 사이의 빈부 격차 문제로 보인다. 다음의 사료에는 그 일단이 나타난다.

A. 명창 20년 "12월에 황제가 재신들에게 말하기를 '맹안모극 중에서 새로운 곳은 강성하고 오래된 곳은 약세한 곳이 많으니 노역[差役] 또한

고르지 않은데 명령을 내려 추배(推排)토록 하니 마땅히 중도로부터 시작하도록 하라'라고 하였다."[27]

B. "23년(1183) 7월에 상서성에서 다시 그 일을 보고하였는데 황제는 호적이 여러 해를 경과함에 따라 변동하여 빈부가 동일하지 않고, 맹안모극이 또 모두 연소하여 시사에 익숙하지 아니한데 하루아침에 전쟁이 일어나 호적에 근거하여 징발한다면 반드시 균등하지 못한 병폐가 있을 것을 염려하였다. 이에 실정을 조사하고 추배하고 호구와 축산의 수량을 검열하여 상경(上京) 22로의 정황을 보고하게 하였다."[28]

C. "12년(1172) 10월에 서북로 초토사에게 조서를 내려 맹안이 관할하는 가난한 사람 및 부잣집의 노비에게 모두 식염을 공급하게 하였다."[29]

D. 세종은 "[장구사(張九思)에게] 조서를 내려 불러들이고 타일러 말하기를 '장구사가 둔전을 하는 맹안 사람들이 예컨대 도둑질을 하면 배상하도록 하는데, 집이 가난한 사람들은 번번이 둔전을 판다고 말하였다. 무릇 집이 가난하여 배상을 못 하는 경우에는, 그 토지를 세놓아 조세를 받은 뒤 그것으로 배상 금액을 벌충하고 토지는 돌려주자'고 하였다."[30]

사료 A~D는 경제적인 측면에서 여진인의 생활이 양극화된 것과 그에 대한 대책의 일단을 보여 준다. 실제로 국방의 의무를 진 여진인들은 경제적 어려움에 처할 가능성이 컸다. 이러한 추세는 이미 충분히 예견되었다. 그 내용은 다음과 같은 사료에 단적으로 나타난다.

17년(1177) 6월 "여진인호(女直人戶)가 고향으로부터 3~4천 리를 옮겨와서 전부 척박한 토지를 얻었다. 만약, 양전(良田)을 거두어들여 그들에게 공급하지 않는다면 오랜 시일이 지나서 반드시 빈곤하리니 관리를 파견하여 조사하게 하라."[31]

이처럼 맹안모극의 빈부 격차와 그 내부의 경제적 불균등 확대는 금 제국의 운명을 결정짓는 중대한 문제였다.

맹안모극의 빈부 문제와 제국 내부 중간 리더십의 준비 상태는 실제 국가의 존망이 걸린 전쟁을 수행하는 데 큰 장애가 될 수 있다. 금 중앙 정부는 이러한 점을 염두에 두고 맹안모극의 약화를 방지하고자 노력했던 것으로 보인다. 북중국 지역에서 농업 경영은 한인 농민과 관료의 협조가 절대적으로 필요한 부분이었다. 동시에 소수인 여진인의 경제적 안정도 중요한 요소였다. 금나라는 표면적으로 한화 양상이 뚜렷했으나, 맹안모극 등 핵심 제도는 여진인 엘리트 집단의 역할을 전제로 한 것이었다.

그런데 맹안모극제와 둔전제의 결합은 금 제국의 핵심적인 산업-국방 정책이었다는 점에서 그 제도적 형태와 실태를 구체적으로 확인할 필요가 있다. 맹안모극제와 둔전제의 결합은 다음과 같은 사료에 나타나 있다.

A. 대정 22년에 "산동의 둔전호가 변경에 인접해 있어 명으로 한곳에 모여 살도록 하였고, 함께 힘을 모아 양잠과 씨를 뿌리도록 하였다."[32]

B. 태화 4년(1204) 9월 "임신일에 둔전호의 직접 경작과 임대 경작에 관한 법규를 제정하였다."[33]

태화 6년(1206) 11월 "을유일에 조서를 내려 둔전의 군호(軍戶)가 거주하는 곳의 백성과 혼인하는 것을 허락하였다."[34]

C. "당시에 여러 차례 하북과 산동에 원래 있던 둔전호를 바꾸고, 백성들의 땅을 거두어 모아 하나로 뭉뚱그려서 [둔전호의] 기반[業]으로 삼도록 했으며 호마다 소를 나누어 주어 그것으로 밭을 갈도록 하였으며 갑옷을 입은 병사를 길러 [전쟁에] 대비하도록 하였다. 그러자 권력이 더욱 중대해져 여러 [친]왕들에게 맹안의 칭호를 수여하거나 혹은 새로이 특별히 하사하는 명칭을 만들었다. 그들의 사치를 제한하고, 그들의 음주를 금지하였으며 그들에게 말 타는 일과 활 쏘는 훈련을 시키고, 양식을 준비하도록 하였는데 그 준비를 엄중히 하도록 하였다. 이때 종실은 170호였고, 맹안은 202개, 모극은 1,878개였으며 호수는 61만 5,624호였다. … 장종 명창 연간에 이르러 그 나라 사람들에게 문무를 겸하여 익히게 하려고 명으로 맹안모극에서 진사시를 거행하고 책론과 활쏘기를 시험하여 과거 순위의 높고 낮음을 정하였다."[35]

D. 29년(1189) 6월 "을미일 처음으로 제형사를 설치하여 9로(路)를 나누어 안찰하고, 아울러 권농 및 채방(采訪)의 일을 겸하며, 둔전과 진방(鎭防) 여러 군대는 모두 여기에 속하게 하였다."[36]

사료 A와 B는 타향으로 이주한 둔전호의 문제점을 잘 보여 준다. 정책 당국은 둔전호를 모여 살도록 하기도 하고, 경작지 임대 관련 법규를 제정하기도 하였으며, 군호와 현지인 사이의 통혼을 개방하기도 하였다. 사료 C를 보면, 둔전호를 정비하고 맹안모극에게 음주 금지를 강행한 것과 같이 양자는 강하게 연동되어 있었음을 알 수 있다. 둔전제는 부곡제와 마찬가지로 단순히 군량을 생산하는 것뿐만 아니라 다양한 기능을 하고 있었음을 알 수 있다. 사료 D는 권농 정책과 군정을 통합적으로 관리하는 '제형사'를 설치하여 농사와 군사 사이의 모순을 해소하고자 한 모습을 보여 준다. 양자를 모두 잘할 수 있을까? 『금사』에서 농업기술로는 일소를 이용한 밭갈이 기술이 가장 중요한 요소로 나타난다. 『금사』에는 전반적으로 농업기술에 대한 얘기는 매우 빈약하고 군사기술의 습득을 강조하는 기록들이 꽤 보이지만, 그러한 기록 자체가 농경 경영의 중요성을 부인하는 것은 아니다. 오히려 둔전제와 농업 경영만 보면 사실 농경국가와 다를 바 없어 보인다.

제국의 흥망은 일차적으로 군사력과 군수의 능력에 달려 있다. 또한 금의 군사기술도 중요한 역할을 할 수 있다. 사실, 금의 군사력은 제국의 끝 무렵까지도 막강했던 것으로 보인다. 화약무기만 보더라도 군사기술은 독보적인 면이 있었다. 앞서 살펴보았듯이 군사력은 경제력이 뒷받침되지 않으면 유지될 수 없다. 연료가 떨어지면 차가 멈추듯이 군사력은 군수 능력과 떼려야 뗄 수가 없다. 맹안모극제와 둔전제의 결합은 그런 점에서 매우 중요한 군사적 기제였고 동시에 군수적 기제였다고 할 수 있다. 여진의 맹안모극이 화북 지역에 이주하였을 때 직면한 현실은 빈부 격차 문제뿐만 아니라 여진 민족의 정체성 희석이라는 매우 엄중한 사안이었다.

특히 군사력의 핵심인 여진인들의 정체성과 응집력 약화는 사실상 제국의 약화와 분해를 의미한다고 할 수 있다. 몽골인의 군대에 밀린 금 멸망기의 모습은 군사적 패배를 당한 금 황제의 초라한 현실을 보여준다. 천흥 2년(1233) 6월 "신묘일에 애종의 수레가 귀덕을 출발하였는데 오랫동안 비가 내려서 호종하는 조관(朝官)들이 모두 걸어서 흙탕물 속을 행진하였고, 푸른 대추를 따서 양식으로 삼았다."[37] 황제 일행은 진흙탕 속에서 풋대추를 따 먹으며 피난을 다녀야 했다.

여진인의 정체성과 관련하여 먼저 주목할 부분은 해릉왕 시기에 강력한 한화 정책을 펼쳤다는 점이다. 이의 대응책으로 세종의 '여진 중시 정책'이 등장했다. 사실 한화 정책이나 여진 중시 정책은 모두 화북 지배를 안정적으로 유지하기 위한 정책이었다는 점에서 본질적으로 같은 목적으로 갖고 있다.

세종은 여진인의 안정이 제국의 핵심 과제라고 말한 바 있다. 그 내용은 다음과 같다.

> 7년(1167) "세종이 묻기를 '대신들에게 산동 맹안의 가난한 백성들에 대해 논의하라고 한 것은 어떻게 되었는가?'라고 하였는데, 아뢰기를 '아직 의논하지 못했습니다'라고 하였다. 곧이어 안례(安禮)에게 묻기를 '그대의 뜻은 어떠한가?'라고 하니 대답하기를 '맹안 사람들과 한인들은 현재 모두 한 가족입니다. 그들이 지금 농사를 짓지만, 모두 우리 백성입니다. 즉시 군사를 징발하면 농사에 방해될까 두렵습니다'라고 하였다. 세종이 안례를 꾸짖으며 말하기를 '짐이 네가 지식이 있음을 인정하는데, 매사에 모두 한인들을 본받으며, 아무 일이 없을 때는 농사일에 힘쓰라 한다.

추측하건대 송나라 사람들은 장차 분쟁을 일으키려는 마음을 가지고 있다. 국가에 변고가 생긴다 해도 한가하게 농사만 짓고 있겠는가. 그대가 익힌 한인의 문자와 그대가 읽은 『시경』과 『서경』은 잠시 여기에 두고 본조의 법도로 말하도록 하라! 전날 대신들은 모두 여진인으로 임용했는데 그대 혼자만 한인을 임용할 것을 주장하였다. 이것이 옳은 것인가, 옳지 않은 것인가? 이른바 네가 말한 일가라는 것은 모두 같은 종족을 가리킨다. 여진인과 한인은 실제로 두 종족이다. 내가 동경에서 즉위할 때 거란과 한인은 모두 오지 않았다. 오로지 여진인만 왔으니 이것이 가히 같은 종족이라고 말할 수 있는가?'라고 하였다. 또한 말하기를 '짐이 밤낮으로 생각하건대 태조 황제가 이룬 업적[功業]이 무너지지 않고 만세로 이어지기 위해서는 여진인의 물력이 궁핍하지 않아야 한다. 그대들은 나의 생각을 명백히 하라'고 하였다. 이로 인해 가난한 맹안의 사람들을 구제하는 몇 건의 유익한 건의가 있었다."[38]

농업경제의 중요성이야 다들 인정하는 바이지만, 세종의 말에 따르면 그것은 군사적 위기에 비하면 "한가하게 농사짓는 것"이었다. 이는 세종이 여진인의 정체성과 응집력을 얼마나 중시했는지를 잘 보여 준다. 기존의 연구에서는 해릉왕의 한화 정책이나 세종의 여진 중시 정책에 대해서 다각도로 분석하였다.

요컨대 화북 지역까지 포괄한 금 제국은 강력한 군사력, 그를 뒷받침하는 농업 생산력과 함께 통치 세력이 속한 여진인의 강력한 정체성과 응집력이 필요한 국가였다. 금 제국은 몽골 세력의 군사력 앞에 무너졌지만, 그 유산은 이후 몽골 제국의 성장에 큰 역할을 한 것으로 보인다.

## 5. 금이 후대 정복 왕조에 남긴 유산

금을 세운 완안아골타는 기존의 사회 제도를 개조하여 맹안모극제를 도입하였다. 여진족은 평소에는 맹안과 모극이라는 사회 조직으로 생업에 종사하다가 유사시에는 군사 조직으로 군사 활동을 담당하였다. 금은 건국 후 불과 10년 만에 화북 전역을 거의 장악했고, 더 나아가 드넓은 화북 지역을 안정적으로 통치했다. 여기에는 맹안모극이라는 병농일치 제도가 큰 역할을 했음은 잘 알려진 사실이다.

1133년부터 거의 20년 가까이 이루어진 여진 맹안모극호의 중원 이동은 여진인에게는 큰 도전이었다. 이 글에서 보았듯이 『금사』에서는 맹안모극호의 여진 문화 약화, 빈부 격차 확대 등 많은 적폐가 쌓여 그 해결에 부심하는 대목을 자주 볼 수 있다. 실제 『금사』에서 농경 관련 기사는 빈약한 편이고, 50% 이상이 전쟁 관련 기사이다. 그러나 전쟁에는 병력이 필요하고 병력을 지탱하기 위해서는 당연히 군량이 절대적으로 중요하다. 금 제국은 이 양자의 필요성을 맹안모극과 둔전제라는 제도적 장치를 통해 해결하였다.

금 제국은 정복 왕조로서 대제국을 경영하는 관료제 구축이나 군사력과 경제력 확보라는 측면에서 거란보다 훨씬 개선된 면모를 보여 주었다고 평가할 수 있다. 금 제국의 관료제는 금 제국만의 독자적 요소가 있었다. 금대에는 농업 관련 제도도 거란보다 훨씬 잘 정비되어 있었다. 또 농업 관련 의례 수용, 농경기술 수용 등 농업경제 부문에서 금은 거란보다 월등한 능력을 보여 주었다. 이러한 성공 사례는 이후 몽골 제국(원)과 만주 제국(청)에도 깊은 영향을 주었던 것으로 보인다. 그 핵심은 군사적 역량을 안정적으로 유지하고 그를 뒷받침하는 관료제와 농업경제를 유목경제와 연결시킬 수 있는 능력을 발휘했다는 것이다.

기본적으로 농업 생산성 향상은 제국을 지속하는 데 관건이 되는 문제로, 금 통치자는 농업 생산성 향상을 위해 한인 관료와 농민들을 적극 포용할 필요가 있었다. 그들이 수전 개발 등의 분야에서 어떤 역할을 했는지는 향후 새롭게 확인할 필요가 있다. 농업경제의 발전이 여진 문화의 약화와 정체성 담화를 의미하는지에 대해서도 더 검토할 필요가 있다. 금 제국의 여진 지식인 관료들은 '장백산 제사'와 같은 황실의 정통성과 민족적 구심점을 마련하고자 지속적인 노력을 기울였는데, 이것은 정체성 약화에 대응하는 측면도 있지만 근본적으로는 금 황제의 권력과 금 왕조의 정통성을 강화하기 위한 기획으로 볼 수 있다.

제6장

# 아골타의 군사 전략과 외교 전략

조복현 • 경희대학교 후마니타스칼리지 교수

## 1. 아골타의 전략에 대한 총체적 연구 필요

완안아골타(完顏阿骨打)의 시조인 함보(函普)가 처음 완안부로 들어갔을 때의 여진은 사적인 재산이나 노예가 있었지만 사회 발전 단계는 매우 낙후되어 있었다. 그러나 이후 여진은 점차 발전하여 12세기에 들어서면 국가를 건설하고 당시 북중국을 통치하던 요나라 그리고 북송까지 멸망시킨다.

여진의 발전 과정을 보면, 먼저 함보에서부터 그의 아들인 오로(烏魯)와 손자인 발해(跋海)를 지나 증손자인 수가(綏可)에 이를 때까지는 당시의 다른 여진 부족과 비슷하거나 오히려 낙후된 상태에 있었다. 그러나 함보의 4세손인 수가 때 이르러 완안부 12부락 연맹체가 형성되었고, 그 아들인 석로(石魯)는 요나라에서 척은(惕隱)에 임명되었으며, 법규와 명령을 사용하고, 따르지 않는 부락은 토벌하면서 점차 강성해졌다. 함보의 6세손인 오고내(烏古迺)는 요나라로부터 생여진절도사에 임명되어 완안부를 중심으로 하는 군사 연맹 세력이 더욱 강대해졌다.

오고내의 아들 9명 가운데 둘째 아들인 핵리발(劾里鉢)과 넷째인 파랄숙(頗剌淑)과 다섯째인 영가(盈歌)가 이어서 생여진절도사를 담당하면서 완안부는 부단히 세력을 확장하고 반란 세력을 진압하면서 여진 부족들을 통일하는 기틀을 다졌다. 이러한 오고내의 4부자가 통치하던 시기에는 법규를 통일하고, 정치 조직을 통일한 기초 위에서 여러 여진 부락의 민심을 얻었다. 이어서 핵리발의 아들들이 통치하게 되는데, 강종 오아속(烏雅束)은 고려와의 갈라전(曷懶甸)을 둘러싼 분쟁을 평화적으로 해결하면서 여진의 전략적 목표를 요나라에 집중할 수 있었다.

그리하여 아골타가 도발극렬(都勃極烈) 자리에 오를 때는 여진 부락 연맹체의 통일이 대체로 완성되었고 정치 조직이나 법령을 갖추어 여진족 국가를 건설하고 요나라나 북송을 멸망시킬 전쟁을 수행할 수 있는 기본적 역량을 갖추었다. 여기에 오랫동안 거란에 착취와 수탈과 모욕을 당해 왔기에 당시에 여진인들의 공통 숙원은 여진의 통일을 더욱 공고히 하고, 거란의 잔혹한 통치에서 벗어나는 것이었다.

이러한 시대적 배경 아래에서 여진 역사상 최초로 국가를 건설한 태조 완안아골타(1068~1123년)가 완안핵리발의 둘째 아들로 태어났다. 당시 여진은 요 왕조로부터 심한 착취를 당하여 생여진 지역에서 생산되는 많은 토산품을 진공해야 하였다. 또 변경의 관리나 심지어 상인들까지 여진인을 상대로 착취와 수탈을 자행하여 여진인의 거란에 대한 증오가 갈수록 심해지고 있었다. 그리고 아골타 개인적으로도 천경(天慶) 2년(1112) 봄에 혼동강(混同江)에서 벌어진 두어연에서 춤추며 흥을 돋우는 것을 거절했다는 이유로 요의 천조제(天祚帝)에게 살해당할 위기와 모욕감을 느끼기도 하였다.

어려서부터 무예가 출중하고 큰 뜻을 품었던 그는 거란 천경 3년(1113)에 형인 강종 오아속의 뒤를 이어 여진 부락 연맹체의 장인 도발극렬이 되고, 이듬해에 거란의 천조제에게 절도사 칭호를 부여받았다. 그리고 1114년 9월에 2,500명의 군사를 거느리고 요의 통치에 반항하는 전쟁을 일으켰다. 다음 해에 국가를 건립하고 수국(收國)이라는 연호를 사용하기 시작한 아골타는 시종일관 요 왕조를 멸망시키기 위하여 진력하였고, 금은 도망하는 천조제를 체포하였으나 아골타는 그것을 보지 못하고 거란 왕조의 멸망을 눈앞에 둔 1123년 9월에 사망하였다.

이처럼 10년이 채 되지 않는 짧은 기간 동안 소수의 군대로 시작하여 당시 북방의 대국이었던 거란 왕조를 멸망시키기까지는 여러 요소가 복합적으로 작용하였을 것이다. 하지만 무엇보다 아골타라는 지도자의 탁월한 영도력이 가장 중요했을 것으로 생각한다. 따라서 아골타의 금 왕조 건국이나 그가 수행했던 전쟁은 학계에서 관심을 가질 만한 주제이다. 그러나 국내 학계에서는 여진 민족이나 아골타와 그의 선대에 관한 연구나 고려와 여진의 관계에 관한 몇 편의 논문이 발표된 정도이다. 중국에서는 아골타나 거란·금 전쟁이라는 주제만 해도 대단히 많은 연구 성과가 축적되어 있다. 그중 이 글과 관련된 주제로 아골타와 금의 건국, 아골타의 대요 전쟁, 아골타의 군사적 능력 등에 관한 논문들이 발표된 바 있다. 그러나 이러한 연구들은 대부분 대요 전쟁의 큰 틀 속에서 부분적인 한두 차례의 전투만을 다루거나, 특징적인 전략이나 전술 혹은 아골타의 두드러진 능력 등을 소개하고 있기 때문에 아골타가 대요 전쟁에서 승리할 수 있었던 전체적인 상황을 이해하기에는 어려움이 있다.

아골타가 소수의 군사로 대요 전쟁을 시작하여 10여 년의 짧은 기간에 북방의 강국을 상대로 승리할 수 있었던 가장 큰 이유는 아골타가 여진에 대한 요 왕조의 죄악을 폭로하고 그에 대한 단죄의 의미로 요를 멸망시키겠다는 의지가 대단히 강했고, 여타의 문제에 대해서는 비교적 융통성 있는 모습을 보였다는 점을 들 수 있다. 이러한 상황을 조금 더 구체적으로 이해하기 위해서 이 글에서는 먼저 완안부의 아골타가 금을 건국하고 거란을 멸망시키는 전쟁을 수행한 과정 등을 살펴보고, 성공적으로 대요 전쟁을 수행할 수 있었던 아골타의 전략과 전술 및 당시의 복잡한 국제 정세 아래서 거란 왕조를 고립시키는 적절한 외교 전략 등이 복합적으로 작용했다고 보고 그에 대한 구체적인 상황을 서술해 보고자 한다.

## 2. 금 건국과 멸요(滅遼) 전쟁

### 1) 아골타와 금의 건국

아골타는 세조 핵리발의 둘째 아들이자 강종의 동생으로 천경 3년(1113) 10월에 강종이 죽자 도발극렬을 세습하였다. 이듬해 6월 거란은 비로소 사자를 파견하여 그에게 절도사 칭호를 내렸다.

아골타는 여진족의 뛰어난 영웅으로, 어린 시절 아이들과 놀이를 할 때도 혼자서 몇 사람의 힘을 감당할 정도로 힘이 셌으며, 행동거지도 단정하고 신중하였다고 한다. 부친인 핵리발은 특별히 아골타를 총애했다. 핵리발은 활랄혼수(活剌渾水) 흘석렬부(紇石烈部)의 납배(臘醅)와 마산(麻產) 형제와 대적하여 야작수(野鵲水)에서 전쟁할 때 네 군데에 상처를 입어 상태가 매우 좋지 않았다. 핵리발은 아골타를 자신의 무릎에 앉히고 아골타의 머리를 쓰다듬으며 "이 아들이 장성하면 내가 무슨 걱정이 있을까?"라고 하였다. 훗날 동생인 영가에게 말할 때도 "오아속은 부드럽고 착하니, 이 아이만이 거란의 일을 담당할 수 있다"[1]라고 특별히 기대하였다고 한다.

아골타가 도발극렬 자리를 계승했을 당시는 여진족 내부에서 노예제의 발전을 요구한 시기이며, 거란에서도 여진에 대한 노역을 강화한 시기로, 민족 갈등과 계급 갈등이 매우 심각한 상황이었다. 당시 여진족은 거란 통치자들에게 심한 약탈과 착취를 당했고, 아골타 개인도 거란의 천조제에게 심한 모욕을 당해 깊은 반감을 가지고 있었다. 이러한 상황에서 아골타는 완안부를 중심으로 여진 부족을 기본적으로 통일한 후 거란에 반항하는 투쟁을 전개하였다.

당시 거란은 상당히 부패하였고, 여진족에 대한 경제적 착취와 정치적 압박은 나날이 심해졌다. 거란이 여진족을 착취한 형식은 다음과 같은 몇 가지가 있다.

첫째는 세공(歲貢)으로, 생여진 각 부락은 모두 방물(方物)을 헌납해야 했다. 여진 "땅에는 산림이 많고, 밭이 많아 곡식을 경작하기에 적합하다. 토산품으로는 인삼, 밀랍, 북주(北珠), 생금(生金), 세포(細布), 잣, 백부자(白附子)가 있고, 조류로는 송골매와 해동청(海東青) 등이 있고, 짐승으로는 소와 말, 사슴, 들개, 흰 돼지, 족제비, 담비 등이 많았다."[2] 이렇게 다양한 토산품 가운데 상당한 물품을 헌납해야 했고, 특히 해동청 헌납은 여진인에게 심각한 부담이 되었다.

둘째는 천사(天使)이다. 천사는 "은패(銀牌)를 차고 있는데 매번 그 나라에 이르면 반드시 천침(薦枕)이라는 것을 하고자 한다. 이는 곧 그 나라의 오랜 집안이 돌아가면서 담당하고 하호(下戶)에서는 숙박만을 제공하는데 아직 출가하지 않은 여자가 천사를 모신다. 후에 사자가 끊이지 않고 왔는데 대국의 사자라는 것을 믿고 오직 아름다운 부인만을 선택하였다. 그녀에게 남편이 있든 신분이 높은 집안이든 가리지 않았기에 여진인들은 점차 분노하였다. 이로 말미암아 여러 부족이 모두 원망하고 배반하여 마음속으로 아골타를 따라서 군사를 일으켜 이를 막고자 하는 마음이 충만하였다."[3]

셋째는 변방 지역 장수들의 착취이다. "동경유수나 황룡부윤(黃龍府尹) 등과 같은 변방 지역의 장수들은 매번 임지에 이르면 각각 여진 부족을 관할하면서 예에 따라 재물을 거두어들였다. 예물을 바치는 데는 각각 등급이 있어서 담당 관청에서는 갖가지 형태로 뇌물을 요구하였다."[4]

넷째는 접경 지역 각장(榷場)과 호시(互市)에서의 불공정한 교역이다. 예를 들면, 영강주에 각장이 설치되어 있었는데 여진인은 그들의 특산품인 북주, 인삼, 생금, 잣, 밀랍 등을 가지고 와서 거란인과 교역하였다. 거란인은 이러한 물품을 강탈하기도 하고 가격을 낮추어 지불하고 때로는 모욕을 주기도 하였는데 이를 '타여진(打女眞)'이라고 한다.

이 같은 거란인의 착취와 압박에 대한 여진인의 원한과 증오심은 반요(反遼) 투쟁을 일으킨 가장 근본적인 원인이 되었다. 그중 아골타가 거란 천조제에게 당한 개인적인 굴욕은 반요 투쟁을 일으킨 직접적인 원인이 되었다.

거란 황제는 매년 봄에 강에서 물고기를 잡고 가을에는 산에서 사냥을 하는데, 이때 여진인은 거란 황제를 수행하며 거란 황제를 위해 복역해야 했다. 어떤 때는 생명의 위험을 감수해야 하는 일도 있었다. 그리고 각 부락의 추장들은 방물을 헌납하고 연회 때는 노래하고 춤추며 흥을 돋우기도 하였다. 천경 2년(1112) 봄에도 거란 천조제는 혼동강에서 첫 번째 물고기를 잡고 두어연을 개최하였다. 두어연에서 아골타가 춤을 추며 흥을 돋워야 하는 차례가 되었는데 아골타는 단정하게 서서 똑바로 천조제를 바라보며 거절했다. 이를 본 천조제는 신료인 소봉선(蕭奉先)에게 "아골타는 의기가 매우 크니 죽여 훗날 화근이 되는 것을 막는 것이 좋겠다"라고 했으나 소봉선이 만류하여 죽이지는 않았다. 그리하여 아골타는 무사히 돌아올 수 있었지만 거란이 다른 마음을 품고 자신을 정벌할 것이라고 의심하였다.[5]

여진 여러 부족의 도발극렬인 아골타가 거란 천조제로부터 직접적인 압박과 수모를 당하면서 거란과 여진의 관계는 일촉즉발의 상황이 되었다. 여기에 도화선이 된 것이 아소(阿疎) 사건이다. 아소는 성현수(星顯水) 흘석렬부의 수령으로, 일찍이 그의 부친은 핵리발에게 항복한 적이 있다. 그런데 아소는 영가 때인 거란 도종 수창(壽昌) 2년(1096)에 모도록과 함께 반란을 일으키고, 거란에 구원을 요청하여 영가가 정치적으로 많은 어려움을 겪게 하고 거란으로 도망하였다. 여진에서는 몇 차례 사신을 보내 아소를 돌려달라고 요구했으나 거란에서는 그를 귀환시키지 않았다.

아골타는 도발극렬이 된 후 종실인 습고내(習古迺)와 완안은출가(完顔銀朮可)를 사자로 파견해 아소의 귀환을 요구하면서, 이 기회를 통해 거란의 형세를 살펴보게 하였다. 습고내와 완안은출가는 거란에서 돌아와 아골타에게 "거란 천조제는 사치하고 음탕하며 정치가 문란하다"라고 보고하였다. 이에 아골타는 신료와 원로들을 소집하여 거란 정벌의 뜻을 전하고 전쟁을 준비하게 하였다. 거란은 아골타가 전쟁을 준비하는 것을 질책했으나 아골타의 뜻이 강한 것을 보고 하는 수 없이 응전 태세를 갖추기 시작했다.

천경 4년(1114) 9월에 아골타는 영강주로 진군하다가 내류수에서 2,500명의 군사를 모아놓고 거란의 죄상을 폭로하고 천지에 제사 지냈다. 그리고 여러 장수에게 철제 곤봉을 전하면서 맹세하기를 "너희들은 한마음으로 모든 힘을 다하라! 공을 세우면 노비와 부곡은 양민으로, 평민은 관리로 삼고, 이미 관직에 있는 자는 그 공을 보고 진급시켜 주겠다. 진실로 이 맹세를 어기면 내 몸이 이 철제 곤봉으로 맞아 죽을 것이며 가족들도 용서받지 못하리라!"[6]라고 하였다.

아골타가 전투를 앞두고 각종 신분의 장수와 군사들에게 명확한 동기를 부여한 것은 여진의 전투력을 높이는 데 도움이 되었다. 아골타는 영강주 전투에서 사졸들의 선봉에 서서 직접 전투를 지휘하였다. 여진인의 거란에 대한 원한과 증오심이 매우 깊은 상태에서 신분의 상승이라는 보상을 약속받은 여진 장졸들은 적개심에 불타 용감하게 분전하였다. 거란 군대는 일격에 무너지고 시체를 밟고 도망하였으며, 죽은 자가 10명 중에 7~8명이나 되었다.

이때 거란의 천조제는 경주(慶州)에서 사냥하고 있었다. 동북로통군사(東北路統軍司)가 영강주에서 여진 군사에게 공격받고 있다고 보고했으나 천조제는 이를 듣고도 조금도 개의치 않는 태도를 보이며, 해주자사(海州刺史) 고선수(高仙壽)를 보내서 발해군을 통솔하여 영강주를 구원하라고 하였다.[7] 여진 군사가 영강주의 경계로 진입해서 발해군과 조우하자 아골타는 직접 거란의 장수 야율사십(耶律謝十)을 사살하였고 여진군은 재빠르게 영강주 주성에 도착하였다. 그러자 물러나 성을 지키고 있던 소올납(蕭兀納)은 부하들에게 성의 수비를 맡기고 자신은 300명의 기병을 거느리고 달아났다.

여진군은 성을 함락했을 때 방어사 대약사노(大藥師奴)를 포로로 잡았다. 여진은 몰래 대약사노를 풀어 주고 그에게 주변 거란 사람들에게 항복을 권유하도록 하였다. 또 아골타는 발해인 양복(梁福)과 알답랄(斡答剌)을 몰래 달아나게 하여 동경(東京) 부근의 발해인을 초유하도록 하였다. 아골타는 발해인에게 "여진과 발해는 본래 한 가족이다. 나는 군대를 일으켜 죄를 벌주려고 하지만 무고한 사람들은 함부로 해치지 않는다"라고 하였다. 이 외에 아골타는 완안루실(完顔婁室)에게 거란 호적에 입적된 여진인들을 초유하라고 하였다.[8] 이처럼 아골타는 발해인이나 여진인이라는 민족 감정을 이용해 전투를 하지 않고도 영강주를 중심으로 한 넓은 지역을 비교적 쉽게 확보할 수 있었다. 이는 큰 힘을 들이지 않고 거란의 영향력을 약화시키고 자신의 세력을 확장하는 가장 유효한 방법이었다.

10월 아골타는 영강주의 주성을 함락했다. 11월에 거란의 도통(都統) 소리(蕭里)와 부도통(副都統) 달불야(撻不野)는 보병과 기병 10만 명을 거느리고 압자하(鴨子河)의 북안에서 회합하였으며 아골타도 군사를 통솔하여 출하점(出河店)에서 서로 조우했다. 이때 거란 군대는 중간에 강이 있기에 쉽게 공격해 오지 못할 것이라며 방심하고 있었다. 아골타는 무장한 군사 천 명을 시켜 순식간에 압자하를 건너 거란 군대를 기습하도록 하였다. 거란 군대가 궤멸되어 도망하자 여진은 알론락(斡論濼)까지 추격하면서 수많은 거란 군사를 죽이고 수레와 말, 갑옷과 무기 및 진귀한 보물 등을 헤아릴 수 없을 정도로 획득하였다.

〈그림 1〉 출하점 전투를 기념하는 탑(ⓒ 조복현)

영강주와 출하점의 두 전투에서 여진은 전투에 능한 장수들을 양성하였으며, 소수로 다수를 상대하여 승리하는 강력한 군대를 보유하게 되었다. 두 전투에서 획득한 전리품으로 군사력을 충실히 하여 머지않아 군사 만 명을 거느리게 되었다. 그러나 가장 큰 수확은 지금까지 자신들을 착취하고 압박하던 거란의 정치적 부패와 형편없는 전투력 및 민심의 이완 등 다양한 현황을 파악한 것이었다. 아골타는 군사적, 정치적 재능을 충분히 표현하여 통치자가 지녀야 할 지도력에 대해서 여진족 여러 부락으로부터 신임을 얻었다.

아골타가 영강주를 공격할 때, 국상 살개는 별도의 군대를 거느리고 빈주(賓州) 방면의 거란 군대를 방어하느라 참가하지 못했다. 살개가 아골타에게 전승을 보고하자 아골타는 화살에 맞아 죽은 야율사십의 말을 살개에게 상으로 주었다. 살개는 그의 아들 완안종한(完顔宗翰)과 환도의 아들 완안희윤(完顔希尹)을 전선으로 보내 승리를 축하하고 황제를 칭하도록 건의하였다. 그러나 아골타는 "한 번의 전투에서 승리했다고 해서 즉각 황제를 칭한다면 다른 사람이 너무 경박하게 보지 않겠는가?"[9]라며 거절하였다.

하지만 신흥의 여진 민족이 거란을 멸망시키는 전투에서 승리하기 위해서는 어떤 기치를 세울 필요가 있었고, 자신들의 왕조와 황제가 간절히 필요한 것도 사실이었다. 통찰력과 안목이 뛰어난 아골타는 이러한 정황을 이미 알고 있었으나 거절하였다. 출하점 전투가 끝난 후 "오걸매와 살개, 사부실(辭不失) 등이 여러 관리와 장수들을 대동하고 와서 다시 한번 제위에 오르기를 권하면서 새해 원단에 모두 함께 존호를 올리기를 원한다고 하였으나 아골타는 역시 허락하지 않았다. 그러자 아리합만(阿离合懑)과 포가노(蒲家奴)와 완안종한 등이 다시 나아가 말하기를, '지금 큰 공을 이미 세웠는데 만약 황제를 칭하지 않는다면 천하의 마음을 얻을 수 없을 것입니다'라고 하자 아골타는 '생각해 보겠다'라고 하였다."[10]

이렇게 해서 천경 5년(1115) 정월 초하루에 군신들이 존호를 올리고, 아골타는 황제에 즉위했다. 이때 "아골타가 말하기를 '거란은 빈철(賓鐵)을 국호로 하였는데 이는 단단함을 취한 것이다. 빈철은 비록 단단하기는 하나 결국에는 역시 변하고 상한다. 오직 금만이 변하지도 않고 상하지도 않는다. 금의 색은 흰색으로, 완안부는 색깔 가운데 흰색을 숭상한다'라고 하였다. 이에 국호를 대금(大金)이라 하였다."[11] 또 다른 기록에 따르면 "국호를 '대금'이라고 한 것은 물의 이름인 아록조(阿祿阻,

안출호수)를 국호로 한 것이다. 아록조는 여진어로 금이라는 뜻이다. 그 강에서 금이 생산되기 때문에 이렇게 이름 붙인 것이다. 대금이라고 한 것은 거란 사람들이 '요수(遼水)'를 나라 이름으로 삼은 것과 같다"[12]라고 한다. 따라서 금의 국호에 관해서는 두 가지 설이 있음을 알 수 있다.

### 2) 아골타의 멸요 전쟁

완안아골타는 금을 건국하고 황제를 칭한 수국(收國) 원년(1115) 1월에 직접 군사를 이끌고 거란의 군사 요충지인 황룡부(黃龍府)를 공격하기 위하여 가까운 익주(益州)를 공격하였다. 그러자 익주에 있던 거란 백성들이 황룡부로 달아났고, 남아 있던 사람들은 모두 금의 포로가 되었다. 이때 거란의 천조제는 야율와리타(耶律訛里朵, 鄂爾多) 등에게 기병 20만과 보병 7만 명을 거느리고 변방을 수비하게 하였지만, 아골타는 달로고성(達魯古城) 전투에서 승리를 거두고 도주하는 거란 군대를 아루강(阿婁岡)까지 추격하여 거란 보병들을 모두 섬멸시켰다.[13] 천조제는 이때 군대를 파견하는 동시에 승가노(僧家奴)를 보내 전투가 시작되기 전에 화의를 진행하였는데 아골타를 질책하며 속국으로 복종하기를 강요하였다. 그리고 거란이 전투에서 패배한 이후인 4월과 6월에 두 차례에 걸쳐 야율장노(耶律張奴)를 파견하였는데, 국서의 내용은 여전히 아골타를 질책하며 항복을 권유하는 내용이었다. 아골타 또한 사자를 구류시키거나 거란의 천조제에게 항복을 권유하는[14] 방식으로 대응했기 때문에 외교적 해결은 불가능했다.

그리하여 천조제는 이해 8월에 소봉선(蕭奉先) 등에게 3만 명의 군사를 거느리고 황룡부를 응원하게 하였다. 아골타는 황룡부를 공격하기에 앞서 여러 장수와 함께 전략을 의논하였다. 이때 완안루실(完顔婁室)은 황룡부가 거란의 은부(銀府, 경제력이 풍부한 도시)이기 때문에 방비가 견고하고 주변 관할 지역을 막지 않으면 쉽게 함락시키기 어렵다고 하였다. 이에 태조는 완안루실에게 군사를 거느리고 가서 주변 지역을 토벌하고 평정하게 하였다. 이후에도 황룡부성 주변에 주둔하면서 거란 군대의 출입을 막고 순찰하면서 성내의 사기가 떨어지자 공격을 감행하여 마침내 황룡부를 함락시켰다.[15]

천조제는 이전에 영강주와 출하점에서 패배했을 때만 하더라도 크게 긴장하지 않았다. 그러나 황룡부에서 패배하고 성을 함락당하자 거란의 군신은 금의 군사력에 대해서 재인식하지 않을 수 없었다. 금의 공격을 방어하는 전략적 요충지인 황룡부에 많은 군사를 배치했음에도 불구하고 함락되었다는 보고를 받자, 천조제는 직접 친정을 결정하였다. 그리하여 12월에 천조제는 "스스로 70만의 군사를 거느리고 타문(駝門)에 이르고, 부마인 소특말(蕭特末)과 임아(林牙)인 소사랄(蕭查剌) 등이 기병 5만과 보병 40만을 거느리고 알린락(斡鄰濼)에 이르렀다."[16] 아골타 역시 직접 출정하여 일촉즉발의 상황이 전개되었다.

이때 거란의 대군에 맞선 금의 군대는 2만에 불과하였다. 아골타는 수적으로 중과부적인 상황에서 다시 독특한 전술을 사용하였다. 천조제가 친정을 결정하자 점한(粘罕, 完颜宗翰이고 국상 살개의 장자)과 올실(兀室)을 파견하여 거짓으로 매우 공손하게 용서를 구하였다. 그리고 이와는 반대로 전쟁을 해 보자고 조롱하는 내용의 국서를 올려 천조제가 크게 분노케 하였다. 아골타는 여진 부족장에게 "지금 내가 용서를 구하며 항복을 청하면 화를 면할 수 있을 것이다. 만약 그렇지 않으면 모두 없애 버리려 할 것이니 사람마다 죽기를 각오하고 싸우지 않으면 당할 수 없을 것이다. 차라리 나의 일족을 죽이고 너희들은 항복하여 전화위복으로 삼는 것이 좋을 것이다"라고 하자 부족장은 "일이 이미 여기에 이르렀으니 오직 명령을 따를 것이며 죽음으로써 막을 것입니다"[17]라고 하였다.

아골타는 천조제에게 용서를 구하는 척하면서 도발하여 천조제의 화를 북돋아 직접 전투에 참여하도록 유도하였다. 그리고 부족장들에게는 자신의 일족을 죽이고 항복하라고 하여 오히려 부족장들이 죽기를 각오하고 싸우도록 하였다. 하지만 2만 명의 군사로 115만 명의 거란 대군을 상대하겠다며 천조제에게 도발하는 아골타의 태도는 무모해 보이기까지 하였다. 이와 같은 풍전등화 상황에서 아골타에게는 외부의 도움이 있었으니, 그것은 바로 야율장노(耶律章奴)의 반란이었다. 야율장노는 천조제가 향락에만 빠져 정사를 돌보지 않고 쓸데없이 강적에게 모욕을 주어 나라를 위태롭게 만들었다고 하며, 명철한 황제를 세워야 한다고 하였는데 한때 수만 명이 따랐다. 설상가상으로 중경(中京) 사람인 후개(侯概)도 무리를 모아 반란을 일으키자 천조제는 군사를 이끌고 서쪽으로 돌아가려 하였다.

이때 아골타는 "적은 많고 우리는 적으니 군사를 나눌 수 없다. 중군이 가장 견고한 것을 보면 천조제가 반드시 [그곳에] 있을 것이다. 중군을 격퇴하면 뜻을 이룰 수 있을 것이다"[18]라고 하였다. 아골타는 우익군에게 먼저 싸우게 하고 군사들이 몇 번 교전한 다음 좌익군과 연합하여 공격하자 거란 군영이 크게 무너졌다. 그러나 "여진은 급히 추격하지 않고 천천히 획득한 치중(輜重)과 우마(馬牛)를 수습할 뿐이었다. 천조제는 하루 밤낮 동안에 500리를 달아나 장춘주로 물러나 지켰다. 여진은 이 틈을 타 마침내 발해와 요양 등지에서 54개 주를 얻었다."[19]

수국 2년(1116) 정월에 발해 출신으로 거란에서 공봉관(供奉官)을 지내던 고영창(高永昌)이 동경 요양부를 근거로 하여 대발해(大渤海) 황제라 칭하고 융기(隆基)를 연호로 하였다. 그리고 여세를 몰아 10여 일 동안에 요동의 50여 주를 함락시키고, 군마를 보내 점령하였다.[20] 이에 천조제는 재상 장림(張琳)과 소한가노(蕭韓家奴)에게 군사 2만 명을 보내서 진압하게 하였다. 고영창은 금나라에 사자를 파견하여 칭제를 포기하는 조건으로 함께 거란을 공격하자고 제의하였다. 그러나 표문(表文)의 내용이 불손하고 이전에 사로잡힌 포로를 송환해 달라고 했다는 이유로 오히려 아골타는 알로(斡魯)를 파견하여 고영창을 공격하게 하였다. 5월에 알로가 심주(沈州)에서 거란 군대를 격파하자, 고영창은 뒤늦게 칭제를 취소한다고 하였다. 그러나 금나라는 진심이 아니라 여기고 동경 요양부를 공격하여 함락시켰다. 결과적으로 고영창은 사로잡혀 피살되고 동경, 즉 요양의 주현과 남경로에서 거란 호적에 편입되었던 여진인이 모두 금나라에 투항하면서 여진 각 부락의 통일이 완성되었다.

이해 12월 암반발극렬(諳班勃極烈) 오걸매와 군신들은 아골타에게 대성(大聖) 황제라는 존호를 올리고 연호를 천보(天輔)로 변경했다.[21] 이에 따라 여진의 거란에 대한 전략적 목표도 수정되었다. 지금까지 아골타의 목표는 여진의 여러 부를 통일하고 거란의 압박에서 벗어나는 것이었다. 그러나 이후에는 거란과 천하를 두고 패권을 다투어 승리하는 것으로 바뀌었다. 아골타는 반란을 평정하고, 투항한 사람들을 받아들이는 한편 거란과의 전투를 지속했다.

천보 원년(1117) 정월에는 국론측발극렬(國論昃勃極烈) 사야(斜也)가 1만의 군사로 태주(泰州)를 점령했다. 4월에는 거란에서 진진국왕(秦晉國王) 야율날리(耶律捏里)가 군사를 거느리고 공격해 오자 적고내(迪古乃), 루실(婁室), 파로화(婆盧火)에게 군사 2만 명을 거느리고 함주로도통(咸州路都統) 알로고(斡魯古)와 회동하여 공격하도록 하였다. 12월 마침내 알로고 등이 질려산(蒺藜山)에서 야율날리에게 승리를 거두고 현주(顯州)를 함락하자, 건주(乾州), 의주(懿州), 호주(豪州), 휘주(徽州), 성주(成州), 천주(川州), 혜주(惠州) 등의 지역이 모두 항복하였다.[22]

그런데 이때 발해의 대족 출신인 양박(楊朴)이 아골타에게 개국과 수선의 명분을 얻기 위해 거란의 책봉을 받으라고 건의하자, 아골타는 이를 받아들여 사신을 보내 화약을 의논하며 책봉을 요구했다.[23] 그리하여 거란은 천경 8년(금 천보 2년, 1118) 정월에 처음으로 야율노가(耶律奴哥)를 파견하여 화의를 시작하였다. 다음 달 야율노가는 답서를 가지고 금으로 돌아왔는데 답서의 주요 내용은 다음과 같다. "짐을 형으로 섬기고, 해마다 방물을 바친다. 나에게 상경(上京)과 중경(中京)과 흥중부(興中府) 등 3개 로(路)의 주현(州縣)을 돌려준다. 친왕, 공주와 부마, 대신의 자손을 인질로 한다. 내게 사자와 처음에 보냈던 신표와 아울러 송, 서하, 고려와 주고받았던 서조(書詔)와 표첩(表牒)을 돌려준다. 이와 같이 하면 화약을 맺을 수 있다."[24] 거란으로서는 금의 요구를 당연히 받아들이기 어려웠다. 만약, 거란이 금의 요구를 수용하였다면 금은 거란과 함께 형제의 나라로 천하를 나누어 통치할 의향도 있었던 것으로 보인다.

두 나라는 다음 해까지 여섯 차례에 걸쳐 사신이 왕래하며 화의를 진행하면서 거란은 송, 서하, 고려와 왕복했던 서조와 표첩을 보내기도 하고, 12월에는 책례를 결정해서 금에 보내는 등 일부 조건을 이행하기도 하였다. 그리고 천보 3년(1119) 6월, 거란은 태부(太傅) 습니렬(習泥烈) 등을 파견하여 책문과 국새를 보냈지만, 아골타는 책문 중 적합하지 않은 내용을 지적하며 돌려보냈다. 적합하지 않은 내용이란, 문장에 "형으로 섬긴다(兄事)"라는 말이 없고, 국호를 대금(大金)이라고 하지 않고 동회(東懷)라고 하였는데 이는 조그만 나라가 큰 나라의 덕을 품는다는 의미다. 책문 중 "거재(渠材)"라는 말은 '조그만 도랑의 재료'라는 뜻으로 좁은 물을 건널 때의 기괴한 모양을 형용하여 경멸하고 모욕하는 의미를 담고 있다. 이 외에 "요분(遙芬)"이나 "다전(多戩)" 등과 같은 말들이 있었는데 모두 선의가 아니고 예법에도 어긋난 내용이었다.[25]

이 책문으로 아골타는 분노하였고, 이는 거란의 멸망을 재촉하는 결정적 원인이 되었다. 거란은 일 처리에 세심하지 못했고, 오히려 아골타를 자극하였다. 거란은 이후 사태 처리도 제대로 하지 못하였다. 천보 3년(1119) 9월 아골타는 거란 책례사(冊禮使)가 온 시일이 지났으므로 각 지역의 군사들에게 혼강(渾江)을 건너 주둔하라고 했는데, 11월이 되어서야 거란의 사자 습니렬 등은 다시 국서를 가지고 금나라로 왔다.[26] 또 천보 4년(1120) 3월에 아골타는 "거란인들이 여러 차례 패배하고 사자를 보내 뜻을 이루려 했으나 오직 헛된 말로 꾸미면서 전쟁을 늦출 계책으로만 삼고 있으니 진격해서 토벌하는 일을 논의하는 것이 마땅하다", "짐이 거란과 화의하여 이룬 것이 없으니, 장차 4월 25일에 군사를 진격시키겠다"라고 하여, 이미 거란에 대한 대규모 공격이 기정사실이 되었는데도 뒤늦게 거란의 사자 습니렬은 다시 한번 국서를 가지고 왔다.[27] 금나라의 공격은 한 단계씩 진행되었는데 거란의 외교적 대응은 한 걸음씩 늦었다.

아골타는 공언한 대로 4월에 거란 정벌에 나섰다. 군사를 3개의 길로 나누어 거란의 도성인 상경으로 진격하여 5월에 상경성 아래에 도달하였다. 아골타는 상경성의 군민들에게 두 차례에 걸쳐 항복을 권유하였다. 그러나 상경성 주민들은 방어 준비가 충실히 되어 있고, 물자도 충분히 축적했기 때문에 장기적으로 수비하려고 했다. 결국, 아골타는 진격 명령을 내리고 직접 전투를 독려했다. 새벽에 시작된 전투는 잠시 상당히 격렬하기도 했지만 반나절도 안 된 사시(巳時)에 도모(闍母)의 군대가 외성을 공격해서 함락시키고, 유수(留守)인 달부야(撻不野)가 항복하였다. 이렇게 해서 금나라는 거란 통치의 중심인 상경을 함락했다. 이로써 거란 영토의 절반 이상을 점령하게 되었고, 천조제는 서경(西京)으로 달아났다.

1121년에 거란은 연호를 보대(保大)로 변경하였다. 거란의 국운이 누란지세의 위기에 처해 있을 때 거란은 다시 심각한 내홍에 부딪혔다. 천조제에게는 4명의 아들이 있었는데 장자 조왕(趙王)은 조소용(趙昭容)의 소생이다. 둘째는 진왕(晉王)이고 문비(文妃) 소생으로서 매우 어질다고 알려져 있으며 명망도 상당히 높았다. 셋째 진왕(秦王)과 넷째인 허왕(許王)은 모두 원비(元妃) 소생이다. 그런데 원비의 오빠인 추밀사 소봉선(蕭奉先)은 진왕(秦王)이 제위에 오르지 못할 것을 걱정하여, 부마인 소욱(蕭昱)과 문비의 제부인 야율여도(耶律余睹) 등이 진왕을 옹립하고자 몰래 모의했다고 모함하였다. 이에 소욱과 문비의 형부인 야율달갈리(耶律撻曷里)가 처형되고 문비는 자진했다. 아직 진왕(晉王)만은 처벌하지 않았는데 야율여도는 군중에서 이를 듣고 크게 두려워하여 기병 천여 명을 거느리고 금나라에 투항하였다.[28] 아골타는 야율여도가 계속해서 부하들을 통솔하도록 하여 신임을 보였다. 아골타는 야율여도를 통해 거란 내부 실상을 알게 되었고, 다시 군사를 동원할 결심을 하였다.

천보 5년(1121) 12월에 아골타는 홀로발극렬(忽魯勃極烈) 완안고(完顏杲)를 내외제군도통으로, 완안욱(完顏昱), 완안종한, 완안종간(完顏宗幹), 완안종망(完顏宗望), 완안종반(完顏宗盤) 등을 부도통으로 임명하여 군사를 이끌고 진공하게 하였다. 이때 아골타는 "거란의 정치에 기강이 서지 않아 사람과 신이 모두 버렸다. 지금 중외(中外)를 통일하고자 하기에 너희에게 명하노니 대군을 이끌고 가서 토벌하라"고 조서를 내렸다. 아골타는 전쟁의 목표가 거란을 정복하고 천하를 통일하는 것임을 분명히 하였다.

천보 6년(1122) 정월, 금군은 고주(高州)와 은주(恩州), 회흘(回紇) 3개 성을 점령하고, 중경(中京)과 택주(澤州)까지 함락했다.[29] 금군이 중경에 이르렀을 때 거란 군대는 싸우지 않고 무너졌다. 금군은 중경을 함락시키고 말 1,200마리와 소 500마리, 낙타 170마리, 양 47,000마리, 수레 350냥을 획득하였다.[30]

이후의 상황을 『요사』와 『금사』의 기록을 비교하며 살펴보면, 천조제는 거용관(居庸關)을 나와 원앙락(鴛鴦濼)에 주둔하고 있었다. 3월 금나라의 도통 완안고가 청령(青嶺)에서, 완안종한은 표령(瓢嶺)에서 나와 백수락(白水濼)에 이르렀다. 이때 천조제는 여고저창(女古底倉)에 있었는데 금군이 가까이 있지만 어디서 나올지 모르는 불안한 상태에서 경무장한 상태로 협산(夾山)으로 들어갔다. 천조제가 협산으로 들어가자 거란의 이처온(李處溫)은 군신들과 함께 야율순(耶律淳)을 황제로 추대하여 천석(天錫) 황제라 하고, 건복(建福)으로 개원하는 동시에 천조제를 상음왕(湘陰王)으로 강봉하였다. 거란이 점유하고 있던 영토 가운데 연산부(燕山府), 운주(雲州), 평주(平州), 상경 및 요서 6로는 야율순의 세력 범위에 들어가고, 천조제에게는 사막 이북, 서남과 서북로의 두 도초토부(都招討府) 및 여러 변방의 부족만이 남게 되었다.

4월에는 서남면초토사(西南面招討使) 야율불정(耶律佛頂)이 금나라에 항복하고 운내(雲內), 영변(寧邊), 동승(東勝) 등의 주가 모두 항복하였다. 금나라가 서경을 공격하여 거란의 경수충(耿守忠)이 거느린 원군을 격퇴하면서 서경을 함락시켰다. 그러자 사막 이남의 부족들이 모두 항복하였다. 이때 산시(山西) 지방의 여러 부족이 항복은 했으나 여전히 민심이 안정되지 못했고, 또 천조제는 음산(陰山)에 주둔하고 있고, 야율순은 연산에 있었기에 완안고가 완안종망을 보내서 상주문을 올려 아골타에게 군대를 이끌고 행차해 주기를 청했다.

5월에 이르러 북송의 동관(童貫)이 두 길로 나누어 거란을 공격했다. 종사도(種師道)는 동로의 군사를 거느리고 백구(白溝)에 이르고, 신흥종(辛興宗)이 거느린 서로의 군사는 범촌(范村)에 이르렀다. 그러나 모두 야율달실(耶律達實)과 초간(肖干) 등에게 격파당하고 웅주(雄州)로 후퇴하여 주둔하였다. 10월에 이르러 북송의 동관은 유연경(劉延慶)에게 명령하여 10만 군사를 거느리고 웅주를 나가 연경을 향해 진격하였지만,

백구에 이르러 거란의 초간에게 패하자 성문을 닫고 나오지 않았다. 유연경은 원군이 도착하지 않은 상태에서 다시 초간에게 패전하고, 노구(盧溝)의 남쪽에 진지를 구축하였다. 다음 날 새벽 불길이 보이자 유연경은 거란 군대가 도착한 것으로 생각하고 즉시 군영을 버리고 달아났으며, 사졸들도 서로를 밟으면서 달아나 죽은 자가 매우 많았다. 금나라에 연전연패하는 거란 군대를 상대로 북송 군대는 대단히 무기력하게 패배하였다.

한편 아골타는 8월에 완안고와 완안종망을 선봉으로 삼아 정예병 1만여 명을 거느리고 천조제를 추격하였는데, 석련역(石輦驛)에 이르러 거란의 군사 2만 5천 명과 조우하였다. 금군은 먼저 도착한 1천 명으로 거란군을 공격하였지만 포위당하였다. 완안종망 등은 기병을 시켜 천조제를 직접 공격하여 궤멸시켰다. 금군은 거란군을 추격하였는데 거란군은 악륵철도(鄂勒哲圖)에 이르자 무기를 버리고 달아났다.

9월에 거란 상승군(常勝軍)의 장수인 곽약사(郭藥師)가 8천 명을 통솔하고 항복한 후에 6천 명의 기병으로 연경을 공격하였다. 이에 천조제는 12월에 스스로 군사를 거느리고 연경을 공격하려고 대동(大同)에서 거용관으로 들어왔으나 거용관의 수비군은 싸우지도 않고 붕괴하였고 거란의 승상 등이 항복하였다. 그리하여 거란의 5경(京)은 모두 금나라에 점령당했다.

천보 7년(1123, 이해에 금 태종이 즉위하고 天會로 개원하였다) 2월에 아골타는 살팔(撒八)에게 명령하여 조서를 통해 홍중부를 유시하도록 하니 홍중부가 항복하였다. 그 외에 내주(來州)절도사 전호(田顥), 습주(隰州)자사 두사회(杜師回), 천주(遷州)자사 고영복(高永福), 윤주(潤州)자사 장성

(張成) 등이 모두 항복하였다. 그러나 흥중부와 의주는 항복한 지 불과 10여 일 만에 다시 배반하였다.[31] 이때는 금나라가 거란의 통치 구역 대부분을 점령하였고, 천조제도 거의 막다른 골목에 이르렀기 때문에 흥중부는 돌아볼 겨를이 없었다. 따라서 거란 잔여 세력의 반금 투쟁은 국부적으로 진행될 수밖에 없었고, 요련(遙輦) 소고아(昭古牙)와 구근(九斤), 흥중윤(興中尹)이 수만 명의 민중을 통솔하여 금의 통치에 대항할 뿐이었다.

『금사』의 기록을 보면 흥중부의 반란은 거란의 구근이 주도하였으나 4월에 사로잡혀 자살하였다고 한다. 그리고 천회 2년(1124) 윤3월에 사야(斜野)가 거란의 요련(遙輦)인 소고아(昭古牙)를 습격하니, 소고아는 달아나고 그 처자식과 친척 및 호족들을 사로잡았다고 한다.[32] 그해 8월에는 "육부도통 달라(撻懶)가 소고아를 공격하여 패주하게 하고, 그 대장(隊將)인 갈로조(曷魯燥)와 백살갈(白撒曷) 등을 죽였다. 또 낙타산(駱駝山)과 금원(金源) 및 흥중부에 주둔하던 군대를 공격하여 항복시키니, 조서를 내려 은패 10개를 증급하였다."[33] 흥중부에서 구근이 자살하고, 건주(建州)에서는 소고아가 계속해서 패전하였지만, 『요사』의 기록에 따르면 "보대 4년(1124, 금 천회 2년) 9월에 건주가 금나라에 항복하였고, 10월에 소고아가 무리를 거느리고 금에 항복하였고, 금나라 군대가 흥중부를 공격하자 항복하였다"[34]라고 한 것으로 보아 이들의 저항은 1년 8개월 정도 지속되었음을 알 수 있다.

천보 7년(1123) 2월, 흥중부가 항복했다가 배반한 이후에도 아골타는 계속해서 천조제를 추격하였다. 4월에 "알로(斡魯)와 완안종망을 보내 음산에서 천조제를 습격하게 하였고", 12일 후에는 "알로와 완안종망

등이 백수락(白水濼)을 습격하여 거란의 권육원사(權六院司) 갈리질(喝离質)을 사로잡았고, 거란의 종친인 진왕(秦王)과 허왕(許王) 등 15명이 항복하였다. 천조제가 청총(靑塚)에 치중을 남겨 두었다는 말을 듣고, 1만 명의 군사를 거느리고 응주(應州)로 가서 조리(照里), 배답(背荅), 완안종망, 완안루실, 완안은출가 등을 파견하여 이들을 추격하였다. 완안종망은 추격하여 천조제를 만나자 결전을 벌여 대파하고, 천조제의 아들인 조왕(趙王) 습니열(習泥烈)을 사로잡고, 전해지는 국새를 획득하였다."[35]

다음 해(1124) 7월에 천조제는 협산을 나와 동관령(潼關嶺)을 함락하고 천덕(天德), 동승(東勝), 영변(寧邊), 운내(雲內) 등의 주를 탈취하고 무주(武州)로 남하하였다. 금나라의 장수 낙색(洛索)이 많은 군사로 그의 귀로를 막자 거란군은 무너지고 천조제는 음산으로 달아났다. 그리고 다음 해(1125) 2월 천조제는 응주(應州) 신성(新城)의 동쪽에 이르러 금나라의 장수 완안루실 등에게 사로잡혔고[36] 거란은 멸망하였다.

이처럼 금나라와 거란 사이에 벌어졌던 전투를 보면 대부분 금나라 군사가 수적으로 대단한 열세였다. 금의 군대는 1천 명에서 많아야 2만 명 정도로, 거란은 이에 비해 수 배 혹은 수십 배의 군사를 보유하였지만 단 한 차례도 승리를 거두지 못하였다. 그러나 거란은 북송의 장수 유연경의 10만 군대를 상대할 때는 계속해서 승리하여 금나라를 상대할 때와는 다른 양상을 보였다. 따라서 훗날 금나라는 북송과 전쟁할 때 상당한 자신감을 가질 수 있었다.

# 3. 금나라의 전투력과 아골타의 군사 전략

## 1) 전력상의 특징

여진인은 천경 4년(1114)에 군사를 일으킨 이래 소수로서 다수에게 승리를 거두어 그 형세를 막기가 어려웠다. 금나라 군대가 강대한 전투력을 보유할 수 있었던 이유는 무엇일까? 이는 기마민족 특유의 상무정신, 무기체계와 운용, 군대의 편제 등 여러 방면에서 살펴볼 수 있다.

첫째, 여진인은 본래부터 모든 남자가 군사였고 매우 용맹하였다. 금 건국 초기 백성들은 "다른 요역이 없고 건강한 자들은 모두 군사이다. 평상시에는 농사를 짓고, 물고기를 잡고, 사냥을 하면서 힘든 일을 연습한다. 위기에 처하면 부내에 명령을 내리고 여러 발근(孛堇)에게 사자를 보내 군사를 징발한다. 보병과 기병은 무기와 식량이 모두 갖춰져 있었다."[37] 여진의 모든 씨족 성원들은 용감한 전사가 되기 위해 어려서부터 자발적으로 무예를 연습하고 군사훈련을 받았다. 여진인은 "풍속이 용맹하고 기근이나 고통을 잘 견디며 말 위에서는 상하로 나는 듯이 움직이며 강을 건널 때도 배가 필요 없이 말 위에 떠서 건넜다."[38] 여진인은 본래 강인한 성격과 생존 능력을 갖추고 있었기에 여진 군대의 전투력은 강했다.

『금사』의 금대 초기 군사 제도에 관한 기술은 다음과 같다. "금나라가 발흥할 때 용병술이 신과 같아서 싸우면 승리하고 공격하면 함락시켜 대적할 자가 없었으며, 10년도 안 되어 대업을 이루었다. 그들이 빠르게 공을 이룬 이유는 풍속이 본래 사납고 강하고, 사람들이 침착하며 용감한 자가 많기 때문이다. 형제와 자손들은 모두 훌륭한 장수이고, 부락 주민들은 모두 정예병이다. … 이런 까닭에 장수는 용맹하면서 뜻이 하나이고, 병사들은 뛰어나면서도 힘이 가지런하다. 일단 떨쳐 일어나면 약했다가도 강하게 변해서 적은 수로 다수의 적을 제압한다."[39]

또 금대 초기 군사 조직은 군사 민주제 유풍이 농후했다. 관병들의 지위는 기본적으로 평등하고 존비가 엄격하지 않았기 때문에 관병들은 사기가 높았고, 당연히 전투력도 강했다. 여진의 장수와 사병은 입고 먹는 것에서 어떠한 구별도 없었다. 기록에 따르면 "정벌을 나갈 때 위로 대원수에서부터 중간의 만호(萬戶), 아래로 백호(百戶)에 이르기까지 술을 마시고 음식을 먹는 데 차별이 없었으며, 형제나 부자 사이와 같았다. 따라서 상하 사이에 감정이 잘 통하고 막힐 일이 없었다."[40] 실제로 완안종한의 군대는 "완안종한부터 보병에 이르기까지 일괄적으로 모두 쌀죽을 먹었다"[41]고 한다.

국가의 대사를 논할 때면 "들판에 둘러앉아 재로 그리면서 의논하는

데, 낮은 사람부터 의견을 말하기 시작한다. 의논이 끝나면 재를 흩뿌려서 모두 없애 버리고 사람들의 목소리는 들리지 않는데 그들이 비밀을 유지하는 것이 이와 같다. 행군하려 할 때는 모두 모여서 술을 마시며 사람들에게 계책을 내놓도록 하는데, 최고 장수는 모두 듣고 선택한다. 그 가운데 합당한 계책을 내놓은 자는 장수가 되어 그 일을 담당한다. 군대가 돌아오면 다시 모여 공로의 고하를 들어보고 금전이나 비단으로 상을 준다. 상을 받은 자는 들어서 대중에게 보여 주는데 간혹 부족하다고 여겨지면 다시 더해 준다."[42] 이처럼 금 군대는 지위가 낮은 사람의 의견도 다양하게 청취하여 최선의 방책을 선택하고, 전투가 끝난 다음에는 공로에 따라 상을 주었기에 군사들의 사기가 진작되었으며, 전투에서도 승리할 수 있었다.

〈그림 2〉 검을 들고 있는 무사. 산시성(陝西省) 간촨현(甘泉縣) 류허완촌(柳河灣村) 금나라 무덤에서 출토.[43]

둘째, 여진 군대는 군기가 엄격하고 분명하며 군법에 따라 시행하였다. 아골타는 군사를 일으켜 처음으로 영강주에서 싸울 때 "파로화(婆盧火)에게 군사를 징집하게 하였는데 기일이 지나자 곤장을 치고 다시 파견하여 군사를 감독하게 하였다."[44] 또 천보 6년(1122)에 아골타는 배다른 동생 완안앙(完顔昂)에게 명령하여 초갈(稍喝)과 함께 군사 4천을 거느리고 항복한 사람들을 감시하면서 임황부(臨潢府)를 지키라고 하였다. 그러나 완안앙은 제대로 통제하지 못하여 항복한 사람 중 배반하고 도망한 자가 많았다. 아골타는 또 다른 동생이며 후일 태종이 되는 오걸매에게 "근래에 완안앙을 보내 여러 부락을 옮기도록 하였는데 많은 사람이 원망하며 배반하기에 이르렀다. 초갈은 주둔하면서 토벌하거나 습격하지 않아 다수의 항복한 사람들이 다시 거란으로 돌아갔다. 명령을 어기고 많은 무리를 잃었으니 엄하게 벌하는 것이 마땅하다"라고 조서를 내렸다. 후에 오걸매는 국가의 경사를 이용해 처벌을 낮춰 달라고 요청하였다. 태조는 "완안앙은 곤장 70대에 처하여 태주(泰州)에 구류하고, 초갈은 사형에 처했다."[45] 이처럼 황제의 동생이라 해도 명령에 따라 임무를 제대로 수행하지 못했을 경우 처벌을 면할 수 없었다. 그나마 완안앙은 오걸매의 간곡한 요청과 국가의 경사라는 특별한 사정 때문에 사형은 모면했지만, 태형이나 구류까지는 면할 수 없었다.

전투에 임해서는 "동명대법(同命隊法)"이란 규정이 있었다. 『삼조북맹회편(三朝北盟會編)』에서는 송나라 사람인 석무량(石茂良)의 『피융야화(避戎夜話)』를 인용해서 말하기를 "하나의 대오마다 15인이 있는데, 1인이 기두(旗頭)가 되고, 2인이 각(角)이 되며, 3인이 종(從)이 되고, 4인이 부(副)가 되며, 5인이 격(繳)이 된다. 기두가 죽으면 따르는 자는 살아서 돌아오지 않는다. 살아서 돌아온 자는 모두 목을 벤다. 승리했을 때 상을 주는 것 또한 이와 같다"[46]라고 하였다. 그러나 여진의 편제에 비춰보면 "오장(伍長)이 전사하면 4인을 모두 목을 베고, 십장(什長)이 전사하면 오장을 모두 목을 베며, 백장(伯長)이 전사하면 십장을 모두 목을 벤다"[47]라는 기록이 더욱 적합할 것이다. 상급자가 전사한 상황에서는 살아서 돌아가도 어차피 죽음을 피할 수 없었기에 그들은 더욱 용감하게 싸워 승전해야만 했다.

하지만 여진 군대에는 엄격한 처벌만 있었던 것은 아니었다. "승리했을 때 상을 주는 것도 이와 같다"라고 하였는데, 맹안모극의 장수들 가운데는 세습에 의한 자들도 있었고, 전공을 세워서 신분이 상승한 자들도 많았다. 대표적인 예를 들면, 종실의 자제인 달라(撻懶)는 16세에 병사로 출하점 전투에 참여하였는데 아골타가 직접 참전하는 것을 만류하고 "즉시 창을 들고 전진하여 일곱 명을 죽였다. 창이 부러지자 말 탄 기병 아홉 명을 끌어 내렸다. 태조는 이를 장하다고 칭찬하며 '진실로 이런 무리가 수십 명만 있으면 만 명의 무리라도 감당하지 못할 것이다'라고 하였다." 달라는 이처럼 인상적인 전공을 세운 후에 임황부를 비롯하여 춘주(春州)와 태주(泰州), 중경과 서경을 공격할 때 공을 세워서 천보 6년에 모극으로 임명되었다.[48] 이후에 송나라와의 전쟁에서도 계속해서 공을 세워 희종(熙宗) 황통(皇統) 연간에는 은청광록대부(銀青光祿大夫)가 되고, 해릉왕(海陵王) 때는 특진(特進) 겸 맹안을 세습하게 되었다.

이처럼 여진 군대의 엄격한 기율은 누구도 감히 전장에서 달아나지 못하게 하였으며, 각급 군관들은 사병보다 솔선수범하였고, 장수와 군사들은 상관의 명령에 따랐다. 종실도 군사로 참전하여 큰 공을 세운 후에야 모극이나 맹안의 지위에 오를 수 있었다.

셋째, 금군의 가장 큰 장점은 강력한 기병에 있었다. 남송 대의 오린(吳璘)은 병법을 논하면서 "금나라 사람에게는 네 가지의 장점이 있다. 우리의 단점을 반대로 한다면 그들의 장점을 제압할 수 있다. 네 가지

〈그림 3〉 금나라 기병. 송나라 사람이 그린 「중흥정응도(中興禎應圖)」의 일부. 금나라 깃발에는 태양이 있는 것이 특징이다.

〈그림 4〉 금나라 깃발을 들고 폭풍우를 뚫고 달리는 병사. 「문희귀한도(文姬歸漢圖)」의 일부.

장점은 기병, 참을성, 중무장한 갑옷, 강력한 활이다"[49]라고 하였다. 사실상 이 네 가지는 모두 금나라의 기병과 깊은 관련이 있다. 금나라 기병의 기본 전술은 "50인마다 하나의 대오를 형성하는데 앞에 20인은 모두 중무장을 하고 곤창(棍槍)을 소지한다. 뒤에 30인은 경무장을 하고 활과 화살을 지닌다. 매번 적을 만나면 반드시 한두 사람이 말을 타고 달려 나와 진지의 허술한 곳을 찾아보고, 그 좌우나 전후를 향하여 대오를 이루면서 말을 달려 공격하는 것이다. 말을 달려 100보 안에 이르게 되면 화살을 일제히 발사하는데 맞는 사람이 항상 많았다."[50]

여진족 기병이 중무장할 때 착용하는 갑옷의 무게는 확실하지 않다. 훗날 남송이 금의 갑옷을 모방하여 제작한 보병들의 갑옷 무게를 보면 가벼운 것은 37근 10냥이고, 무거운 것은 58근 1냥이다. 이는 현재의 약 22.6~34.8kg에 해당한다.[51] 투구 또한 매우 견고해서 단지 두 눈만 이 노출되어 창이나 화살이 들어가지 않는다. 따라서 금 군대와 전쟁할 때 거란 군사들은 곤봉으로 머리나 목을 쳐서 땅에 떨어트리는 방법밖에 없었다. 또 이들은 팔릉곤봉(八棱棍棒)을 주 무기로 하고 요도(腰刀)를 보조 무기로 하였는데, 팔릉곤봉의 길이는 1장 2척[52]으로 길이가 3m가 넘기 때문에 근접한 전투에서 대단히 위력적이었다.

뒤에서 따르는 경무장한 기병들은 "오십 보 밖에서는 화살을 발사하지 않는다. 활을 당기는 힘은 7두(斗)를 초과하지 않지만, 화살촉의 길이는 6~7촌(寸)에 달하고 모양이 끌처럼 생겨서 들어가면 나오지 않았다. 사람마다 100개 이내로 휴대하였다"[53]고 한다. 금 군대의 활을 당기는 힘은 그리 강하지 않지만 화살촉의 길이가 18~21cm에 이를 정도로 길고, 50보 이내에서만 발사하여 높은 살상률을 보였다.

전투가 벌어지기 전 한두 명의 기병이 상대측 병력의 다과나 진영의 엄밀한 정도 및 각각의 부대들 사이에 약점이 있는지를 정탐한다. 만일 충분히 승산이 있다고 판단되면 화살이나 창이 뚫지 못하는 갑옷을 입은 중무장한 기병이 3m가 넘는 긴 창을 들고 긴밀하게 대오를 형성하여 공격한다. 뒤에서는 화살촉의 길이만도 20cm 정도의 화살을 휴대한 경무장한 군사들이 역시 대오를 이루며 공격한다. 이처럼 금나라 군사들이 위협적으로 공격해 오면 경무장한 거란 군사들로서는 상대하기 어려웠을 것이다.

만일 상대방의 수가 많고 진영이 잘 갖추어져 있으면, 기동력을 발휘해 상대방을 포위한 채로 약점을 찾아 타격을 가한다. 상대방이 원형으로 뭉쳐서 굳게 방어하면, 곧 여진의 기병들은 말에서 내려 장창(長槍)

과 요도(腰刀)를 가지고 보병전을 펼친다. 군기가 상대적으로 엄격하지 않고, 활과 화살을 위주로 하고, 육박전을 좋아하지 않는 거란인은 확실히 이런 전투에 적응하기 어려웠다. 따라서 "여진인이 만 명을 채우면 대적할 수 없다"[54]라는 말이 있을 정도였다.

넷째, 맹안모극은 본래 씨족 조직에서 출발한 것으로 평시에는 행정 조직이지만 유사시에는 군사 조직이었다. 따라서 금 건국 초기 여진 군대 내부는 혈연 조직의 특징이 있었다. 『삼조북맹회편』에서는 맹안모극제도에 대해 "그 직책으로 말하면 특모(忒母)는 만호이고, 맹안은 천호이며, 모가(毛可)는 백인장이고, 포리언(蒲里偃)은 패자두(牌子頭)이다. 발극렬(勃極列)이란 말은 통관(統官)이라는 뜻으로 중국에서 말하는 총관(總管)이라는 말과 같다. 오십호발극렬에서부터 위로 올라가 만호발극렬에 이르기까지 모두 스스로 군사를 거느린다. 평상시에는 수렵하고 위급하면 출전한다"[55]라고 하였다. 맹안모극에 대해 『금사』에서는 "그 부락의 장을 발근(孛堇)이라 하고, 군사가 되면 곧 맹안모극이라고 칭하는데 그 수의 다과에 따라 칭호가 달라진다. 맹안이란 곧 천부장이고, 모극이란 곧 백부장이다. 모극의 부장(副長)은 포리연(蒲里衍)이고 사졸의 부종(副從)은 아리희(阿里喜)라고 한다"[56] 하였다.

여진족이 금을 건국하기 이전 씨족사회 시기 부락에는 모두 족장이 있었는데 평시에는 발근이라 칭하고, 전시에는 그 부락이 조직한 병력의 다소에 근거해서 맹안 혹은 모극이라 하였다. 맹안모극, 특히 기층 조직인 모극의 성원은 거의 모두 동성의 가족 혹은 씨족 사람들로 구성되었다. '모극'이라는 두 글자의 원래 의미는 씨족이며, 만주어로는 '목곤(木昆)'이라 한다. 군사적 측면에서의 장관인 모극은 만주어로 '목곤

달(木昆達, 족장)'이라는 의미이기도 하다.[57]

맹안모극제는 금대 초기 여진 군대를 편성하는 데 가장 기본적인 제도였기에 같은 모극 안에 부자나 형제 및 가까운 친척이 함께 참전하는 경우가 많았다. 예를 들면 목종 영가 때 골모파(鶻謀琶, 1051~1122년)는 "거느린 무리가 많았기 때문에 동생 호마곡(胡麻谷)과 혼탄(渾坦), 조카인 아리(阿里) 등과 함께 여러 성을 공격하여 함락시켰다."[58] 또 복산혼탄(僕散渾坦, 1100~1172년)은 "열여섯 살에 그의 부친 호몰속(胡沒速)을 따라 정벌에 참여하였다."[59] 종실의 자제인 호석개(胡石改)는 아골타를 따라 영강주를 공격하여 달로고성에서 거란 군대에 승리하고, 거란 황제의 친병을 격파하는 데 공을 세웠다. "거란의 군대가 제주(濟州)를 구원하러 오자 호석개는 그의 형인 실고내(實古乃)와 함께 격퇴하였다."[60] 이상의 예에서 볼 수 있듯이 부친이나 백부 혹은 형제와 조카 등 친척들과 함께 전투에 나서는 경우가 많았는데, 문헌에도 기록이 많이 남아 있다. 특히 16~17세 때 처음 종군하여 전공을 쌓은 경우가 많다. 이처럼 어린 나이의 전투 경험은 후일 이들이 노련한 군사가로 활약할 가능성을 높여 주었다.

여진 군대는 가까운 혈연관계에 있는 사람들이 함께 전장에 나갔기 때문에 서로를 위해 위험한 일을 자임하였다. 아버지가 죽으면 아들이 뒤를 잇고, 형이 죽으면 동생이 뒤를 이었으며, 앞이 넘어지면 뒤에서 이었다. 이들은 완강하게 필사적으로 싸웠기 때문에 전투의 효율성을 높일 수 있었다.

## 2) 아골타의 전략 전술

앞에서 언급한 바와 같이 아골타가 거란과의 투쟁에 나선 이유는 여진인이 거란의 통치하에 갖가지 수탈과 모욕을 당했고, 아골타 역시 거란 황제의 연회에서 춤추고 노래하기를 강요받는 모욕을 당했기 때문이다. 따라서 아골타의 전략적 목표는 반요(反遼)로 매우 명확하였다. 그는 도발극렬 자리에 오른 다음 해에 반요 투쟁에 나서 영강주와 출하점에서 승리를 거두고 제위에 올랐다.

아골타는 영강주 전투에 앞서 하늘에 제사 지낼 때 다음과 같이 기원하였다. "대대로 거란을 섬기며 직무와 공납을 성실하게 이행하였습니다. 오춘(烏春)과 와모한(窩謀罕)의 반란을 평정하고, 소해리(蕭海里)의 무리를 격파하는 데 공을 세웠지만 생각해 주지 않고 오히려 침해하고 모욕만이 더해졌습니다. 죄인 아소(阿疏)를 돌려달라고 여러 차례 요청했지만 돌려주지 않았습니다. 지금 거란의 죄를 물으려 하니 천지여 이를 굽어 살펴주소서!"[61] 어투만 보면 2,500명의 군사로 거란의 대군을 상대로 싸우기 전에 거란을 원망하고 신에게 하소연하는 듯한 느낌이 든다. 죄를 묻겠다고 하지만 명확히 어떻게 하겠다는 것인지 알 수 없다.

그러나 이로부터 7년이 지난 천보 5년(1121) 아골타가 홀로발극렬 완안고를 내외제군도통으로 삼아 거란을 공격할 때 내린 조서의 내용을 보면 아골타의 전쟁 목표가 뚜렷하게 드러난다. "거란의 정치는 기강이 서지 않아 사람과 신이 모두 버렸다. 지금 중외를 통일하고자 하여 너에게 명령하니 대군을 이끌고 가서 토벌하라!"[62] 이 조서에서 아골타는 거란을 멸망시키고 영토를 탈취하는 것이 전쟁의 목표임을 명확히 밝히고 있다. 이렇듯 아골타의 전쟁 목표가 초기에는 거란에 대한 반항이었으나 이후 거란을 멸망시키는 통일 전쟁으로 바뀌었음을 알 수 있다.

그러나 거란은 대략 2세기에 걸쳐 중국의 북방에 강력한 국가를 형성하고 유지한 집단인 데 반하여, 여진은 아직 소수의 군사만을 보유하고 여진 내부의 통일도 완전하게 이루지 못한 상태였다. 그렇다면 아골타가 10년도 안 되는 기간에 내부의 통일을 완성하고, 거란을 멸망시킬 수 있었던 전략상의 특징은 무엇이었을까? 아래에서 몇 가지 방면으로 나누어 살펴보고자 한다.

아골타의 군사 전략은 거란의 통치에 대항하여 군사를 일으킨 시기와 금을 건국하고 거란을 멸망시키는 전쟁을 수행한 시기에 서로 다른 양상을 보인다. 이는 당시 상황을 보면 당연하다고 할 수 있다. 초기 여진 군사 수는 거란과 비교하면 현저히 적었다. 하지만 아골타는 자신의 역량이 거란과 대등하거나 전투력이 더 뛰어나다고 판단되었을 때는 완전히 다른 전략과 전술을 사용하였다. 이런 측면에서 아골타는 뛰어난 군사적 지도자로서의 면모를 보여 준다. 그는 전투에 임할 때면 어떤 형태로든 적정을 염탐하고 양측의 역량을 비교한 후에 아군의 세력이 약하면 병력을 집중해서 지휘부를 공격하거나, 선제공격으로 적군을 제압하였다. 아골타는 정확한 방침과 전술을 사용하였기에 소수의 군사로 다수에게 승리할 수 있었다.

아골타는 상황이 여진에 유리해진 시기에도 전혀 방심하지 않고 시종일관 거란의 통치자를 향해 칼끝을 겨누고 있었다. 그리고 이러한 목표를 달성하기 위해 다른 국가와는 최대한 분쟁을 줄이고 거란을 고립시키는 전략을 구사하였다. 거란 통치하에 있는 백성들을 거란족과 여진족 및 다른 민족으로 구분하여 초유하거나 와해시키는 전략을 사용하여 거란을 멸망시키기 위한 전쟁에 유리한 조건을 조성하였다.

초기 영강주와 출하점의 전투에서 승리를 거두고, 금나라를 건국한 이후 아골타가 일으킨 멸요(滅遼) 전쟁의 군사적 전략 목표는 당연히 거란의 수도인 상경 임황부를 점령하는 것이었다. 아골타가 계획한 구체적인 방법은 먼저 관외(關外)를 점령하고 후에 관내(關內)를 점령하는 것이었다. 다시 말해 북쪽에서 남쪽으로 공격하고 이후 동쪽에서 서쪽으로 공격해 가는 것이었다. 그러나 군사를 모아 임황부를 직접 공격할 경우 거란 대군에 막힐 우려가 있고, 만약 치명적인 피해를 보게 되면 금나라 군대 또한 커다란 손실을 피할 수 없게 된다. 따라서 아골타는 거란의 방어 역량을 분산시키고, 자신도 치명적 손상을 피하고자 남로와 서로 두 길로 나누어 협공하는 전략을 채택하였다.

계획에 따르면, 먼저 남로군은 완안알로(完顏斡魯)가 금의 주력군을 통솔하여 황룡부를 지나 빠른 속도로 남하하여 압록강 서안에 도달한 다음, 다시 서쪽으로 이동하여 거란의 동경 요양부를 점령하고 상경 임황부의 동쪽과 남쪽을 포위한다. 서로군은 완안고가 비교적 적은 수의 군사를 통솔하여 서쪽으로 진군하면서 태주(泰州)를 점령하고 임황부를 압박하면서 남로군과 회합하기를 기다린다. 요양부를 점령한 남로군은 점령지를 확대하면서 북쪽으로 진군하여 서로군과 회합해서 거란의 영토 대부분을 점령하는 것이 목표였다.

수국 2년(1116) 윤정월에 발해인 고영창이 동경에서 반란을 일으키자 거란의 천조제가 군사를 파견하여 진압하려 하였다. 이에 고영창은 금나라에 구원을 요청하였다. 이때 전술한 바와 같이 아골타는 국상 살개의 동생인 완안알로에게 명령하여 심주(沈州)와 동경을 점령하면서 랴오허(遼河) 이동의 땅을 모두 차지해 버렸다.

요양부는 전략적으로 대단히 중요한 곳이었다. 거란의 동남부에 위치한 군사, 정치, 경제적 요충지일 뿐만 아니라 일찍이 거란 건국 초기부터 많은 여진인이 이주하여 거주한 곳이기도 하였다. "야율아보기는 훗날 여진이 걱정거리가 될 것을 염려하여 강종대성(強宗大姓) 수천 호를 유인하여 요양의 남쪽에 거주하게 함으로써 세력을 분산시켜 서로 통하지 못하게 하였다. 요양으로 이주하여 거란 호적에 편입된 자들은 합소관여진(合蘇款女眞)이라고 한다. 이른바 숙여진이 바로 이들이다."[63]

이 외에도 동경 요양부에는 발해인도 많이 거주하고 있었다. 요 태종 천현(天顯) 3년(928)에 "조서를 내려 야율우지(耶律羽之)를 파견해서 동란(東丹)의 백성들을 이주시켜 동평(東平)을 채우게 하고[64] 이해에 동평군(東平君)을 남경(南京)으로 승격시켰다. 이런 이유로 요양부에는 많은 수의 여진인과 발해인이 거주하고 있었다. 아골타는 요양부를 점령함으로써 여진의 통일을 이루고, 거란의 군사력에서 적지 않은 부분을 차지하는 발해인을 금군으로 충원할 수 있게 되었다.

천조제 천경 7년(1117) 아골타는 연호를 천보(天輔)로 바꾸었다. 이해 정월에는 서로군의 사야(斜也)가 태주를 점령하고, 4월에는 거란의 진진국왕(秦晉國王) 야율날리(耶律捏里)가 공격해 왔으나 이를 물리치고 현주(顯州)를 함락했다. 천보 2~3년 사이 금나라와 거란은 사자들이 빈번하게 왕래하며 책봉과 토지 등의 화의 조건을 가지고 담판을 벌였다. 금나라는 이미 동경 요양부를 점령함으로써 여진족이 거주하던 지역의 기본적인 통일을 완성하였고, 거란과 천하를 쟁패할 정도로 세력이 커졌지만, 건국 초기의 신생 국가였기 때문에 거란의 승인과 책봉이 필요했다. 그러나 전술한 바와 같이 상황을 정확히 인식하지 못한 천조제는 거만한 태도로 일관했고, 아골타의 분노를 일으켜 담판이 결렬되었다. 그리하여 천보 4년(1120) 4월 아골타는 직접 정벌에 나서 거란의 수도인 상경을 함락시켰고 천조제는 서경으로 달아나야 했다.

아골타가 상경을 점령한 것은 군대를 남로와 서로로 파견한 지 5년이 지난 시점이다. 중간에 외교적 교섭으로 2년의 세월이 지체되었던 점을 고려한다면, 상경 임황부를 점령하고 거란을 멸망시키겠다는 군사 전략은 성공한 셈이다. 그러나 거란의 황제는 전통적으로 수도인 상경 임황부에만 머물지 않고 사시날발(四時捺鉢)을 했기 때문에 천조제를 체포하기까지는 많은 시간이 소요되었다. 그러나 금나라에 유리한 상황은 돌이킬 수 없었고, 거란의 멸망은 기정사실화되었다.

아골타는 각각의 전투에 임해서는 현지 상황에 적합한 전술을 채택하였다. 아골타는 "거란인들은 내가 장차 군사를 일으킬 것을 알고 각 지역의 군사들을 모아 대비했을 것이다. 반드시 먼저 군사를 일으켜 제압해야 다른 사람에게 제압당하지 않는다"[65]라고 하였다. 이 내용은 아골타가 시행한 가장 큰 전술상의 특징이다. 즉, 먼저 전투를 준비하고 있다가 선제공격을 해야만 피동적인 전투가 아니라 아군 주도의 전투를 할 수 있다는 것이다. 아골타가 거란 군대와의 전투에서 사용했던 전술상의 특징을 구체적으로 살펴보면 다음과 같다.

첫째, 적의 준비가 미비한 틈을 타서 예상치 못하게 공격한다. 이는 여진이 2,500명의 군사로 거란의 중요 방어 거점인 영강주를 공격할 때 사용한 전술이다. 이어서 벌어진 출하점 전투에서도 "여진은 몰래 혼동강을 건너 그들이 미처 대비하지 못한 때 엄습하여 진영을 형성하기 전에 공격하였다."[66] 이러한 전술로 3,700명의 여진 군대는 보병과 기병을 합해 10만 명에 이르는 거란 군대를 상대로 승리했다. 이와 같이 상대가 제대로 방어하지 못할 때 일거에 공격하여 적군의 사기를 떨어뜨리는 전술은 아군에게 전투에서 승리할 수 있다는 믿음을 주었다.

둘째, 군사를 모아 단계적으로 한 곳씩 공격한다. 아골타의 최종 목표는 거란을 멸망시키는 것이었지만 거란은 대국이었기에 단번에 이룰 수는 없었다. 아골타는 군사를 집중해 한 곳씩 공격하면서 점차 수도인 임황부로 진격해 갔다. 그는 영강주와 출하점에서 승리를 거둔 후 계속 군사를 집중하여 황룡부와 달로고성을 함락하고, 기지를 점차 전진시켜 압박해 들어갔다.

셋째, 병력 차이가 대단히 클 때는 지휘부를 집중적으로 공격해서 적을 교란한다. 황룡부는 동북여진을 관할하는 중요한 지역이다. 황룡부가 함락되자 천조제는 70만 대군을 이끌고 타문(駞門)에 이르렀고, 다른 병력 45만도 알린락(斡鄰濼)에 이르렀다. 당시 아골타의 군사는 겨우 2만 명이었다. 거란의 군사가 70만 명에 이르러 그 칼날을 당해 내기 쉽지 않은 상황에서 아골타는 "'적군은 많고 우리는 적으니 군사를 나누어서는 안 된다. 거란군은 중군이 가장 견고해 보이니 천조제는 반드시 그곳에 있을 것이다. 중군을 패배시키면 뜻을 이룰 수 있을 것이다'라고 말하였다. 아골타는 우익부대를 먼저 전투에 임하게 하였고 몇 번의 교전이 있고 난 뒤에 좌익부대를 투입하자 거란 군대가 크게 무너졌다."[67] 이 전투는 금나라와 거란의 운명을 가르는 중요한 전투였다. 금나라는 2만의 군사로 승리를 거두었고, 거란은 수많은 인명과 물자를 잃었으며, 죽은 자의 시체가 백여 리에 걸쳐 있었다고 한다.

이상 살펴본 바와 같이 아골타는 정확한 전략 목표를 가지고 상황에 맞는 전술을 사용하였다. 건국 이전의 영강주와 출하점 전투부터 거란 5경을 모두 점령하는 전투까지 수적인 열세에도 불구하고 한 번도 패배하지 않았다. 비록 천조제를 체포하고 거란을 멸망시킨 대업은 동생 오걸매가 완성했지만, 아골타의 뛰어난 전략과 전술이 거란 멸망의 중요 원동력이었음은 누구도 부인할 수 없다.

# 4. 아골타의 외교 전략

아골타의 외교 전략의 핵심은 거란을 고립시키는 것이었다. 신생 금나라의 입장에서 당시 국제적 상황을 보면, 서쪽에는 친거란적 성향을 지닌 서하가 있고, 동쪽에는 거란, 금과 접경한 고려가 있으며, 남쪽에는 연운 16주의 회복을 갈망하는 송나라가 있어 모두 소홀히 할 수 없는 상황이었다. 이러한 나라들의 태도에 따라서 아골타의 반요와 멸요 전쟁은 촉진되기도 하고 방해가 될 수도 있었다. 따라서 아골타는 송나라에 대해서는 그들의 요구를 들어주면서 반요 연합전선을 구축하고, 고려에 대해서는 신중하면서 중립적인 태도를 보였으며, 친거란적 성향을 지닌 서하에 대해서는 때로는 유화적이고, 때로는 위협적인 태도를 보이며 멸요 전쟁을 수행하였다.

### 1) 고려에 대한 외교 전략

고려는 지리적으로 금나라의 배후에 있는 위협적인 존재였다. 금나라가 거란과의 전쟁에 군사를 집결시킨 상황에서 고려가 고토 회복을 외치며 공격할 경우 금나라는 난감한 상황에 빠질 수 있었다. 당시 고려와 거란은 송나라와 거란이 "전연(澶淵)의 맹약"을 맺은 시기를 제외하고는 상당히 오랫동안 평화적인 관계를 유지하였다. 여진과는 일찍이 강종 오아속이 도발극렬로 재위할 때 갈라전을 둘러싼 분쟁이 있었다. 결과적으로 고려 예종 3년(1108) 3월에 윤관이 의주(宜州), 통태(通泰), 평융(平戎) 등 3개 성을 쌓아 남계의 백성들을 이주시키고, 새로 9개의 성을 쌓았다가 다음 해에 9성을 돌려주면서[68] 평화적으로 분쟁을 해결하였다. 이에 대해서 중국 학계에서는 갈라전의 전투가 고려의 도발에 따라 시작되고, 결과적으로 여진이 승리하고 고려가 패배한 것이라고 보는 견해가 일반적이다. 하지만 이는 대단히 단편적인 견해다. 이때 고려는 여진으로부터 다시는 국경을 침범하지 않겠다는 맹세를 받고 9성을 돌려주었다. 그리하여 고려는 외교적인 명분과 함께, 소모적인 지구전으로 인한 국력의 낭비를 막고, 또 이를 기반으로 이후 서북쪽으로 영토를 확장할 수 있는 실리를 얻을 수 있었다.

갈라전 전투 이후 고려와 여진은 우호적인 관계를 유지하고 있었지만 고려는 여전히 쉽지 않은 상대였다. 수국 원년(1115)에 아골타는 가고살갈(加古撒喝)을 시켜 고려에 인접한 보주(保州)를 공격하였지만 함락하지 못했다. 아골타는 현 상태를 유지하며 "고려가 사신을 보낼지 알 수 없으나 만약 사신이 오면 안전하게 호송해 오라. 변경의 일은 신중하게 처리하고 소홀히 하지 말라"[69]라고 하였다. 이는 보주와 같은 성 하나 때문에 군사를 움직이지 말라는 의미였다. 고려 또한 당시의 국제적인 상황을 잘 이해하고 냉정하게 대처하였다. 그리하여 이해 8월과 11월에 거란의 천조제가 10만 군사로 여진을 공격하기에 앞서 고려에 군사를 요청했지만, 고려는 응하지 않았을 뿐만 아니라 거란의 연호 사용도 중지하였다.[70]

수국 2년(1116) 윤정월에 고영창이 동경 요양부를 점거하고 있을 때, 고려가 금나라에 사신을 보내 승리를 축하하면서 보주를 요구하자 아골타는 고려가 취하도록 하였다.[71] 결국, 고려가 거란이 점령하고 있던 보주를 획득하고, 포마(蒲馬)를 사신으로 파견하여 보주의 영유권을 요청하자, 아골타는 "또한 포마가 단지 구두로만 요청하는데 서표를 올려서 요청하고 곧 다시 의논하자"[72]라고 하면서 서표를 올릴 것을 요구하였다. 그러나 고려는 서표를 올리지 않은 채 보주를 차지하였다.

금나라는 예종 12년(1117) 사신을 고려에 파견하여 "우리 할아버지 때부터 한쪽 지방에 끼어서 거란을 대국이라 하고 고려를 부모의 나라로 조심스럽게 섬겨 왔다"[73]라고 하며 양국 간에 형제 관계를 수립할 것을 제안했다. 그러나 고려는 아무런 대답도 주지 않았다.[74] 예종 14년(1119) 2월에 아골타가 다시 예종에게 보낸 국서에서 "고려 국왕에게 조서를 내려 유시하기를 짐이 군사를 일으켜 거란을 정벌하는데…"[75]라고 하면서 "짐(朕)"이라는 표현을 사용하였다. 그러자 고려에서는 중서주사(中書主事) 조순거(曹舜擧)를 금나라로 보내 "하물며 여진의 근원이 우리 땅에서 시작되었다"[76]라고 응수하자, 이번에는 아골타가 국서를 받지 않았다. 이 시기 금나라는 아골타 책봉 등의 문제로 거란과 외교 사절이 빈번하게 왕래하고, 북송과도 해상의 맹약으로 사절이 왕래하고 있었다. 그런데 고려가 여진의 근원이 고려 땅에서 시작되었다거나 "부모의 나라"라는 기존의 관념을 고수하였으니, 아골타는 그저 국서를 받지 않는 정도의 대응밖에 할 수 없었다.

천보 3년(1119)에 고려가 장성을 증축하자, 금나라 변방 관리들은 군대를 보내 이를 저지하고자 했지만 고려는 따르지 않았다. 아골타는 보고를 받고 조서를 내려 "침범하여 일을 만들지 말고, 다만 병영과 보루를 삼가며 공고히 하고, 이목을 집중하기만 해라"라고 하여 군사적 마찰을 피하도록 하였다. 천보 4년(1120) 함주로도통사(咸州路都統司)는 군사 증원을 요청했는데, 아골타는 조서를 내려 "고려는 여러 세대에 걸쳐 신하로서 거란을 섬겨 왔다. 혹여 고려가 거란과 소통할 수 있으니 수시로 사람을 보내 정탐하도록 하라"[77]라고 하였다.

이 기록들은 모두 아골타가 고려에 대해 대단히 신중하였으며 방어위주의 전략을 취했음을 보여 준다. 아골타는 고려와의 직접적인 군사 충돌을 피하며 동남쪽 변경의 압박을 감소시키고자 하였다. 고려 역시 불필요한 분쟁을 일으키지 않으면서 이러한 기회를 이용하여 보주의 예와 같이 영토를 획득하는 등 실리를 취하고자 하였다. 고려는 실용적인 태도를 유지하여 훗날 남송이 고려에 가도(假道)를 요구하였지만 응하지 않았다. 그리하여 고려는 금나라와 거란 또는 금나라와 송나라의 전쟁 속에서 명분과 실리를 획득할 수 있었다. 금나라 또한 남방의 고려와 특별한 마찰을 일으키지 않는 상태에서 멸요 전쟁에 집중할 수 있었다. 하지만 아골타 사후 금나라는 거란과 북송을 멸망시킬 무렵인 1126년 고려에 칭번(稱藩)할 것을 요구하였고, 고려가 이를 받아들여 고려와 여진의 관계에는 많은 변화가 있었다.

### 2) 서하에 대한 외교 전략

서하는 고려와 달리 친거란, 반송적인 성향을 가지고 있었다. 따라서 금나라가 멸요 전쟁을 수행하는 과정에 서하와의 외교는 아골타에게 매우 중요한 문제였다. 북송 신종(神宗)이 즉위한 1067년 서하에서는 3대 혜종(惠宗) 이병상(李秉常, 1061~1086년)이 일곱 살의 나이로 즉위하였다. 당시 모후(母后)인 양씨(梁氏)가 섭정했는데 북송에서는 역당을 토벌한다는 명분으로 서하를 공격하였다. 거란 도종(道宗)은 북송이 서하를 멸망시키는 것을 원하지 않았지만, 양태후 일가가 정치를 농단하는 것도 좋아하지 않아 무관심하거나 냉담한 자세를 취했다. 하지만 양태후 일가는 여전히 거란에 의지하였다.

이병상이 26세의 나이로 사망하자 그의 아들 이건순(李乾順, 1083~1139년)이 3세의 나이로 즉위하니 이가 곧 4대 숭종(崇宗)이다. 이건순이 어린 나이에 보위하자 역시 모친이 섭정하였다. 이건순의 모친 또한 양씨로 여전히 양씨 일가가 정치를 농단하였다. 양태후가 섭정하는 동안 송나라와 빈번하게 전쟁을 일으켰고, 거란과의 관계도 매끄럽지 못했다. 그 이유는 1099년에 이건순은 이미 16세가 되어 "장성하여 자립해야 하지만 양씨가 제멋대로 농단하여 이건순이 국사를 주관하는 것을 허락하지 않았다. 거란 도종은 본래 양씨가 섭정하는 것을 싫어하였기 때문에 도움을 청해도 번번이 응하지 않으니, 표문(表文)에 원망하고 방종하는 모습으로 나타났다. (도종이) 사람을 보내 그 나라에 이르러 양씨를 독살하고 이건순에게 국정을 돌보라 명하니 이건순이 이를 감히 어길 수 없었다."[78]

이건순은 거란의 위력으로 친정하면서 거란과의 관계를 더욱 돈독히 하고자 하였다. 이건순은 "거란 공주가 (서하의) 이씨에게 시집을 와서 대대로 조공이 끊이지 않았던"[79] 관계를 이용하여, 1100년 11월에 사신을 파견하여 거란에 구혼했으나 도종의 병이 위중하여 실현되지 못했다. 도종 사후에 천조제가 즉위하자 이건순은 다시 거란에 구혼하였고, 천조제는 1105년에 종실의 여자인 남선(南仙)을 성안(成安)공주로 책봉하여 이건순에게 시집보냈다. 이렇게 해서 서하와 거란의 관계는 매우 밀접해졌고, 이건순이 재위 기간 중 북송과 50여 차례 전쟁을 치르는 동안 거란은 시종 보호자 역할을 했다.

따라서 아골타가 멸요 전쟁을 수행할 때, 서하가 거란의 부마국으로서 거란을 돕는다면 금나라는 목표를 이루지 못할 가능성이 매우 컸다. 따라서 거란을 고립시키려면 서하의 협력이 대단히 중요했다. 하지만 서하로서는 거란의 멸망이 달가운 일이 아니었다. 그 이유는 거란과의 의리나 부마국으로서의 입장 이외에 지리적으로 거란의 멸망은 서하에 순망치한(脣亡齒寒)의 결과를 가져올 수 있기 때문이었다. 결과적으로 서하는 거란이 점령하고 있던 일부 영토를 획득할 수 있었지만, 북송은 오히려 회수 이북의 광대한 영토를 상실하여 매우 다른 양상으로 나타났다.

실제로 금나라가 거란과의 전쟁에서 계속 승리하고, 북송 역시 금나라와 연합하여 거란을 멸망시키고 연운 16주를 수복하고자 할 때 서하는 군사적 행동을 시작했다. 천보 6년(1122)에 금나라 군대가 중경을 함락시키고 서경을 공격하자 이건순은 5천의 군사로 거란을 구원하려 하였다. 그러나 금의 장수 모량호(謀良虎)가 이미 국경을 넘어 서경을 함락했다는 소식을 듣고 회군하였다.[80] 이해 5월 금나라가 거란 군대를 격파하고 천조제가 음산으로 달아나자, 서하 장수 이량보(李良輔)는 군사 3만을 거느리고 와서 거란을 구하였다. 『금사』에서는 "완안알로와 완안루실이 의수(宜水)에서 이들을 패배시키고 추격해서 야곡(野谷)에 이르렀는데 계곡물이 갑자기 쏟아져 빠져 죽은 자가 헤아릴 수 없을 정도였다"[81]라고 하여 금나라의 승리만 기록하였다.

그러나 서하 측 기록에는 위와 조금 다른 내용이 전한다. "행렬이 천덕(天德)의 경계에 이르러 금나라의 도통 완안루실이 장수 돌연(突撚)과 보전(補攧)을 파견해서 200명의 기병으로 정탐하게 하자 이량보가 이들을 공격하여 거의 모두 사살하였다. 금의 군사가 장차 많이 공격해올 것을 알고 복병을 두고 기다렸다. 조금 지나서 금의 장수 아토한(阿土罕)이 수백 명의 기병으로 공격해 오자 복병을 내어서 이들을 섬멸하자 아토한은 말을 버리고 산을 넘어 달아났다."[82] 이로 보아 소규모이지만 금나라 기병을 상대로 서하군이 승리를 거두기도 하였음을 알 수 있다. 청대의 장시태(張時泰)는 서하가 거란에 원병을 보낸 이유에 대해 다음과 같이 말하였다. "그들은 다만 이웃을 재난에서 구하고 도와주는 의로움만을 알고, 강함이나 약함은 논하지 않았다. 오호라! 서하인의 이러한 행동을 보면 도량이 넓고 빛이 난다. 이는 진실로 송나라 사람들이 반란자를 돕고 이웃을 공격하는 것과는 비교할 수 없도다!"[83]

이후에도 이건순은 이해 7월에 대신 조가(曹價)를 보내 천조제의 안부를 묻고 식량을 보냈다. 다음 해(1123) 정월에도 "천조제의 명령에 따라 군사를 파견하여 가돈관(可敦館)에 주둔하면서 성원하였다. 금나라 장수 완안루실이 삭주(朔州)를 지키면서 패덕산(霸德山)에 성을 쌓아서 막으니 나아갈 수 없었다."[84] 이 기록으로 보아 이건순은 야곡에서 금나라 군대에 대패하였음에도 불구하고 여전히 거란을 돕기 위해 군사를 파견하였음을 알 수 있다. 비록 세 차례 파병 중 실제 전투가 벌어진 것은 한 차례에 불과하지만, 서하의 이건순은 시종 강력한 금나라의 기병에 맞서서 거란을 돕고자 하였다.

천보 7년(1123) 5월, "천조제가 거짓으로 사자를 보내 항복하고 서쪽으로 달아나 운내(雲內)에 이르자 이건순은 천조제 행렬이 강가에 이를 것을 미리 알고 사자를 보내 맞이하면서 서하로 오라고 요청하였다." 만약 천조제가 서하로 간다면 천조제를 체포하여 거란을 멸망시키려는 아골타에게는 커다란 문제였다. 당시 아골타는 완안종망에게 전선의 급한 사무는 편의에 따라 먼저 처결할 수 있는 권한을 부여한 상태였다. 천조제가 천덕(天德)에 이르자 완안종망은 서하에 사자를 보내서 할지(割地)와 화의로 유인하여 천조제를 돕지 못하게 하려 하였다. 천조제의 측근들도 이를 알고 서하로 들어가는 것을 만류하였지만 천조제는 황하를 건너 금숙군(金肅軍)의 북쪽으로 갔고, 금나라 첩자가 이를 보고했다.[85] 그러자 완안종망은 서하에 서신을 보내 "과연 나에게 투항하고자 한다면 마땅히 전에 유시했던 바와 같이 천조제를 잡아 보내라. 만약 반대로 의심해서 두 마음을 품는다면 아마 후회할 일이 생길 것이다"[86]라고 하였다.

아골타에게 권한을 부여받은 완안종망의 이 서신은 상황의 변화에 커다란 영향을 끼쳤다. 당시 천조제는 사자를 보내 이건순을 하국황제(夏國皇帝)로 책봉하였다. 그리고 이건순에게 군사를 더 보내 자신을 호위하라고 명령했으나 이건순은 응하지 않았다. 반대로 이건순은 금나라에 신하로 복속하는 대가로 하새(下塞) 이북부터 음산 이남까지와 을실야자부(乙室耶剌部)의 토록락(吐淥濼) 서쪽 땅을 받기로 하였다. 서하 원덕(元德) 6년(금 천보 8년, 1124) 3월에 이건순은 금나라에 서표를 올리며 금나라 신하로 복속하겠다는 의사를 표하였다. 이에 이건순의 아내인 성안공주는 고국이 멸망했다는 소식을 듣고 비통해하다가 곡기를 끊고 사망하였다. 이건순은 거란의 멸망이 기정사실로 되고, 금나라가 서하를 멸망시키지 않으며, 거란이 점령하고 있던 서북 지역 영토를 서하에 할양한다고 하자 기존의 의리를 지키던 태도를 바꾸어 실리를 택하였다.

반대로 아골타는 의리를 지키겠다는 서하의 이건순으로 인해서 멸요 전쟁과 천조제의 체포에 커다란 방해를 받고 있었다. 금나라가 강력한 군사적 공세를 가하면 서하는 금에 복속될 수밖에 없었다. 따라서 이건순은 천조제를 받아들일 수 없었다. 거란 보대 5년(1125) 2월에 천조제는 "응주(應州) 신성(新城)에서 동쪽으로 60리 떨어진 곳에서 금나라의 장수 완안루실 등에게 사로잡혔다." 천조제는 8월에 금나라에 호송되어 "해빈왕(海濱王)으로 강봉되고, 질병으로 54세 나이로 사망하였다."[87] 거란은 아홉 명의 황제를 거쳐 219년 만에 멸망하였다.

이건순은 56세에 사망하였으나 재위 기간은 무려 53년에 이른다. 그가 재위한 기간은 중국 북부에서 대단히 커다란 변화가 있었던 시기이다. 그가 세 살의 나이로 즉위할 당시 서하는 여러 방면에서 어려움에 처해 있었다. 그는 거란과 북송이 금나라에 의해 멸망하던 시기에 나라를 보전했을 뿐만 아니라 영토까지 확장하여 내치와 외교 등에서 비교적 높은 평가를 받고 있다. 그가 이 같은 평가를 받은 것은 아골타가 거란의 멸망을 최우선으로 하고 다른 국가와는 커다란 문제를 일으키지 않으려 했던 외교 전략과 일정 정도 관련이 있다. 금나라가 외교력과 군사력을 동시에 발휘한 것은 고려와 갈라전의 땅을 놓고 분쟁을 벌였을 때와 비슷한 양상을 보인다. 어쨌든 고려나 서하는 거란에서 금으로 교체되는 혼란한 시기에 영토를 확장하는 실리를 챙길 수 있었다.

### 3) 송조와의 관계

앞에서 설명한 바와 같이 아골타는 재위 기간 거란을 멸망시키는 데 뜻을 두었기 때문에 주변 국가들과는 평화적인 관계를 유지하고자 하였다. 특히 북송은 연운 16주 수복에 뜻을 두었기 때문에 적극적으로 금나라와 외교 관계를 맺었다. 금나라 입장에서 볼 때 북송과의 관계는 고려나 서하와 달리 군사적인 협공까지 포함하기 때문에 더욱 큰 의미가 있었다.

아골타는 고려나 서하가 신하로 복속되는 것에 합의하면 영토를 할양해 주고 우호적인 관계를 맺었다. 그러나 북송에 대해서는 고려나 서하만큼 외교 관계를 중시하지 않았다. 오히려 적극적인 쪽은 북송이었다. 북송은 신흥의 여진이 거란을 비교적 순조롭게 점령해 나가는 것을 보고 여진의 힘을 빌려 거란을 멸망시키고 연운 16주를 수복하고자 하였다. 북송은 정화 7년(1117)에 등주(登州)방어사 마정(馬政)을 파견하여 "가만히 듣건대 거란을 정벌하고 강한 적을 여러 차례 격파했다고 들었습니다. 바라옵건대 거란을 정벌한 후에 오대(五代) 시대 거란으로 들어간 한지(漢地)를 우리에게 주십시오"라고 하였다. 금나라는 천보 2년(1118) 정월에 산도(散覩)를 북송으로 파견하여 답방하면서 "청한 바의 땅은 송과 함께 협공하여 얻는 자가 이를 소유하도록 하자"[88]라고 하였다.

천보 3년(1119) 6월에 금나라 사신 산도는 송의 사자 마정, 그의 아들 마굉(馬宏)과 함께 돌아왔다. 송의 사자가 돌아갈 때 패근 사열(辭列)과 갈로(曷魯) 등이 함께 송으로 가는[89] 등 여러 차례 교섭을 벌이며 금나라와 북송은 거란을 협공할 방법을 논의하였다. 천보 4년(1121)에 송은 조량사(趙良嗣)를 파견하였다. 조량사는 3월 26일에 등주를 출발하여 4월 14일에 소주관(蘇州關)에 도착했다. 그러나 아골타는 이미 상경을 공격하러 출발한 상황이었고 조량사도 아골타를 따라 상경으로 출발하였다. 조량사는 금나라 군대가 상경성을 함락하자 아골타를 만나 맹약의 내용을 의논하였다.

아골타와 조량사의 논의 과정을 간략하게 살펴보면 다음과 같다. 먼저 조량사는 "세폐로 30만을 바치겠다"라고 하였다. 이에 아골타는 "연경이 송나라에 속하지 않았을 때에도 거란에 세폐로 50만을 주었는데 지금은 연경을 주는데 어찌 30만뿐인가?"라고 하였다. 논의를 거쳐 결국 거란에 주던 대로 30만을 바치기로 하였다. 다음으로 조량사는 "거란의 운주(서경 대동부)도 연경과 마찬가지로 한의 땅이다"라고 하였다. 아골타는 "서경 땅은 본래 중요하지 않으며 단지 아적(阿適, 천조제)을 체포하려고 공격하는 것이다. 만약 천조제를 잡게 되면 운주도 남조[宋]에 더해 주겠다"라고 하였다. 조량사는 나아가 "평주(平州)와 영주(營州)도 본래 연경 땅이니 함께 돌려달라"고 하였다. 이에 고경예(高慶裔)가 "지금 의논하는 것은 연경 땅이고, 평주와 난주(灤州)는 스스로 별도의 지역이다"라고 하자, 아골타는 "언약이 이미 정해졌으니 다시 고치는 것은 불가하다"라고 하면서 "본국 군사들은 8월 9일 서경에 도착하기로 정했으니 정사와 부사는 남조로 가서 빨리 군사를 일으켜 상응하도록 하라"고 하였다.[90]

이 담판에서 조량사는 세폐를 결정한 이후 거란이 차지하고 있던 연경과 운주, 평주 등 연운 16주를 북송에 귀속하려 하였다. 아골타는 연경은 물론이고, 천조제를 체포한 이후 운주도 돌려주기로 하였을 뿐만 아니라 고경예의 만류에도 불구하고 평주까지 북송에 귀속시킬 것을 약속하였다. 동시에 금나라 군대는 이미 준비가 되어 있으니 북송에서도 빨리 이행하라고 하였다. 이를 통해 아골타는 영토적 욕심보다는 조속히 거란을 멸망시키기를 더욱 원했던 것을 확실하게 알 수 있다.

물론 이러한 약속은 금나라와 북송 양국이 거란을 협공하는 것을 전제로 한 것이다. 금나라 군대는 평지송림[平地松林, 허베이성 웨이창(圍場) 초원 이북]에서 고북구(古北口)로 나가고, 북송은 웅주(雄州)에서 백구(白溝)로 나가 함께 연경을 공격하기로 했다. 금나라는 이를 이행하기 위해 거란에서 투항한 야율여도(耶律餘睹)를 향도로 삼아 천보 5년(1121) 12월에 공격을 시작하였다. 천보 6년(1122) 정월에는 거란 중경을 함락시키고, 2월에 북안주(北安州)를 점령하였다. 3월에 금나라 군대가 서쪽으로 진격하자 천조제는 서쪽으로 달아났고, 연경에서는 야율순(耶律

淳)이 찬위하였다. 그리고 4월에 금나라 군대가 서경을 점령하였다.

금나라 군대가 맹렬한 기세로 거란 5경을 차례로 함락하는 사이 북송은 기회를 엿보고 있다가 이해 4월에야 출병하였다. 송나라 군대는 거란에 의해 점령된 지 200여 년에 가까운 연경 지역 한인(漢人)들이 오랫동안 송나라에 편입되길 원했기 때문에 송나라 군대가 들어가면 소쿠리의 밥과 단지의 국을 들고 환영해 줄 것이라 믿었다. 그러나 5월 26일 "수천 명의 경무장한 기병으로 공격했으나 난구전(蘭溝甸)에서 거란의 야율대석(耶律大石)이 급습하자 패전하고 돌아왔다."[91] 이후에도 특별한 전과가 없어서 "선무사(宣撫司)의 상주문이 도착하자 휘종은 이를 듣고 두려워하여 조서를 내려 군대를 철수하게 하고 여러 장수에게 흩어져 주둔하도록 하였다."[92]

6월 24일에 연경에서 거란의 야율순이 사망하자 북송은 다시 군사를 일으킬 것을 논의하고 20만 군사를 출병하였다. 그리하여 9월에는 이주(易州) 지역이 송나라 군대에 항복하고, 거란 상승군의 도관압(都管押) 곽약사(郭藥師)가 정예병 8천 명과 철기병 500명을 거느리고 1개 주 4개 현의 백성과 함께 송나라에 항복하였다.[93] 그러나 10월에 곽약사 등이 연산으로 들어갔다가 여러 명장과 정예병들이 "한 사람도 살아서 귀환하지 못하자" 사기가 크게 떨어져 10월 29일에 송나라 군대는 병영과 치중을 모두 불태우고 달아나며 대패하였다.[94]

이처럼 송나라는 군사적으로 계속 패배하였으나 영토를 할양받으려는 외교적 교섭은 계속하였다. 천보 6년(1122) 12월에 아골타는 직접 군사를 이끌고 연경을 점령하였지만 협공하기로 했던 송나라 군대는 보이지 않았다. 천보 7년 정월부터 4월까지 금나라와 북송은 여러 차례 협상을 거쳐 최종적으로 합의하였다. 그 결과는 금나라가 연경 6개 주를 송나라에 할양하는 대신 송나라는 금나라에 쌀 20만 석과 연경의 대세전(代稅錢)이란 명목으로 100만 관(貫, 1관은 동전 1,000개)을 바치고, 서경을 귀환하는 대신 군사의 위로금으로 은 20만 냥을 지급하기로 하였다. 그러나 금나라는 연경을 송에 할양할 때 "무릇 연경의 금백(金帛), 관리와 민호를 남김없이 모두 동쪽으로 가져갔다. 송나라는 세폐로 수백만을 지급하고 얻은 것은 빈 성뿐이었다."[95] 이렇게 해서 송나라는 연경을 차지했지만 그 대가는 매우 컸다. 물질적으로 신종 희풍(熙豊) 연간에 비축해 놓은 국가 재정을 모두 탕진했을 뿐만 아니라 송나라의 허실을 금나라에 노출하여 이후에 북방 영토의 상당 부분을 상실하는 결과를 가져왔다.

이상에서 살펴본 바와 같이 아골타의 외교 전략의 핵심은 거란을 고립시키는 것이었다. 한 가지 특징은 고려, 서하, 송 모두 영토와 관련이 있다는 것이다. 즉, 고려와는 보주(保州), 서하와는 거란이 점유한 영토의 서북 지방, 북송과는 연운 16주 문제가 있었다. 비록 금나라와 이들 국가 사이의 영토 문제가 지닌 성격은 각각 달랐지만, 아골타는 일관되게 영토에 연연하지 않는 모습을 보였다. 심지어 완안종한이 송나라에 연경은 돌려주지 않고 탁주(涿州)와 이주(易州)만을 돌려주고자 할 때 아골타는 "해상의 맹약을 잊어서는 안 된다. 내가 죽으면 네가 행하라"[96]라고 당부할 정도였다. 이처럼 아골타는 주변국과의 영토 문제에서 매우 유연한 태도를 보였는데, 그 이유는 외교 전략의 핵심이 거란을 고립시키는 것이었기 때문이다. 아골타의 거란 고립 정책은 아골타가 강력하고 집중력 있게 반요 투쟁에 임했음을 말해 준다. 반대로 거란은 아골타의 정책으로 인하여 더욱 고립무원 상태로 빠져 멸망의 길을 가게 된다.

영토 문제와 달리 아골타는 거란으로부터 책봉을 받으려 하였으나 실현되지는 않았다. 반면 고려나 서하에 대해서는 일관되게 제후국으로서의 형식을 갖춘 표문(表文)을 요구하면서 거란의 지위를 차지하려는 모습을 보였다. 또, 발해 출신인 고영창이 동경 요양부에서 황제를 칭하자 제후로 대우하겠지만 같은 영역 내에서 황제를 칭하는 것은 불가하다는 태도를 보였다. 고영창은 이를 거절했고, 후에 상황이 나빠지자 고영창은 황제의 칭호를 버리고 신하로 복속하겠다고 했으나 아골타는 받아들이지 않았다. 아골타는 영토 문제에 대해서는 자신이 죽더라도 약속을 이행하라고 하면서도 신속을 거절한 고영창은 용서하지 않았다. 이를 통해 아골타가 영토 문제에 있어서는 약간의 실익을 포기할 수 있으나 황제라는 지위는 절대 양보하지 않음으로써 거란의 천조제를 대신하고자 하였음을 알 수 있다. 다시 말하면 철저하게 실리보다는 명분을 취한 것을 분명하게 알 수 있다.

해상의 맹약에 따라 연경을 송나라에 돌려주고 반년도 지나지 않은 천보 7년(1123) 9월에 아골타가 사망하였다. 이때는 천경 2년(1112)에 자신보다 일곱 살 어린 천조제로부터 모욕을 당한 지 대략 10여 년이 지난 시기였다. 아골타는 비록 직접 천조제를 잡지는 못했지만, 거란의 멸망은 이미 결정되어 있었다. 소수의 병력으로 10년이라는 짧은 기간에 거란을 멸망 직전까지 몰고 간 것은 아골타의 군사 전략 못지않게 거란을 고립시킨 외교 전략도 중요한 역할을 한 것이었다.

# 5. 합리적인 군사·외교 전략

아골타가 도발극렬의 자리에 오를 때는 여진 부락 연맹체의 통일이 대체로 완성되고 정치 조직이나 법령을 갖추어 여진족 국가를 건설하고 요나라나 북송을 멸망시키는 전쟁을 수행할 수 있는 기본적인 역량이 갖추어져 있었다. 그러나 요나라는 여전히 지나치게 많은 세공을 요구하였고, 요나라 천사들의 횡포가 심했으며, 요나라 변방 지역 장수들의 착취나 접경 지역 각장과 호시에서의 불공정한 교역이 횡행하였다. 따라서 요 왕조에 대한 여진인의 불만이 매우 컸고, 아골타 개인적으로도 요나라 천조제가 벌이는 두어연에서 춤을 추며 흥을 돋우는 것을 하지 않았다고 해서 살해당할 위기와 모욕을 경험하였다. 이러한 여진인의 민족적인 분노와 아골타 개인의 천조제에 대한 원한 등이 아골타와 여진인들이 반요 전쟁에 나서도록 하였고, 이러한 점은 아골타의 각종 맹세의 문장이나 여진 군대에 대한 명령문에 잘 나타나 있다.

이처럼 여진의 역량이 축적되고 반요 감정이 팽배한 상황에서 아골타는 1114년 9월에 2,500명의 군사를 거느리고 영강주로 진격하였다. 그해 10월에 영강주의 주성을 함락하고, 11월에는 출하점에서 기습 작전으로 요나라 군대를 궤멸시켰다. 두 차례의 전투에서 승리를 거둔 아골타는 1115년 1월에 황제에 즉위하고 국호를 대금이라 하였다. 아골타는 황제에 즉위한 즉시 직접 군사를 이끌고 황룡부로 출병하여 함락시켰다. 그러나 요의 천조제는 시종 여진의 역량을 과소평가하였다.

아골타는 1117년에 연호를 천보로 바꾸고, 각지에서 요의 영토를 점령하는 전투를 지속하면서 발해인 출신 양박의 건의를 받아 천조제에게서 책봉을 받고자 했다. 금과 요 왕조는 약 2년간에 걸쳐 여러 차례 사신을 파견하며 책봉과 화의를 논의했으나 천조제가 여전히 아골타를 무시하는 태도를 보여서 결렬되었다. 그리하여 1120년 5월에는 요나라의 도읍인 상경을 함락하고, 1122년에는 요나라 영토인 중경과 서경 및 연경을 공격하여 함락시키면서 요나라의 5경을 모두 함락했다. 1124년 7월에는 천조제가 협산에서 나와 무주로 남하하였고, 1125년 2월에 금나라 군대에 사로잡히며 요나라는 멸망하였다.

이렇게 해서 아골타는 요의 영토 대부분을 점령했으나 천조제를 체포하지 못한 채 1123년 9월에 사망하였다. 아골타가 도발극렬이 된 후 사망하기까지 10여 년이란 짧은 기간에 북방의 대국인 거란을 멸망시킬 수 있었던 것은 군사력이 강했기 때문이다. 금 건국 초기 군사력에서 나타나는 특징은 첫째, 군사들이 매우 용맹하고 전투력이 뛰어났다. 군사들 사이에는 존비가 엄격하지 않았으며 대우도 평등하였다. 둘째, 군대는 군기가 엄격하고 분명하였으며 상벌도 명확했다. 셋째, 강력한 기병을 보유하고 있었으며 중무장한 기병과 경무장한 기병이 매우 효율적이었다. 넷째, 여진군은 행정 조직과 군사 조직 집합체이기에 혈연관계에 있는 사람이 함께 전투에 참여하며 전투력을 높였다.

아골타는 이러한 전투력을 바탕으로 거란과의 전쟁을 수행하였고, 결과적으로 승리할 수 있었던 가장 큰 요인은 요를 멸망시키겠다는 전략적 목표를 명확히 했기 때문이었다. 초기에는 소수의 군사를 한곳에 집중하여 승리를 거둔 후 세력을 확장하는 방법을 택했다. 건국 후에는 직접 거란 상경을 공격할 경우 피해가 우려되기 때문에 두 개의 길로 나누어 공격하는 전략을 사용하였다. 이와는 별도로 요의 군사력에서 상당한 비중을 차지한 발해인을 초유하여 상대방을 약화하고 자신의 전투력을 강화할 수 있었다. 이러한 군사 전략은 소수의 군대로 다수의 적을 상대하기에 매우 유효적절한 것이었고, 결과적으로 멸요 전쟁의 많은 전투에서 승리할 수 있었다.

마지막으로 아골타의 외교 전략을 보면, 그 핵심은 거란을 고립시키는 것이었다. 아골타는 북송의 요구를 들어주면서 반요 연합전선을 구축하고, 고려에 대해서는 신중하면서 중립적인 태도를 보였으며, 친요적 성향을 지닌 서하에 대해서는 때로는 유화적이며, 때로는 위협적인 태도를 보이면서 멸요 전쟁을 수행하였다. 아골타는 거란을 고립시키기 위해 주변 국가에 대해서 공통적으로 영토 문제에 비교적 유연한 태도를 보인 반면, 고려나 서하에 대해서는 신속의 형식을 갖춘 표문을 요구하여 거란의 지위를 대신하려는 야망을 보였다. 결과적으로 고려는 보주를 차지하였고, 서하는 요 왕조의 서부 지역을 획득하였으며, 송은 잠시나마 연운 16주의 일부를 수복할 수 있었다.

영토까지 양보하는 태도는 아골타가 어느 정도로 요 왕조를 붕괴시키는 데 전념했는지 잘 보여 준다. 이처럼 요 왕조를 전복시키고자 하는 강한 의지가 있었기에 군사적으로 2,500명이라는 소수의 군대로 시작하여 요의 영토 대부분을 점령하고, 외교적으로 요 왕조와 천조제를 고립무원에 빠지게 하였다. 이러한 시의적절한 군사적·외교적 전략을 사용하였기에 신흥의 금 왕조가 건국되고 10년이라는 짧은 기간에 200여 년간 북방의 강국으로 군림하던 요 왕조를 멸망시킬 수 있었다.

제7장

# 금대 국가 구조의 추이와 화북 지배

이근명 • 한국외국어대학교 사학과 교수

# 1. 금 정권과 화북 지배의 중요성

요, 금, 원, 청을 두고 흔히 정복 왕조라 부른다. 북방 민족이 만리장성 북쪽에서 국가를 건설한 후 무력으로 남방의 농경 지역을 정복하여 지배했다는 의미이다. 하지만 일괄하여 정복 왕조라 칭하지만, 요와 그 이후의 금, 원, 청을 동일 선상에 두고 논할 수는 없다. 무엇보다 요의 농경 지대에 대한 지배가 연운 16주(燕雲十六州)라는 대단히 협소한 지역에 그쳤기 때문이다. 이 때문에 요는 정복 왕조로 이행하는 과도기적 형태로 보아야 한다고 말하기도 한다.[1]

요와 대비하여 금은 화북 전역이라는 대단히 광활한 지역을 정복하여 지배하였다. 어떤 의미에서 금은 북방 민족으로서 정주 지역에 대해 사실상 최초로 본격적인 지배를 시도한 존재라 할 수 있다.

그렇기에 금의 화북 지배는 매우 심한 굴곡과 변화 양상을 보였다. 이질적인 농경민족에 대하여 지배를 시도한 까닭에 적지 않은 시행착

오가 불가피했던 것이다. 화북을 점령한 당초에는 초(楚)와 제(齊)라는 괴뢰 정권을 내세워 간접 지배를 도모하였다. 하지만 이윽고 제를 폐지하고 화북 지역에 대한 직접 지배에 나섰다. 1150년대에는 수도를 화북의 연경(燕京)으로 옮기고 이를 중도(中都)라 불렀다. 지배 방침이나 방식에도 매우 심한 굴곡이 있었다. 처음에는 여진족의 습속을 그대로 화북의 농경민에게 강요하는 자세를 취하였다. 그러다 점차 중국적 통치 방식을 화북 일대에 적용해 갔다.

이처럼 화북 일대에 대한 지배 방식이 변화하여 갈 때, 금 내부의 국가 구조에도 급격한 변동이 발생하였다. 여진족 전통을 중시하는 보수파가 쇠퇴하고 중국적 집권체제를 지향하는 세력이 부상한 것이다. 태종으로부터 희종, 해릉왕 그리고 세종으로 이어지는 황제의 치세는 그때마다 새로운 지배 방식을 채택하였다고 하여도 과언이 아닐 정도다. 실로 금의 존속기에는 국가 구조, 그리고 화북 통치 방식이란 점에서 급격한 파동이 연이어 발생하였다.

이 글에서는 금의 화북 지배, 특히 한족(漢族) 농경민에 대한 지배가 어떠한 형태를 띠었는가 하는 점에 대해 개괄적으로 검토하고자 한다. 금의 화북 지배에 대해서는 통상 동북 지역 여진족의 대량 이주, 그리고 여진족이 한족 문화와 사치에 침윤됨으로 말미암아 고유의 질박한 습속을 상실하게 되어 갔던 점, 이에 대해 세종 시기 여진 전통을 선양하여 강조하는 방침이 취해졌다는 점 등이 지적되어 왔다. 기본적으로 이 시기 역사의 주역인 여진족에게 초점을 맞추어 그 동태를 중심으로 이해하였다. 피지배 민족인 한족의 동향에 대해서는 매우 등한시하는 태도를 보였을 뿐이다.

종래 금대 화북 통치의 실태, 특히 한족에 대한 지배 양상이 소략하게 다루어져 왔던 것에는 그럴 만한 이유가 있다. 이 시기의 지배 민족이 여진족이었기에 화북의 한족 농민에 대한 사료가 대단히 영성하기 때문이다. 금대의 역사 전개를 전해 주는 자료 자체가 송에 비하면 매우 적다. 또 그 얼마 되지 않는 사료조차 대부분 금대 역사의 주역인 여진족 지배층과 관련한 내용이다.

하지만 금이 존속하였던 시기 화북 거주민의 지배적 다수는 한족이었다. 한족에 대한 지배는 금의 존망과 성쇠의 관건이라 할 정도로 중요한 것이었다. 여기서는 금조 정권이 화북의 한족 농민에 대하여 어떠한 정책을 펼쳤는가 하는 점에 초점을 맞추어 검토를 진행해 가고자 한다. 화북에 거주하였던 여진인, 즉 맹안모극호(猛安謀克戶)에 대해서도 한족 지배와 관련한 범위에서 언급할 예정이다. 논의 순서는 먼저 화북 정복 당초 금조가 취한 정책 및 그 성격에 대해 살펴보고, 이어 희종과 해릉왕 시기 점차 중국적 방식을 채택하여 화북 거주민을 통치해 갔던 과정을 고찰하려 한다. 마지막으로 세종의 이른바 '대정(大定)의 치(治)'가 화북 지배에는 어떠한 형식을 보였는가 하는 점에 대해 언급하려 한다.

## 2. 북송의 멸망과 초기의 화북 통치

1124년(금 天會 2, 송 宣和 6) 11월 금은 송의 맹약 배반을 이유로 대거 남하하기 시작하였다. 남정(南征)을 지휘한 인물은 완안종한(完顏宗翰, 粘罕)과 완안종망(完顏宗望, 斡離不)이었다.[2] 완안종한과 완안종망은 각각 좌부원수(左副元帥)와 우부원수(右副元帥)의 직함을 지니고 있었다. 이들은 얼마 후 연중(雲中)과 연산부(燕山府)에 추밀원을 설치하였는데, 당시 이를 두고 서조정과 동조정이라 불렀다고 한다. 금군(金軍)은 파죽지세로 남하하여 이듬해 2월 송에 굴욕적인 화의를 강요한 후 철군하였다. 하지만 송이 그 화의를 어기자 1126년(천회 4) 8월 다시 남정을 개시하여 윤11월 마침내 개봉을 함락했다.

이어 1127년에는 송의 두 황제(휘종 및 흠종)와 황후, 비빈(妃嬪), 종실, 그리고 문무백관 등 1,000여 명을 포로로 하여 북으로 개선하였다. 금군은 북귀(北歸)할 때 송의 수도 변경(汴京)의 금은보화, 비단과 서적 등

각종 재화를 압수하여 함께 북으로 실어 갔다. 이를 두고 송대인들은 '정강(靖康)의 변(變)', 혹은 '정강의 화(禍)'라고 부른다. 이렇게 하여 송은 건국 160여 년 만에 일단 멸망하였다.

그런데 금의 군대는 남진 당시 비단 저항하는 송의 군민(軍民)에 대해서뿐만 아니라 전쟁과 무관한 일반인에 대해서까지 잔혹한 살육과 약탈을 서슴지 않았다. 이러한 금군의 잔학한 행동은 특히 이뢰발극렬(移賚勃極烈) 겸 좌부원수였던 완안종한의 군대에서 특히 두드러졌다. "금의 군대는 이르는 곳마다 살육을 일삼았다. 그들은 재물을 약탈하고 부녀자를 겁탈하고 빼앗아 갔으며 가옥과 재물을 불살랐다"[3]고 한다. 이처럼 그들은 진격할 때마다 군수물자 확보를 위해 현지인에게 가혹한 조세 부담을 강요하고, 때로는 무참한 살육을 자행하기도 하였다. 금군의 이러한 가혹한 행동에 대해 당시의 기록자들은 "살인하기를 마치 삼 베듯이 하여 악취가 수백 리에 미쳤다"[4], "복성(濮城)과 같은 지역에서는 함락 후 성내를 도륙하였다"[5]라고 지적하였다.

화북 장악 직후인 1130년(천회 8) 겨울, 완안종한은 밀령을 내려 양하(兩河) 일대의 백성을 구금하여 관노(官奴)로 삼게 하였다. 이 명령에 따라 하북, 하동의 양하 지방에서는 동일 시각에 행동을 개시하여 닥치는 대로 백성을 사로잡아 관적(官籍)에 객호(客戶)라 편입시켰다. 이들은 귀에 '관(官)'이라 입묵(入墨)한 다음 운중(雲中)으로 압송되었다. 완안종한의 서조정에서는 이들을 민간에 불하하거나 방매하였으며, 남은 자는 달단(韃靼) 및 서하(西夏)에 보내 말과 교환하였다고 한다. 또 일부는 몽골과 실위(室韋), 고려 등으로 팔려 가기도 했다. 양하 지역의 소민(小民)들은 이로 인해 갑자기 변을 당하여 부자와 부부가 분산되는 바람에

길마다 슬픈 외침이 가득 찼고, 심지어 압송을 피하려고 자진하는 자도 적지 않았다고 한다.[6]

완안종한이 이끄는 금군의 잔혹한 행동은 이것으로 그치지 않았다. 이보다 앞서 운중에는 중원 지역에서 끌려온 사대부들이 적지 않게 거주하고 있었다. 그런데 이들 사대부는 운중 일대에서 자활할 방도가 없어 왕왕 노상에서 걸식하는 상태였다. 완안종한은 이러한 실태를 보고 혹시 그들로 말미암아 불온한 상황이 발생할까 두려워 이들을 성 밖으로 몰고 가서 산 채로 매장해 버렸다.[7]

이러한 사례에서 단적으로 드러나듯 북송을 멸망시킨 직후 금의 지배 세력은 화북 지역에 대해 폭압적인 태도로 군림하려는 자세를 취하였다. 피정복민을 회유한다거나 혹은 선무하는 모습은 거의 보이지 않았다. 농경 문화나 중국의 전래 습속에 대해 이해하려는 시도는 전연 고려하지 않았다.

1131년(천회 9)에 취해졌던 다음과 같은 조치는 그러한 금조의 초기 화북 지배 방식이 어떠한 형태를 지니고 있었는지 잘 보여 준다. 당시 금의 화북 일대에 대한 정책을 주도했던 완안종한은 화북민의 남도(南渡) 및 남송 첩자의 잠입을 매우 우려하였다. 그리하여 심복이었던 발해인 고경예(高慶裔)의 건의에 따라 모든 백성에게 본적지 이탈 금지 명령을 내렸다. 만일 여행이 필요하다면 인원수 및 휴대 물품을 오보린인(五保隣人)에게 보고하게 하였다. 이후 백인장(百人長)과 항장(巷長), 주현(州縣) 등 상급 부서로 보고한 다음 번한공거(蕃漢公據)라는 통행증을 발급해 주었다. 여행자는 이 번한공거를 경유지마다 제시하여야 했으며, 목적지에 도달한 후에는 번한공거를 관아에 제출토록 하였다. 그리고 돌아올 때 다시 공거를 재발급 받도록 규정하였다. 이러한 규제로 인해 "소상인과 세민(細民)은 여리(閭里)에 발이 묶여 출입이 통제되었다. 도로는 적막해져서 아무 인적이 없게 되었다"[8]고 한다.

여행에 대해 엄격한 제한이 가해지던 것과 같은 시기, 완안종한은 또 다시 고경예의 건의를 받아들여 각지에 지뢰(地牢)를 건설하였다. 이 지뢰의 깊이는 3장(丈)으로서, 도합 세 칸으로 만들어졌다. 맨 아래 칸에는 사형수를, 가운데 칸에는 도류(徒流)의 죄수를, 위 칸에는 태장(笞杖)의 죄수를 투옥했다. 이러한 감옥을 조성함과 동시에 엄격한 법 집행을 명하여, 1전(錢) 이상의 절도나 탐장(貪贓)도 사형에 처하도록 규정하였다.[9] 완안종한은 이러한 가혹하기 이를 데 없는 법령을 실제로 집행하였다. 그리하여 서조정이 위치한 운중에서는 시중의 유전(遺錢)을 주운 자가 고경예에 의해 참형에 처했으며, 평양부(平陽府)에서는 채포(菜圃)에 들어가 무 하나를 뽑은 행인도 역시 참형에 처했다고 한다.[10]

이상과 같은 금의 조치는 화북에 거주하는 북송의 유민들에게 심대한 충격이었다. 이와 관련하여 『계륵편(鷄肋編)』에는 다음과 같은 내용이 실려 있다.

> "자고로 병란(兵亂) 때는 불살라지고 파괴당하는 군읍(郡邑)이 있기도 하였다. 그러나 비록 도적들이 아무리 잔혹해도 그들 또한 반드시 건물에서 거주해야 하기에 일부는 남겨 두었다. 정강(靖康) 이후에 금노(金虜)가 중국을 침릉(侵凌)해서는 습속을 달리해서 노천에서 숙박하고, 지나는 곳마다 모두 불살라 버렸다. … (중략) … 중원의 재앙은 서계(書契) 이래 일찍이 없었던 일이다."[11]

화북의 농경민들에게는 금군에 의한 파괴와 약탈이 통상적인 전쟁으로 말미암은 참화와는 전연 성격을 달리하는 것으로 받아들여졌다. 금의 군대들은 자신들과 판이한 습속을 지니고 있었으며, 따라서 중국 전래의 문명에 대한 심각한 위협 세력으로 인식되었다. 그리하여 화북 민들은 "사람마다 분노와 원한을 품고 날마다 남쪽으로 귀순할 것을 생각하였다"고 한다.[12]

실제로 금군은 화북 일대를 점령한 후 일부 지역에서 한족 고유의 풍습을 금지한 대신 여진족 풍습에 따를 것을 강요하였다. 체발(剃髮)이나 여진족 복색(服色)을 채용하도록 규정하고 이를 어길 때는 사형에 처하였던 점이 바로 그러한 예이다.[13]

한인(漢人)들에 대한 여진 습속의 강제가 처음 시행된 것은 1126년(천회 4) 11월의 일이다. 금의 추밀원은 하동과 하북 일대에 다음과 같은 개속(改俗)의 명령을 내렸다.

> "지금 본조(本朝)에 귀복(歸服)한 지역에서는 마땅히 풍속을 동일하게 하여 두발을 깎아 없애고, 단건(短巾)과 좌임(左衽)의 의복을 입도록 하라. 감히 위반하는 자는 송조(宋朝)를 마음속으로 품고 있는 것이니 엄하게 처벌할 것이다."[14]

1126년 11월이라 하면 아직 북송의 수도 동경(東京)을 함락시키기 이전이었다. 그럼에도 금은 화북의 점령지에 대해 중국 전통의 습속 대신 변발과 단건(短巾), 좌임(左衽)을 강제하였던 것이다. 중국인의 의복 및 두발의 형태는 시대에 따라 약간의 변동은 있지만, 기본적으로 장삼(長衫)과 우임(右衽), 그리고 장발의 머리를 감아올린 다음 건(巾)이나 관(冠)을 쓰는 것이었다. 이를 버리고 일거에 여진족 풍습에 따르라 명한 것이다. 그로부터 3년 후인 1129년(천회 7) 6월에는 더욱 강력한 의관 개변령을 내려서, "백성들의 한복 착용을 금하고 삭발을 명하여 따르지 않는 자는 사형에 처한다"고 규정하였다.[15] 이때의 명령은 군대를 거리에 배치하여 복식이 법식에 조금이라도 어긋나거나 혹은 이마의 머리가 조금이라도 길면 즉시 참할 정도로 엄격히 시행되었다고 한다.[16]

〈그림 1〉 곤발과 여진족 복식을 한 남자 시종.[17] 1157년 제작된 벽화로 산시성(山西省) 다퉁시(大同市) 2호 금나라 무덤에서 출토되었다. 남자는 곤발을 하고 둥근 깃에 좁은 소매, 긴 포를 입고 있다.

변발령의 강제라 하면 우리는 청의 입관(入關) 초기를 먼저 떠올리게 된다. 청 초의 한인 지식인들은 만주족 습속의 강제에 강력히 저항하여 "오두가단(吾頭可斷) 차발불가단(此髮不可斷)"이라 언명하였던 바 있다. 12세기 초 여진족에 의한 변발·좌임(辮髮·左衽)의 강제 역시 한인, 특히 화북 일대의 양하(兩河) 지역인으로부터 격렬한 반발을 불러일으켰다. 그리하여 당시 하서(河西)와 하동(河東)에는 변발과 좌임의 의관 강제에 저항하여 산채에서 웅거하는 무리가 수만에 이를 정도였다고 한다.[18]

지금까지 북송의 멸망과 금의 화북 점령 당초 금조의 화북 지배 방식이 어떠한 모습을 보였는지 살펴보았다. 금은 완안종한의 주도 아래 자못 폭압적인 자세로 화북을 통치하였다. 화북으로의 진공 시점부터 잔학한 행동을 서슴지 않았으며, 화북 영유 이후에도 한인 위에 강압적인 자세로 군림하는 양태를 보였다. 중국 전통의 의관조차 인정하지 않고 여진족 고유의 변발과 좌임을 강요하였다. 이제 다음 글에서는 이러한 지배 방식이 희종과 해릉왕 치세에 어떻게 변모하는지 추적해 보기로 한다.

## 3. 중국적 통치 방식의 채용

1123년 태조 아골타(阿骨打)의 뒤를 이어 아우인 태종 오걸매(吳乞買)가 즉위하였다. 즉위 이전 오걸매는 암반발극렬(諳班勃極烈) 지위에 있었다. 암반발극렬은 여러 발극렬 가운데 최고위의 존재로서 사실상 태자에 상당하는 직위였다. 태종은 이후 1136년까지 금을 통치하게 된다.

그런데 태종 시기를 통해 금의 정치는 군신의 합의로 결정되는 전통이 유지되었다. 주요 귀족들이 발극렬 지위를 차지하며 황제권을 견제하였다. 황제와 발극렬 사이의 신분상 격차도 거의 없었다. 이를테면 태종은 황제가 되고 나서도 신하와 수영을 하고, 또 신하가 닭을 잡자 그 집에 방문하는 모습을 보인다.[19] 심지어 태종은 다음에서 보듯 전정(殿庭)에서 점한(粘罕) 이하의 발극렬들에 의해 장형(杖刑)을 받기도 하였다.

"금국(金國)에서는 창고를 설치한 다음 재화를 수적(收積)하여 두고 오직 전쟁이 있을 때만 사용하기로 서약하였다. 그런데 국주(國主) 오걸매가 이를 사사로이 과도하게 사용하자 암반(諳班)이 점한에게 알려 '국주에게 서약을 위반한 죄를 묻자'고 청하였다. 이에 군신들이 오걸매를 끌고 전정(殿庭)으로 가서 장 20대를 가하였다."[20]

이처럼 태종 시기의 군주권은 대단히 취약하였다. 이러한 정황에서 태종은 중국을 본받아 중앙집권제 수립을 지향하였다. 그는 어쩔 수 없이 구래의 발극렬 제도를 답습하면서도 한인 출신 관료들, 즉 한기선(韓企先), 장통고(張通古), 우문허중(宇文虛中), 한방(韓昉) 등의 도움을 받아 새로운 제도 제정에 착수하였다. 1126년(천회 4)에 제정한 3성제는 그 대표적인 성과였다. 3성은 두말할 나위 없이 상서성, 문하성, 중서성으로 구성되어 있었다. 이들 관아의 운영을 담당하는 관료에는 적지 않은 연경(燕京) 출신 한인이 채용되었다. 화북의 점령지에서도 다수의 한인 관료가 선발되어 주현관에 임용되었다. 이렇게 하여 점차 중국적인 중앙집권체제를 지향하는 방향이 확고해져 갔다.

그런데 이러한 태종의 지향은 완안종한을 중심으로 한 보수적인 여진 귀족의 드센 반발에 직면하였다. 완안종한은 태조 아골타의 창업 과정에서 중대한 역할을 담당했던 살개(撒改)의 장자였다. 살개는 금 건국 전 "아골타와 제부(諸部)를 분치(分治)하여, 필탈수(匹脫水) 이북은 아골타가 통어하고 래유수(來流水) 일대의 인민은 살개가 통어하였다"[21]고 일컬어진다. 살개 사후에는 완안종한이 뒤를 이어 사실상 여진 귀족 일파의 수령이 되었다.

완안종한은 군사적 재능이 탁월하고 요와 송 공략 과정에서의 공훈도 지대하였다. 남송 공략 과정에서는 완안종망과 더불어 운중과 연산부에 각각 추밀원을 설치하고 독자적인 지배 기반을 구축하고 있었다. 이러한 종한과 종망에 대해 황제 태종은 "대소의 업무를 모두 군수(軍帥)인 종한과 종망에게 알려 처리하고 조정에는 굳이 보고할 필요 없다"[22]라는 조령을 내리고 있을 정도다. 완안종한의 위세는 1127년(천회 5) 완안종망이 병사한 다음 더욱 강력해졌다. 이 직후 그는 연산부의 추밀원을 운중에 병합하고 한기선, 시립애(時立愛), 고경예 등을 심복으로 삼아 사실상 화북 일대에 대한 지배를 주도하였다. 이때의 정황에 대해 『대금국지(大金國志)』에서는 다음과 같이 기록하고 있다.

> "당시 국사는 대소를 불문하고 점한이 모두 장악하였다. 비록 경상(卿相)이 그 앞에서 절하여도 점한은 예를 갖추지 아니하였다. 태종 시기 점한의 전권 행사는 국주(國主)도 어찌할 수 없을 지경이었다. 국상(國相)의 임명 또한 그가 결정하였다."[23]

완안종한은 그의 부친 살개가 그러했던 것처럼, 태종 시기 사실상 황제와 더불어 금조를 분치하고 있었다. 북송 멸망 후 화북에 괴뢰 정권인 초(楚)와 제(齊)를 연이어 수립한 것도 그의 의향에 따른 조치였다. 당초 중앙집권체제 구축을 시도하던 태종은 화북을 직접 지배하고자 했다. 하지만 운중과 연산부의 동서 양 추밀원, 즉 동서 조정에서는 모두 괴뢰 정권의 수립을 주장하고 나섰다. 다만 서조정의 완안종한은 장방창(張邦昌)을 세우자고 한 데 반하여 동조정의 완안종망과 유언종(劉

彦宗)은 송의 황실 후예인 조씨(趙氏)를 옹립하자고 주장하였다. 이 가운데 완안종한의 의견이 관철되어 장방창이 황제로 추대되었다. 그리고 장방창 정권이 몰락한 후에는 다시 서조정의 주장에 따라 유예(劉豫)가 선택되었다. 유예의 옹립은 고경예가 먼저 완안종한에게 제안하고, 이후 태종의 재가를 획득하는 형식으로 진행되었다.

유예의 제국(齊國), 즉 위제(僞齊) 정권은 1130년(천회 8) 7월부터 1137년(천회 15) 11월까지 약 7년간 존속하였다. 유예 정권은 중국적 제도, 특히 송제(宋制)가 아닌 당제(唐制)를 기반으로 통치한다는 방침을 취하였다. 당의 관제가 원용되고 과거제도 시행되었다. 하지만 유예 정권의 존속기에 화북 일대의 거주민은 단속적으로 전쟁 수행에 내몰리고 있었다고 하여도 과언이 아니었다.

당시 화북 지역에 영향을 미친 전쟁 가운데 주요한 것만 들어도, ① 1130년 겨울부터 1131년 봄까지 지속된 회동(淮東) 일대의 이른바 '항금(抗金) 의군(義軍)'에 대한 토벌 작전, ② 1130년 가을 송 측이 전력을 기울여 도발하였던 부평(富平)의 전투, ③ 1131년 봄부터 1134년 초까지 지속된 금의 사천 일대 공략 작전, 즉 화상원(和尙原)·요풍관(饒風關)·선인관(仙人關)의 전투, ④ 1132년에 있었던 남송 이횡(李橫)의 북벌, ⑤ 1134년 악비(岳飛) 군대, 즉 악가군(岳家軍)의 북벌, ⑥ 1134년 금·위제 연합군의 회남 침공, ⑦ 1136년 2월 한세충 군대의 위제 공격, ⑧ 1136년 11월 금·위제 연합군의 진공 등이 있었다. 실로 유예 정권의 통치는 남송과의 전쟁으로 일관하였던 것이다.

이에 따라 화북민의 생활도 단속적인 전쟁으로 말미암아 극심한 영향을 받았다. 농촌과 도시를 막론하고 전쟁 동원으로 인해 생업에 막

심한 지장이 초래되었다. 또 통상적인 세역 이외에 막대한 군비 부담을 져야만 했다. 1137년 금은 유예를 폐립(廢立)하며 그 조서에서, "너에게 일방(一邦)을 주어 지금까지 8년이 지났으되 아직도 병수(兵戍)의 지원이 필요하니 국가에 무슨 쓸모가 있느냐?"[24]라고 말하고 있다. 금조는 유예에게 단순히 화북 지역의 통치를 기대한 것이 아니었다. 남송에 대해 상당한 군사적 역할까지 수행할 것을 원하고 있었다. 그렇기에 유예는 화북민을 수시로 전쟁에 동원할 수밖에 없었다. 유예 정권 폐지 직후 금은 철기(鐵騎) 수천을 동원하여 궁궐을 접수하였다. 그리고 소교(小校)들을 경사 곳곳에 파견하여, "앞으로 너희를 군대로 동원하지 않을 것이며 너희로부터 재물도 징수하지 않겠다"라고 선전토록 하였다.[25] 이 선전을 듣고서 민심이 점차 안정되어 갔다고 한다. 군대에의 동원, 과중한 군비 부담은 유예 정권 시기 화북민에게 커다란 압박으로 작용하고 있었다.

유예 정권이 폐지되기 직전인 1135년(천회 13) 태종이 병몰하고 뒤를 이어 제3대 황제 희종이 즉위하였다. 희종은 어렸을 때부터 연인(燕人) 한방(韓昉) 등 중국 유사(儒士)의 교육을 받아 유교 경전 및 시부(詩賦)에 상당한 이해를 지니고 있었다. 그뿐만 아니라 차와 향을 좋아하고 혁기(奕棋)를 즐기는 등 중국 문화를 애호하였다. 따라서 여진의 습속을 거의 알지 못하였다. 그렇기에 희종은 여진족의 공신과 귀족을 두고 '무지한 무리'라 여겼고, 이에 대해 여진족 공신과 귀족들은 그를 '완연한 한가(漢家)의 소년'이라 칭하였다고 한다. 그는 즉위 이래 좌우 유사의 도움을 받아 궁실(宮室)을 장엄히 꾸미고 예의를 엄히 하였으며 비빈을 확장하고 연락(宴樂)을 사치스럽게 거행하는 등 중국적 군주와 같은 풍

채를 갖추어 갔다.[26]

나아가 희종은 완안종한으로 대표되는 여진족 보수파를 권력의 중심에서 소외시켰다. 완안종한은 태종의 말년인 1134년(천회 12) 이미 중앙으로 불려가 병권을 상실한 상태였다. 희종은 그에게 영삼성사(領三省使)라는 한직(閑職)을 제수함으로써 그에게 위임되어 있던 외지(外地)의 행정권도 박탈하였다. 이러한 상태에서 완안종한은 1137년 사망하였다.

이후 희종은 중국적 제도 도입에 박차를 가하였다. 1138년(天眷 원년) 5월에는 경의(經義) 및 사부(詞賦) 양과(兩科)의 과거제가 채용되고 8월에는 신관제가 발포되었으며, 1139년(천권 2)에는 백관에게 명하여 새로운 의례를 제정토록 하였다. 또 4월에는 백관의 조참(朝參)에 조복(朝服)이 채용되었다. 이렇게 하여 의례, 복제 등의 분야에서 중국적 제도가 채택되었다. 이들 신제도의 기획에 관여했던 것은 완안종간(完顔宗幹), 완안사야(完顔斜也) 등의 여진 귀족이었으며, 이를 실질적으로 지원하였던 존재는 우문허중, 한기선, 채정(蔡靖), 한방 등의 한인 관료였다.

1149년(天德 원년)에 즉위한 해릉왕은 희종의 중앙집권화 정책을 더욱 심화시켰다. 우선 즉위 직후 자신에게 반감이 있던 세력의 일소에 나서서 태종의 자손 및 완안종한의 자손, 그리고 기타의 여진 종실 등 150여 명을 살해하였다. 이렇게 반대파를 제거한 다음, 1150년에는 종래의 화북 통치 기관이었던 행대상서성(行臺尙書省)을 폐지하고 도원수부(都元帥府)를 추밀원으로 개칭하였다. 1156년(正隆 원년) 5월에는 이른바 정륭관제(正隆官制)를 선포하였다. 3성 가운데 중서성과 문하성을 폐지하고 상서성만을 두었다. 정륭관제는 이후 세종 시기 약간 조정되어 좌우 승상 아래 또 다른 재상인 평장정사(平章政事)가 설치된다. 지방 행정 기구로는 로(路)-주(州)-현(縣)의 3단계를 도입하였다. 중원으로 이주된 맹안모극호(猛安謀克戶)는 별도의 계통을 이루어 맹안은 주, 모극은 현에 대응시켰다.

이처럼 희종과 해릉왕 시기를 통하여 중국적 국가체제를 지향하고 중앙집권화 정책이 취해지며 화북 일대에 대한 통치도 이전과는 전연 다른 양상을 띠어 갔다. 무엇보다 화북의 점령 초기 완안종한의 주도로 진행되었던 한족에 대한 폭압적이고 적대적인 자세는 완전히 사라졌다. 대신 중국적 통치 방식이 점차 원용되기 시작하였다.

그러한 변화는 먼저 파괴된 농촌을 복구하고 한족 농민의 농경을 보호하는 조치로부터 비롯되었다. 희종 시대가 되면 화북 각처에서 수리 시설을 수축하고 황무지를 개간하는 사례가 산견된다.[27] 또한 중앙정부에서도 화북 일대에 조령을 내려 대대적으로 전토 및 관개 시설의 개발을 독려하였으며,[28] 농경에 커다란 지장을 초래하고 있던 여진인의 수렵 행위를 단속하고 수렵지를 민전으로 전환하는 조치[29]를 취하기도 하였다.

나아가 해릉왕 시기인 정륭 원년(1156) 2월에는 형부상서(刑部尙書) 흘석열루실(紇石烈婁室) 등 11인을 각지로 파견하여 관민(官民)의 각종 토지 보유 상황을 조사하였다. 그리하여 대흥부(大興府)와 산동(山東), 진정부(眞定府)에서는 관전 가운데 황한(荒閑)의 목지, 그리고 수병(戍兵)이 점전(占佃)하고 있는 국적감(宮籍監) 및 외로관(外路官)의 증치(增置) 전토를 거두어들였다. 대흥부와 평주로(平州路)에서는 승니(僧尼)와 도사(道士), 여관(女官)이 보유한 토지를 몰수하였다. 이들 토지는 모두 화

〈그림 2〉 수렵을 즐기는 여진인의 모습. 오른손에 매를 들고 있고 아래쪽에는 사냥개가 있다. 「문희귀한도(文姬歸漢圖)」의 일부.

북으로 이주시킨 맹안모극호에 지급하고 아울러 한족 농민으로 하여금 청사(請射)시켰으며, 관에서 그 전조(田租)를 징수토록 하였다.[30]

해릉왕은 화북 한족의 민심을 수람하기 위해 여진 의관 강제도 폐지하였다. 앞서 살펴본 것처럼 금은 화북 일대를 점거한 직후부터 변발과 좌임을 엄격하게 강요하였다. 해릉왕은 즉위 직후인 1150년(천덕 2) 6월 과거 위제(僞齊) 관할지에 거주하는 한인에게 한족의 복색과 축발(蓄髮)

을 허용한 것이다. 이러한 조치는 후일 세종에게 "해릉왕이 한인 습속을 용인한 것은 망본(亡本)이다"[31]라는 비판을 받기에 이른다. 세종은 이윽고 해릉왕의 조치를 되돌려서 한인들에게 다시 금의 습속을 따르도록 강제하였다.[32]

농경 보호와 더불어 상업 발달을 진작시키는 조치도 도입되었다. 정륭 6년(1161) 4월 해릉왕은 하남(河南)의 여주(汝州)로부터 150리 이내에 있는 주현으로 하여금 상고(商賈)들이 온탕(溫湯)으로 가기 적절한 지점에 시(市)를 개설하라 명령하였다.[33] 온탕은 여주 양현(梁縣) 경내에 위치한 곳으로서 북송 시대 북방에서 가장 발달한 상업 중심지의 하나였다. 또 연경으로 천도한 직후인 1154년(정원 2)에는 교초(交鈔)를 발행하여 요, 송의 동전과 병용하여 통행시켰다. 이어 1157년(정륭 2)에는 처음으로 동전 발행에 착수하여 이듬해 2월부터 정륭통보(正隆通寶)를 발행하였다.[34]

또한 희종과 해릉왕 시기에 이르면 이 같은 중국적 통치 방식이 화북 일대에 적용되며 유교적 인정(仁政)을 펼치는 지방관도 등장하기 시작한다. 이를테면 1149년(천덕 원년) 영주(寧州)의 자사(刺史)로 있던 마풍(馬諷)은 반란 모의가 있다는 고발을 접수하였다. 이에 그는 그 고발이 근거가 없음을 간파하고 고발자를 추궁하여 마침내 무고라는 사실을 밝혀냈다. 이로써 사건에 연루된 무리가 환호하며 감읍하였다고 한다.[35] 대략 희종의 통치기에 권동주절도사사(權同州節度使事)로 재직하던 부신미(傅愼微)는 기근에 당하여 대단히 효율적인 황정(荒政)을 펼쳤다. 당시 산시(陝西) 일대에 대한(大旱)이 들어 아사자가 10에 7, 8에 달할 정도로 큰 기근이 닥쳤다. 이에 조정에서는 부신미를 경조(京兆)·부연

(鄜延)·환경(環慶)의 삼로경제사(三路經濟使)로 임명하여 편의(便宜) 조치를 허용하였다. 임시 전권을 부여받은 그는 유력자에게 입속(入粟)을 장려하여 20여만 석을 확보한 다음, 양제원(養濟院)을 설립하여 주린 자를 구제하였다. 이로써 산시 일대에서 수많은 기민(飢民)이 구제될 수 있었다.[36] 또한 희종 천권(天眷) 연간(1138~1140년) 지임조윤(知臨洮尹) 겸 권섬서제로전운사(權陝西諸路轉運使)로 있던 방적(龐迪)은 산시 일대에 큰 기근이 들어 사방으로부터 유민이 발생하자 수리 사업을 일으켜 여기에 유민을 동원하고 전식(錢食)을 지급하였다. 그리하여 기근이 큰 탈 없이 넘어가게 되자, 군인(郡人)들이 그 정적(政績)을 기리는 비석을 세워 주었다.[37]

요컨대 희종과 해릉왕의 치세는 화북 점령 초기의 혼란과 격동이 가라앉고 점차 지배가 안정되어 간 시기였다. 이 시기 금의 화북 지배는 초기의 폭력적이고 강압적인 모습 대신 중국적인 통치 방식을 채용해 갔다. 그리하여 농업과 상공업을 보호하는 정책이 취해지기 시작하였으며 민심을 수람하기 위한 조치도 추진되었다. 이러한 내치의 안정을 기반으로 세종이 즉위하여 1160년대 이후 이른바 '대정(大定)의 치(治)'를 펼치게 된다.

# 4. 세종의 즉위와 지배 방식의 변용

세종은 1161년(大定 원년) 10월 해릉왕의 뒤를 이어 황제로 즉위하였다. 당시 해릉왕은 남정(南征) 중이었다. 해릉왕은 동경(東京) 요양(遼陽)에서 세종이 즉위하였다는 소식을 들었으나 남정을 고집하다가 11월 채석(彩石)의 전투에서 대패하고 이어 진중에서 살해되고 만다. 정변을 일으켜 세종을 옹립한 세력은 만주에 기반하고 있는 여진의 귀족층이었다. 이런 까닭에 초기에는 수도를 회녕부(會寧府)로 재차 옮겨야 한다는 논의가 드셌다. 하지만 세종은 이러한 요구를 물리치고 참지정사 이석(李石)의 의견을 받아들여 1162년 연경을 도읍으로 한다는 방침을 분명히 하였다.

당시 세종에게는 여러 문제가 산적한 상태였다. 무엇보다 시급한 현안은 한족과 거란족의 저항과 반란이었다. 특히 야율살팔(耶律撒八)을 중심으로 하는 거란족의 반란은 산전(山前)과 산후(山後), 즉 만리장성 북방의 연운 16주 일대를 중심으로 하여 자못 맹렬한 기세를 보였다. 야율살팔은 1161년 11월 황제를 칭하기까지 하였다. 세종은 초무와 진압의 양면 작전을 구사하여 마침내 1162년 9월까지 진압에 성공하였다. 다음으로는 해릉왕의 남정으로 두절된 남송과의 관계 정상화에 나섰다. 남송과의 화의는 1165년(대정 5)에 타결되었다. 국경선은 그대로 하되 세공(歲貢)을 세폐(歲幣)로 개칭하여 은과 비단 50만을 40만으로 감액한다는 것이었다. 이로부터 1189년까지 세종은 약 30년간 금을 통치하며 이른바 '대정의 치'를 시현하였다고 평가된다.

'대정의 치'의 효과는 통치 질서의 안정, 국제(國制) 정비, 이치(吏治) 정돈, 문화 흥륭 등 여러 방면에 걸쳐 구현되었다. 화북 일대에 대한 통치 또한 이전까지의 문제점에 효과적으로 대처하며 여진족과 한족의 공존, 농촌 사회의 안정 면에서 큰 진전을 이루었다고 일컬어진다. 이 시기, 즉 12세기 중반과 후반 금의 화북 지배는 어떠한 구조 아래 있었으며, 그것은 세종의 치세를 통해 어떻게 변화해 갔던 것일까?

금은 유예 정권 시기부터 만주에 거주하는 여진인을 대량으로 이주시켜 화북에 거주하게 하였다. 이들 여진인, 즉 맹안모극호의 이주는 태종 치세인 1133년(천회 11)부터 1153년(해릉왕 貞元 원년)까지 지속되었다. 이로 말미암아 만주를 떠나 중원으로 이주된 맹안모극호는 도합 400만 명에 달하였다.[38] 금 조정은 이들에게 전래의 우두지제(牛頭地制)에 의거하여 전토를 지급하였다. 1183년(세종 대정 23)의 규정에 따르면 25인당 전토 8경 4무 및 경우(耕牛) 3두(頭)의 비율이었다.[39] 이주 초기의 지급액도 대략 이와 비슷하였을 것이라 여겨진다.

그렇다면 이주된 맹안모극호 400만 명에게 지급한 토지는 어떻게 확보되었을까? 이에 대해 『금사』에서는 앞서 언급한 바와 같이, "해릉왕 시기에는 중앙정부의 관원 10여 명을 각지로 보내 관전, 황한(荒閑)의 목지, 관민(官民)이 점사(占射)한 도절호(逃絶戶)의 전토, 수병(戍兵)이 점전(占佃)한 궁적감(宮籍監), 외로(外路)의 관원의 점거하고 있는 본업(本業) 이외의 증치(增置) 전토, 대흥부(大興部)와 평주로(平州路)에 있는 사찰과 도관(道觀)의 소유 토지 등을 구괄(拘括)하였다"[40]라고 기록하고 있다. 따라서 이러한 토지의 수합, 즉 괄지(括地)는 맨 마지막에 거론되고 있는 '대흥부와 평주로에 있는 사찰과 도관의 소유 토지'를 제외하면, 모두 관전인 셈이었다.

하지만 맹안모극호의 이주가 지속됨에 따라 통상적인 방식으로는 그들에게 지급될 토지를 확보하지 못하게 되었다. 그래서 세종 치세에는 대대적인 토지 확보 정책, 즉 괄지 정책을 시행하였다. 이때의 괄지는 주로 민간에서 불법으로 점거하고 있는 관전을 대상으로 하였다. 당시의 괄지 정황에 대해 『금사』에서는 다음과 같이 전하고 있다.

> "관전을 괄지하여 군(軍)에게 지급할 때 일정한 규칙을 세우고, 그 원칙을 벗어나 지급되는 경우 고발을 허용하여 지금까지 시행되고 있습니다. 하지만 명목만 관전일 뿐 실제로는 백성들로부터 빼앗는 것입니다. 이곳에서 빼앗아 다른 데 주니 다만 분쟁의 소지만 키울 뿐입니다."[41]

여기서 말하는 군(軍)이란 다름이 아닌 맹안모극호이다. 금 조정은 맹안모극호에게 토지를 지급함에 있어 관전을 괄지한다는 원칙을 견지하였으나, 사실상 괄지된 관전의 대부분은 민전(民田), 즉 한족 농민의 토지를 강탈한 것이었다는 것이다. 이로 인해 화북 일대에 혼란이 가중되고 있다고 말한다. 한족 농민의 토지 강탈은 비단 금 조정에 의해서만 자행된 것이 아니었다. "무부(武夫)와 한졸(悍卒)은 조정의 위세를 등지고 산동(山東)과 하북(河北) 일대의 상전(上田)을 강탈하였다. 그들은 백성들이 수 세대 동안 경작해 오던 토지조차 모점(冒占)이라 몰아붙이며 빼앗아 갔다. 군대는 날로 교만해지고 백성은 더욱 빈곤해졌다"[42]라고 하는 정황은 그러한 실태를 여실히 전해 준다.

맹안모극호는 세역에서도 우대를 받았다. 조세는 1183년(세종 대정 10) 당시 전토 4경 4무당 우두세(牛頭稅) 1석이 부과되었다.[43] 이러한 세액은 한족 농민의 토지에 비하면 약 20분의 1에 불과하였다.[44] 이 외에 군역 및 황제에 대한 수종(隨從), 군마(軍馬) 양육 등의 부담이 있었다.

이러한 우대에도 불구하고 중원으로 이주된 맹안모극호는 급속히 빈궁해져 갔다. 세종이 즉위한 시점은 이러한 맹안모극호의 문제점이 대단히 심각한 양상을 띠어 갈 무렵이었다. 세종은 문제의 근인(根因)이 맹안모극호와 한족의 잡처(雜處)에 있다고 판단하였다. 맹안모극호가 한족과 어울리면서 그 영향을 받아 고유의 질박한 풍속을 잃고 사치와 안일로 경사되었다고 여겼다. 그래서 "40~50호를 묶어서 모여 살게 하고 농경도 서로 도와 처리"[45]토록 하였다. 이를 위해 맹안모극호의 전토가 한족의 민전과 뒤섞여 있는 경우 서로 교환시켜 주었다.[46] 이러한 조치를 통해 맹안모극호를 한족과 유리시켜 촌채(村寨) 단위로 자립하게 하였다. 부자 형제가 분리하여 거주하는 경우 반드시 취거(聚居)토록 하였으며, 토지를 매각하거나 한족에게 맡겨 소작시키는 것도 금지하였다. 맹안모극호를 민전, 즉 한족 농민과 격리시킴으로써 한족과의 관계를 단절시키려 한 것이다.

그러나 이러한 조치를 통해 맹안모극호의 빈곤을 막기란 불가능하였다. 맹안모극호의 빈궁화는 그들의 농경에 대한 미숙함에서 비롯된 것이었기 때문이다. 여진인이 조정으로부터 지급된 토지를 직접 경작하는 일은 드물었다. 거의 대부분 한족 농민에게 조전(租佃), 즉 소작으로 내주고 소작료 수입으로 생활하였다. 따라서 한족과 맹안모극호 사이의 교류를 단절시키는 것은 불가능하였다. 세종의 조치에도 불구하고 맹안모극호가 여전히 생산에서 유리된 채 한족 농민이 지급하는 소작료로 생활하는 것에는 변함이 없었다.

1181년(대정 21), 세종은 각처에 사자를 파견하여 맹안모극호의 실상을 보고토록 한 후 그 실태를 인지하고 나서 다음과 같이 탄식하였다.

> "근래 사자를 통해 추수 상황을 보고받았노라. 듣건대 맹안모극인들은 술에만 탐닉한 채 전토를 남에게 소작으로 내주고 있다고 한다. 심지어 2~3년 앞의 소작료까지 미리 거두어 써 버리기도 한다. 어떤 자는 파종하고서 김도 매지 않아 잡초만 무성히 뒤덮이도록 내버려 두기도 한다고 들었다."[47]

본디 수렵으로 생활하던 여진인에게 농경은 대단히 생경한 것이었다. 그렇기에 본인의 의지나 노력에 상관없이 그 소유 토지는 시간의 경과와 더불어 자연스레 한족 농민에게 내맡겨 경작하게 되었다. "맹안모극호는 자경(自耕)을 하지 않고 모두 한족 농민에게 소작을 내주었다. 일가 백여 명이 있으나 짓는 땅은 1무조차 없었다"[48]라고 하는 정황이 일반화되었던 것이다.

세종은 이러한 정황을 탐지한 후 맹안모극호의 농경을 더욱 독려하였다. "권농관(勸農官)은 무슨 권유(勸諭)를 하고 있단 말인가? 그들을 당장 치죄하라!"라고 명하기도 하였다.[49] 이러한 세종의 적극적인 자세에 따라 자경을 하지 않고 한족 농민에게 소작을 주는 맹안모극호에게는 장형(杖刑)을 가하는 규정이 제정되기도 하였다.

세종의 통치는 그 이전의 희종이나 해릉왕에 비하여 한족적 요소의 침윤을 최소화하고 여진족 고유의 풍속을 진작시키는 성격을 지닌다고 평가받아 왔다. 전술한 바와 같이 해릉왕의 남정을 이용하여 정변을 일으키고 세종을 즉위시킨 세력은 만주에 기반을 둔 보수적인 여진족 귀족층이었다. 그들은 희종 및 해릉왕의 중국적 제도 채용에 커다란 반감을 포지하고 있었다. 실제로 세종 즉위 당초라 할 수 있는 1164년(대정 4), 여진대자(女眞大字)와 여진소자(女眞小字)로 한적(漢籍)의 번역 작업을 하명하였다. 또한 1171년(대정 11)에는 여진인 진사과를 개설하여 여진어로 시험을 치러 여진인을 진사로 등용시켰다. 나아가 여진국자감(女眞國子學)을 수도에, 여진부학(女眞府學)을 제로(諸路)에 개설하여 여진어 보급에도 노력하였다. 이처럼 세종의 정책에는 여진의 고유문화를 존중하고 여진인으로 하여금 고유의 습속을 유지하도록 권장하는 것이 대단히 많았다.

세종의 여진 전통 중시는 다음과 같은 발언에서 단적으로 드러난다.

> "망한 요(遼)도 옛 습속을 잊지 않았다. 짐은 이것이 옳다고 생각한다. 해릉왕은 한인의 풍속을 본받았다. 이는 근본을 잃는 것이다. 만일 국가

의 옛 풍속을 따른다면 사방에 아무 걱정도 없게 될 것이니 이야말로 장구한 계책이다."[50]

세종은 여진족 습속을 유지해야 금조의 장구한 보존이 가능하다고 여겼다. 그에게 여진족 전통 견지라는 방침은 확고하였던 것이다. 그렇기에 그는 해릉왕 시기에 해제하였던 한족에 대한 변발 강제도 부활시켰다. 중원의 한족에게 점령 초기와 마찬가지로 재차 금의 습속인 변발을 따르도록 명령하였다.[51]

하지만 세종이 아무리 여진족 고유의 전통을 중시하고 강조하여도 중원에 이주한 맹안모극호의 자립을 관철시킬 수는 없었다. 앞서 살펴본 대로 맹안모극호 소유의 토지는 시간이 지날수록 그 내부 소작제가 증대되어 갔기 때문이다. 이러한 상황의 진전에 직면하여 세종은 어쩔 수 없이 현실을 인정하고 다음과 같은 타협책을 제시하지 않을 수 없었다.

> "앞으로 맹안모극호 각 호의 노동력을 정확히 평가토록 하라. 그리하여 가히 경작할 수 있는 토지가 얼마나 되는지 헤아린 다음, 그만큼은 반드시 직접 경작토록 하라. 그 나머지 힘이 미치지 못하는 것만 소작을 내놓도록 허용하라."[52]

위의 조령은 1181년(대정 21) 6월에 내려졌다. 여기서 금 조정은 맹안모극호로 하여금 자경을 독려하고 있으나, 자경의 여력이 미치지 않는 전토에 대해서는 소작을 허용하고 있다. 조건부의 소작 허용령을 내린 것이다. 이로써 맹안모극호 소유의 전토에 대한 한족 농민의 소작이 사실상 개방되기에 이르렀다.

이로부터 얼마 지나지 않아 세종과 금의 조정은 맹안모극호에 대한 전토 지급 방식을 개정하였다. 우두지제(牛頭地制)에 의거한 지급을 계구수전(計口授田) 방식으로 바꾼 것이다. 이러한 개정 역시 맹안모극호 소유의 전토 가운데 소작지가 증대해 갔던 사실과 긴밀한 연관이 있다. 계구수전 방식의 전토 지급은 1187년(대정 27)에 시작되었다. 금 조정은 이 무렵 관호지가(官豪之家)가 관지(官地)를 청점(請占)하여 타인에게 종전(種佃)하고 있는 정황이 만연되어 있음을 지적하고 있다.[53] 이에 대한 대책으로 유사(有司)에 명하여 해당 토지를 반환시킨 다음 토지가 없는 맹안모극호에게 지급하라고 명령하였다. 그 지급 방식으로서 정(丁)을 단위로 하여 50무를 주고, 그 나머지 토지에 대해서는 한족의 호가(豪家)가 소작하는 것을 용인해 주기로 하였다.[54] 금은 17~59세까지를 정(丁)이라 규정하고 있었다. 이러한 조치는 우두지제에 근거한 촌채(村寨) 단위의 경작지 경영 방식이 사실상 방기되었음을 보여 준다. 이제 금조 소유의 관전은 정을 단위로 하는 소가족에게 지급되었다. 또한 금조는 맹안모극호에 대해 더 이상 한족과 단절되는 형태로 집단 거주하는 방식을 고집하지 않게 되었다. 그뿐만 아니라 맹안모극호 소유의 토지에 대해 사실상 전면적으로 소작을 허용하게 되었다.

이러한 과정을 거쳐 12세기 말엽이 되면 맹안모극호 소유 전토에 대한 소작의 제한이 완전히 풀린다. 이후 화북 일대에 거주하는 여진인, 즉 맹안모극인들은 그 경작지를 거의 대부분 한족 농민에게 맡겨 소작하는 상태가 되었다. 당시 화북의 경작지 가운데 맹안모극호, 즉 여진인 소유분과 한족 소유분은 거의 동등하였다고 전해진다.[55] 이제 화북의 한족 농민들은 전토 거의 전체의 농경을 담당하게 되었다. 이로 말미암아 금조의 지배자 사이에서도 맹안모극호 못지아니하게 한족 농경민이 금조에 중요한 존재라는 인식이 생겨났다. “맹안모극호와 한족 농민은 사실상 일체이다”[56]라든가, “관지(官地)를 한족 농민이 아니면 누가 경작하겠는가?”[57]라는 발언 등은 그러한 정황을 여실히 전해준다.

요컨대 12세기 중엽 세종의 즉위와 더불어 화북 일대에 대한 지배 방침은 중대한 전환을 맞이하였다. 그 핵심은 맹안모극호의 빈궁화에 대한 대처에서 드러났다. 세종은 애초 여진인과 한족을 격리하는 방안을 채택하였으나, 결국 현실을 인정하고 맹안모극호 소유의 전토에 대해 점차 소작을 허용한다는 방침을 취하였다. 이로 말미암아 금조의 지배 집단 내부에 한족 농민들이 재정적으로 금조를 지탱하는 존재라는 인식도 자리 잡게 되었다.

## 5. 금대 화북 지배 방식의 변모 양상

북송을 멸망시킨 직후 금의 지배 세력은 화북 지역에 대해 폭압적인 태도로 군림하였다. 피정복민을 회유한다거나 선무하는 모습은 거의 보이지 않았다. 농경 문화 내지 중국의 전래 습속에 대해 이해하려는 시도는 전연 고려 밖의 일이었다. 나아가 금군(金軍)은 화북 일대를 점령한 후 일부 지역에서 한족 고유의 풍습을 금지한 대신 여진족 풍습에 따를 것을 강요하였다. 체발(剃髮)이나 여진족 복색(服色)을 채용하도록 규정하고 이를 어길 시에는 사형에 처하기도 하였다.

태조 아골타의 뒤를 이어 즉위한 태종은 중국을 본받아 중앙집권제의 수립을 지향하였다. 그는 한인 출신 관료의 도움을 받아 새로운 제도 제정에 착수하였다. 이러한 태종의 지향은 완안종한을 중심으로 한 보수적 여진 귀족의 드센 반발에 직면하였다. 완안종한은 그의 부친 살개가 그러했던 것처럼, 태종 시기 사실상 황제와 더불어 금조를 분치

(分治)하고 있었다. 북송 멸망 후 화북에 괴뢰 정권인 초(楚)와 제(齊)를 연이어 수립한 것도 그의 의향에 따른 조치였다.

유예(劉豫)의 제국(齊國), 즉 위제(僞齊) 정권은 1130년 7월부터 약 7년간 존속하였다. 유예 정권은 중국적 제도, 특히 송제(宋制)가 아닌 당제(唐制)를 기반으로 통치한다는 방침을 취하였다. 당의 관제가 원용되고 과거제도 시행되었다. 하지만 유예 정권의 존속기에 화북 일대의 거주민은 단속적인 전쟁 수행에 내몰리고 있었다고 하여도 과언이 아니었다.

유예 정권이 폐지되기 직전인 1135년 제3대 황제 희종이 즉위하였다. 희종은 어렸을 때부터 연인(燕人) 한방(韓昉) 등 중국 유사(儒士)의 교육을 받아 중국 문화를 애호하였다. 그는 즉위 직후 완안종한으로 대표되는 여진족 보수파를 권력의 중심에서 몰아냈다. 또 중국적 제도 도입에도 박차를 가하였다. 1149년에 즉위한 해릉왕은 중앙집권화 정책을 더욱 심화시켰다. 희종과 해릉왕 시기에는 화북 일대에 대한 통치도 이전과는 전연 다른 양상을 띠어 갔다. 무엇보다 화북 점령 초기 완안종한의 주도로 진행되었던 한족에 대한 폭압적이고 적대적인 자세는 완전히 사라졌다. 대신 중국적 통치 방식이 점차 원용되기 시작하였다.

해릉왕은 화북 한족의 민심을 수람하기 위해 여진 의관의 강제도 폐지하였다. 농경 보호와 더불어 상업 발달을 진작시키는 조치도 도입하였다. 또한 희종과 해릉왕 시기에 이르면 이와 같은 중국적 통치 방식이 화북 일대에 적용되며 유교적 인정(仁政)을 펼치는 지방관도 등장하기 시작하였다.

세종은 1161년 해릉왕의 뒤를 이어 황제로 즉위하였다. 당시 세종에게는 여러 문제가 산적한 상태였다. 세종은 이러한 현안을 효과적으로 해결하고 이후 1189년까지 금을 통치하며 이른바 '대정의 치'를 시현하였다고 평가된다.

'대정의 치'의 효과는 통치 질서의 안정, 국제(國制) 정비, 이치(吏治) 정돈, 문화 흥륭 등 여러 방면에 걸쳐 구현되었다. 화북 일대에 대한 통치 또한 이전까지의 문제점에 대해 효과적으로 대처하며 여진족과 한족의 공존, 농촌 사회의 안정 면에서 큰 진전을 이루었다고 일컬어진다. 이 시기, 즉 12세기 중반과 후반 금의 화북 지배도 커다란 굴곡을 맞이하였다.

세종의 통치기 맹안모극호에 대두된 가장 중요한 문제는 빈궁화였다. 금은 유예 정권 시기부터 만주에 거주한 여진인들을 대량 이주시켜 화북에 거주하게 하였다. 그들은 세역에서도 우대를 받았다. 그들에게 부과된 조세는 한족 농민의 토지에 비하여 약 20분의 1에 불과하였다. 하지만 이러한 우대에도 불구하고 중원으로 이주된 맹안모극호는 급속히 빈궁해졌다.

세종은 애초 문제의 근본적 원인이 맹안모극호와 한족의 잡처(雜處)에 있다고 판단하였다. 맹안모극호가 한족과 어울리면서 그 영향을 받아 고유의 질박한 풍속을 잃고 사치와 안일로 경사되었다고 여겼다. 그래서 맹안모극호를 한족과 유리시켜 촌채 단위로 자립하게 하였다. 부자 형제가 분리하여 거주하는 경우 반드시 모여 살도록 하였으며, 토지를 매각하거나 한족에게 맡겨 소작시키는 것도 금지하였다. 맹안모극호를 민전, 즉 한족 농민과 격리시킴으로써 한족과의 관계를 단절시키려 한 것이다.

그러나 이러한 조치를 통해 맹안모극호의 빈곤을 막기란 불가능하였다. 여진인이 조정으로부터 지급된 토지를 직접 경작하는 일은 드물었다. 거의 대부분 한족 농민에게 조전(租佃), 즉 소작으로 내주고 소작료 수입으로 생활하였다. 따라서 한족과 맹안모극호 사이의 교류를 단절시키는 것은 불가능하였다. 세종의 조치에도 불구하고 맹안모극호가 여전히 생산에서 유리된 채 한족 농민이 지급하는 소작료로 생활하는 것에는 변함이 없었다.

이러한 상황에 직면하여 세종은 어쩔 수 없이 현실을 인정하고 타협책을 제시하였다. 맹안모극호 소유의 전토에 대한 한족 농민의 소작을 허용한 것이다. 얼마 후에는 맹안모극호에 대한 전토 지급 방식도 개정하였다. 우두지제에 의거한 지급을 계구수전 방식으로 바꾼 것이다. 이러한 조치는 우두지제에 근거한 촌채 단위의 경작지 경영 방식이 사실상 방기되었음을 보여 준다. 또한 맹안모극호에 대해 더 이상 한족과 단절되는 형태로 집단 거주하는 방식을 고집하지 않게 되었다. 그뿐만 아니라 맹안모극호 소유의 토지에 대해 사실상 전면적으로 소작을 허용하게 되었다.

이러한 과정을 거쳐 12세기 말엽이 되면 맹안모극호 소유 전토에 대한 소작 제한이 완전히 풀린다. 이후 화북 일대에 거주하는 여진인, 즉 맹안모극인들은 그 경작지를 거의 대부분 한족 농민에게 맡겨 소작하는 상태가 되었다. 이로 말미암아 금조의 지배 집단 내부에 한족 농민들이 재정적으로 금조를 지탱하는 존재라는 인식이 자리 잡게 되었다.

제8장

# 금대 한족 관료 기용의 특징과 변화

## - 재집 집단의 분석을 중심으로 -

윤욱 • 부산대학교 사학과 교수

# 1. 한족 재집 분석의 필요성

금은 국초부터 과거제를 시행하고 한족을 적극 기용했으므로 금나라의 중국 통치 전략을 이해하려면 한족 사인의 기용과 관련된 정책은 반드시 검토하여야 할 부분이라고 할 수 있다. 그리하여 금에서 활동한 한족, 특히 사인, 관료에 대해서는 특정 인물에 대한 개별 연구 이외에도 금대 한족의 한인(漢人)·남인(南人)의 분류, 한족에 대한 민족 정책, 한족 사대부의 정치적·사회적 역할, 이민족 치하 한족 사대부의 심리 상태, 한족 진사의 지역적 분포, 한족 관료 간의 당쟁 등 다방면에 걸쳐 상당히 많은 연구가 진행되어 왔다.[1] 최근에는 한족 관료의 출사와 상벌, 승진과 강등, 사회적·경제적·학문적 배경 등 관료로서의 경험 전반을 다룸으로써 한족 관료세계에 대한 이해를 넓혔다.[2] 그러나 기존의 연구는 종종 한족 관료 전체를 연구 대상으로 삼은 결과, 금의 통치자가 선호했던 한족 관료의 조건이나 경력, 황제가 기대했던 한족 관료의 역할이 무엇이었는지 부각하는 데는 한계가 있었다고 여겨진다.

따라서 필자는 금대 관원들에 관해 가장 상세한 전기를 싣고 있는 『금사(金史)』[3]의 자료를 토대로 희종(熙宗) 대에서 금의 멸망에 이르기까지 금 조정에서 한족 관원을 대표하는 집단이자 황제가 가장 신임하는 한족 관원이라고 할 수 있는 재상(宰相)과 집정(執政)을 일컫는 '재집(宰執)'으로 활동했던 한족 관원에 초점을 맞추어 이 문제를 검토하고자 한다.

이러한 연구 대상의 축소와 관찰의 집중은 금조 전 시기에 걸쳐서 최고위 관료로 선발되는 한족 관원의 출신, 출세 경로 및 경력과 금 조정이 이들에게 기대하는 역할이 시대에 따라 어떠한 변화를 겪게 되는지 분명하게 보여 주는 데 도움이 될 것이다. 사실, 금대 한족 재집의 출신, 경력이나 역할에 관해서는 금대 재상제도 연구나 한족 관료 분석에서도 이미 행해지고 있다.[4] 하지만 기존의 연구는 금대 한족 재집의 총수, 각 조대별 한족 재집의 숫자, 한족 재상이 임명되기 전의 경력 등 한족 재집과 관련된 기본적인 통계와 조사에서 문제점을 드러내고 있을 뿐만 아니라 결국 잘못된 통계에 근거한 부정확한 해석을 도출해 내고 있다. 이 글에서는 이러한 선행 연구의 착오를 수정하게 될 것이다.

이 글은 먼저 분석 대상이 되는 한족 재집의 범위와 총수를 한정하고, 그다음 출신 지역의 추이를 검토한 후에 재집이 되기까지 한족 관리들이 거치는 경력의 변천을 살펴보고, 마지막으로 한족 재집의 역할을 시간의 경과에 따라 추적할 것이다.

## 2. 한족 재집의 수량적 고찰

금대의 재집은 상서성(尙書省)에 속한 고위 관원들로서 재상과 그들을 보좌하는 집정을 통칭한다. 금은 희종 즉위년인 천회(天會) 13년(1135)에 중앙에 상서성, 중서성(中書省), 문하성(門下省) 등 3성과 6부를 설치하였다. 당시 비록 3성이 설치되긴 했지만 실제로는 상서성을 중심으로 한 1성제여서 문하성의 우두머리인 시중(侍中)은 상서성 좌승상(左丞相)이, 중서성의 수장인 중서령(中書令)은 상서성 우승상(右丞相)이 겸직했다. 해릉왕 대인 정륭 원년(1157)에는 중서, 문하 양성을 폐지하고 상서성이 명실상부하게 유일한 최고 재상기구가 되었다.[5] 그리고 이 시점을 전후하여 재집으로 불리는 상서성의 장관들이 임명되었다. 1년 전인 천회 12년(1134) 연경(燕京)에서 한지(漢地)를 관장하던 한기선(韓企先)을 상서우승상으로 임명하고 상경(上京)으로 불러들였고 희종이 즉위한 직후 종반(宗磐)을 상서령(尙書令)에 임명하고, 천회 13년

(1135) 3월 완안희윤(完顏希尹)을 상서좌승상 겸 시중, 고경예(高慶裔)와 소경(蕭慶)을 각각 좌승(左丞)과 우윤(右丞)에 임명했다. 같은 해 12월에는 완안혁(完顏奕)이 평장정사(平章政事), 천권(天眷) 원년(1138)에는 이덕고(李德固)가 참지정사로 임명되었다.[6] 재집의 구성은 정1품의 상서령 1인, 종1품의 좌승상과 우승상 각 1인, 평장정사 2인, 정2품의 좌승과 우승 각 1인, 종2품의 참지정사 2인을 포함했다.[7] 해릉왕(海陵王) 정륭(正隆) 원년에 평장정사가 폐지되기도 했으나 세종(世宗) 즉위 후 다시 회복되었다.[8]

금대에 임명되었던 전체 재집의 숫자나 한족 재집의 숫자에 대해 선행 연구자들의 의견은 일치하지 않는다. 대표적인 예를 든다면, 미카미 츠기오(三上次男)는 각 조대에서 재집을 역임한 관원을 합하면 그 숫자는 131명에 달하고 이 가운데 한족 재집의 숫자는 43명으로 간주했다.[9] 하지만 미카미 츠기오가 한족 재집으로 지목했던 사람은 실제로는 다른 민족이거나 재집이 아닌 경우도 있다.[10] 그뿐만 아니라 애종(哀宗) 시기를 포함하지 않았으며 서로 다른 황제의 재위 기간의 재상을 독립적으로 계산하였다. 만일 한 사람이 복수의 황제를 섬긴 경우에는 복수로 계산했다. 장보취안(張博泉)은 희종 대에서 금 말까지 '재상'(집정 포함)의 숫자가 총 158명이고 이 가운데 여진족 재상이 101명, 한족 재상이 40명, 기타 발해 · 해(奚) · 거란족이 17명을 차지한다고 계산했다.[11] 그 역시 각 조대별로 재집의 숫자를 계산했다. 미카미 츠기오나 장보취안의 연구에서 가장 중요한 문제점은 재집의 숫자만 언급하고 구체적인 인명이나 이들이 속한 민족에 대해서는 제대로 언급하고 있지 않다는 점이다.[12]

한편, 천자오양(陳昭揚)은 그의 학위논문의 부록으로 「금대재집간표

(金代宰執簡表)」를 첨부하고 34명을 포함시켰는데, 이들은 모두 세종 이후에 재집에 임명된 한족으로서 금조 전 시기를 다루고 있지 않다.[13] 이뿐만 아니라 무선(武仙)은 금조 말년에 금 조정에 귀순한 군벌로 비록 애종 때 참지정사 직함을 받기는 했지만 조정에서 정무에 참여한 자는 아니었다.[14]

최근에 나온 쑨샤오웨이(孫孝偉)의 논문은 『금사』를 위주로 하면서 『중주집(中州集)』, 『유산선생문집(遺山先生文集)』 등을 참고하여 금대 '재상'(집정 포함)의 숫자를 159명으로 계산했다. 쑨샤오웨이는 미카미 츠기오나 장보취안과 달리 재상을 역임한 사람의 숫자를 황제의 재위 기간에 따라 구분함으로써 이중으로 셈하지 않았다. 그리고 상서성의 재집 이외에도 천회 13년(1135) 발극렬(勃極烈) 제도를 폐지하면서 그 전까지 발극렬을 역임했던 여진족 원로 종실대신을 위해 마련한 영삼성사(領三省事)를 지냈던 인물들을 누계에 포함시켰다. 쑨샤오웨이는 재상의 직함은 받았지만 조정에서 정치에 참여하지 않고 지방에서 활동한 사람들은 제외했는데, 대개 금조 말기에 각지에서 할거하던 군벌들을 회유하기 위해 준 경우가 이에 해당한다. 또한 정식으로 임명하기 전 시용(試用)함을 뜻하는 재상의 직함 앞에 '권(權)' 자가 붙은 재상은 제외했다.[15] 쑨샤오웨이가 굳이 언급하지 않았지만 최립(崔立)과 같이 반란을 일으키고 재상을 참칭한 자도 재상의 숫자에서 제외했다. 그가 사용한 이러한 원칙들은 금조 재집의 숫자를 셀 때 준거할 만한 기준으로 여겨진다. 또한 미카미 츠기오나 장보취안 등은 재상의 숫자만 표시하고 누구인지는 구체적으로 명시하지 않았지만, 쑨샤오웨이는 자신이 재상으로 세었던 159명의 이름과 이들을 찾아낸 출전을 명기하고 있다.[16]

쑨샤오웨이는 금대 재상 159명 가운데 한족을 47명으로 계산했다. 쑨샤오웨이는 159명의 재상을 민족으로 구분하지 않았기에 47명이 누구를 지칭하는지 알 수 없으나 이 가운데 한족으로 분류된 것이 확실한 인물 중 소공(蘇公), 유통(劉通), 정역(程嶧)은 가공의 인물들로 사료된다. 이들의 재상 재임과 관련된 기사는 모두 단편적이다. 소공은 쑨이 『유산선생문집』의 「충무임군묘갈명(忠武任君墓碣銘)」에서 찾아낸 이름이다.[17] 해당 명문의 관련 부분은 다음과 같다. "명창(明昌) 연간 … 이후 우승(右丞) 소공 이하 무릇 26가(家)가 왕왕 끊어진 것을 다시 잇게 되고 점차 미미했다가 다시 성하게 되었다."[18] 그런데 『금사』에서 찾아볼 수 있는 소씨 성으로 재상에 오른 사람은 소보형(蘇保衡)이 유일하다. 소보형은 세종 대정(大定) 연간에 우승으로 재임 중에 사망했다.[19] 유통은 『중주집』 권9 「유조왕예(劉曹王豫)」에서 조왕(曹王) 유예(劉豫)의 "손자 통(通)이 해릉왕 때 참지정사를 지냈다"[20]라고 언급한 것을 근거로 들고 있다. 하지만 이는 『중주집』의 저자인 원호문(元好問)이 해릉왕 대에 참지정사를 지낸 이통(李通)과 착각했기 때문으로 보인다. 쑨샤오웨이는 이들 두 명을 제외한 다른 한족 재집은 모두 『금사』를 검색해 찾아냈다.

한편, 정역이란 이름은 『금사』의 장종 본기에 한 차례 등장한다. 명창(明昌) 3년(1192) 11월 임오(壬午)일에 상서성에서 지하남부사(知河南府使) 정역이 아버지와 할아버지의 작위를 높여 봉해 줄 것을 간청한다고 아뢰자 권상서예부랑중(權尚書禮部郎中) 당회영(党懷英)이 말하길, "무릇 재상이나 집정을 외임장관으로 고쳐 임명하면 그의 부관 이하가 맞이하는 예의가 모두 다른 장관과 같지 않습니다. 그의 아들도 또한 시보

성영사(試補省令史)를 얻었습니다. 아버지와 할아버지를 진봉(進封)하는 것도 이치가 다른 장관과 같을 수는 없습니다. 마땅히 재상과 한가지로 진봉해야 합니다"라고 하니 장종이 그의 의견을 따랐다.[21] 쑨샤오웨이는 이를 보면 정역이 일찍이 재상의 일원이었음을 알 수 있다고 하여 「금조재상간표(金朝宰相簡表)」에 편입하였다.[22] 그런데 앞서 세종 말년에 정휘(程輝)가 3년간 참지정사를 역임하고 대정 26년(1186) 나이가 들어 치사했다. 이듬해 하남부사로 기용하려고 하자 연로함을 이유로 사양하니 세종이 "경은 오래 외직을 역임하였으나 좋은 주군에 있지 않았다. 하남은 풍광이 수려하고 일이 간편하여 경에게 맡기니, 한가로이 노닐면서 수양하도록 하시오"라며 하남부사에 기용한 바 있다. 정휘는 장종 승안(承安) 원년(1196)에 사망했다.[23] 정역은 바로 정휘의 오기이거나 별칭일 것이다.

쑨샤오웨이가 잘못 산입한 3명을 제외하면 그 숫자가 필자가 『금사』를 검토하여 찾아낸 금조 한족 재집의 총수인 44명과 일치한다. 필자가 찾아낸 44인은 다음의 〈표 1〉에 적어서 학자들의 질정을 기다린다. 이들은 또한 이 글에서 분석 대상이 된다.

〈표 1〉 금대 한족 재집 일람표

| 번호 | 이름 | 생몰연대 | 재집 재임기간 | 최고관직 | 출신 지역 | 출신지 | 입사경로 | 『금사』 출전 |
|---|---|---|---|---|---|---|---|---|
| 1 | 한기선(韓企先) | 1082~1146 | 1128~1146 | 우승상 | 연운인(燕雲人) | 연경(燕京) 중도로(中都路) | 귀부(歸附) 전임요관(前任遼官) | 권4, 78 |
| 2 | 이덕고(李德固) | ?~1153 | 1138~1153 | 평장정사 | 만몽인(滿蒙人) | 요경(遼境)* | 귀부 전임요관 | 권4, 5 |

| 3 | 한방<br>(韓昉) | 1082~1149 | 1141~1147 | 참지정사 | 연운인 | 연경 중도로 | 귀부<br>전임요관 | 권4, 125 |
|---|---|---|---|---|---|---|---|---|
| 4 | 유괄<br>(劉筈) | 1096~1153 | 1147~1150 | 우승상 | 연운인 | 대흥 완평(大興 宛平)<br>중도로 | 귀부<br>전임요관 | 권4, 78 |
| 5 | 유린<br>(劉麟) | ? | 1149~1150 | 좌승 | 하북인<br>(河北人) | 부성 경주(阜城 景州)<br>하북동로(河北東路) | 귀부<br>전임요관 | 권5, 77 |
| 6 | 장통고<br>(張通古) | 1088~1156 | 1150~1156 | 좌승 | 연운인 | 역주 역현(易州 易縣)<br>중도로 | 천거<br>전임요관 | 권5, 83 |
| 7 | 장중부<br>(張中孚) | ? | 1150~1155 | 좌승 | 섬감인<br>(陝甘人) | 장의보(張義堡) 봉상<br>로(鳳翔路) | 귀부<br>전임송관 | 권5, 79 |
| 8 | 유악<br>(劉萼) | ? | 1153~1156 | 좌승 | 연운인 | 대흥 완평 중도로 | 귀부<br>전임요관 | 권5, 78 |
| 9 | 채송년<br>(蔡松年) | 1107~1159 | 1155~1159 | 우승상 | 하북인 | 진정(眞定) 하북서로<br>(河北西路) | 특채 | 권5, 125 |
| 10 | 경사훈<br>(敬嗣暉) | ? | 1158~1161,<br>1171 | 참지정사 | 연운인 | 역주 중도로 | 진사급제<br>(1139) | 권5, 6, 91 |
| 11 | 이통<br>(李通) | ?~1161 | 1158~1161 | 우승 | ? | ? | ? | 권5, 129 |
| 12 | 유장언<br>(劉長言) | ? | 1160 | 우승 | 산동인<br>(山東人) | 동평(東平) 산동서로<br>(山東西路) | 음보(?)** | 권5 |
| 13 | 적영고<br>(翟永固) | ? | 1162~1163 | 좌승 | 연운인 | 양향(良鄕) 중도로 | 진사급제<br>(1128) | 권6, 89 |
| 14 | 소보형<br>(蘇保衡) | 1111~1166 | 1163 | 우승 | 연운인 | 운중 천성(雲中 天成)<br>서경로(西京路) | 특사진사<br>(特賜進士) | 권6, 89 |
| 15 | 석거<br>(石琚) | 1111~1182 | 1163~1179 | 우승상 | 하북인 | 정주(定州) 하북서로 | 장원급제<br>(1139) | 권6, 7, 88 |
| 16 | 위자평<br>(魏子平) | ?~1186 | 1168~1171 | 참지정사 | 연운인 | 홍주(弘州) 서경로 | 진사급제<br>(천회 연간) | 권6, 89 |
| 17 | 맹호<br>(孟浩) | ?~1173 | 1167~1172 | 우승 | 연운인 | 란주(灤州) 중경로 | 귀부<br>(요 진사) | 권6, 7, 89 |
| 18 | 왕울<br>(王蔚) | ? | 1175~1176,<br>1190 | 우승 | 연운인 | 향하(香河) 중도로 | 진사급제<br>(1142) | 권7, 9, 95 |
| 19 | 양숙<br>(梁肅) | ?~1188 | 1180~1183 | 참지정사 | 연운인 | 봉성주(奉聖州)<br>서경로 | 진사급제<br>(1139) | 권8, 89 |
| 20 | 장중유<br>(張仲愈) | ? | 1183 | 참지정사 | ? | ? | ? | 권8 |

| | | | | | | | | |
|---|---|---|---|---|---|---|---|---|
| 21 | 정휘<br>(程輝) | 1114~1196 | 1183-1186 | 참지정사 | 연운인 | 울주 영선(蔚州 靈仙)<br>서경로 | 진사급제<br>(1142) | 권8, 95 |
| 22 | 마혜적<br>(馬惠迪) | ? | 1186~1188 | 참지정사 | 연운인 | 곽음(漷陰)<br>중경로 | 진사급제<br>(1151) | 권8, 95 |
| 23 | 유위<br>(劉瑋) | ?~1193 | 1188~1189,<br>1192~1193 | 우승 | 만몽인 | 함평(咸平)<br>함평로(咸平路) | 특사진사 | 권8, 9,<br>10, 95 |
| 24 | 장만공<br>(張萬公) | ?~1207 | 1191~1193,<br>1199~1203 | 평장정사 | 산동인 | 동평 동아(東平 東阿)<br>산동서로 | 진사급제<br>(1157) | 권9, 10,<br>11, 95 |
| 25 | 서지국<br>(胥持國) | ?~1197 | 1193~1197 | 우승 | 산서인<br>(山西人) | 대주 번치(代州 繁峙)<br>하동북로(河東北路) | 경동과<br>(經童科) 급제 | 권10, 129 |
| 26 | 마기<br>(馬琪) | ?~1197 | 1193~1196 | 참지정사 | 연운인 | 대흥 보저(大興 寶坻)<br>중도로 | 진사급제<br>(1160) | 권10, 95 |
| 27 | 동사중<br>(董師中) | 1129~1202 | 1196~1199 | 좌승 | 하북인 | 명주(洺州)<br>하북서로 | 진사급제<br>(1149) | 권10, 11,<br>95 |
| 28 | 양백통<br>(楊伯通) | | 1197~1199 | 참지정사 | 연운인 | 홍주<br>서경로 | 진사급제<br>(1163) | 권10, 11,<br>95 |
| 29 | 손즉강<br>(孫卽康) | ?~1211 | 1203~1211 | 평장정사 | 연운인 | 석진(析津)<br>중도로 | 진사급제<br>(1170) | 권11, 12,<br>99 |
| 30 | 가현<br>(賈鉉) | ?~1213 | 1203~1207,<br>1212~1213 | 참지정사 | 하북인 | 박주 박평(博州 博平)<br>하북동로 | 진사급제<br>(1173) | 권11, 12,<br>13, 99 |
| 31 | 손탁<br>(孫鐸) | ?~1215 | 1207~1209 | 참지정사 | 하북인 | 은주 역정(恩州 歷亭)<br>대명부로(大名府路) | 진사급제<br>(1173) | 권12, 99 |
| 32 | 경단의<br>(耿端義) | ? | 1210~1211,<br>1213~1214 | 참지정사 | 산동인 | 박주 박평<br>하북동로 | 진사급제<br>(1188) | 권13, 14,<br>101 |
| 33 | 양당<br>(梁鐺) | ? | 1211~1212 | 참지정사 | 연운인 | 범양(范陽)<br>중도로 | 진사급제<br>(1176) | 권13, 48,<br>107 |
| 34 | 맹주<br>(孟鑄) | 1140~1213 | ?~1212 | 참지정사 | 하북인 | 대명부(大名府)<br>신현(莘縣) 하북동로 | ? | 권13, 100 |
| 35 | 서정<br>(胥鼎) | ?~1224 | 1213~1220,<br>1225~1226 | 평장정사 | 산서인 | 대주 번치<br>하동북로 | 진사급제<br>(1188) | 권13, 14,<br>100 |
| 36 | 왕유한<br>(王維翰) | ? | 1213~1215? | 참지정사 | 만몽인 | 이주 용산(利州 龍山)<br>북경로 | 진사급제<br>(1188) | 권13, 121 |
| 37 | 가익겸<br>(賈益謙) | ?~1226 | 1212, 1214~<br>1216 | 좌승 | 하북인 | 옥주(沃州)<br>하북서로 | 진사급제<br>(1170) | 권 106 |
| 38 | 고여려<br>(高汝礪) | ?~1224 | 1214~1224 | 우승상 | 연운인 | 응주 금성(應州 金城)<br>서경로 | 진사급제<br>(1179) | 권14~17,<br>107 |

| | | | | | | | | |
|---|---|---|---|---|---|---|---|---|
| 39 | 후지(侯摯) | ?~1232 | 1215~1220, 1232 | 평장정사 | 산동인 | 동평 동아 산동서로 | 진사급제(1191) | 권17, 18, 108 |
| 40 | 이혁(李革) | ? | 1216, 1217~1218(權) | 참지정사 | 산서인 | 하중 하진(河中 河津) 하동남로 | 진사급제(1185) | 권14, 99 |
| 41 | 장행신(張行信) | 1163~1231 | 1217~1218, 1223 | 좌승 | 산동인 | 거주 일조(莒州 日照) 산동서로 | 진사급제(1188) | 권15, 17, 107 |
| 42 | 이복형(李復亨) | 1177~1222 | 1220~1221 | 참지정사 | 산서인 | 하중 하진 하동남로 | 진사급제(1195) | 권16, 100 |
| 43 | 사안석(師安石) | ? | 1227~1228 | 우승 | 하북인 | 청주(淸州) 하북동로 | 진사급제(1200) | 권17, 108 |
| 44 | 이혜(李蹊) | ?~1232 | 1227~1233 | 좌승 | 만몽인 | 요양 동경로 | 진사급제(1194) | 권17 |

* 이덕고에 관한 기사는 『금사』에 산견된다. 세종 대에 그의 손자가 할아버지의 맹안(猛安)을 세습받길 청했다가 거절된 점을 볼 때 그가 태조 아골타(阿骨打)가 연경에 들어오기 전에 만주 지역에서 금조에 귀부했다는 것을 짐작할 수 있다.

** 유장언은 과거에 급제한 기록이 없다. 都興志, 「金代進士題名錄」(武玉環 等 著, 2015, 『中國科擧制度通史 遼金元卷』, 上海人民出版社, 338~432쪽) 참조. 반면, 그는 재상가 출신이다. 그의 가계의 이력에 관해서는 이 글의 '3. 한족 재집 집단의 지역 분포와 변화'에서 부연 설명할 예정이다.

금조 재집의 정원은 희종 대에는 9명이었고, 평장정사 2인이 폐지된 해릉왕 정륭 원년 관제 개혁 이후에는 7명이었다가 세종 대에 평장정사가 부활하면서 다시 9명이 되었지만 항상 모든 자리가 채워진 것은 아니었다. 실제 어느 한 시점에 함께 근무한 재집의 총수와 이 가운데 한족 재집의 숫자는 〈표 2〉와 같다. 장종 때까지 한족 재집은 그 숫자가 희소했지만 위소왕(衛紹王) 시기부터 늘어나기 시작한다. 선종(宣宗) 대에는 금대 전체에 걸쳐 한 시점에 재직 중인 한족 재집의 숫자가 가장 많았다. 흥정(興定) 5년(1221)과 원광(元光) 원년(1222)에는 한족 재집의 숫자가 여진족 재집 숫자를 능가하는 현상까지 나타났다. 흥정 5년(1221)의 한족 재집은 고여려, 서정, 후지, 장행신 등이고 여진족 재집은 완안수순(完顔守純), 도단사충(徒單思忠), 복산의부(僕散毅夫)였다. 복산의

부는 3월에 참지정사에 임명되었다가 10월에 동경의 행상서성에 임명되었다. 원광 원년(1222)의 한족 재집의 구성은 전년과 같았고 여진족은 도단사충이 3월 진주방어사(陳州防禦使)로 좌천되고 파호로(把胡魯)가 8월에 참지정사로 임명되었다.[24] 애종(哀宗) 대에도 전반기인 정대(正大) 원년에서 5년(1224~1228)까지는 재상 6명 가운데 절반인 3명이 한족이었다.[25] 선종, 애종 시기의 한족 재상 증가는 금조가 연운(燕雲) 지역과 만주를 상실하고 한족의 터전인 중원 지역을 겨우 보전하고 있었으므로 한족 관원의 협조가 절실했던 상황과 연관이 있다고 보인다.

〈표 2〉 금대 재집의 양적 변화[26]

| | 희종 | 해릉왕 | 세종 | 장종 | 위소왕 | 선종 | 애종 |
|---|---|---|---|---|---|---|---|
| 재집 전체 | 6~10 | 6~8 | 8~10 | 5~7 | 4~8 | 6~12 | 3~6 |
| 한족 재집 | 1~3 | 1~3 | 1~2 | 1~2 | 2~3 | 4~5 | 1~3 |

## 3. 한족 재집 집단의 지역 분포와 변화

학계와 금인(金人)의 관습에 따르면 금의 영역은 6개 지구로 나뉘었다. 즉, 하북, 하남, 산서, 산동, 섬감, 만몽 지구 등이다.[27] 이 가운데 하북 지구의 가장 북쪽에 위치한 중도로와 산서 지구의 가장 북쪽에 위치한 서경로는 하북과 산서의 기타 지역과 달리 거란과 송이 공존하고 있었을 때 거란에 속한 지역이었다. 이 지역은 '연운' 지역으로 불리며 당말 이래 오랫동안 북방 민족의 영향을 받았으며 937년 후진(後晉)이 거란에 할양한 이래 약 200년간 거란의 통치를 받아서 중원 왕조에 속했던 다른 하북, 산서 지역과는 역사적 배경에 커다란 차이가 있으므로 필자는 중도로와 서경로 지역을 '연운 지구'라는 명칭으로 따로 분리했다. 금대에 한 번도 재집을 배출한 적이 없었던 하남을 제외하고 기타 5개 지구와 연운 지구에서 배출한 재상들을 이들이 활동했던 황제의 재위 기간으로 나누어 분류하면 〈표 3〉과 같다.

〈표 3〉 금대 각 조에서 활동한 한족 재집의 출신 지역[28]

| | 만몽 | 연운 | 섬감 | 하북 | 산동 | 산서 | 불명 | 총계 |
|---|---|---|---|---|---|---|---|---|
| 희종 | 1 | 2 | 0 | 0 | 0 | 0 | 0 | 3 |
| 해릉왕 | 1 | 4 | 1 | 2 | 1 | 0 | 1 | 10 |
| 세종 | 1 | 9 | 0 | 1 | 0 | 0 | 1 | 12 |
| 장종 | 1 | 4 | 0 | 3 | 1 | 1 | 0 | 10 |
| 위소왕 | 2 | 1 | 0 | 3 | 1 | 1 | 0 | 8 |
| 선종 | 1 | 1 | 0 | 2 | 3 | 3 | 0 | 10 |
| 애종 | 1 | 1 | 0 | 1 | 2 | 1 | 0 | 6 |
| 총계 | 8 | 22 | 1 | 12 | 8 | 6 | 2 | 59 |

* 재집 한 사람이 여러 황제의 조정에서 활동했을 경우 모두 따로 계산했다. 가령 서정은 1213~1220년, 그리고 1225~1226년 두 차례에 걸쳐 재집으로 활동하면서 위소왕, 선종, 애종 등 세 시기에 재상을 역임했기 때문에 3조에 걸쳐 산동 출신 재상으로 산입되었다.

〈표 3〉에서 보듯이 희종에서 장종 대에 이르기까지 상서성에는 연운 출신 재집이 가장 많았다. 이것은 우선 금 태조가 이 지역에 진입한 이래 이곳의 한족 엘리트들을 적극 초무했고 이들은 금 조정에 합류한 이후 적극적으로 개국에 이바지했기 때문이었다. 대정 14년(1174) 칙령으로 개국공신 21인, 아차공신(亞次功臣) 22인을 정하였는데, 이 가운데 비여진족은 오직 5명이었는데, 발해인이 1명, 거란족이 1명이었고 나머지 3명은 한족으로서 유언종(劉彦宗)이 개국공신 제18위, 한기선이 개국공신 제21위, 한상(韓常)이 아차공신 제22위였다.[29] 한데, 이들의 적관이 각각 요 남경도(南京道)에 속한 대흥(大興), 탁주(涿州), 연산(燕山)으로 모두 연운 출신이었다. 금은 거란을 멸한 후 시립애(時立愛)와 유언종에게 운중(雲中)과 연경에 각각 설치한 한지(漢地) 통치기구인 추밀원(樞密院)의 업무를 맡기고 이들에게 관리 임면과 세금 수납을 담당하

게 했다. 유언종이 사망한 후에는 역시 연운 출신의 한기선이 그 임무를 맡았다. 한기선은 관리를 임명할 때 후진을 배양하고 장려하는 것을 자신의 임무로 삼았는데, 특히 상서성에 그의 추종자들이 많았다.[30]

당시 남쪽의 송은 거란 치하의 한족들이 같은 한족이었음에도 불구하고 "한아(漢兒)"라고 부르고 동류로 취급하지 않았다. 선화(宣化) 연간 금과 거란을 협공해 연운 지역을 잠시 회복한 이후 이 지역의 한족 관리들과 백성들을 북송 내지에 두고 차별과 기시를 가하였으며 금송전쟁 와중에는 이들의 반란을 두려워하고 대량으로 살육을 자행했다.[31] 송의 이러한 편협한 태도는 연운인의 송에 대한 반감을 자극해 더욱 금에 충성하고, 금의 조정이 연운 출신 한족 관리들을 더욱 신임하고 재집에 기용하게 되는 역할을 하였을 것이다.

연운인이 한족 재집의 대종을 차지하는 양상은 금 중기의 세종, 장종 때까지 계속되었다. 세종과 장종은 연운인에 대해 동정적인 태도를 지니고 있었다. 이는 두 황제가 한기선이 정치적 후계자로 지목한 전각(田瑴) 등의 연운인이 대거 연루되어 숙청되었던 희종 말년에 일어난 '전각의 당화(黨禍)'의 피해자들을 보살핀 것을 통해 짐작할 수 있다. 세종은 전각의 당화가 조작된 것이라 여겼고, 당화에서 살아남은 사람들을 다시 기용했다. 나중에 상서우승에 오르게 되는 맹호도 그중 한 사람이었다.[32] 장종 또한 이 사건을 전각 등 군자가 소인들에게 모함을 당했다고 정의하고 당화로 이미 죽은 자들의 관직을 회복시키고 그들의 자손들에게도 음서의 길을 열어 주었다.[33]

연운 출신이 한족 재집의 대종을 차지하게 된 것은 황제뿐만 아니라 여진인을 비롯한 북방 민족 출신 재집들의 연운인에 대한 선호와도 관련이 있다고 보인다. 황제는 재집을 임명할 때 단독으로 결정하지 않고 앞으로 호흡을 맞추게 될 기타 재집들의 의견을 청취하여 재집에 임명하는 경우가 많았다. 연운 지역 한족은 당 말 이래 오랫동안 북방 민족의 영향을 받았고 거란의 통치를 경험했기에 재집의 절대다수를 차지하는 여진족, 발해인, 거란인 등 북방 민족 출신 재집에게 과거 북송 지역 출신의 인물들, 즉 남인보다 편하게 느껴졌을 것이다. 세종은 연인(燕人)과 남인(南人)에 대해 평하면서, "연인은 거란 군대가 오면 거란을 따르고, 송이 오면 송을 따르고, 본조가 이르면 본조를 따랐다. 그 풍속이 옳고 그름을 돌보지 않고 남을 따르는 것은 원래부터 그러한 것이다. 비록 누차 변천을 겪었지만 일찍이 멸망당하지 않은 것은 이 때문이다"[34]라고 평한 반면, 남인에 대해서는 "성품이 거칠고, 강직하고 어려움을 무릅쓸 줄 안다"[35]고 칭찬한 바 있다. 협업해야 하는 동료의 눈으로 보았을 때는 남인보다는 연인이 더욱 이상적인 선택이 아니었을까? 장종이 재집과 재상의 인사를 의논했을 때 장종이 하북 출신인 가현(賈鉉)을 기용하려고 하자 재신들은 연운 출신인 손즉강(孫即康)을 추천하여 결국 자신들의 뜻을 관철시킨 적도 있었다.[36]

해릉왕 대에는 전후 시기와 달리 옛 북송 지역 출신 한족 관리도 과거 거란 지역 출신과 비슷한 숫자로 재집에 기용되었다. 이러한 현상에 대해서는 종래 그다지 주목하지 않았는데, 이는 해릉왕이 남송 정벌을 목표로 삼고 있었고 이를 준비하는 과정에서 중원의 사정에 밝고 남송 정권에도 잘 알려진 과거 북송 명문가 출신 인사들을 발탁했기 때문으로 보인다. 해릉왕 시기에 재집을 역임한 옛 북송 지역 출신 인사들은 유린, 장중부, 채송년, 유장언 등인데, 이 가운데 유린은 북송에서 지제남부사(知濟南府使)를 지냈으며 금이 황하 이남에 세운 괴뢰국인 제(齊)의 황제였던 유예(劉豫)의 아들이었다. 그는 해릉왕이 1049년 쿠데타 이후 참지정사로 발탁하기 전에 제나라의 상서좌승상을 역임하면서 거의 매해 남송과 싸움을 벌인 경험이 있었다.[37] 장중부의 부친 장달(張達)은 송나라에서 벼슬이 태사(太師)에 이르렀고 경국공(慶國公)에 봉해졌으며 그 자신은 송에서 아버지의 음서로 승절랑(承節郎)에 임명된 적이 있었다. 그는 1130년 금 군대에 투항했지만 천권 연간(1138~1140년) 금이 괴뢰국이었던 제나라를 폐지하고 하남을 송나라에 돌려줄 때 다시 송나라로 돌아갔다. 금 조정은 하남을 다시 평정하고 나서 1140년 송에 공문을 보내 그를 돌아오게 했다. 해릉왕은 즉위 직후 그를 참지정사에 임명(1150)하고 이어서 1153~1155년까지 상서좌승으로 기용했다.[38]

한편 채송년의 아버지 채정(蔡靖)은 금에 투항하기 전에 송이 금과 연합하여 북경 일대를 회복한 후 두 해 동안 이곳을 진무하였고 선화 7년(1125) 4월에는 송 조정으로부터 연산부로선무사겸국신사(燕山府路宣撫司兼國信使)에 임명되었던 인물이었다.[39] 해릉왕은 즉위 직후 채송년을 이부시랑으로 발탁하였다. 그는 "장차 송을 정벌하려고 함에 채송년의 집안이 대대로 송에서 벼슬하였기 때문에 빠르게 높은 지위로 발탁하여 남인들을 놀라게 했다."[40] 그리하여 1153년 송에 정단사로 다녀오게 한 후 이부상서로 옮기게 하더니 1155년 참지정사로 삼았으며 1156년에는 우승, 곧이어 좌승, 1158년에는 우승상까지 승진시켰다. 유장언은 채송년 이상으로 송나라의 명문가 출신이었다. 유장언의 조부 유지(劉摯)는 가우(嘉祐) 연간(1056~1063년)의 진사로 북송의 재상을 지냈다.

그의 백부 유기[劉跂, 원풍(元豐) 2년 진사]와 부 유적(劉蹟) 역시 시문으로 널리 알려진 인물이었다.[41] 해릉왕은 이미 치사했던 그를 남송 정벌에 대한 준비가 한창이던 1160년에 다시 상서우승으로 기용했다.[42]

금조 후기에 접어들면 과거 북송 지역 출신 인사들이 한족 재집의 대부분을 차지하게 된다. 이에 대해 최근에 천자오양은 금조에서의 과거제도 정착과 관련하여 이러한 현상을 설명하고 있다. 금 초기에는 과거 거란 지역과 송 지역의 호수 비율이 1:3이었음[43]에도 불구하고 과거가 남북분방(南北分榜)으로 운영되어 양 구역의 합격자 수가 4:3이나 2:3으로 거란 지역 출신자에게 유리했고, 이에 힘입어 이 지역 출신 한족 엘리트들이 진사 자격으로 대거 정단에 진입할 수 있었다. 이들은 금 초에 투항한 만주와 연운 출신 한족 관리 및 음보로 출사한 이들의 후예들과 결합하여 금조의 정단을 장악할 수 있었다. 하지만 1151년부터 남북통방(南北通榜)으로 지역 구분 없이 합격자를 선발하게 되어 옛 북송 지역 출신 급제자가 급격히 증가함에 따라 재집의 구성에 있어서도 장종 시기부터 옛 북송 지역 출신이 우세를 점하게 된다고 주장한다.[44] 천자오양은 장종 시기 재집의 숫자가 8명이고, 이 가운데 "거란 지역[遼境]" 출신이 3명, "송 지역[宋境]" 출신이 5명이라고 조사했다.[45]

하지만 필자가 확인한 바에 따르면, 장종 때 한족 재집은 왕울, 유위, 장만공, 서지국, 마기, 동사중, 양백통, 손즉강, 가현, 손탁 등 10명인데, 이 가운데 왕울, 유위, 마기, 양백통, 손즉강 등 5명이 "거란 지역" 출신이다. 또한 10명 중 1151년 남북통방 이후에 진사에 급제한 사람이 6명인데, 이 가운데 "송 지역" 출신은 장만공, 손탁, 가현 등 세 사람이고, 마기, 양백통, 손즉강 등 세 사람은 "거란 지역" 출신이다(〈표 1〉 참조). 이는 남북통방과 옛 북송 지역의 과거 합격자 증가에도 불구하고 금 통치자들의 연운 출신 재집에 대한 선호는 장종 때까지 지속되었음을 보여준다.

위소왕 시기 이후부터는 연운 출신이 매 조에 불과 1명으로 현격히 축소되는데, 이는 이 시기부터 이 지역이 몽골 수중에 떨어지는 상황과 관련성이 깊다고 여겨진다. 대안 3년(1211) 4월 칭기즈칸이 거느리는 몽골군이 남침하여 연운 지역의 상당 부분을 점령했다. 서경(西京)을 지키던 장수가 지금의 베이징인 중도로 도망쳐 오고 중도를 병풍처럼 두르고 있는 홍주(弘州), 회래(懷來), 진산(縉山), 창평(昌平), 밀운(密雲)이 떨어지고 요동 지역과 중도를 잇는 요지인 평주(平州), 란주(灤州), 창려(昌黎), 무녕(撫寧) 역시 함락되었다. 앞서 언급했듯이 세종은 '연인은 거란군대가 오면 거란을 따르고, 송인이 오면 송인을 따르고, 본조가 오면 본조를 따랐다'라며 강자에게 순응하는 연인의 성격을 지적한 바 있었다.[46] 칭기즈칸의 남침에 항거하는 연운인도 존재했지만,[47] 적지 않은 연운 지역 출신 관원과 세력가들은 투항했을 뿐만 아니라 금을 침략하는 선봉으로 활약했다. 『원사(元史)』 열전에 수록된 사병직(史秉直)·사회덕(史懷德) 형제, 석천응(石天應), 이수현(李守賢), 하실(何實), 조진(趙瑨), 유세영(劉世英), 장유(張柔) 등은 모두 연운 지역 출신으로서 금에서 출사한 집안이거나 고향에서 세도 가문으로 행세했지만 족당을 이끌고 원에 투항해 화북 지역을 공략하는 데 이바지했다.[48]

대표적인 예가 연인 사병직, 사회덕 형제이다. 1213년 목화려(木華黎)가 군대를 이끌고 남하하자 사병직은 친족을 모으고, "바야흐로 국가가 상란(喪亂)을 겪고 있다. 우리 집안 백 사람을 어떻게 하면 보전할 수 있겠는가?"라며 살아남을 방도를 모색했다. 그는 이미 투항한 사람들이 모두 방면되었다는 것을 알고 동생 회덕과 향리의 주민 수천 명을 이끌고 탁주의 목화려 군문에 가서 항복했다. 목화려는 병직에게 항복한 사람들을 통솔하게 했는데, 병직은 이 임무를 능숙하게 해내어 원근에 귀부해 오는 자가 십여만 가에 이르렀다. 1215년 북경이 함락되자 병직은 행상서육부사(行尚書六部事)가 되어 군향을 조달하는 임무를 맡았다.[49] 회덕은 장정 수만 명을 모아서 목화려를 따라 종군하여 1213년 화북에서 패주(覇州), 문안(文安), 대성(大城), 창빈(滄濱), 장산(長山) 등 20여 성을 취하고 산동에 들어가 임치(臨淄), 흔주(忻州), 밀주(密州) 등 3주를 함락시켰는데, 가는 곳마다 남보다 앞서 성에 올랐다. 다음 해에는 북경로의 혜화(惠和), 금원(金源), 화중(和衆), 용산(龍山) 등 15개 성을 함락하고, 대녕성(大寧城) 공략의 선두에 나섰다가 유시(流矢)에 맞아 전사했다.[50] 병직과 회덕의 아들인 사천예(史天倪), 사천택(史天澤), 사천상(史天祥) 등도 모두 금과의 전쟁에서 혁혁한 무공을 세웠다.[51]

이처럼 그간 중용해 왔던 연운 지역 출신 엘리트들이 남하하는 몽골군의 앞잡이가 되었을 뿐만 아니라 이제 연운과 만주 지역을 상실하고 갈수록 중원 지역으로 판도가 줄어들게 되자 금 통치자들은 당지의 사정에 익숙한 구 북송 지역 출신들을 재집으로 발탁하게 되었다.

## 4. 재집 기용 전의 경력

이 글에서는 재집까지 성공적으로 승진한 한족 관료들의 경력을 살펴봄으로써 한족 관료들이 재상 자리에까지 오를 수 있었던 승진 조건과 그 변화를 살펴보고자 한다. 나중에 재집에 오르게 되는 한족 사인들이 금 조정에서 벼슬을 시작하는 방식은 거란과 송의 관리였다가 귀부하는 경우, 천거를 받는 경우, 가문의 음덕으로 진사나 벼슬을 특사받는 경우, 그리고 과거를 통해 관리가 되는 경우 등이 있었다. 〈표 1〉의 '입사 경로'란에 정리한 바에서 알 수 있듯이 희종(1135~1149년)부터 해릉왕 시기(1149~1160년) 재집을 역임했던 한기선부터 유장언까지 12명은 거의 대부분 거란과 송의 관리로 재직하던 중 금에 귀부함으로써 금 조정에 출사한 사람들이거나, 이미 금에 귀부한 지인의 추천(장통고)을 받거나 귀부한 부친의 음덕[채송년과 유장언(?)]으로 관직 생활을 시작했다. 이들은 대개 금이 새로 획득한 연운과 중원 지역, 즉 한지(漢地)

를 경영하기 위해 설치한 기구에서 활동하거나 국초 제도 정비 작업에 참여한 이력을 바탕으로 나중에 재상 지위에 올랐다. 희종 대의 한기선은 상서좌복야겸시중(尙書左僕射兼侍中)으로 연경 추밀원에서 한지의 관리 임용, 노역 징발, 조세 징수를 모두 황제의 위임을 받아 처리했다.[52] 해릉왕 대에 재집에 올랐던 유린은 금이 하남에 설치한 괴뢰국 제의 황제가 된 아버지를 따라 지제남부사, 제의 상서좌승상을 역임했다.[53] 유괄은 금이 제를 폐하고 변경(汴京)에 설치한 행대상서성(行臺尙書省)에서 행대상서우승상으로 활약했다.[54] 이 밖에 장통고, 장중부, 채송년도 재집에 임명되기 전에 역시 행대상서성에서 근무한 적이 있었다.[55]

여진 엘리트들이 아직 미숙한 외교적 의전 문제나 조정의 의례 정비 및 운영과 관련된 분야의 경력자가 많은 것도 이 시기의 재집에 오른 한족 관료들의 특징이었다. 태조가 죽은 후 하와 송에서 사신을 보내 조문하자 관에서 이들을 접견하는 의례를 모두 유괄이 심사해 결정했다. 유괄은 1142년 송 강왕(康王)을 송의 황제로 임명하는 책봉사로 파견되었는데 그의 행동거지는 송인들을 감탄케 했다.[56] 장통고는 1138년 강남고유사(江南告諭使)로 송으로 파견되어 하남을 송에 돌려주면서 송 황제가 신하임을 맹세한 서약에 따라 의례를 준수하게 했다.[57] 한방(韓昉)은 태종 대에 고려에 국신사로 파견되어 당시 외교적 난제였던 고려 국왕이 금 황제의 신하가 되었음을 맹세하는 서표(誓表)를 올리게 하는 외교 문제를 해결했고, 1134~1141년 참지정사로 오르기 전 7년간 예부상서와 태상(太常)에 임명되어 조정에서 예제를 의논하여 정비하는 작업을 주도했다.[58] 금의 선휘원(宣徽院)은 조회, 연회, 제사를 관장하는 기관으로 그 장관은 좌우선휘사(左右宣徽使)였는데, 유괄, 유악, 경

사휘 등이 좌우선휘사로 재임하던 중에 재집에 올랐다.[59]

〈표 4〉 세종~애종 시기 임용된 한족 재집의 경력

| 임용 시기 | 성명 | 진사 | 초기 관직 | 상서성 영사(令史) | 상서성 사관(司官) | 재집 임용 직전 관직 | 『금사』 출전 |
|---|---|---|---|---|---|---|---|
| | 적영고 | ○ | 회안승(懷安丞), 망운령(望雲令) | | ○ | 원임 한림학사승지(原任翰林學士承旨)(정3품) | 권6, 89 |
| | 소보형 | △ | 태자세마(太子洗馬), 해주군사판관(解州軍事判官) | | | 예부상서(정3품) | 권6, 89 |
| | 석거 | ○ | 홍정현령(弘政縣令), 형대현령(邢臺縣令 | | ○ | 이부상서(정3품) | 권6, 7, 88 |
| | 왕울 | ○ | 양향승(良鄕丞) | ○ | | 남경유수(정3품) | 권7, 9, 95 |
| | 경사휘 | ○ | 회안현승(懷安縣丞), 홍정현령(弘政縣令) | ○ | | 좌선휘사(정3품) | 권5, 6, 91 |
| 세종 | 위자평 | ○ | 오대주부(五臺主簿) | ○ | ○ | 호부시랑(정4품) | 권6, 89 |
| | 맹호 | ◎ | 추밀원영사(樞密院令史), 평주관찰판관 (平州觀察判官) | | ○ | 어사중승(御史中丞)(종2품) | 권6, 7, 89 |
| | 양숙 | ○ | 평요현주부(平遙縣主簿), 망도현령(望都縣令) | ○ | | 창덕군절도사(彰德軍節度使)(종3품) | 권8, 89 |
| | 장중유 | ? | ? | | | 호부상서(정3품) | 권8 |
| | 정휘 | ○ | ? | ○ | ○ | 호부상서(정3품) | 권8, 95 |
| | 마혜적 | ○ | 창읍령(昌邑令) | ○ | ○ | 어사중승(종2품) | 권8, 95 |
| | 유위 | △ | 안차승(安次丞), 준화현령(遵化縣令) | ○ | ○ | 호부상서(정3품) | 권8~10, 95 |
| | 장만공 | ○ | 신정부(新鄭簿), 비현부(費縣簿), 장산령(長山令) | ○ | ○ | 지대흥부사(知大興府使)(정3품) | 권9~11, 95 |
| | 서지국 | △ | 박야현승(博野縣丞) | | | 공부상서(정3품) | 권10, 129 |
| | 마기 | ○ | 청원주부(淸源主簿), 영청령(永淸令) | ○ | ○ | 호부상서(정3품) | 권10, 95 |
| 장종 | 동사중 | ○ | 택주군사판관(澤州軍事判官), 평요승(平遙丞) | ○ | ○ | 어사대부(御史大夫)(종2품) | 권10~11, 95 |

| | | | | | | | |
|---|---|---|---|---|---|---|---|
| | 양백통 | ○ | ? | ○ | ○ | 호부상서(정3품) | 권10~11, 95 |
| | 손즉강 | ○ | ? | ○ | | 어사중승(종2품) | 권11~12, 99 |
| | 가현 | ○ | 등주군사판관(滕州軍事判官), 단주사후(單州司候) | ○ | | 형부상서(정3품), 원임 안무군절도사(安武軍節度使)(종3품)** | 권11~13, 99 |
| | 손탁 | ○ | 해주군사판관(海州軍事判官), 위현승(衛縣丞) | ○ | | 중도전운사(中都轉運使)(정3품) | 권12, 99 |
| 위소왕 | 경단의 | ○ | 활주군사판관(滑州軍事判官), 상락현령(上洛縣令) | ○ | ○ | 예부시랑(정4품), 호부시랑(정4품)** | 권13~14, 101 |
| | 맹주 | ? | ? | ○ | | 강양군절도사(絳陽軍節度使)(종3품) | 권100 |
| | 양당 | ○ | 주현관(州縣官) | | | 호부상서(정3품) | 『중주집』 권9 |
| | 서정 | ○ | ? | | ○ | 호부상서(정3품), 원임 평장정사(종1품)** | 권13~14, 100 |
| | 왕유한 | ○ | 귀덕주군사판관(貴德州軍事判官), 영패령(永霸令) | ○ | ○ | 형부상서(정3품) | 권13, 121 |
| | 가익겸 | ○ | 주현관 | ○ | ○ | 하중부진수(河中府鎭守)(정3품) | 권106 |
| 선종 | 고여려 | ○ | ? | | ○ | 호부상서(정3품) | 권14~17, 107 |
| | 후지 | ○ | ? | | | 태상경(太常卿)(종3품) | 권17~18, 108 |
| | 이혁 | ○ | 진정주부(眞定主簿), 한성령(韓城令) | | | 이부상서(정3품) | 권14, 99 |
| | 장행신 | ○ | 동산령(銅山令) | | | 예부상서(禮部尙書)(정3품), 원임 정난군절도사(靖難軍節度使)(종3품)** | 권15, 17, 107 |
| | 이복형 | ○ | 임진주부(臨晉主簿), 남화령(南和令) | | ○ | 이부상서(정3품) | 권16, 100 |
| 애종 | 사안석 | ○ | ? | ○ | | 공부상서(정3품) | 권17, 108 |
| | 이혜 | ○ | ? | | ○ | 한림승지(정3품) | 권17 |

△는 특사진사, ◎는 요대 진사.

* 임용 시기는 2회 이상 재집에 임용된 경우 첫 번째 임용 시기를 기준으로 했음.

** 두 번 이상 재집에 임용된 경우 각 번의 직전 관직을 모두 기록했음.

해릉왕 대에 경사휘가 금이 설치한 과거 출신자로서 처음 재상에 오른 바 있었는데, 세종 시기 이후가 되면 재집에 오른 한족 관원은 거의 대부분 진사 출신이었다. 그리고 이때부터 미래 재집이 되는 한족 관원의 경력에 일정한 양상이 등장한다. 『귀잠지(歸潛志)』를 저술한 유기(劉祁)는 조부와 부가 모두 관리였으며 자신도 비록 정시(庭試)에서 좌절되긴 했지만 한때 관직에 뜻을 두었으므로 금나라 관원의 출셋길에 대해 잘 알고 있었다.[60] 유기에 따르면, "금 대정 초에 태사(太師) 장호(張浩)가 제도를 제정할 때 종친과 재집의 자제를 우대하여 시보(試補)하는 것 이외에 진사를 상서성의 아전 격인 영사(令史)에 잡용했다. 무릇 급제한 후에 세 번 관직에 임명되어 현령에 이르게 되면 석차에 따라 불러다 보충했다. 한 번 임기를 채워 30개월이 되면 외직으로 나가서 육품 관직인 주졸(州倅)[주관(州官)의 부관 -필자]이 될 수 있었고, 두 번 임기를 채워 60개월이 되면 5품 관직인 절도부사(節度副使), 유수판관(留守判官) 직을 얻거나 지제(知除), 지안(知案)에 선발될 수 있었다. 이로부터 점차 [상서성의 사관인 -필자] 도사(都事), 좌사(左司)와 우사(右司)의 원외랑(員外郎), 랑중(郎中)을 얻을 수 있었다. 고로 벼슬길에 나서는 자는 이 길을 지름길로 여겼다"라고 했다.[61] 실제로 세종 대 이후 재집에 오른 사람들은 이러한 경로를 따른 사람이 많았다. 진사 급제를 한 후에 현승, 주부, 현령 등 주현관으로 임무를 시작했다가 중앙의 상서성 영사로 옮겨 간 사람이 장래에 재집이 되는 32명 중 19명에 이른다(〈표 4〉 참조). 이들 가운데 주현관으로 있었을 때 두각을 나타낸 사람들이 적지 않다. 예컨대, 장만공은 장산령이었을 때 읍민들이 그의 치적을 기려 생사를 건립하였으며 마기, 왕유한, 가익겸 등 역시 현관으로 양명했다. 이는 상서성 영사의 보임에 지방관으로서의 치적이 중요한 조건이었음을 보여 준다. 세종 대 이후 한족 재집 가운데 상서성 사관을 거친 사람도 18명이나 되는데, 이들 대부분(11명)은 과거 상서성 영사로 근무한 경력이 있었다. 세종 대 이후에 임명된 재집 32명 가운데 26명(80% 이상)이 상서성에서 영사나 사관으로 근무한 경험이 있었다.

상서성의 사관과 영사가 재집에 오르는 첩경이 된 것은 조정의 전고(典故)와 행정을 익힐 수 있을 뿐만 아니라 이들이 재상이나 황제와 지척에서 근무하며 유대 관계를 맺을 수 있었기 때문이었다. 천자오양은 세종 이후 진사 출신의 재집 26명 가운데 상서성 영사를 거친 자가 16인에 달함을 지적하고 영사가 조정의 전고와 행정을 익히고 황제를 비롯한 상위자의 지우를 얻을 수 있는 기회가 있었으므로 출세의 요로임을 지적한 바 있다.[62] 상서성 사관에는 좌사와 우사에 각각 낭중 1인, 원외랑 1인, 도사 2인이 있었다. 좌사의 낭중과 원외랑은 이, 호, 예 3부의 사무를 상주하고 도사가 3부로부터 사안을 접수하고 교부하는 일을 감독했다. 우사는 병, 형, 공 3부와 관련된 사무를 처리했다. 좌, 우사의 낭중과 원외랑은 재집이 황제와 조회할 때 처리할 안건을 정리한 문서를 들고 시종했으며 기거주관(起居注官)의 역할을 겸했다.[63] 기거주관은 황제의 언행을 기록하는 관리를 말한다. 상서성 영사는 상서성에서 근무하는 서리였는데 서리들의 작폐를 방지하고자 진사 출신의 사대부를 서리로 임명한 것이었다.[64] 여진족과 한족 각각 35명씩을 두었다.[65] 장종 태화 4년(1204) 상서성의 영사가 제멋대로 6부와 대리사(大理寺)의 법장(法章)을 물리치거나 제멋대로 수정하는 것을 죄주는 법을 정했는데,[66] 이를 본다면 실제로 6부나 대리사 등에서 올라오는 문서를 수발하고 검토하는 실무를 담당한 자들은 이들이었다.

유능한 좌사와 우사의 사관과 영사들은 재집의 주목을 받을 수 있었다. 장종 연간에 평장정사를 지냈던 장만공은 우사원외랑이었을 당시 승상이었던 도단극녕(徒單克寧)이 "이후 앞으로 나를 대신할 자는 필시 너일 것이다"라며 높이 평가했다.[67] 역시 장종 연간에 상서좌승이었던 동사중도 상서성 영사였을 때 우상 당괄화로고(唐括訛魯古)로부터 "다른 날 반드시 이 자리에 앉을 것이다"란 예언을 들었다.[68] 장종 연간에 재집에 오른 손즉강, 가현, 손탁 세 사람은 모두 상서성 영사로 있을 때 당시 우승상이었던 완안양(完顏襄)[장래의 장종 -필자]이 눈여겨보았던 인물들이었다.[69] 재상들은 종종 유능한 사관이나 영사를 자신의 당에 초치하려고 했다. 장종 연간 평장정사였던 완안수정(完顏守貞)의 문하생 그룹인 '냉암십준(冷巖十俊)'이나 역시 장종 연간 상서우승이었던 서지국을 추종하던 '서문십철(胥門十哲)'에는 모두 상서성 영사들이 포함되어 있었다.[70] 특정 재상의 당여가 되면 그 후 관계에서 그의 후원을 기대할 수 있었다. 특히, 상서성의 사관들은 재상과 같이 조회에 참석하고 실무에 밝았으므로 직접 보고할 기회와 하문에 응대할 기회도 있었으므로 발탁되기 쉬웠다. 마혜적이 좌사낭중이었을 때 그가 상주를 마치고 물러나자 세종이 재신들에게 "마혜적과 같은 이는 총명하면서도 성실하니 매우 가상하다. 짐이 일찍이 더불어 일을 논의했는데 5품 이하 관원들 가운데 이러한 인물이 드물었다"라고 했다. 얼마 안 있어 그를 어사중승으로 발탁했다.[71] 장만공이 우사낭중이었을 때도 세종이 그가 보고하는 것이 명민한 것을 보고 가상히 여겨 얼마 후 형부시랑에 제수한 적이 있었다.[72]

일단 3품 정도의 고관까지 승진하여 재집이 될 인선 대상이 되면, 상서성 영사, 사관이었던 사람들은 임명권자인 황제나 황제에게 재집의 인사를 조언하는 위치에 있는 자신의 후원자이기도 한 기존의 상서성 재집에게 과거 상서성에서 근무할 때 좋은 인상을 주었다면 다른 사람들보다도 재집에 선발되기 쉬웠다.

## 5. 한족 재집의 역할

재집의 역할은 「백관지」에 따르면, 상서령은 기강을 총령하고 재상의 본보기가 되었다. 좌·우승상과 평장정사는 재상이 되어 천자를 보좌하고, 각각의 정무를 명백히 변별하는 일을 관장했다. 한편, 좌승과 우승 및 참지정사는 집정관으로서 재상을 보조하고 상서성의 일을 도와서 처리했다.[73] 하지만 실제로 재상과 집정 간의 업무 분담은 분명하지 않았다.[74] 기왕의 연구에서 재집 집단 전체의 역할에 대해서는 조목조목 다룬 바 있다.[75] 하지만 한족 재집의 역할만을 별도로 고찰한 연구는 거의 눈에 띄지 않는데,[76] 재집에 오른 한족 관료들이 맡았던 역할을 고찰한다면 금 조정에서 한족 관료들에게 기대했던 역할이 무엇인지 파악하는 데도 도움이 될 것이다.

한족 재집이 맡았던 역할은 이들이 재집이 되기 이전의 경력과 불가분의 관계에 있다. 재집이 되기 이전에 전문적인 지식을 쌓아 왔던 영역이야말로 황제가 가장 신뢰하고 자문하고 책임을 맡길 수 있는 영역이기 때문이다. 희종, 해릉왕 시기의 한족 재집들이 재집이 된 이후의 행적에 관한 기사는 많지 않다. 하지만 이 시기 한족 재집은 재집에 오르기 전에 의례 방면에서 활약한 인물이나 한지를 경영한 인물들이 다수였는데, 재집에 이르러서도 이러한 역할을 지속했다고 보는 것이 합리적인 추측일 것이다. 특히, 한기선은 과거의 의례제도에 통달하여 예전의 법조항을 가감하면서 금조의 의례제도를 확립하는 데 지대한 공헌을 했다. 1171년 세종이 연경궁(延慶宮)에 공신의 초상을 그리도록 했는데, 세종은 이때 "본조의 전장제도는 오로지 그의 손에서 나왔다"[77]라고 언급한 바 있다. 또한 이들은 재집이 되어서도 한지의 세금과 노역의 징수, 한관 선발 등에 관한 자문을 제공했으리라고 보인다. 해릉왕 대에 채송년은 호부상서로 있으면서 전매(專賣)와 세수(稅收)를 담당하는 기관을 도성에 설치하고 지폐를 발행했는데,[78] 재집이 된 후에도 계속 이러한 업무를 관장했을 것이다.

한편 세종 이후에는 호부 출신 한족 관원들의 재집 진출이 두드러진다. 세종 이후 재집에 임명된 한족 관원 31명 가운데 3분의 1인 10명이 재집에 임용되기 직전에 호부상서나 호부시랑이었다. 천자오양은 한족 재집의 직전 경력을 논하면서 6부 상서 가운데 이부와 호부의 경력이 가장 중요했으며, 양 부의 상서에서 곧장 재집에 오른 자가 10명이고, 이 가운데 이부상서가 4명, 호부상서가 6명이라고 지적했다.[79]

하지만 필자가 검토한 바에 따르면 이부상서에서 직접 임명된 경우는 3회에 불과하고 호부상서에서 임명된 경우는 8회나 되어서 호부상서에서 임명된 경우가 이부상서보다 2배 이상 많다. 이뿐만 아니라 호부의 차관인 시랑에서 임명된 경우도 두 차례나 있었다. 재집에 오른 관원들은 거의 모두가 관품이 3품 이상이었지만, 호부시랑은 4품임에도 불구하고 재집에 두 차례나 임명되었다는 것은 호부 출신이 중용되었음을 단적으로 나타낸다(〈표 4〉 참조).

세종 때 조망지(曹望之)는 호부상서로 오래 있으면서 성적이 탁월하자 자못 의기양양하여 집정이 되길 엿보았다고 했는데,[80] 이는 당시 호부상서로서 성적이 우월하면 집정이 될 가능성이 컸기 때문이었을 것이다. 임용 직전은 아니라고 할지라도 맹호(호부원외랑, 랑중), 손탁(호부상서), 후지(호부주사), 이혁(호부상서), 장행신(호부상서) 등도 호부에서 근무한 경험이 있었다. 이 밖에 금 말기에 재집에 오른 이복형, 이혜는 호부에서 일한 경험은 없지만 재정 전문가들이었다.[81]

한족 재집에 호부 출신 재정 전문가가 빈번히 임명된 원인은 금의 황제들이 한족 재집에게 기대하고 있었던 역할과 밀접한 관련이 있다. 세종은 상서좌승이었던 석거에게 "여진인들은 항상 빠르게 승진하여 백성들의 고통을 알지 못한다. 경은 일찍이 현승과 주부를 역임하여 백성들의 사정을 잘 알 것이니 백성들의 이익과 해악이 되는 것을 극진히 개진하도록 하라"라고 명한 바 있다.[82]

그런데 호부의 사원들이 맡았던 업무를 열거하자면, 호적(戶籍), 물력(物力), 혼인(婚姻), 계사(繼嗣), 전택(田宅), 재업(財業), 염철(鹽鐵), 주국(酒麴), 향차(香茶), 반석(礬錫), 단분(丹粉), 갱야(坑冶), 각장(榷場), 시역(市易), 도지(度支), 국용(國用), 봉록(俸祿), 은사(恩賜), 전백(錢帛), 보화(寶貨), 공부(貢賦), 조세(租稅), 부고(府庫), 창름(倉廩), 적저(積貯), 권형(權衡), 도량(度量), 법식(法式) 등과 직전(職田) 수급, 관물 몰수, 장부 운영 등의 일이었다. 각종 세금을 거두고 호구를 파악하고 관원의 녹봉을 지급하고 장부와 창고를 관리하는 업무를 맡은 호부의 당관들은 업무상 누구보다도 제국의 세원인 한족 백성들의 생활상과 애환을 파악하고 있는 관원들이었다. 따라서 대부분의 시기에 재집 가운데 여진족이 대다수를 점하고 한족은 한두 명에 불과한 상황에서 금의 황제들은 기꺼이 재집 자리에 호부 출신을 선호했던 것이다.[83]

이뿐만 아니라 호부는 6부 가운데 가장 커다란 조직이었다. 『금사』「백관지」에 따르면, 6부 가운데 예, 병, 형, 공부에는 각기 상서 1명, 시랑 1명, 낭중 1명, 원외랑 1~2명, 주사 2명을 설치했다. 이부에는 낭중이 1명, 주사가 2명 더 추가되었다. 하지만 호부는 인원이 훨씬 많았다. 상서 1명 아래에 시랑이 2명이었다. 낭중은 3명이었는데, 천덕 연간에는 5명으로 늘었다가 금 말기에는 8명에 이르기도 했다.[84] 실무자인 영사의 숫자도 호부가 가장 많았다. 이뿐만 아니라 호부는 영사 가운데 유난히 여진족보다 한족의 비율이 월등히 많은 부서였다.[85] 즉, 호부는 다른 부서에 비해 업무가 과중하고 중요할뿐더러 외부 사람들, 특히 비한족 출신들은 조직을 장악하거나 그 실상을 파악하기가 더욱 어려웠다. 장종은 호부상서 마기를 참지정사로 기용하면서 그를 오랫동안 호부상서에 둔 이유를 "호부는 갑자기 그 적임자를 구하기 어려운 부서"라고 언급한 바 있다.[86] 호부 출신의 한족 재집은 황제가 제국의 재정상태를 파악하고 가장 다루기 까다로운 조직을 관리하는 데 도움이 되었을 것임은 두말할 나위 없다.

따라서 한족 재집의 조언과 활동도 주로 내정, 특히 재정과 농업 등 민생과 밀접한 분야에서 두드러졌다. 금이 개봉으로 천도한 후 내우외환으로 다사다난한 시기에 고여려, 장행신, 서정과 후지는 금 조정의 중임을 맡은 대신[柱石之臣]이었다. 『금사』의 편자는 논찬에서 "(고)여려와 (장)행신이 안에서 구제하고 서정과 후지가 바깥에서 막아 마침내 선종 때 나라가 망하는 것을 면하고 애종 때 다시 10년을 더했으니 인재가 나라에 이익이 됨이 이와 같다"라고 평했다.[87] 주로 내정 방면에서 활약했던 고여려와 장행신뿐만 아니라 서정과 후지가 재집이 된 후에 제안한 의견과 가납된 항목을 보면 거의 대부분 민생과 연관된 항목들이었다.

『금사』에 기재된 서정이 정우(貞祐) 원년(1213) 6월 참지정사에 임명된 이후 건의하여 가납된 주요 상소를 시간순으로 열거하면, 정우 3년(1215) 공명첩과 도첩을 판매해 군량미를 비축할 것을 건의하고, 다음 해 하남의 쌀, 보리가 황하 이북으로 유통하는 것을 금하는 금령을 풀어서 황하 이북의 군인과 백성들의 급함을 풀어 주고, 하동 각 주현에서 유랑하는 농민들을 불러 모아 농사를 권장하게 하고, 관작을 팔아서 식량을 비축할 것을 건의하여 모두 가납되었다. 또 상주를 올려 하북, 산동, 하동의 유랑하는 농민과 흩어진 병사들을 하남으로 옮길 것을 건의하자 황제는 관리를 파견해 이들을 위무하게 했다.

하지만 서정이 군무와 관련해 올린 상소는 항상 받아들여진 것은 아니었다. 서정은 행대상서성에 임명되어 그가 주차하는 곳의 군무를 위임받았다. 그러나 1217년 금은 일방적으로 서정에게 송나라의 정벌을 명하고 상주를 올려 이미 제정한 계획을 수정할 수 없도록 했다. 서정이 송을 정벌해서는 안 되는 여섯 가지 이유를 적은 장문의 상주문을 올려 송나라 정벌에 반대했지만 금 조정은 이를 묵살했다.[88]

한편, 후지는 정우 3년 8월 참지정사에 임명되고 나서 얼마 후 하북, 동평(東平), 비주(邳州)에서 연달아 행성을 다스리며 백성을 위무하면서 각지의 치안을 유지하는 역할을 맡았는데, 그가 상주한 내용은 거의 대부분 현지민의 민생과 관련된 내용이었다. 즉, 정우 4년(1216) 심수(沁水)를 준설하여 식량 운송을 쉽게 할 것을 건의하고, 하북에 기근이 들자 관청에서 쌀을 사는 것을 중지하고 백성들이 마음대로 팔고 운송할 수 있도록 했다. 비주행성으로 옮긴 후인 다음 해 9월에는 산동서로와 산동동로의 남부에 위치한 비주와 해주(海州)의 유랑민들을 모아 둔전하고 가을에는 수자리 부역을 맡겨서 농민들의 생활을 안정시킬 것을 건의했다. 또한 추밀원에서 해주의 군사들에게 식량을 공급하기 어려우니 내지로 옮기길 청했지만, 후지는 농민들에게 시기에 맞추어 농사짓게 하고 소금과 식량을 교역하게 하면 식량 문제를 해결할 수 있다고 하였다. 이러한 후지의 건의는 모두 가납되었다. 금은 흥정 3년(2019) 7월 변경(汴京)을 기준으로 경동(京東), 경서(京西), 경남(京南)을 관할하는 삼로행삼사(三路行三使)를 설치하고 농사를 권하고, 조세를 독촉하고, 군수용 물품과 노역을 징발하고 소금, 철, 술을 전매하는 일을 담당하게 했는데, 후지를 불러 삼로를 총괄하게 했다.[89]

한편, 선행 연구에서 이미 지적했듯이 금의 재집들은 시종일관 군무에 참여하는 특징이 있다.[90] 그 원인은 건국 시기까지 거슬러 올라간다. 태조의 자손과 형제들이 태조, 태종을 따라 정복 전쟁을 벌이고 한편으로는 발극렬에 임명되어 황제와 함께 다스렸는데, 이러한 전통이 상서성 제도가 확립된 희종 대 이후에도 면면히 이어졌기 때문이다. 그런데 군대를 이끌고 전쟁에 참여했던 재집은 거의 예외 없이 여진족 재집이었다. 희종 때 남송을 정벌하고 회수를 송과의 경계로 정한 좌승상 종필(宗弼), 해릉왕의 남정군을 이끌었던 흘석렬양필(紇石烈良弼), 세종 대 남송에 대한 군사 작전을 지휘한 우승상 복산충의(僕散忠義), 북방의 초원 지역을 정벌한 우승상 흘석렬지녕(紇石烈志寧), 장종 연간 북방의 부락에 대한 원정군을 이끌었던 좌승상 협곡청신(夾谷淸臣), 우승상 완안양(完顔襄), 협곡형(夾谷衡), 참지정사 완안예(完顔裔), 태화 6년(1206) 송에 대해 용병할 때 좌부원수였던 평장정사 복산규(僕散揆)와 완안광(完顔匡), 위소왕 대에 몽골과 싸워 오사보(烏沙堡) 전투 그리고 회하천(會河川) 전투에서 패한 평장정사 독길사충(獨吉思忠)과 참지정사 완안승유(完顔承裕), 선종이 남하한 후 남아서 북경 방어전을 지휘했던 우승상 완안승휘(完顔承暉)와 평장정사 말연진충(抹撚盡忠), 애종 시기 몽골과의 싸움에서 황하와 더불어 금의 최후의 보루였던 평장정사 완안합달(完顔合達), 몽골과의 마지막 전투인 채주 방어전을 지휘했던 상서우승 완안중덕(完顔仲德) 등이 모두 여진족이었다.

반면, 한족 재집이 전선에서 군대를 지휘했던 적은 거의 없었다. 해릉왕 대 상서우승 이통이 남벌 준비 작업에 참여하고 전쟁이 시작되자 좌우령군부대도독(左右領軍副大都督)으로 참전한 것과 선종 대에 평장정사 서정이 평양(平壤), 섬서(陝西)에 행성을 설치하고 산서와 섬서의 군무를 일임 받아 몽골군을 막고 송을 정벌하고, 참지정사 후지가 산동의 홍오적(紅襖賊), 이전(李全), 왕여림(王汝霖)의 반란을 진압한 것이 거의 유일한 예외이다.[91] 금의 황제는 여진족은 군무에, 한족 재집은 재정과 민생 문제에 적극적으로 참여하도록 하여 재집 간에 민족에 따른 분공을 했던 것이다.

# 6. 변동하는 한족 기용 정책

이 글에서는 금대 한족 재집의 총수를 확정하고, 시간의 흐름에 따라 이들 한족 재집의 출신, 경력 및 역할을 검토하면서 선행 연구의 오류를 시정하고 미비점을 보완하였다. 우선, 한족 재집의 숫자와 관련하여 선행 연구의 사료 해석 문제를 지적하고 금대 한족 재집의 총수는 44명이었음을 밝혔다. 출신을 본다면 금 전기 이래 거란의 고지 출신, 특히 연운 출신의 진출이 두드러지지만 유독 해릉왕 대에는 옛 북송 지역 출신 숫자가 연운 출신에 비견할 만했던 점을 지적하였다. 이와 같이 해릉왕 시기에 북송 출신 재집이 많아진 원인은 해릉왕은 남정을 위해 중원과 송의 사정에 밝은 관료들이 필요했기 때문이었다. 그리고 위소왕 시기 이후 눈에 띄게 옛 거란 지역 출신이 급감하고 옛 북송 지역 출신이 대다수를 차지한 원인에 대해 금대 과거제의 정착에 기인한다고 하는 선행 연구의 결론은 통계상의 잘못에 따른 것임을 지적했다. 필자는 그 원인은 금이 연운 출신 사대부들을 중용했음에도 불구하고 몽골이 연운 지역을 장악하자 연운 지역 엘리트들이 몽골의 금나라 공략에 적극적으로 가담하였을 뿐만 아니라 금의 강역이 중원 지역으로 축소됨에 따라 이 지역의 실정에 익숙한 옛 북송 지역 출신 인사들을 중용했기 때문이라고 주장한다.

한족 재집의 경력은 세종 시기를 전후하여 변화가 두드러진다. 세종 이전의 한족 재집은 주로 송, 거란의 관료 출신으로 여진 엘리트들이 생소한 조정 의례나 외교상의 의전 방면 전문가이거나 한지를 경영하던 행대상서성에서 근무한 경력이 있는 사람들이었다. 하지만 세종 이후부터는 재집에 임명되는 사람들의 경력이 정형화되는 경향이 등장했다. 금이 설치한 과거의 진사 출신으로서 상서성에서 영사와 사관으로 근무하면서 황제 및 재집과 밀접한 관계를 맺었던 사람들이 주로 재집에 임명되었다. 또한 금의 통치자들은 국민의 대다수를 점할 뿐만 아니라 제국의 세원이기도 한 한족의 민생 문제에 밝은 호부 출신이나 재정 전문가들을 재집에 기용하는 것을 선호했다. 재집의 경력과 관련하여 선행 연구에서 사관의 경력의 중요성에 주목하지 않은 점을 시정하고 호부 경력의 중요성에 관해 과소평가한 점을 지적했다.

또한, 종래 재상에 관한 연구에서는 민족에 따른 역할 분류에 대한 언급이 부족했는데, 필자는 재집에 등용된 다음에도 한족 재집이 맡은 역할은 이들이 재집이 되기 전까지 경력을 쌓았던 방면에서 돋보였음을 지적했다. '정강의 변' 이후 휘종과 흠종을 따라와서 포로 생활을 하다가 도망쳐 송나라로 귀환했던 조자지(趙子砥)는 자신의 견문록인 「연운록(燕雲錄)」에서 금에서는 "병권과 전곡(錢穀)이 있으면 우선 여진, 다음에는 발해, 다음으로 거란, 다음으로 한아(漢兒)를 기용했다"라고 했다.[92] 금 전 시기를 돌이켜보면 조자지의 주장은 절반만 맞은 셈이었다. 금은 비록 군대를 지휘하는 장수에는 여진족을 임명하였지만, 전곡을 포함한 재정 문제는 한족 재집을 기용해 맡겼다.

비트포겔은 일찍이 중국을 정복했던 민족이 중국에 동화되었다고 주장하는 통설에 이의를 제기한 바 있었다. 그에 따르면 요, 금, 원, 청 등 이른바 정복 왕조들은 정도의 차이는 있지만 정복한 중국 사회에 동화되지 않고 고유의 경제활동, 사회구조, 풍속, 종교 등을 유지함으로써 제국의 각 방면에서 사회, 문화적인 공생 관계가 형성되었다.[93] 금의 경우 여진인들 사이에서 여진 문자를 이용하고, 여진식 복장과 두발, 성씨를 유지하고 한족과의 통혼을 금하는 정책을 추진한 점 등이 그 예라고 할 수 있다.[94] 이 글에서 볼 수 있는 바대로 금 제국의 통치자들이 한인 재집의 숫자를 여진족 재집에 비해 소수로 제한하고 한인 재집의 역할을 한인의 통제, 한인으로부터의 자원 획득, 한족 왕조의 외교나 의전상의 지식 활용 등의 방면에 제한하고 있는 점도 금의 정복 왕조로서의 성격을 보여 주는 한 예라고 할 수 있다.

제9장

# 금의 다민족 제국 건설과 제천의례 정비

김한신 • 경남대학교 사학과 교수

# 1. 금의 중원 통치 전략과 제천의례 정비

퉁구스계 종족인 여진족의 수장 아골타가 건국한 금(1115~1234년)은 거란을 멸망시키고 고려와 서하를 복속시켰으며 특히 북송을 강남으로 몰아내고 중원 지역을 차지하였다. 중원 지역은 당송 시기 한족 문화의 핵심 지역으로서 소수의 여진족 통치 집단은 문화적 우월성을 기반으로 그들에게 적대적이었던 절대다수의 한족을 통치해야 하는 부담감을 지니게 되었다.

기존의 전통적 관점에서는 제3대 황제 희종 이래 금 통치자들의 국가체제 개혁은 대체로 중원 문화의 적극적인 수용, 즉 소위 "한화(漢化)"를 추구하였다고 설명한다.[1] 즉, "해릉왕이 지금의 베이징인 연경으로 천도한 것은 한화 정책의 정점으로, 이후 여진족 통치 계급뿐만 아니라 사회 문화 전체에 걸쳐 급속한 한화가 진행되었다. 비록 이후 금 황제들은 여진인이 옛 풍속과 언어 및 문화를 잊지 않도록 여러 차례

몸소 모범을 보이면서 훈계하였지만, 그들 역시도 한족의 여러 제도와 문화의 도입을 전면적으로 부정하고 과거로 복귀하고자 하였던 것은 아니었다"[2]고 한다.

그러나 희종과 해릉왕 시기 금의 국가체제 개혁에 대한 최근 연구에 따르면, 그것은 일방적인 한화 정책이었다기보다는 '다민족 국가의 통일'을 이루기 위한 정책의 성격이 강했다고 한다.[3] 그리고 그 개혁의 효과는 오히려 개혁을 반대하였던 세종 시기 번영의 기반이 되었다고도 평가된다.[4] 금이 자신들의 발원지에서 거주하던 시기에는 관습적인 법률과 부족적인 관료체계를 통해서 통치가 가능하였다. 그러나 중원에 입성한 이후 성문화된 법률과 체계적인 관료체제에 의한 통치에 익숙한 중원의 한족 및 거란과 서하의 주민들을 상대하기 위해 당시 동아시아 사회에서 보편적 가치를 인정받고 있던 중국의 법률과 관료체제를 수용하였다. 해릉왕의 일방통행적인 급격한 중원 국가체제의 도입을 거부하고 여진인의 고유한 풍속 유지에 노력하였다고 알려진 세종과 장종 또한 유가사상 보급을 통해서 통치의 안전성 확보에 적극적인 노력을 기울였다. 게다가 전성기인 세종과 장종 시기부터 발견되기 시작하는 여진인의 사치풍조와 상무정신 상실은 유목 민족과 한족을 분리하고자 하였던 맹안모극 체제의 철저하지 못한 시행과 정책적 실패에서 기인한 것으로서, 청대의 만주족 팔기제도의 성공적 유지와 대조된다. 요컨대 금에서 시행한 국가체제의 개혁은 다민족 사회를 조화롭게 유지하기 위한 체제 개혁이다. 즉, 과거 중원 왕조의 국가체제를 기본으로 하되 여러 유목 민족의 관습적 질서를 그 틀 속에서 융합하고자 한 것으로 이해할 수 있다.[5]

이 연구에서 주목한 금의 제천의례 역시 다민족적 국가체제 확립이라는 금의 개혁 방향과 일맥상통하는 사례라고 할 수 있다. 금 정권은 중원 왕조의 의례제도를 계승하여 중원 전통 예제를 핵심으로 하면서도 여진족 고유의 민족 예속을 겸용한 독특한 의례체제를 구축하였다고 평가된다.[6] 한편, 샤머니즘적 신앙관습을 지니고 있던 여진족이 중원에 들어와 중원의 예악체제와 종교(유교, 불교, 도교)를 받아들이게 되면서 샤머니즘적인 종교관습은 점차 공식적인 무대에서 사라지는 것처럼 보인다. 지금까지 이러한 현상에 대해서는 샤머니즘을 미개한 번속(蕃俗)으로 인식하였던 반면에 중원의 예악과 종교를 보다 문명화된 종교사상으로 간주하면서, 소위 '한화'라는 문명화 과정을 거친 여진족들이 고유의 신앙을 방기하고 선진적인 종교사상을 적극적으로 받아들인 것으로 설명하였다.[7] 그러나 표면적으로 보면 샤머니즘 신앙 형태가 공식적인 국가 제사체계에서 사라진 듯 보이지만, 실제 내용을 들여다보면 『예기』에서 규정한 유교적인 제사의 범주에서 벗어난 새로운 형태의 제사의례가 발견된다.

이 글에서는 우선 금이 다민족적 제국 건설을 이루기 위해 어떠한 방식으로 국가체제를 개혁하고 종교 정책을 시행하였는지 살펴보도록 하겠다. 그리고 이들 정책에 공통적으로 나타나는 특징인 보편성과 포용성 추구가 국가 제사의례의 개혁에 어떠한 형태로 등장하였는지 살펴보고자 한다.

# 2. 금의 중원 지배와 제도적, 종교적 다양성

## 1) 금의 중원 지배와 다민족 사회 체제 구성

1115년 여진 부족 완안부의 족장 아골타가 건국한 금은 자신들을 핍박하던 거란을 공격하기 시작하였고, 1122년에는 내산(來山)에서 거란 천조제의 70만 대군을 물리쳤다. 그 결과 1125년 마침내 금은 거란을 중앙아시아로 축출하였다.[8] 한편 이에 앞서 금은 1120년 송과 '해상의 맹약'을 체결하여 거란을 협공하자고 약속하였으나 송군이 강남 지역 반란 진압에 몰두하느라 출병을 차일피일 늦추었다. 결국 송은 뒤늦게 출병하였음에도 쇠락한 거란의 천조제 군대에 연전연패하였다. 그럼에도 불구하고 금은 그 맹약을 존중하여 연운 16주 중에서 연경 이남의 일부를 송에 양도하였지만, 송은 거란의 잔존 세력과 결탁하여 연운 16주의 완전한 회복을 꾀하는 전략적으로 잘못된 판단을 하였다. 약속

불이행을 명분으로 삼아 금은 드디어 두 차례에 걸쳐 중원으로 출병하였고, 결국 1127년 1월 금군은 북송의 수도 개봉을 함락하고 휘종과 흠종 이하 황실 구성원과 고관대작들을 모두 잡아 북으로 끌고 가는 소위 '정강의 변'이라는 수모를 송인들에게 주었다.

거란에서도 완전하게 성공하지 못했던 유목 민족의 중원 지배를, 게다가 경험이 전혀 없는 신생 국가가 시도한다는 것은 상당히 무모한 일이었다. 그러나 금은 우선 거란과 북송의 관료 및 행정 제도를 여진족 고유의 부족 제도와 조화를 이룬 효율적인 제도로 만들어 건국 초기의 상황을 안정시키고자 하였다.

금 초기에는 황제를 보필하는 4명의 발극렬(勃極烈)이 있었다. 금의 영토가 남쪽으로 확대되자 태종은 거란의 남북면 관제와 비슷한 관제를 두어 이원적 정치를 시작하였다. 즉위한 다음 해인 1136년 희종은 발극렬 제도를 폐지하고 상서, 중서, 문하의 3성제를 주요 골격으로 하는 중국식 관제로의 이행을 전면적으로 시행함으로써 여진의 부족제적 관행을 약화시켰다.[9] 그러나 3성제는 해릉왕 시기에 이르러 중서성과 문하성을 폐지하고 상서성으로 일원화하였는데, 이를 통해 금은 당과 송의 제도적 골격을 따르되 통치의 편의에 따라 변형하기도 하였음을 알 수 있다.

한편 희종은 지방 행정 제도에 있어서도 경(京), 로(路), 부(府), 주(州), 군(軍), 현(縣)으로 이루어진 중원의 제도를 채택하였다. 경과 로, 부에는 각각 유수사(留守使)와 병마도총(兵馬都總), 부윤(府尹)을 두었다. 주와 군에는 절도사(節度使)와 방어사(防禦使), 자사(刺史)를 임명해 군사와 행정을 함께 담당하도록 하였다. 현에는 현령(縣令)을 두어 민정만 담당하도록 하였다. 이러한 금의 지방 행정 제도의 특징은 현령을 제외한 상급 행정 단위에서는 군정과 민정을 함께 담당하도록 하였다는 것이다. 이는 중국식을 채용하면서도 여진의 군정합일 체제 습속을 그대로 유지하였다는 특징이 있다.

금은 백성을 관리하는 행정기구에 있어서도 중원의 제도를 채용하되 다민족적 사회에 적합하게 변형하여 시행하였다. 건국 초기에 금은 여진족의 군사동원 체제에서 기원한 맹안모극제를 여진인 전체를 대상으로 확대 시행하여 행정적 기능을 겸하도록 하였다. 이후 거란의 강역을 접수하면서 다수의 한족과 거란인 그리고 발해인이 금의 지배 아래로 들어가게 되자, 금은 정복 전쟁을 지속하기 위해 임시방편으로 맹안모극제를 다시 확대하여 새로 귀부한 자들을 그 체제에 편입시켜 관리하였다.

그런데 북송이 멸망하여 금의 강역에 평화가 정착되자 맹안모극제는 다시 여진인, 거란인과 같은 유목민만을 대상으로 범위를 축소하고, 한인이나 발해인 등은 본래의 소속으로 되돌려 놓았다. 따라서 중원의 한인뿐만 아니라 점차 요동의 한인과 발해인은 맹안모극을 세습할 수 없도록 하였으며, 더 나아가 한인과 발해인은 맹안모극호가 될 수 없도록 하였다.[10] 대신 한인과 발해인 등은 중원의 주현제(州縣制)에 소속시켜 점차 각 민족의 고유한 습속을 존중하고 민족적 다양성을 포용하는 방향으로 정책을 발전시켰다.

법률 제정 과정에 있어서도 금은 여진족의 관습법을 줄이고 단계적으로 거란이나 송의 법률체계를 도입하였다. 상대적으로 단순한 사회구조와 부족제 전통이 강한 여진족만을 지배할 때는 자신들의 생활환경에 적합한 관습법에 의한 통치가 효율적이었다. 그러나 복잡하고 다양한 민족과 사회를 흡수하게 되면서 기존의 부족제적 관습법만으로는 해결할 수 없는 상황들이 전개되었다.

따라서 금의 통치 영역이 중원 지역으로 깊숙하게 확대되면서 다양한 문화적 배경을 지닌 주민들을 효과적으로 통제할 수 있는 보다 보편적인 법제도의 적용이 요청되었다. 당시 중국을 비롯해서 고려나 일본과 같이 동아시아의 다양한 지역 사회에서 보편적으로 널리 통용되고 있었던 당송의 법률체계는 다양한 민족을 포괄적으로 통제할 수 있는 가장 유용한 수단이었다. 특히, 다민족적 세계 제국을 건설하였던 당대에 완성된 당률(唐律)은 보편타당성으로 인하여 당시 고려나 일본에서도 법률체계의 근간을 이루었다.

송대를 거치면서 더욱 정교화된 중원 왕조의 법률체계는 인체를 손상하는 잔인한 신체형이 극히 제한되고 통치 계급의 자의적인 처벌을 금지하고 있었다는 측면에서 볼 때 당시로서는 전 세계를 통틀어 가장 '선진적인' 법령이었다고 할 수 있다. 오랜 기간 동안 선진적인 법령의 지배를 받았던 한족들을 효율적으로 그리고 장기간 통제하려면 그들의 법률을 채택해야만 했다. 그 결과 희종 황통 연간(1141~1148년)에는 여진의 구제도에 수와 당, 거란, 송의 법률을 참조해 금조의 법률 서적인 『황통제(皇統制)』를 편찬하였다.[11]

다른 한편으로 북방 유목 민족들은 기존과 같이 맹안모극제 체제하에서 관리하였다. 이는 거란의 이원제와 같은 성격으로 사법적 처리에 있어서 민족에 따라 남북이원(南北二院)의 분치 정책을 시행하였다.

중국 학계에서는 거란과 금의 법치제도 개혁에 대해서 초기에는 주로 유목 민족의 관습법이 사용되다가 한인 및 다양한 민족의 지배를 위해서 성문법인 한법(漢法)을 채용하기 시작하여 두 법률체계가 공존하다가 시간이 지나면서 관습법은 성문법 체계 속으로 융합, 흡수된다고 설명하고 있다.[12] 그러나 유목 민족적 관습법에서 한법, 즉 성문법으로의 전환은 급속도로 이루어진 것은 아니었다. 유목 민족적 생활 기반이 유지되는 곳에서는 성문법을 강제적으로 적용해도 유목 민족의 관습법이 상당 기간 유지되었다.

사실, 거란이나 금 그리고 원과 같은 소위 정복 왕조의 유목 민족 사회에서는 관습법적 지배가 오랜 기간 유지되었다. 중원으로 이주한 유목 민족들은 한인과의 경쟁에서 밀려나게 되고, 자신들의 고유한 생활 기반을 상실하게 되면서 중원 지역에서 상대적으로 빠르게 관습법적 지배가 퇴색하게 되었다. 그러나 세종이나 장종과 같은 여진 통치자는 민족 분치를 강력하게 추진하여 끊임없이 이들을 다시 본래의 관습법적 질서 속으로 돌아오도록 유도하였다. 게다가 자신들의 고유한 생활 방식이 유지되었던 장성 이북 유목 민족들의 경우에는 금의 중원 지배 이후에도 여전히 온전하게 관습법적 지배를 받았다. 다만, 금은 민족 분치를 시행하면서도 피치 못하게 빈번히 발생한 민족 간의 분쟁을 조정하고 다민족 국가 전체의 원활한 통치를 위해서 관습법의 상위법 개념으로서 보다 포괄적인 성문법의 편찬을 시도하였던 것으로 추정된다.

요컨대 희종 이후 금 통치자들이 중원 왕조의 관료 제도, 행정 제도 그리고 법률 제도를 적극적으로 수용하였던 것은 다민족 사회의 다양한 생활양식에 보편적으로 적용 가능한 통치 방식을 강구하였기 때문이다. 따라서 이러한 개혁 과정을 단순히 '중국화' 또는 '한화'라고 규정

짓기보다는 태종 이후 전개된 다민족 사회를 효율적이고 안정적으로 지배하기 위한 사회체제 개혁이었다고 보는 것이 더욱 그 본질에 가까울 것이다.

### 2) 금의 종교 정책: 샤머니즘, 불교, 도교

여진인은 자신들의 고유한 종교인 샤머니즘을 중시하면서도 중원의 종교인 불교나 도교 그리고 유교에 대해서 관용과 통제를 적절히 섞어 가며 자신들의 중원 통치에 기여하도록 만들었다.[13]

샤머니즘은 다신교이고 자연 만물에 신령이 깃들어 있다는 애니미즘적인 원시 종교의 특성을 지니고 있다. 주술적, 종교적 직능자인 샤먼(shaman)은 초자연적 존재와의 직접적인 접촉 및 교섭을 통해 점복과 예언, 치병, 제의, 사령의 인도 등을 행한다. 금의 여진인들이 숭배했던 샤머니즘 역시 자연 만물에 대한 숭배 관념이 있었는데, 특히 천신 숭배 관념이 강하였다. 샤먼도 금의 샤머니즘에서 중요한 존재였다.

그러나 여진인이 중원에 들어와 중원의 종교를 받아들인 이후의 기록을 보면 샤머니즘의 역할과 활동 공간이 점차 축소된 것으로 보인다. 이러한 현상에 대해서 기존 연구에서는 보다 수준 높은 교리와 체계적인 조직을 갖추고 있었던 중원의 종교에 의해서 원시적인 샤머니즘이 그 활동 영역을 잠식당했다고 보았다. 실제로 금의 지배층 중에는 적극적으로 불교나 도교를 숭배하여 만년에 출가하여 도사나 승려와 같은 전문적 종교인이 된 경우도 적지 않았다. 그럼에도 불구하고 샤머니즘은 민족적 구전설화나 금 건국 초기 통치자들의 전설적인 이야기의 핵심적 요소였기에 민족적 정체성과 결부되어 쉽게 사라질 수 있는 것이 아니었다. 비록 불교나 도교가 여진인의 종교적 심성과 일상생활 속에서 강력한 영향력을 발휘한 것은 사실이지만, 샤머니즘 또한 그들의 전통적인 일상생활과 밀접하게 연결되어 여전히 강력한 영향력을 발휘하고 있었다.

한편, 샤먼이 주재하는 샤머니즘적인 종교의례는 중원 왕조에서도 전통적으로 중요시되었다. 당대 행정체계를 규정하고 있는 『당육전(唐六典)』에는 행정부 내에서 점을 치거나 당승(堂贈) 또는 대나(大儺)와 같이 악하고 불길한 기운을 내쫓는 의례를 담당하는 무사(巫師) 15인이 등장한다.[14] 행정기구 내에서 활동하는 무사의 존재는 『주례』부터 등장하기 시작한다. 당대의 제도는 수대를 계승한 것이며, 송대에 이르면 정규 행정체제 내에서 무격의 존재가 사라진다.[15] 그러나 민간 사회에서 무격은 소위 민간 신앙의식의 주재자로서 사람들의 종교적인 삶과 밀접한 관련이 있기 때문에 여전히 강력한 영향력을 미치고 있다.

여진 샤머니즘의 구체적인 모습은 당시 기록을 통해 알 수 있다. 샤머니즘은 금 건국 관련 전설에서 중요한 요소로 작용하고 있다. 특히, 영적인 체험을 하는 내용의 현몽류 전설이 많다. 예를 들어 태조 아골타의 전설적인 일화와 관련되어 다음과 같은 이야기가 전해진다.

"아골타의 형인 강종은 꿈에서 이리를 쫓았는데 여러 차례 활을 쏘았지만 적중하지 못했다. 그런데 아골타가 앞에서 쏘니 적중하였다. 다음날 꿈꾸었던 것을 보좌하는 이에게 물어보니 사람들이 모두 말하길, '길하다. 형이 얻지 못하니 아우가 그것을 얻는 징조이다'라고 하였다. 그달에 강종이 사망하고 아골타가 작위를 이어받아 도발극렬(都勃極烈)이 되었다."[16]

태조 아골타와 관련된 이러한 이야기는 태조의 비범함을 강조하면서 그의 왕위 계승이 신령한 힘에 의해 예정되어 있었음을 분명하게 보여 준다. 물론, 왕조의 창업자와 관련된 전설적인 이야기는 거의 모든 왕조에서 등장하는 공통적인 현상이지만, 금의 경우에는 신비로운 체험과 전조 등이 보다 빈번하게 등장한다.[17] 이러한 현상은 중원으로 들어오기 이전 역사적 사실에 대한 여진인의 사고가 분명하게 투영된 것이다. 이들 전설을 통해 금 초창기 여진인 황제들에 대한 이야기를 사실 그대로 전달하는 것이 아니라 보다 신비하게 설명하고자 하였던 의도를 찾아볼 수 있다. 특히, 태조와 관련된 전설에서 신비로운 현상들이 두드러진 것은 샤머니즘적 인식이 강하게 작용하였던 금 초기의 상황과 밀접한 관련이 있다.

여진인 사회에서 샤머니즘은 여러 가지 중요한 기능을 담당하였다. 우선, 의약의 보급이 미비하였던 여진인은 전통적으로 질병 치료에 있어 샤먼의 역할에 전적으로 의존하였다.

"질병을 치료하기 위해 의술이나 약을 쓰지 않고, 무격이 축원을 하였다. 병이 나면 무격은 돼지나 개를 죽여 병을 물리치고자 하였다. 혹은 수레에 병자를 싣고 깊은 산이나 큰 계곡으로 가서 질병에서 벗어나도록 하였다."[18]

사람들이 가장 중요시하는 질병의 치료를 샤먼이 담당한 것은 그 사회의 의학 수준이 낮은 것도 이유이겠지만, 오랫동안 특정한 사회적 계층이 세습하여 의료를 담당하면서 자신들만의 치료와 관련된 지식의 축적이 있었기 때문에 가능했을 것이라 생각된다. 특히, 병자를 수레에 실어서 인가에서 멀리 떨어진 곳으로 격리시킨 것은 병자에 대한 치료의 목적과 더불어 그 질병이 여진 사회 내에 집단적으로 전파되는 것을 방지하고자 하였던 것으로, 오늘날 의학적 상식과도 일치한다. 이 밖에 샤먼의 중요한 기능은 사람들에게 신의 뜻을 전달해 주는 것이다. 자식의 점지와 같은 기복에 대한 신의 반응은 샤먼을 통해 바로 소원하는 이에게 전해졌다.

> "소조(昭祖)는 오랫동안 자녀가 없었다. 어떤 무격이 능히 신의 말을 전할 수 있으며, 매우 영험하다고 하여 무격에게 가서 기도하였다. 무격이 한참 지난 후에 말하길 '남자 혼이 도달하였습니다. 이 아들은 복덕이 아주 후해서 자손이 창성하니 절하고 혼을 받을 만합니다. 만약 태어난다면 이름을 오고내(烏古迺)라고 짓도록 하십시오'라고 하였다. 이 아이가 경조(景祖)이다."[19]

태조 아골타의 조상인 소조와 관련된 기사에서 무격의 가장 중요한 역할이었던 신의 말을 전달하는 능력에 대한 구체적인 모습을 살펴볼 수 있다. 위 기사는 여진인이 중원에 들어오기 한참 전의 전통적인 샤머니즘적 종교관을 보여 준다.

여진의 무격은 원수 집안을 저주하여 쇠퇴하도록 만들 수도 있었다.[20] 여진의 습속에 살인에 대한 복수를 하거나 재산을 약탈하는 전쟁을 할 때는 반드시 무격을 파견하여 무술(巫術)을 행하도록 하였다. 요컨대 여진 사회 속에서 샤머니즘의 기능은 매우 다양하였고 그들의 삶에서 막대한 비중을 차지하고 있었다고 할 수 있다.

샤머니즘은 다신교적인 종교적 특성과 상대적으로 포용적인 교리를 지니고 있었기 때문에 여진인은 중원의 새로운 종교를 비교적 용이하게 받아들일 수 있었다. 게다가 불교나 도교 역시 다신교로서 포용적인 성격을 지니고 있었기에 샤머니즘과 중원의 종교는 종교 간의 분쟁이나 마찰 없이 평화로운 공존이 가능하였다. 여진 통치자들 역시 특정 종교를 배타적으로 지원하는 것보다는 사회적 안전 유지와 금 통치에 대한 기여 여부를 기준으로 여러 종교에 대해서 포용적 입장을 견지하였다. 반면에 만약 사회 안전에 위해하거나 금 통치에 저항하는 종교가 있다면 가차 없이 가혹하게 탄압하였다.

중원의 종교 중에서 불교는 금 건국 이전에 이미 여진 내지에 전해졌다. 불교를 숭배하고 믿었던 발해나 거란에 인접하였던 여진인이 불교를 받아들인 것은 자연스러운 일이었다. 그러나 국가 차원에서 불교를 지지하는 것은 다소간의 시간이 필요하였다. 금 태종 천회(天會) 원년(1123)에 상경 경원사의 승려가 불사리[佛骨]를 헌납하였으나 금 태종은 거절하고 받지 않았다.[21] 또한 태종은 관헌의 허락 없이 사사로이 승니가 되는 것을 금지하는 조서를 내리기도 하였다.[22] 이러한 모습은 아직 금 조정 차원에서 불교에 대해 공식적인 지지를 보내지 않았음을 보여 준다.

희종 이후 불교는 급속히 일어나 발전하였다.[23] 희종 본인이 불교를

〈그림 1〉 석륵(石勒)이 서역 고승의 설법을 듣는 장면. 후조(後趙)의 황제 석륵의 모습을 그렸으나 이 그림은 금나라 황실의 모습을 반영하고 있다. 「석륵청강도(石勒聽講圖)」의 일부.

숭배하였으며, 이후 금 황제들은 모두 불교에 대해 존숭하는 태도를 견지하였다. 이러한 국가적 차원의 후원으로 수도인 연경에는 불사가 숲을 이루었고 승려나 비구승의 사회적 지위는 상당히 높았다. 특히, 황실 여성들 중에는 독실한 불교 신자가 많았다. 금 세종의 모친인 정의태후(貞懿太后)는 남편인 완안종보(完颜宗輔)가 사망한 후 랴오양(遼陽)의 청안사(淸安寺)에서 출가하여 비구니가 되었다. 금 세종의 부인인 소성황후(昭聖皇后)는 평생 불경 읽는 것을 즐겨하였다고 알려져 있다.[24] 이 밖에도 세종은 대정(大定) 초년(1161)에 해릉왕 시기에 진행된 전쟁과 내전으로 인해 초래된 재정적 어려움을 극복하기 위해 승려와 도사, 비구승, 여관(女冠)에게 도첩을 팔았다. 이후 계속해서 승려나 도사가 되려는 사람들을 위해 여러 가지 정책을 제공하였다.

그럼에도 불구하고 금 세종 본인은 불교에 대해서 철저하게 객관적인 인식을 가지고 있었다. 그는 개인적으로 불교를 믿지 않았고,[25] 점차 과세 면제를 위한 승적 취득이나 불사 증가로 인한 토지 부족 등의 현상을 제한하고자 금지령을 내리기도 하였다. 사실 세종 대 이후 불교 신자의 증가는 통제 밖에 있었고, 때때로 불교 신앙은 금의 통치에 반대한 세력들을 규합하는 구심점 역할을 하였다.[26] 더 나아가 불교 승려가 직접 반금(反金) 투쟁을 이끄는 경우도 발생하자[27] 금 세종과 그 뒤를 이은 금 장종은 불교의 팽창과 발전을 억제하는 조치를 강화하였다. 비록, 세종의 불교 정책은 일관되게 시행되지 않아 후원과 통제가 거듭해서 번복된 것으로 보이지만, 사실은 금의 안정적인 중원 통치라는 대의를 정책 결정의 기준으로 삼아 행했던 조치라고 이해할 수 있다.

중국 중원의 토착 종교인 도교에 대한 금의 대응은 불교에 대한 대응과 유사하였다. 즉, 금의 중원 통치에 대한 기여를 기준으로 도교를 지원하거나 통제하였다. 금 시기 도교는 전진교(全眞敎), 대도교(大道敎), 태일교(太一敎)의 세 갈래로 나누어져 있었다. 소위 신도교(新道敎) 3파라고 알려진 이들 교단은 모두 금 시기에 시작된 일종의 도교 혁신운동의 산물이었다. 특히 이들은 공통적으로 윤리적 실천을 강조하여 당시 지나치게 세속화된 도교의 기강을 바로잡고자 하였고, 이러한 혁신운동은 당시 민중의 열렬한 환영을 받았다. 새로워진 도교 3파는 금 조정의 지지를 받았다. 금 조정은 이들 교파의 도사들을 번갈아 궁전에 불러 위로하고, 도관 증축이나 개축을 위한 자금을 제공하였다. 전진교의 도사인 왕처일(王處一)과 구처기(丘處機), 태일교의 소포진(蕭抱珍) 그리고 대도교의 유덕인(劉德仁)을 개별적으로 불러 극진하게 대접하고 위로하였다.

금이 도교를 존숭한 이유는 당시 많은 한인 사인들이 금 통치에 불만을 품고 도교에 귀의하였으며, 민중 사이에서 도교가 열렬한 숭배를 받고 있는 사실을 의식한 결과였다. 한편으로 금 조정은 도사들이 오랜 수련을 통해 지니게 된 특별한 영적 능력을 통해 황실 가족의 질병 치료나 후사 기원, 재액의 벽사와 같은 실질적인 도움을 얻고자 하였다. 따라서 금 황실은 저명한 도사를 황궁으로 불러들여 단을 설치하고 제의를 거행하도록 하였다. 그들은 황제나 조정 대신들에게 도(道)에 대해 강연하거나 수련법을 전수해 주기도 하였다.

한편 도교가 대중적 지지를 받게 되면서, 불교의 경우와 마찬가지로 금의 통치에 반대하는 도당들이 반금 활동을 위한 구심점으로 도교를 활용하였다. 금 세종은 일찍이 좌승(左丞) 석거(石琚)와 함께 도교나 불교와 같이 종교의 외피를 쓴 민중 반란의 원인에 대해서 대화를 나누었다.

> "금 세종이 재상에게 '남방에는 아직도 반란이 많은데, 어찌 된 일인가?'라고 하였다. 좌승 석거가 말하길 '남방의 무뢰한 도당들은 거짓으로 불교와 도교에 의탁하여 괴이한 환술로 사람들을 미혹시킵니다. 어리석은 백성은 무지하여 마침내 범법을 저지르게 됩니다'라고 하였다."[28]

이러한 인식을 기반으로 장종은 명령을 내려 사적으로 출가하여 도사가 되는 것을 금지하였다. 또한 대중을 미혹시키고 백성을 어지럽힌다는 이유로 도교 교파의 활동을 금지하기도 하였고, 사적으로 암자를 짓는 것도 금지하였다. 이러한 조치로 인하여 도교 세력이 약화되어 도교가 더 이상 금 통치에 무해하게 되면서 다시 도교 교파의 도사들을 불러 위로하고 도관 증개축을 위한 비용을 제공하였다. 이 밖에도 도교

각 교파의 지도자들에게 높은 관직과 후한 봉록을 제공하였다.

금 사회에서 불교와 도교가 급속하게 성장하여 여진인들 중에서 신자가 빠르게 증가하면서 샤머니즘에 대한 중요성은 상대적으로 줄어들었다. 그러나 샤머니즘은 여진인의 일상생활 속에서 여전히 상당한 영향력을 지니고 있었다고 추정된다. 금 통치자들은 샤머니즘이 여진 사회에 상당한 영향력을 행사하고 있다고 믿었기에 한인 사족들을 비롯한 일반 대중이 믿는 불교와 도교를 후원하여 반금 정서를 완화하고자 하였다. 금 통치자가 불교와 도교를 후원한 또 다른 이유는 금 통치하에 있었던 거란이나 발해인이 믿는 종교인 불교와 도교를 지원함으로써 다민족적 제국으로 발전하고자 하였기 때문이다. 금 통치자는 불교나 도교가 반금 운동의 구심점이 되어 금에 충격과 타격을 주면 승려나 도사가 되기 위한 통로를 막고 사원 건물의 증개축을 금지함으로써 불교나 도교의 팽창을 억제하였다. 그러나 억압 정책으로 인해서 종교활동이 지나치게 위축되고 불교나 도교가 더 이상 금의 통치에 위협이 되지 않는다고 판단되면 다시 후원을 재개하였다.

종교적 가치 그 자체가 아니라 각각의 종교가 다민족적 제국 통치에서 지닌 실질적인 효용성을 기준으로 종교 정책을 결정하였던 금은 중원 왕조의 유교적 제사체계를 받아들이는 것에 있어서도 일방적으로 받아들인 것만은 아니었다. 그들은 자신들의 중원 통치에 기여할 수 있고 다민족적 제국에 대한 지향에도 적합한 방식으로 유교적 제사의례 체계를 구축하였다.

## 3. 유교적 국가 제사체계 확립과 금 제천의례의 특징

### 1) 금의 유교적 국가 제사체계 확립

중국의 역대 왕조는 유교 경전인 『예기』에 기반을 둔 의례제도의 존숭과 수행을 통해 통치의 정당성을 확보하고자 노력하였다. 중원으로 들어온 이후 금 역시 기존의 중원 왕조가 수행해 온 바와 같이 천(天)에 대한 제사의례를 비롯한 유가적 의례제도 전반을 도입하였다. 그런데 여진 사회의 관습적인 부족 의례에서 유가적 의례의 도입과 전환은 쉽게 이루어질 수 있는 것은 아니었다. 특히, 해릉왕의 한화 정책에 대한 여진 귀족의 반발에서 볼 수 있듯이 부족제적 전통의 폐기와 중원 왕조 제도로의 전환은 기존 여진 사회의 지배자인 귀족 계층의 극렬한 저항을 야기했다. 따라서 금의 의례 개혁, 즉 유가적 의례 도입은 이러한 기득권층의 저항을 충분히 고려하면서 진행되어야 했다. 『금사』「예지」

의 기록을 통해 희종과 해릉왕 때 이르러 대대적인 국가 제사를 비롯한 의례 전반에 대한 개혁이 진행되었음을 알 수 있다.

> "금인이 변경[汴京, 오늘날의 허난성 카이펑(開封)]에 들어왔을 때 송의 태평함이 오래 지속되었기 때문에 전장(典章)과 예악(禮樂)이 찬연히 갖추어져 있었다. 금인이 이미 도적(圖籍)을 모두 거두었고 거로(車輅), 법물, 의장을 싣고서 북으로 가져갔으나, 당시 바야흐로 군사에 전념하고 아직 [송의 전적과 의례를] 익힐 수 없었다. 곧 회령(上京會寧府)에 이르러 종묘와 사직을 건설하니 모든 일이 초창인 시기였다. 희종 황통 연간에 희종이 석진(析津)을 순행함에 처음으로 금로(金輅)를 타고 의위(儀衛)를 이끌면서 고취대를 배치하니 경관과 소리가 놀라울 정도로 찬란하고 아주 새로웠고 종사(宗社)와 조회의 의례가 차례대로 거행되었다. 뒤이어 해릉왕이 의심이 많고 항상 조심하였는데 [狼顧] 강남을 병탄할 뜻을 지녀 이에 관리에게 명하여 변경의 [송나라] 고궁을 수리케 하고 종묘와 사직을 보수하였으며 송나라의 오래된 예기(禮器)를 [연경에서] 모두 싣고 [변경으로] 돌아왔다. 외적으로는 군사(軍事)를 그르치고 속으로는 욕망대로 방종하게 행동하여 그 도리를 이미 상실하였으니 어찌 감히 예악을 의논하겠는가?"[29]

한편 해릉왕은 무리한 남송 정벌과 방종한 사생활로 국정에 대한 통제력을 상실하게 되었고, 결국 전장에서 부하의 손에 살해되었다. 따라서 희종과 해릉왕이 추구하였던 중원 왕조의 국가체제 도입을 지향하는 급격한 개혁 정책 역시 그 동력을 완전히 상실하는 듯하였다. 그런데 뒤를 이어 등극한 세종은 백성에게 큰 피해를 준 남송 정벌과 해릉왕이 추진하였던 과격한 개혁을 반대하는 세력에 의해 추대되어 제위에 올랐으나 국가 제사체제 확립에 있어서는 당송의 예전(禮典)체제를 적극적으로 도입하였다.

> "세종이 이윽고 일어나니 [변경에] 옮겨 놓았던 송조 고유의 예기를 [중도로] 다시 가져왔다. 이어서 관료에게 명하여 당송의 고전 연혁을 비교하고 참고하여 '상정소(詳定所)'를 열어 예(禮)를 의논하고 '상교소(詳校所)'를 설치하여 악(樂)을 살피었으며, 재상으로 하여금 학술에 능통한 자들을 통할하게 하여 일의 표준, 사물의 절도에 대해서 조정에 보고하여 집필을 시작하여 명창(明昌, 1190~1195년) 초년에 책이 완성되니 모두 400여 권이었고, 『금찬수잡록(金纂修雜錄)』이라고 명명했다."[30]

유가 의례 중에서 가장 중요시되었던 것은 제사의례다. 그중에서도 하늘에 대한 제사의 수행과 관련된 의례 규정은 역대 모든 의례전장의 맨 앞에 배치되어 있어 그 중요성을 쉽게 짐작케 한다. 청대 고증학자 진혜전(秦惠田)은 "예에 있어서 제(祭)가 가장 중요하며, 제(祭)에 있어서는 천(天)에 대한 제(祭)가 가장 중요하다. 천(天)은 모든 신의 군(君)이고 천자는 백성의 주인이니 오직 천자만이 매해 한 번 천(天)에 제사지내는 것이다"라고 하였다.[31] 세종 시기 금 조정도 국가 제사의례에 대해 같은 인식을 가지고 있었음을 알 수 있다.

> "대정(大定) 11년(1171) 비로소 교사(郊祀)를 거행하였는데, 재상에게 명하여 배향의 예에 대해서 논의하도록 하였다. 좌승(左丞) 석거(石琚)가 아뢰

어 말하길 '『예기』에 의하면 만물은 천에서 비롯되었고, 사람은 조상(祖)으로부터 비롯되었으며, 이는 조상(祖)을 상제에 배향해야 하는 이유이다'라고 하였다."[32]

또한 "세종은 재상들에게 말하길 '금은 배천(拜天)의례를 중히 여긴다. 지금 너희가 옛 제도에 따라 단을 축성하자고 하는 것 또한 옳다. 금은 거란과 송의 황제를 물리치고 천하의 올바른 도리에 의거하고 있는데 교사(郊祀)의 예를 어찌 행하지 않을 수 있겠는가' 하였다. 세종은 8월 조서를 내려 '국사에 있어서 제사보다 중요한 것이 없고, 제사 중에서는 천에 대한 제사보다 중요한 것은 없으니 옛것을 진작하여 시행하며 옛 의례전장대로 모두 갖추도록 하라'라고 하였다." 이에 세종은 교사 하루 전날에 조상을 두루 뵙고 교사의 일을 고하였다. 교사 당일, 수레와 의장을 갖추고 몸소 교단에 이르러 예를 행하였다.

"여진의 샤머니즘은 특히 하늘에 대한 숭배가 중요하였다. 이는 유목민족의 공통적인 현상이었는데, 천신은 인간 세상의 세상만사 및 우주간의 일체의 일들을 주재한다고 여겨졌다. 여진인은 하늘의 뜻은 절대적이므로 항거할 수 없다고 생각했고, 이러한 사고는 하늘에 대한 제사의 중시로 연결되었다. 여진인의 배천(拜天) 습속은 처음에는 해를 보고 절하는 것이었고[33] 후대에 이르러 비로소 일정한 제단을 마련하여 제사를 지내기 시작하였다고 알려져 있다. 해릉왕 천덕 연간(1149~1152년)에 이르러 중원의 유교적 제사체계를 받아들여 남교(南郊)와 북교(北郊)에서 유교적인 천신과 지신에 대한 제사를 지내게 되었지만, 금 초반기에는 여진족 고유의 하늘에 대한 숭배가 중시되었다."[34]

여진족의 하늘에 대한 숭배는 샤머니즘적인 부족 의례 전통에 따라 거행되었다. 비록 천에 대한 제사라는 공통점이 있었지만, 여진인의 관습적 의례를 유교적 의례로 전환하는 데 상당한 시간이 걸렸다. 따라서 『예기』의 규정에 따라 남쪽 교외를 의미하면서 동시에 태평지세를 상징하는 상서로운 서물(瑞物)이 깃드는 신비롭고 상서로운 장소의 이미지를 지닌 '교(郊)', 특히 남교(南郊)에서 거행하는 제천의례가 확립된 것은 해릉왕 대에 이르러서였다. 서물은 길상의 물건을 상징하는데, 예를 들면 봉황, 기린, 가화(嘉禾), 감로(甘露) 등을 말한다.

> "금은 교사를 지냈는데, 본래 금의 습속에는 하늘에 제사 지내는 의례가 있었다. 그 후 태종이 즉위하여 하늘과 땅에 고하고, 위패를 설치하고 제사하였다. 천덕 연간 이후 비로소 남교와 북교 제도가 생겼고 대정 연간과 명창 연간에 이르러 점차 갖추어졌다."[35]

『금사』「예지」에 따르면, 금의 국가 제사의례는 세종 시기에 거의 완전한 체제를 갖춘 것으로 보인다. 즉, 태조와 태종 시기에는 정벌 전쟁을 수행하느라 의례를 갖추는 데 신경을 쓸 여력이 없었기에 여진의 예속을 유지하였다. 그러나 희종이 즉위함에 이르러 비로소 본격적으로 중원의 예제를 도입하여 유가의 예악제도를 처음으로 만들었다. 그중에서 국가 제사의례의 경우에는 해릉왕 즉위 이후 본격적으로 체제가 갖추어지기 시작하여 세종 대에 이르러 비로소 남교에서 제천의례가 거행되었다. 비록, 희종과 해릉왕의 과격한 변혁은 그에 대한 조정 대신들의 지지를 상실하게 하였고 후대의 비판을 받게 되는 빌미를 제공하였지만,[36] 그 이후 금 예제의 유교화 흐름은 다시 되돌릴 수 없는 것이었다.

### 2) 금 제천의례의 특징

금 초기 태조는 아직 제천의례의 필요성을 절감하지 못하였으며, 유교적 제천의례 시행에 부정적인 태도를 보였다. 거란 진사 출신으로 태조에게 '금(金)'이라는 국호와 황제 칭제를 건의하였던 양박(楊朴)은 이번에는 태조에게 중원의 황제와 마찬가지로 교사를 지낼 것을 건의하였다. 그의 건의로 두 차례에 걸쳐 교사를 지냈지만, 이 두 차례의 제천은 중원의 유교적 의례 제도에 따른 교사는 아니었으며 뚜렷한 여진 예속의 특색을 지니고 있었다고 전해진다. 태조가 뒤이어 즉위하였지만, 역시 기본적으로 금의 옛 제도에 따라 실행하였을 뿐이었다.[37]

비록 『금사』에서는 태조가 중원에 들어온 이후부터 군신 간의 의례가 확립되었다고 한다.[38] 그러나 여러 다른 사료들의 내용을 통해 볼 때 태조와 태종 시기에는 아직 군신 간의 관계에 대한 명확한 의례 규정이 정립되지 않았음을 알 수 있다. 이와 마찬가지로 제천의례의 경우에도 태조나 태종 시기에는 여전히 여진의 옛 습속을 따랐다. 태조 시기 하늘에 대한 제사는 주로 "배일(拜日, 태양 숭배)"과 "배천(拜天, 하늘 숭배)"의 례였다. 당시의 '천(天)'은 자연신으로, 여진족 샤머니즘의 자연숭배 관념에서 비롯된 존재였다. 금대 초반 샤먼은 통치자의 중대한 활동이나 의사 결정에 참여하였다. 샤먼은 태양에 대한 제사와 천에 대한 제사를 통해 신의 축복과 도움을 기원하였다.

희종 대에 이르면 샤머니즘적 제천의례는 점차 황제가 공식적으로 행하는 의례의 명단에서 사라지기 시작한다. 그러나 금은 자신들의 전통 예속을 완전히 부정하지는 않았다. 오히려 유가적 의례의 외피를 덧씌우되 전통적 예속의 근본적 의미는 유지하고 보존하고자 하였다. 그 결과 배일(拜日) 제사는 세종에 의해 완성된 금의 의례전장 속에 조일의(朝日儀) 형태로 잔존하게 되었고, 배천 제사는 동일한 명칭의 배천(拜天)의례로 남아 있게 되었다. 이러한 결과는 금이 제천의례에 있어 완전한 의미의 한화는 이루지 못했다고 볼 수도 있다. 그러나 그것보다는 그들이 본래 의도했던 예제 개혁은 단순히 일방적인 한화가 아니라 여진의 예속과 중원의 예속을 융합하여 새로운 형태의 다민족적 제국에 걸맞은 예제를 완성하는 것이었다고 이해하는 것이 더 합리적일 것이다.

우선 배일의례는 본디 여진족의 생태적 문화의식 속에서 형성된 것으로, 고대 북방 민족에서 공통적으로 등장하는 태양숭배에 기초한다. 본래 거칠고 질박한 여진인의 배일의례는 중원 왕조의 예악 문명과 부딪히고 섞이는 와중에 유가적 제천의례에 점차 융합되었지만, 여진 예속의 일부분은 여전히 잔존하였다. 『금사』「예지」 기록에 따르면 조일(朝日)의례는 본디 여진의 옛 습속에서 유래되었다고 명시하고 있어, 조일의례가 여진인의 배일의례에서 기원함을 알 수 있다.

> "(금 황제가) 친히 조일의례를 행하였는데, 금 초기에는 금의 본례 예법에 따랐으며, (태종) 천회 4년(1126) 정월부터 건원전에서 조일의례를 거행하였으며, 의례가 끝난 후 축하를 받았다."[39]

금의 "조일의례는 의례 절차를 대사(大祀)의례와 같이 한다"[40]라는 규정으로 보아 금 조정이 조일의례를 중시했음을 알 수 있다. 조일의례는 태종 초기 유교적 의례의 형태를 갖추기 시작하여 이후 제사를 거행하는 날짜도 지정되었다.[41] 그러나 조일의례가 유교적 의례로 변화되었지만, 과거 여진 예속의 요소들은 여전히 잔존하고 있었다. 우선 제사에 참여하는 군신의 제복이나 예를 드리는 방향에서 유가적 의례에서는 찾아볼 수 없는 특징들이 발견된다. 즉, 황제는 장화를 신고, 두루마기를 입었으며 백관은 평상복을 입었는데, 절하는 방향이 중국 제천의례에서 황제가 북쪽으로 절하는 것과는 달리, 배일의례에서는 남쪽으로 태양을 향해 서도록 되어 있다.[42] 이후 유가적 의례의 요소를 받아들여 많은 부분이 개정되었다. 그러나 대정 18년(1178) 금 세종은 오히려 여진의 예속적 요소를 더욱 강조하는 복고주의적 경향을 드러냈다.

> "대정(大定) 18년(1178) 세종은 배일의례를 인정전에서 거행하였는데 이때에 이르러 동향(東向)하여 의례를 거행하는 것이 시작되었다."[43]

의례를 거행할 때 동쪽을 향해 서는 것은 여진족의 동쪽을 숭배하는 관습과 일치한다. 결국, 세종은 의례를 거행할 때 동향함으로써 당나라의 조일의례에서 규정한 "천자는 북쪽을 향한다"라는 규정을 고려하지 않았으며, 오히려 여진의 예속을 더욱 강조하였다. 따라서 조일의례는 유교적 의례의 외피를 쓰고 있었지만, 그 저변에 깔린 근본적인 내용은 여진의 옛 습속에 기인한 것이었고, 그것은 상당 부분 의례 절차 속에서 실현되었다. 이러한 모습은 배천의례에서도 발견된다.

배천의례는 본디 거란의 예속으로 활을 쏴서 버드나무 가지를 맞추는 사류례(射柳禮)를 여진인들이 거란과 혼거하는 과정에서 받아들인 것이다. 배천의례는 원시 종교적 색채를 지니고 있는데 의례의 주요 목적은 기우(祈雨)와 관련이 있다. 여진인은 거란의 예속을 받아들이면서 이를 변형하여 자신들만의 예속으로 변화시켰고 이를 '배천'과 연결시켜 완성하였다. 『요사』「예지」에 따르면 거란의 예속인 사류례는 거란 의례체계 속에 '슬슬의(瑟瑟儀)'라는 이름으로 포함되어 있다.[44] 거란은 가뭄이 들었을 경우 '슬슬의'를 거행하였는데 주요 내용은 '사류례'였다. 다만 거란의 '슬슬의' 속에는 '배천'의 요소가 없었다는 점에서 금의 배천사류(拜天射柳)와는 차이가 있었다. 유가적 의례체계 속 하늘에 대한 제사에는 남교사천(南郊祀天)의 의례가 가장 중시되었지만, 금에서는 그것과 더불어 여진의 예속에서 기인한 배천사류(拜天射柳) 제사도 버금가는 중요성을 지니고 있었다.

"금은 거란의 옛 습속을 계승하여 중오(重五, 단오절), 중원(中元, 음력7월 보름), 중구(重九, 음력 9월 9일)일에 배천의 예를 행하였다. 중오일에는 국장(鞠場)에서, 중원일에는 내전(內殿)에서 그리고 중구일에는 도성 밖에서 거행하였다."[45]

금에 이르러 거란의 '슬슬의'는 가뭄의 유무와 상관없이 지정된 날짜에 행하는 의례로 변화되었다. '배천사류' 의례는 우선 금의 황제가 배천대(拜天臺)에 이르러 '배천'의례를 거행하고 난 후에 사류(射柳)하는 장소로 가서 버드나무에 활을 쏘는 의례를 행하고 격구(擊毬)를 즐기는 과정으로 구성되어 있었다. 금은 거란의 예속을 자신들의 중오일에 행하는 배천의 습속과 연결하면서도 사류의 경우에는 일종의 오락 차원에서 격구와 결합시켰던 것이다.

〈그림 2〉「사류도(射柳圖)」[46]

"황제는 가마에 돌아와서 장막에 이르고, 환복한 후에 사류(射柳)와 격구(擊毬)의 오락을 행하였는데 이 또한 거란의 예속으로 금 사람들이 이어서 숭상하였다."[47]

요컨대, 금의 제천의례 중에는 유교적 제천의례 이외에도 여진의 고유한 예속에서 비롯된 의례와 거란의 예속에서 기인하였으나 여진인에 의해 변형된 제천의례들이 포함되어 있었다. 이 밖에도 백두산에 대한 제사의례를 비롯한 여진의 예속과 관련된 의례들이 금조의 의례장

전(儀禮典章)에서 다수 발견된다. 결국, 금의 제천의례는 재계(齋戒), 진설(陳設), 성생기(省牲器), 전옥폐(奠玉幣), 진숙(進熟)과 같은 제사의 순서나 제사 장소로 향하는 과정에 필요한 법가로부(法駕鹵簿)와 같은 수레나 의장은 중원 왕조의 제사체계를 갖추고 엄밀히 시행하였으나 다른 한편으로는 여진 고유의 예속적 전통을 유지하려는 의도가 있었음을 발견할 수 있다. 앞에서 분석한 바와 같이 금은 제도적, 종교적으로 포용성을 지니고 있었으며, 이러한 특징은 금의 국가 제사의례의 구성에서도 나타난다. 이와 같은 포용성은 다민족적 제국에 부합하는 의례제도 구축을 추진하였던 금의 의지가 반영된 결과라고 할 수 있다.

## 4. 다민족적 제국 건설을 위한 제천의례 개혁

기존 연구에 따르면 금의 제도 개혁을 일방적인 한화의 과정으로 이해했는데, 이 글에서는 이러한 관례에서 벗어나 금의 국가 제사의례에서 발견되는 특징을 분석하였다. 금은 중원을 통치하게 되면서 우선 다민족적 사회체제에 부합하는 관료 제도, 행정 제도 그리고 법률 제도를 구축하였다. 종교에 있어서는 불교와 도교 그리고 유교와 같이 당시 한족을 비롯한 거란, 발해 등 다양한 민족이 공통적으로 숭배하는 종교를 적극적으로 수용하여 민족 간의 분쟁을 조정하고 자신들의 통치 기반을 안정화하고자 하였다. 금은 사회체제 개혁과 더불어 종교에 대한 통제와 지지를 반복함으로써 다민족적 제국 건설이라는 자신들의 목적을 완성하고자 하였다.

이 글에서 논의한 금의 국가 제사의례인 배일의례와 배천의례 역시 금 통치자의 사회체제 구축 과정과 종교 정책의 시행이 동일한 맥락에서 이루어진 것임을 알 수 있다. 비록, 표면적으로 보면 샤머니즘 신앙 형태가 사라진 듯 보이지만, 실제 내용을 들여다보면 여진족의 샤머니즘적 신앙관습과 『예기』에서 규정된 유교적인 제사체제가 융합된 새로운 형태의 제사의례였음을 알 수 있다.

이 밖에도 이 글에서는 본격적으로 다루지 않았지만, 백두산 제사 역시 금의 중요한 국가 제사였다. 백두산은 여진인이 흥기한 장소로 당(唐) 이래로 영산(靈山)으로 존숭되어 왔다. 여진인은 자신들의 고유한 숭배 대상이었던 백두산 제사를 국가 사전(祀典)체제 속에 포함하여 유가적인 자연물 숭배의례였던 악진해독(嶽鎭海瀆) 제사와 같이 분류하여 시행하였다.

주로 유교적 의례의 틀에 샤머니즘적인 신앙관습을 끼워 맞춘 형태로 나타나는 이러한 현상은 단순히 미개한 여진인의 '문명화'나 '한족으로의 동화', 즉 '한화'의 과정으로만 이해하기 어려운 측면이 있다. 금은 다민족 제국 건설을 지향하였기에 여진족 고유의 민족적 색채가 강한 샤머니즘을 그대로 드러내지 않았다. 오히려 당시 동아시아 세계에서 보편적인 가치를 지니고 있었던 중원의 의례체제를 채용하여 고유한 관습을 부분적으로 변용하더라도 유지하는 방식을 채택하였다.

금의 국가 제사의례는 유교적 제사의례에서 규정한 형식을 갖추고 있지만, 내용적인 측면에서는 북방 민족 제사 요소가 분명하게 발견되는 혼합된 방식으로 거행되었다. 따라서 금의 국가 제사의례는 제도적, 종교적 다양성과 더불어, 중원의 왕조이면서 동시에 다민족적 제국 건설을 지향하였던 금 정권의 특성을 분명하게 보여 준다. 그리고 기존 연구에서 태종, 희종, 해릉왕이 지향하였던 정책 방향과 세종, 장종이 지향하였던 바를 서로 대조적으로 설명하고 있지만, 다민족적 제국 건설이라는 점에서 두 시기는 서로 긴밀히 연결되어 있었고 연속성을 지니고 있었다. 마지막으로 국가 제사의례에 있어서 금의 새로운 시도는 이후 원(元)이나 청(淸)의 국가 제사의례 확립에 있어 중요한 전범(典範)이 되었음을 지적하고자 한다.

제10장

# 대송사의 극복과 금사의 정립

조복현 • 경희대학교 후마니타스칼리지 교수

중원의 왕조가 아닌 거란·서하·금의 역사를 어떻게 볼 것인가 하는 문제는 많은 관심을 받아 왔다. 중국 주변 민족들에 대해 송대의 유학자들은 주변 민족들을 공자의 "존왕양이(尊王攘夷)"설에 따라 물리쳐야 하는 대상으로 인식하였다. 그리고 스스로 문화대국이라 자부하며 거란·서하·금을 군사적으로 압도하지 못하는 정세에 대해서 "사이(四夷)가 복종하지 않고, 중국은 존중받지 못한다"라거나 "국가의 커다란 수치를 아직 씻어내지 못한"[1] 상황으로 인식했다. 이러한 관점은 명대 이후에도 계속해서 이어졌다. 특히 20세기에 들어 송대의 문화적인 측면을 강조하며 송을 정통 혹은 주(主)로 보고, 거란·금 왕조를 부용(附庸) 혹은 종(從)으로 보는 관점이 이어졌다. 이러한 관점에 따라 10~13세기의 역사를 연구하는 관점을 '대송사(大宋史)'라고 한다.

대송사의 관점에 따르면 송 왕조가 존재하던 시기에 중국에는 양송

이외에 거란, 서하, 금 등 많은 민족 정권이 있었는데, 이러한 민족 정권들은 모두 상대를 외국으로 보는 동시에 천하가 일가이며 스스로 중국이라 칭했다. 이러한 야만적이고 원시적인 민족들이 송조와 대치하며 한족의 선진적인 문화를 수용하는 한편 군사력을 이용하여 한족의 토지를 점유하고 통치했다는 것이다.

최근 요금사학계에서는 이러한 대송사의 관점은 요금사를 송사에 편입 내지는 종속시키는 것으로 "대송사라는 말은 성립되지 않는다"라거나 "역류"라고 하며 반대하였다.[2] 서하 사학자인 두젠루(杜建錄)는 서하 문자, 한장(漢藏) 불교, 토번과 회골 및 중앙아시아의 역사 문화를 포함한 "대서하사(大西夏史)"를 주창하였다. 중국의 송사학계에서도 '대송사'의 관점을 가지고 문화 중국의 진행이 송대의 문화에서 끝났다고 하는 등 편협한 경향을 띠었음을 인정하기도 하였다.[3] 리화루이(李華瑞)와 같은 학자는 '대송사' 개념을 처음 제기한 덩광밍(鄧廣銘)의 의도는 다양한 시각과 여러 가지 척도로 역사를 관찰하고 분석해야 한다는 의미이고, 치샤(漆俠)는 역사만 공부해서는 역사를 잘 공부할 수 없고, 송사만 연구해서는 송사를 잘 연구할 수 없다는 의미[4]라고 대송사의 의미 자체를 다르게 해석하였다. 이러한 추세는 긍정적인 측면이 있으나 요와 송 혹은 금과 송이 대치하는 상황을 한인의 입장에서 혹은 한인을 위주로만 바라보는 경향이 강한 것은 사실이다.

한국의 입장에서 보면, 여진(금)은 중국의 한족보다 훨씬 더 가까운 곳에서, 훨씬 오랫동안 함께 영향을 주고받으며 살아왔다. 실제로 역사 속에서 거란에 의해 발해가 멸망하고, 거란이 3차에 걸쳐 고려를 침략했으며, 윤관의 9성이나 이후의 병자호란 등 거란(遼)이나 여진(金)이 중원의 왕조와 대결할 즈음에는 먼저 우리나라와 관련을 맺어 왔다. 그런데도 국내의 요금사 연구는 소수의 연구자에 의해 명맥을 유지해 왔고, 중국과 수교하고 얼마 후인 1990년대 후반에 처음으로 '송요금원사 연구회'가 창립되었지만 여진(금)사 방면의 연구자가 많지 않은 상황이다. 이에 국내의 몇몇 연구자들이 기존 중국 학계에서 보이는 여진사 연구의 편협한 시각의 문제점을 지적하며 새로운 관점을 제시하고자 이 책의 집필에 참여하였다. 그리하여 여진(금)의 역사를 여진의 입장에서 혹은 여진을 위주로 보지 않고, 한화가 여진 역사 발전의 추세이며 한화에 반하는 조치는 역사의 발전 추세를 역행하는 것으로 보는 문제를 지적하고, 새로운 관점이나 문제의식을 제기하였다.

이 책의 집필에 거란·금사, 북방민족사 및 송대사 연구자들이 금조 중원 지배의 성격 및 특징에 관하여 비교적 다양한 주제를 가지고 참여하여 나름대로 참신한 견해들을 제시하고자 하였는데 그 구체적인 내용은 다음과 같이 정리할 수 있다.

먼저 금과 남송 정권과의 관계에 대한 성격과 금의 민족 차별 정책 및 여진 문화 보호 정책에 관한 주제이다. 여진은 세력이 미약했으나 거란을 멸망시키고 남송 정권과 대치하며 소흥화의(紹興和議)를 이루었다. 이를 통해 이민족 정권의 황제가 한족 황제를 책봉하고 조공을 받았으며, 이후의 양국 관계는 대체로 금의 지위는 월등히 높았고, 남송이 금과 맺은 화의는 모두 굴욕적이었다.

금의 영토는 거란에 비해 남북으로 긴 형태로, 거란보다 훨씬 더 중원 깊숙이 진출하였다. 금은 한인, 거란인, 해인, 발해인 등으로 구성되었는데, 전체 인구는 세종 대정 초년(1161)에 300여만 호에 1,200여만 명이었고 말기에는 987만여 호에 6,300여만 명이었다. 이 중 다수인 한족은 거란 지역의 한인(漢人)과 북송 지역의 남인(南人)으로 구분하였는데 남인의 정치적 지위가 더 낮았다. 이러한 정치적 지위의 불평등은 해릉왕 이후에는 약화했으나 여전히 존재하였다. 전체 인구 중 10%도 되지 않는 여진인이 절대다수의 한인, 특히 금 정부에 반항적인 태도를 지닌 남인을 통치하는 것은 금의 사활이 걸린 문제였다. 따라서 금대 초기부터 맹안모극호를 중원으로 이주시키고 삭발·좌임의 호속을 강요하였다. 특히, 세종은 여진 본속을 강조하며 한족 성을 쓰고 한족 복식을 착용하는 것을 금지하였다. 동시에 여진대소자를 보급하여 여진 문화를 보급하고, 여진 진사과를 창설하여 한 문화에 대적할 여진 문화 체계를 건립하고자 하였다.

둘째로, 함보 고사의 구비전승적 특징과 문헌 기록의 비교를 통해 함보의 고려 내원설이 신뢰할 만한 기록임을 밝히고, 함보의 고려 내원설이 금의 정통성 확보에 어떠한 의미가 있는지 살펴보았다. 함보 고사를 일본에서는 가공된 허구라고 주장하고, 중국에서는 다양한 주장이 제기된 가운데 대체로 고려에서 온 여진인이라는 견해를 보이고 있다. 그러나 함보 고사는 내용이 단순화되고, 왜곡되고, 과장되었으나 함보가 신라와 고려가 병존했던 920~930년경에 고려에서 왔다는 사실은 공통으로 보여 준다.

셋째로 금은 중국에서 말하는 정통 왕조가 되기 위한 조건 중 정치적, 지리적, 문화적 조건은 충족하였으나, 금은 여진족이 세운 나라였기에 종족적 조건을 충족할 수 없었다. 하지만 금은 기존 북방 민족 정권이 황제(黃帝)의 후예라고 하는 방식으로 정통 왕조임을 주장했던 것과는 달리 과감하게 정통 왕조 개념에서 종족주의를 배제하였다. 금 통치자는 "이적과 화하는 바뀔 수 있다(夷夏可變)"라는 논리로 정통 왕조임을 주장하였다. 금의 통치자들은 여진과 발해인에 대해서는 함보를 공동의 조상(本同一家)으로 내세우고, 한인들에 대해서는 금인은 모두 하나의 가정(國人一家)이라며 공동체 의식을 강화하였다. 금은 처음으로 이민족 집단을 포괄하는 "대가정(一家)" 개념을 사용하여 종족주의를 초월한 정통관을 보여 주었다. 이는 문화를 강조하는 중국 근대 문화주의적 민족주의의 근원이 되었다.

넷째로, 여진이 거란과 북송을 멸망시키고 남진하여 남송과 대치하면서 동아시아에서 세력 균형을 이루는 상황을 살펴보고, 장기적 관점에서 당시의 국제 질서를 어떻게 규정지을 수 있는지 살펴보았다. 12세기 초 금 제국의 발전은 실로 놀라운 것이었다. 건국 후 10여 년 만에 거란과 북송을 멸망시키고, 이후 강남에 재건된 남송과 '소흥화의'를 체결하면서 회수를 중심으로 대치하며 평화적 관계를 유지하였다. 1161년에 해릉왕이 천하 통일의 야망을 달성하기 위해 무리하게 남벌했으나 '융흥화의'를 통해 1190년대 말까지 군사적 충돌을 피하고 경제적 번영을 이룰 수 있었다. 그 후 한탁주가 자신의 권력을 강화하고자 '개희북벌'을 단행했다가 실패하고 점령지 반환과 세폐 등을 보내는 조건으로 관계를 회복하였다.

이러한 전쟁과 화의는 당시의 동아시아 세력 균형을 잘 보여 주고 있으나 이러한 균형에 가장 큰 위협이 된 것은 초원을 통합한 칭기즈칸의 몽골 세력이었다. 금과 대하는 몽골에 공동으로 대처하는 데 실패하였고 대하의 멸망 후 세력 균형이 무너지면서 그 여파로 불과 수년 만에 금도 몽골과 남송의 협공으로 멸망하였다. 금 왕조가 중원의 한족 왕조와 타협하면서 동반자 관계를 유지했다면, 몽골은 대하와 금 및 남송을 정복하면서 기존 동아시아 국제 질서였던 중원과 초원의 이원적 지배체제를 초월하는 초원 유목 전통의 일원적 세계 질서를 구축하였다.

다섯째는, 금의 군사력과 농업의 관계에 관한 주제로, 금은 군사력을 안정적으로 유지하고 그것을 뒷받침하는 관료제와 농업 경제를 유목 경제와 연결하는 능력을 훌륭하게 발휘했다. 금은 건국 후 10년 만에 화북 지역을 장악했고 안정적으로 통치했는데 여기에는 맹안모극이라는 병농일치 제도가 큰 역할을 하였다. 맹안모극제를 기반으로 하는 둔전제에 대해 착취적 성격이 강했다는 주장도 제기되었지만 실제로는 북송보다 낮은 토지세를 받았으며 한족 문화를 적극적으로 받아들여 한족 지배에 이용했다. 비록 금대 초기에 황하 유역의 농업 생산이 퇴보하기는 했지만 희종 대부터 회복되기 시작하여 세종과 장종 시기에는 현저한 발전이 있었고, 이 시기 북중국의 인구는 북송대를 초과했다. 북중국의 농업 경영은 한인 농민과 관료의 협조가 필요했으며 여진인의 경제적 안정도 중요한 요소였는데, 표면적으로는 한화 양상이 뚜렷했으나 핵심적인 제도는 여진인 엘리트 집단의 역할을 전제로 했다.

금은 강력한 군사력과 그것을 뒷받침하는 농업 생산력과 함께 여진인의 정체성과 응집력이 필요했다. 금은 다양한 민족을 통합한 대제국을 경영하는 관료제 구축이나 군사력과 경제력 확보라는 측면에서 거란보다 훨씬 개선된 면을 보였다. 특히 농업 관련 의례의 수용이나 농업기술 수용 등의 방면에서 현저한데, 이러한 성공 사례는 이후 몽골 제국(원)이나 만주 제국(청)에도 깊은 영향을 주었다.

여섯째로, 완안부가 각종 불리한 환경 속에서 신속하게 발전한 과정을 살펴보고, 거란을 상대로 한 각종 전투에서 승리를 거두고 최종적으로 거란을 멸망시킬 수 있었던 원인을 살펴보았다. 완안부는 함보로부터 수가에 이를 때까지는 다른 여진 부족과 비슷하거나 낙후된 상태에 있었다. 그러나 아골타의 조부인 오고내 시기부터 내부적으로 법규와 정치조직을 통일하며 민심을 얻고 대외적으로 부단히 세력을 확장하면서 반란 세력을 진압하여 여진 부족 통일의 기틀을 다졌다. 그리하여 아골타가 도발극렬의 자리에 오를 때에는 여진인의 국가를 건설하고 대외 전쟁을 수행할 만한 기본 역량을 갖출 수 있었다.

거란의 여진에 대한 착취가 갈수록 심해지고, 아골타도 개인적으로 천조제에게 원한이 있었기 때문에 1114년에 아골타는 거란의 통치에 반항하는 전쟁을 일으켰고, 이로부터 9년이 지난 1123년에 거란을 멸망시켰다. 이렇게 될 수 있었던 원인을 살펴보면 첫째로 금 건국 초기에 여진인의 개별적 전투력이 뛰어나고 군기가 엄격하였으며 무엇보다 중무장한 기병과 경무장한 기병을 효율적으로 운영하여 전투력을 높였다. 둘째로 아골타는 거란을 멸망시키겠다는 전략 목표를 명확하게 제시하고, 적절하게 전술을 운영하여 많은 전투에서 승리할 수 있었다. 셋째로 외교적인 측면에서 아골타는 거란의 고립을 외교전략의 핵심으로 삼고 주변 국가에 대해서 영토 문제에는 비교적 유연한 태도를 보이면서도 거란의 천조제가 누렸던 지위를 대신하고자 하였다. 이처럼 시의적절한 군사적, 외교적 전략을 운용한 아골타의 능력은 기존에 중국을 남·북방에서 분치하던 송 휘종이나 거란 천조제와는 완전히 다른 수준의 것이었다.

일곱째로, 금의 국가 구조와 화북 지배의 성격 변화를 구명하였다. 북송을 멸망시키고 화북을 점유한 이후에 금의 지배 방식은 수차례의 변화를 겪었다. 금이 화북 지역을 점령한 초기에는 이전에 요양부를 점령하고 여진인이나 발해인을 상대로 행해졌던 회유나 선무하는 모습이 전혀 없었으며, 농경과 중국 문화 내지는 이 지역의 전래 습속 등을 이해하려는 시도 역시 전혀 없었다. 농경 문화를 이해하지 못하는 여진인들은 화북민에게 폭압적인 태도로 여진 습속을 강요하였는데, 특히 변발 강제는 한인들이 금의 지배에 대해 공포심을 지니도록 하는 자극제 역할을 하였다.

반면에 태종 대부터는 취약한 황제권을 강화하고자 제도를 중국식으로 정비하기 시작했다. 이어서 희종은 과거제 채용, 새로운 관제 반포, 새로운 의례와 복제 등 다방면에서 중국식 제도를 채택하였다. 해릉왕도 중앙과 지방의 행정체계를 개편하며 중국적 통치 방식을 원용하기 시작했다. 동시에 변발과 좌임의 강제를 완화하고, 농업과 상업을 보호하는 정책을 시행하면서 민심을 얻으려는 조치들도 시행하였다.

세종과 장종의 치세는 금대의 역사에서 최고의 안정기였다. 그 통치의 구체적인 모습으로 여진 문자를 비롯하여 여진의 고유문화나 습속을 보호, 유지하려는 여진적 전통의 복구를 들 수 있다. 동시에 화북의 지배에도 변형을 가하여 빈궁화된 맹안모극호의 경제를 부흥시키고 직접 농경에 나서도록 권장하였다. 화북의 한족 농민도 재정적으로 금조를 지탱하는 존재라고 인식하면서 한족 농민과 여진인 사이의 조화를 도모하는 조처를 취했다.

여덟째로, 금대의 최고위 관원이며 황제의 신임이 가장 두터웠던 재상과 집정관들 159명(혹은 158명) 가운데 44명의 한족 출신 재집에 대한 분석을 통하여 금 왕조가 북중국을 통치하는 가운데 나타난 성격과 특징을 도출하였다. 금대 한족 재집의 출신 지역은 해릉왕이 남정을 위해 북송 고지의 명문가를 중용한 것을 제외하고는 장종 대까지는 연운(燕雲) 출신이 현저히 많았다. 그런데 위소왕 시기 이후 연운 출신이 급감하고, 북송의 고지 출신이 대다수를 차지하는데, 이는 몽골이 연운 지역을 장악하자 연운의 한인 엘리트들이 적극적으로 몽골의 화북 정벌에 동조한 것과 관련이 있다고 보인다.

한족 재집의 입사 경로나 주요 경력을 보면, 세종 이전에는 주로 송과 거란의 관료 출신으로 귀부, 추천, 음보, 과거 등의 경로로 입사하여 여진 엘리트들이 생소한 조정 의례나 외교상의 의전 방면 전문가로서 주로 한지의 관리 임용, 노역 징발, 조세 징수 등의 업무를 처리하였다. 하지만 세종 이후에는 과거의 진사 출신으로서 상서성에서 영사(令史)와 사관(司官)으로 근무하면서 황제 및 재집과 밀접한 관계를 맺었던 사람들이 주로 임명되었다. 본래 금대의 재집은 군무에 참여하는 것이 일반적이지만 한족 출신 재집이 전선에서 군대를 지휘한 적은 거의 없었고, 주로 민생과 재정 분야에서만 활약하였다. 금의 통치자들은 여진에 비해 한족 출신 재집을 소수로 제한하고 주로 외교와 의전 혹은 민생과 재정 등의 방면에만 활용하여 정복 왕조로서의 성격을 보여 주었다.

아홉째로, 제천의례 정비를 통해 다민족적 제국을 건설하고자 한 금조 통치 전략의 특징을 분석하였다. 금조가 중원 지배 초기의 혼란을 극복하고 중원 왕조로서의 면모를 갖춘 것을 기존의 연구에서는 소위 '한화' 정책의 성공이라 하지만, 그 본질은 다민족 문화를 포용하기 위해 중원 시스템을 채택한 것일 뿐이었다.

여진인은 정치와 행정 및 법률 등에 있어서 여러 민족을 포용할 수 있는 제도를 창조했고, 종교에서도 중원의 불교와 도교를 적극적으로 받아들이되 금 정권의 통치에 반할 때는 단호하게 탄압하였다. 즉, 안정적이고 항구적인 중원 지배의 수단으로서 제도적·종교적 정책을 추구하였고, 제천의례도 그 일부였다. 태양숭배(拜日)나 하늘에 대한 의례(拜天)는 본래 여진 고유의 예속에서 기인한 것인데, 국가 제사의례 시스템에 편입되는 과정에서 형식적으로는 유교 의례 규정에 따랐으나 그 내용은 여진의 예속적 전통이 유지되었다. 결국 금의 통치자들은 유교적 전통을 따르면서도 여진의 전통을 보존하는 방법을 개발했고, 이러한 제사의례 정비 과정은 이후 등장하는 유목 민족 왕조들의 전범(典範)으로 중요한 의미를 지닌다.

종합해 보면, 여진은 현재의 헤이룽장성 아청시(阿城市) 일대에 거주하던 완안부를 중심으로 매우 빠른 속도로 민족을 통일하고 남북방의 강자였던 거란과 북송을 멸망시키고 황하 이북의 북중국을 통치하였다. 여진은 전체 인구 가운데 절대적으로 소수임에도 불구하고 다수의 한족을 비롯한 거란인과 발해인 등 다양한 민족을 통치하였다. 이처럼 여진인은 그들의 역사에서 유례없이 다양한 민족을 통치하기 위해서 나름대로 가장 유효하며 적절한 통치 수단을 활용해야만 했고, 특히 농업을 위주로 하는 화북 지방을 통치하기 위해서는 기존 한족 왕조의 전장제도를 활용 내지는 변용할 수밖에 없었다. 이는 여진인들이 기존의 낙후된 시스템을 수정하며 효율적으로 통치하기 위한 수단을 주도적으로 선택한 것이다. 그런데 이를 두고 '한화'나 '동화' 등으로 표현하는 것은 통일적 다민족 국가를 표방하는 중국에서 한족 외의 민족의 역사는 부용이나 종만 될 수 있을 뿐 정통이나 주가 될 수 없다는 논리로, 마땅히 수정되어야 할 것이다. 따라서 이 책에서 제기된 주제에 관한 토론이나, 미처 다루지 못한 분야에 관해서도 많은 연구가 이루어져 이후 금사 연구가 더욱 활발해지기를 기대한다.

부록

# 금 시조 함보 관련 고문 자료와 번역

김인희 • 동북아역사재단 연구위원

# 1. 고려

▶ 庚子, 御宣政殿南門, 引見裹弗史顯等六人, 宣問來由, 裹弗等奏曰, 昔我太師盈歌嘗言, '我祖宗出自大邦, 至于子孫, 義合歸附.' 今太師烏雅束亦以大邦爲父母之國. 在甲申年閒, 弓漢村人不順太師指諭者, 擧兵懲之, 國朝以我爲犯境, 出兵征之, 復許修好. 故我信之, 朝貢不絕. 不謂去年, 大擧而入, 殺我耄倪, 置九城, 使流亡靡所止歸. 故太師使我來請舊地. 若還許九城, 使安生業, 則我等告天爲誓, 至于世世子孫, 恪修世貢, 亦不敢以瓦礫, 投於境上. 王慰諭, 賜酒食.

-『高麗史』卷13「睿宗世家」

1109년 4월 6일 왕이 선정전(宣政殿) 남문에 행차하여 요불(裹弗)과 사현(史顯) 등 여섯 명을 접견하고 온 이유를 물으니 요불 등은 다음과 같이 아뢰었다. "옛날 우리 태사(太師) 영가(盈歌)는 일찍이 '우리 조상은 대국[大邦, 고려]에서 나왔으니 자손에 이르기까지 마땅히 고려에 귀부하는 것이 도리에 맞다'라고 하였습니다. 지금 태사인 오아속(烏雅束) 역시 대국을 조상의 나라로 여기고 있습니다. 갑신년(1104)에 궁한촌(弓漢村) 사람들 중에 태사의 지시를 따르지 않는 사람들이 있어 군사를 일으켜 응징하였습니다. 고려에서는 우리들이 국경을 침범한 것으로 생각하여 군사를 출병시켜 정벌하였으나, 다시 우호 관계를 허락하여 나는 이를 믿고 계속해서 조공을 바쳤습니다. 그런데 뜻밖에 대대적으로 침입하여 우리 노인들과 아이들을 죽이고, 9성을 설치하여 유랑민들이 돌아갈 곳이 없어졌습니다. 이에 태사께서 나를 보내어 옛 땅을 돌려줄 것을 청하게 하였습니다. 만약, 9성을 돌려주어 생업이 편안할 수 있게 해 주시면 우리는 하늘에 맹세코 자손 대대로 공물을 정성껏 바치고 감히 기와 조각 하나도 국경에 던지지 않겠습니다"라고 하였다. 왕이 타이르고 술과 음식을 하사하였다.

- 『고려사』 권13 「예종세가」

▶ 是月, 生女眞完顔阿骨打稱皇帝, 更名旻, 國號金. 其俗如匈奴, 諸部落無城郭, 分居山野. 無文字, 以言語結繩爲約束. 土饒猪羊牛馬, 馬多駿, 或有一日千里者. 其人鷙勇, 爲兒能引弓射鳥鼠, 及壯, 無不控弦走馬習戰, 爲勁兵. 諸部各相雄長, 莫能統一. 其地西直契丹, 南直我境, 故嘗事契丹及我朝. 每來朝, 以麩金貂皮良馬爲贄, 我朝亦厚遺銀幣, 歲常如此. 或曰, 昔我平州僧今俊, 遁入女眞, 居阿之古村, 是謂金之先. 或曰, 平州僧金幸之子克守, 初入女眞阿之古村, 娶女眞女, 生子曰古乙太師. 古乙生活羅太師. 活羅多子. 長曰劾里鉢, 季曰盈歌, 盈歌最雄傑, 得衆心. 盈歌死, 劾里鉢長子烏雅束嗣位. 烏雅束卒, 弟阿骨打立.

-『高麗史』卷14「睿宗世家」

1115년 정월 생여진 완안아골타(完顔阿骨打)는 황제를 칭하고 이름을 민(旻)이라 고치고 국호를 금(金)이라 하였다. 금의 풍속은 흉노와 같아 모든 부락에 성곽이 없고 산과 들에 흩어져 산다. 문자가 없기 때문에 말과 노끈으로 매듭을 지어 약속을 정한다. 그 지역에는 돼지, 양, 소, 말이 풍부하고 준마가 많은데, 그중에는 하루에 천 리를 달리는 말도 있다. 사람들은 사납고 용맹한데, 어린아이도 활로 새나 쥐를 쏘아 잡을 수 있으며, 장성한 후에는 말 등에서 활시위를 당기며 달리고, 전투를 연습하여 모두 강한 병사가 된다. 각 부락이 모두 우두머리라고 생각하기 때문에 통일을 이루지 못하였다. 금은 서쪽으로 거란에 이르고 남쪽으로 우리 국경에 이르기 때문에 예전부터 거란과 우리 조정을 섬겨 왔다. 매번 고려에 올 때마다 사금, 담비 가죽, 좋은 말 등을 예물로 가져왔고, 우리 조정에서도 역시 은화를 후하게 주었으며, 매년 이와 같이 하였다. 혹은 "옛날 우리 평주(平州) 지역 승려인 금준(今俊)이 달아나 여진으로 들어가 아지고촌(阿之古村)에 살았으며 금의 조상이라고 한다"고 한다. 혹은 "평주(平州) 지역 승려 김행(金幸)의 아들 김극수(金克守)가 여진 아지고촌에 들어가 여진 여자와 결혼하여 아들을 낳았는데 고을태사(古乙太師)이다. 고을태사는 활라태사(活羅太師)를 낳았다. 활라태사는 아들을 여럿 두었는데 장남은 핵리발(劾里鉢)이고 막내는 영가(盈歌)다. 영가는 재능이 가장 뛰어나 사람들의 마음을 얻었다. 영가가 죽고 핵리발의 장남 오아속(烏雅束)이 계승하였다. 오아속이 죽고 동생 아골타가 그 자리에 올랐다"라고 하였다.

-『고려사』 권14「예종세가」

▶ 癸丑, 金主阿骨打遣阿只等五人, 寄書曰, 兄大女眞金國皇帝, 致書于弟高麗國王. 自我祖考, 介在一方, 謂契丹爲大國, 高麗爲父母之邦, 小心事之. 契丹無道, 陵轢我疆域, 奴隷我人民, 屢加無名之師. 我不得已拒之, 蒙天之祐, 獲殄滅之. 惟王許我和親, 結爲兄弟, 以成世世無窮之好. 仍遺良馬一匹.

-『高麗史』卷14「睿宗世家」

1117년 3월 계축일 금의 임금 아골타는 아지(阿只) 등 다섯 명에게 보낸 서신에서 "형인 대여진(大女眞) 금 황제는 아우인 고려 국왕에게 서신을 보낸다. 우리는 조상 때부터 한쪽에 끼어 거란을 대국(大國)이라 하고 고려를 '부모의 나라'라고 하며 조심스럽게 섬겨 왔다. 거란은 도리에 어긋나게 우리 땅을 유린하고 우리 백성을 노예로 삼았으며 여러 차례 명분도 없는 전쟁을 하였다. 나는 어쩔 수 없이 항거하였는데 하늘이 도와 그들을 전멸시켰다. 왕은 나와 화친을 허락하고 형제 관계를 맺었는데, 대대로 계속 잘 지내기를 바란다"라고 하였다. 아울러 좋은 말 1필도 보냈다.

-『고려사』 권14「예종세가」

▶『高麗史』卷十四「世家」"睿宗十四年八月丁丑, 遣中書主事曺舜擧, 聘于金, 其書有况彼源發乎吾土之語, 金主拒不受."

중서주사(中書主事) 조순거(曹舜擧)를 금에 보내 금을 예방하였는데, 보낸 서신에서 '금의 근원은 우리 땅에서 시작되지 않았는가'라는 구절을 보자 금 황제는 거부하고 받지 않았다.

# 2. 금나라

▶ 金之始祖, 諱函普, 初從高麗來, 年已六十餘矣. 兄阿古迺好佛, 留高麗不肯從, 曰, “後世子孫必有能相聚者, 吾不能去也.” 獨與弟保活里俱. 始祖居完顏部僕幹水之涯, 保活里居耶懶. 其後胡十門以曷蘇館歸太祖. 自言其祖兄弟三人相別而去, 蓋自謂阿古迺之後. 石土門迪古乃, 保活里之裔也. 及太祖敗遼兵于境上, 獲耶律謝十, 乃使梁福斡荅剌招諭渤海人曰, “女直渤海, 本同一家.” 蓋其初皆勿吉之七部也.

始祖至完顏部, 居久之. 其部人嘗殺它族之人, 由是兩族交惡, 鬨鬥不能解. 完顏部人謂始祖曰, “若能爲部人解此怨, 使兩族不相殺, 部有賢女, 年六十而未嫁, 當以相配, 仍爲同部.” 始祖曰, “諾.” 迺自往諭之曰, “殺一人而鬥不解, 損傷益多. 曷若止誅首亂者一人, 部內以物納償汝, 可以無鬥而且獲利焉.” 怨家從之. 乃爲約曰, “凡有殺傷人者, 徵其家人口一·馬十偶·牸牛十·黃金六兩, 與所殺傷之家, 卽兩解, 不得私鬥.” 曰, “謹如約.” 女直之俗, 殺人償馬·牛三十自此始. 旣備償如約, 部衆信服之, 謝以靑牛一, 幷許歸六十之婦. 始祖乃以靑牛爲聘禮而納之, 幷得其貲產. 後生二男, 長曰烏魯, 次曰斡魯, 一女曰注思板, 遂爲完顔部人. 天會十四年, 追謚景元皇帝, 廟號始祖. 皇統四年, 號其藏曰光陵. 五年, 增謚始祖懿憲景元皇帝.

-『金史』卷1「本紀」第1 世紀

금 시조의 존함은 함보(函普)이며 고려에서 막 왔을 때 나이가 이미 60여 세였다. 함보의 형 아고내(阿古迺)는 불교를 믿기 때문에 고려에 남고 함보를 따라오려 하지 않았다. 아고내는 “나의 후손은 반드시 너희와 만날 수 있을 것이니 나는 가지 않겠다”라고 하였다. 함보는 홀로 동생 보활리(保活里)와 함께 왔다. 시조는 완안부(完顔部)의 복간수(僕幹水) 근처에 살았고, 보활리는 야라(耶懶)에 살았다. 후에 호십문(胡十門)이라는 사람이 갈소관(曷蘇館)을 태조에게 바치고 귀부하였다. 그는 스스로 그의 조상 3형제가 서로 헤어지던 상황을 설명하고 자신은 아고내의 후손이라 하였다. 석토문(石土門)과 적고내(迪古乃)는 보활리의 후손이다. 태조가 거란 군대를 국경에서 물리치고 야율사십(耶律謝十)을 사로잡았다. 태조는 양복(梁福)과 알답랄(斡答剌)을 보내 발해인에게 “여진과 발해는 본래 한 집안이다”라는 황제의 교지를 하달하였다. 원래 그들은 모두 물길 7부에 속했다.

시조 함보가 완안부에 도착하여 거주한 지 오래되었다. 완안부 사람들은 일찍이 다른 부족 사람을 살해하여 두 부족은 관계가 악화되어 싸움이 자주 발생하고 화해하지 못하였다. 완안부는 시조에게 “만약 네가 완안부족을 위하여 원한을 풀어 두 부족이 다시 잔혹하게 살해하지 않게 한다면 우리 부족 중 이미 60세이나 결혼하지 못한 현명한 여자와 혼인하여 같은 부족이 되도록 허락할 것이다"라고 하였다. 시조는 "하겠습니다"라고 대답하였다. 그리고 원한을 가진 집으로 가서 "한 사람을 죽인 것으로 장기간 싸우고 화해하지 않으면 손실이 너무 크다. 만일 앞장서서 일을 벌인 사람만을 죽이고, 완안부족에게 물건으로 배상하게 하면 고통스러운 싸움을 끝낼 뿐만 아니라 재물도 얻을 수도 있다"라고 하였다. 원한을 가진 집에서는 함보의 권고를 듣고 "살해한 집에서는 사람 한 명, 말 스무 마리, 암소 열 마리, 황금 여섯 양을 징수하여 살해를 당한 집에 배상하고, 두 집은 즉시 화해하고, 사적으로 싸워서는 안 된다"고 약속하였다. 많은 사람이 "약속을 따르겠다"고 하였다. 여진인의 풍속은 살해한 경우 말과 소 서른 마리로 배상하는데, 이때부터 시작된 것이다. 약속대로 실행하자 완안부 사람들은 시조를 믿었고 푸른 소 한 마리를 보내어 그에게 감사를 표시하였고 60세 현녀는 그에게 시집갔다. 시조는 푸른 소를 예물로 삼아 현녀를 아내로 맞이하였고, 그녀의 재산도 얻었다. 후에 아들 둘을 낳았는데 장자는 오로(烏魯)이고 둘째는 알로(斡魯)이며, 딸이 하나 있는데 주사판(注思板)이라 하며 모두 완안부 사람이 되었다. 천회(天會) 14년(1136) 함보는 시호가 경원황제(景元皇帝)로 추증되었고 묘호(廟號)는 시조(始祖)라 하였다. 황통(皇統) 4년(1144) 능침을 광릉이라 하였다. 황통 5년(1145) 시호를 다시 시조의헌경원황제(始祖懿憲景元皇帝)라 추증하였다.

- 『금사』 권1 「본기」 제1 세기

▶ 胡十門者曷蘇館人也. 父撻不野, 事遼爲太尉. 胡十門善漢語, 通契丹大·小字, 勇而善戰. 高永昌據東京, 招曷蘇館人, 衆畏高永昌兵强, 且欲歸之. 胡十門不肯從, 召其族人謀曰, "吾遠祖兄弟三人, 同出高麗. 今大聖皇帝之祖入女直, 吾祖留高麗, 自高麗歸于遼. 吾與皇帝皆三祖之後. 皇帝受命卽大位, 遼之敗亡有徵, 吾豈能爲永昌之臣哉!" 始祖兄阿古迺留高麗中, 胡十門自言如此, 蓋自謂阿古迺之後云. … 後攻保州, 遼將以舟師遁, 胡十門邀擊敗之, 降其士卒. 賞賜甚厚, 以爲曷蘇館七部孛菫, 給銀牌一·木牌三.

-『金史』卷66「列傳」第4 胡十門

호십문(胡十門)은 갈소관(曷蘇館) 사람이다. 아버지는 달불야(撻不野)이며 거란을 섬겨 태위(太尉)가 되었다. 호십문은 한어를 잘하였으며 거란대자(契丹大字), 거란소자(契丹小字)에 통달하였고, 용맹스러우며 전투를 잘하였다. 고영창(高永昌)이 동경(東京)을 점거하고 갈소관 사람들을 불러 모으자 무리들은 고영창의 군대가 강한 것을 두려워하여 귀부하려고 하였다. 호십문은 이에 따르지 않으려고 그 가문 사람[族人]들을 불러서 꾀하기를, "우리의 먼 할아버지 형제 세 분은 함께 고려에서 나오셨다. 지금 대성황제(大聖皇帝)의 할아버지께서 여진(女直)에 들어오실 때 우리 할아버지는 고려에 머물고 계셨으며, 고려에서 거란으로 귀부하셨다. 그러므로 나와 황제는 모두 세 분 할아버지의 후손이다. 황제께서 천명(天命)을 받아서 대위(大位)에 즉위하셨으며 거란이 패망할 조짐이 있는데, 내가 어찌 고영창의 신하가 되겠는가!"라고 하였다. 시조의 형 아고내가 고려에 머물고 있었던 것을 호십문이 스스로 이렇게 말하였으니, 대개 스스로 아고내의 후예라고 한 것이다. … 뒤에 보주(保州)를 공격할 때 거란의 장수가 수군을 이끌고 도망가자 호십문이 요격하여 패배시키고 그 병졸들을 항복시켰다. 매우 후하게 상을 주고 그를 갈소관 7부의 발근(勃堇)으로 삼았으며, 은패(銀牌) 한 개와 목패(木牌) 세 개를 주었다.

-『금사』 권66「열전」 제4 호십문

▶ 貞祐四年二月, 爲太子少保, 兼前職. 時尙書省奏, "遼東宣撫副使完顔海奴言, '參議官王澮嘗言, 本朝紹高辛, 黃帝之後也. 昔漢祖陶唐, 唐祖老子, 皆爲立廟. 我朝迄今百年, 不爲黃帝立廟, 無乃愧於漢·唐乎. 又云,「本朝初興, 旗幟尙赤, 其爲火德明矣. 主德之祀, 闕而不講, 亦非禮經重祭祀之意.」臣聞於澮者如此. 乞朝廷議其事.'" 詔問有司, 行信奏曰, "按『始祖實錄』, 止稱自高麗而來, 未聞出於高辛. 今所據欲立黃帝廟, 黃帝高辛之祖, 借曰紹之, 當爲木德, 今乃言火德, 亦何謂也? 況國初太祖有訓, 因完顔部多尙白, 又取金之不變, 乃以大金爲國號, 未嘗議及德運. 近章宗朝始集百僚議之, 而以繼亡宋火行之絶, 定爲土德, 以告宗廟而詔天下焉. 顧澮所言特狂妄者耳." 上是之.

-『金史』 卷107「列傳」 第45 張行信

장행신(張行信)은 1216년 2월 태자소보(太子少保)의 임무를 담당하였으며, 이전의 직무도 맡고 있었다. 이때 상서성(尙書省)에서 아뢰기를, "요동선무부사(遼東宣撫副使) 완안해노(完顔海奴)가 말하기를 '참의관(參議官) 왕회(王澮)가 일찍이 금 왕조는 고신씨(高辛氏)를 이었으니 황제(黃

帝)의 후예입니다. 예전에 한(漢)의 조상은 도당씨(陶唐氏)이고, 당(唐)의 조상은 노자(老子)로 모두 사당을 세워 제사하였습니다. 우리 금 왕조는 이미 백 년이 지났는데도 황제 사당을 세우지 않았으니 어찌 한 왕조나 당 왕조에 부끄럽지 않겠습니까. 또 우리 왕조가 처음 일어났을 때 깃발의 색이 붉은색이었다는 것은 화덕(火德)에 의해 흥한다는 사실을 매우 잘 알았음을 말합니다. 그런데 덕(德)을 주관하는 제사를 지내지 않고 논의도 하지 않으니 『예경(禮經)』에서 제사를 중시하는 뜻에도 맞지 않습니다'라고 하였다고 합니다. 이것은 제가 들은 왕회의 말이니 조정에서 이 일에 대해 논의해 주시기 바랍니다"라고 하였다. 선종(宣宗)은 관련 부문에 조서를 내렸다. 장행신이 아뢰기를 "『시조실록』을 찾아보니 오직 고려에서 왔다고 하지 고신씨에서 나왔다는 말은 없습니다. 지금 왕회의 말에 따라 황제의 사당을 세운다면 황제는 고신씨의 조상으로, 고신을 계승한다면 당연히 목덕이 되어야 하는데 지금은 도리어 화덕으로, 이는 어디서 나온 말이란 말입니까? 더구나 국초에 태조의 유훈이 있고, 완안부는 흰색을 숭상하고, 금은 색이 변하지 않기 때문에 국호를 대금(大金)이라 정하였으며, 덕운(德運) 문제에 대해서는 논의된 바가 없었습니다. 최근 장종은 관리들을 모아 상의하고 덕운을 멸망한 북송을 이어 토덕(土德)으로 정하고 종묘에 고하고 천하에 알렸습니다. 왕회가 말한 내용은 매우 오만하고 무지한 것임을 알 수 있습니다"라고 하였다. 황제는 장행신의 말에 찬성하였다.

- 『금사』 권107 「열전」 제45 장행신

▶ 金人出於高麗, 始通好爲為敵國, 後稱臣.

-『金史』卷60「交聘表」上

금 사람은 고려에서 나왔는데 처음에는 잘 통하였으나 적국이 되었으며 후에 고려는 금에 신하라 칭하게 되었다.

-『금사』 권60「교빙표」 상

▶ 爲人聰敏辨給, 凡一聞見, 終身不忘. 始未有文字, 祖宗族属時事并能默記, 與斜葛同修本朝譜牒. 見人舊未嘗識者, 聞其祖父名, 即能道其部族世次所出. 或積年舊事偶因他及之人或遺忘輒一一辨析言之有質疑者皆釋其意義世祖嘗稱其强記人不可及也.

天輔三年, 寢疾, 宗翰日往問之, 盡得祖宗舊俗法度. 疾病, 上幸其家問疾, 問以國家事, 對曰, 馬者甲兵之用, 今四方未平, 而國俗多以良馬殉葬, 可禁止之. 乃獻平生所乘戰馬, 及以馬獻太宗, 使其子蒲里迭代爲奏, 奏有誤語, 即哂之, 宗翰從傍爲改定. 進奏訖, 薨, 年四十九.

-『金史』卷73「列傳」第11 阿離合懣

아리합만(阿離合懣)은 총명하고 말재주가 뛰어났으며 보고 들은 일은 절대로 잊지 않았다. 금 초기 문자가 없을 때 조상과 족속에 대한 일을 모두 암기하였으며, 사갈(斜葛)과 함께 여진의 씨족 세계(世系)를 편찬하였다. 이전에 알지 못했던 사람을 만나도 오직 그 사람의 할아버지와 아버지의 이름을 들으면 출신 부족과 항렬을 맞혔다. 일부 오래된 일도 어쩌다가 다른 일로 언급되면 다른 사람은 잊어버렸어도 그는 하나하나 설명하고 의문을 제기하는 사람들에게 의미를 해석해 주었다. 일찍이 세조(世祖)는 아리합만이 기억력이 매우 뛰어나 일반인은 따라가기 어렵다고 칭찬하였다.

천보(天輔) 3년 아리합만은 병에 걸렸는데 종한(宗翰)은 매일 병문안을 가서 조상의 옛 습속과 법규를 이해하였다. 아리합만이 병중에 있을 때 세조는 그의 집에 도착하여 병을 살피고 국가의 대사를 물었는데 그는 "말은 전쟁에 사용하는 것으로 현재 사방은 아직 평정되지 않았는데, 우리나라의 풍속은 말을 죽여 함께 묻는데 이 습속을 금지해야 합니다"라고 대답하였다. 그리고 자신이 전쟁 때 탔던 전마(戰馬)를 태종에게 바쳤다. 아리합만은 사망했을 때 49세였다.

- 『금사』 권73 「열전」 제11 아리합만

# 3. 남송

▶ 女眞酋長, 乃新羅人, 號完顔氏, 完顔猶漢言王也. 女眞以其練事, 後隨以首領讓之. 兄弟三人, 一爲熟女眞酋長, 號萬戶. 其一適他國. 完顔年六十余, 女眞妻之以女亦六十余. 生二子, 其長即胡来也. 自此傳三人, 至楊哥太師無子, 以其侄阿骨打之弟謚曰文烈者爲子. 其後楊哥生子闥辣, 乃令文烈歸宗.

金主九代祖名龕福, 追謚景元皇帝, 號始祖, 配曰明懿皇后. 八代祖名訛魯, 追謚德皇帝, 配曰思皇后. 七代祖名佯海, 追謚安皇帝, 配曰節皇后. 六代祖名随闊, 追謚定昭皇帝, 號獻祖, 配曰恭靖皇后. 五代祖孛堇名實魯, 追謚成襄皇帝, 號昭祖, 配曰威順皇后. 高祖太師名胡來, 追謚惠桓皇帝, 號景祖, 配曰昭肅皇后. 曾祖太師名核里頗, 追謚聖肅皇帝, 號世祖, 配曰翼簡皇后. 曾叔祖太師名蒲剌束, 追謚穆憲皇帝, 號肅宗, 配曰靜宣皇后. 曾季祖太師名楊哥, 追謚孝平皇帝, 號穆宗, 配曰貞惠皇后. 伯祖太師名吳刺束, 追謚恭簡皇帝, 號康宗, 配曰敬僖皇后. 祖名旻, 世祖第二子, 咸雍四年歲在戊申生, 即阿骨打也. 滅契丹, 謚大聖武元皇帝, 號太祖. 同母弟二人, 長曰吳乞買, 次曰撒也. 阿骨打卒, 吳乞買, 更名晟, 謚文烈皇帝, 號太宗, 配曰明德皇后. 今主名亶, 阿骨打之孫, 繩果之子. 繩果追謚景宣皇帝, 亶之配曰屠姑坦氏.

- 洪皓,『松漠紀聞』

여진 추장은 신라인으로 완안씨(完顔氏)라고 불렀다. 완안(完顔)은 한어로 왕(王)이라는 뜻이다. 여진은 그가 세상일에 밝아 후에 그에게 수령 자리를 양보하였다. 형제 세 명 중 한 명은 숙여진의 추장이 되었는데 만호(萬戶)라고 불렀다. 다른 한 명은 다른 나라로 갔다. 완안은 60여 세로 여진족 아내 역시 60여 세다. 아들 둘을 낳았는데 장자는 호래(胡來)다. 이로부터 3대가 지나 양가태사(楊哥太師)에 이르렀는데 양가태사는 자식이 없어 조카인 아골타의 동생 문열(文烈)을 아들로 삼았다. 그 후 양가는 달랄(闥辣)을 낳았고 문열을 생가로 되돌아가게 하였다.

금 황제의 9대조 이름은 감복(龕福)으로, 경원황제(景元皇帝)로 추시(追謚)되었고, 시조(始祖)라고 불리며, 배우자는 명의황후(明懿皇后)다. 8대조는 이름이 와로(訛魯)이며 시호는 덕황제(德皇帝)로 추증하였고, 배우자는 사황후(思皇后)다. 7대조는 양해(佯海)로, 시호는 안황제(安皇帝)로 추증하였으며 배우자는 절황후(節皇后)다. 6대조는 수활(隨闊)이며, 시호는 정소황제(定昭皇帝)로 추증하고 헌조(獻祖)라 불렀으며 황후는 공정황후(恭靖皇后)다. 5대조 패근(孛堇)은 이름이 실로(實魯)이며, 시호는 성양황제(成襄皇帝)로 추증하고 소조(昭祖)라 불렀으며 배우자는 위

순황후(威順皇后)다. 고조태사(高祖太師)는 이름이 호래(胡來)로 시호는 혜환황제(惠桓皇帝)로 추증하였고, 경조(景祖)라 부르며 배우자는 소숙황후(昭肅皇后)다. 증조태사(曾祖太師)는 핵리파(核里頗)로 시호는 성숙황제(聖肅皇帝)라 추증하였으며 세조(世祖)라 부르고 배우자는 익간황후(翼簡皇后)다. 증숙조태사(曾叔祖太師)는 포자속(蒲刺束)으로 시호는 목헌황제(穆憲皇帝)라 추증하였으며 숙종(肅宗)이라 하고 배우자는 정선황후(静宣皇后)다. 증계조태사(曾季祖太師)는 이름이 양가(楊哥)이며 시호는 효평황제(孝平皇帝)로 추증하였으며, 목종(穆宗)이라 부르고 배우자는 정혜황후(貞惠皇后)다. 백조태사(伯祖太師)는 오자속(吳刺束)으로 시호는 공간황제(恭簡皇帝)라 추증하였으며 강종(康宗)으로 배우자는 경희황후(敬僖皇后)다. 할아버지의 이름은 민(旻)이며, 세조의 세 번째 아들로 함옹(咸雍) 4년 무신(戊申)에 태어났는데, 즉 아골타(阿骨打)이다. 거란을 멸망시켰으며 시호는 대성무원황제(大聖武元皇帝)로 태조(太祖)다. 형제 두 명이 있는데 큰형은 오걸매(吳乞買)이고 둘째 형은 살(撒)이다. 아골타가 사망하고 오걸매가 제위를 이었는데 이름은 성(晟)이며 시호는 문열황제(文烈皇帝)이고 태종(太宗)이며 배우자는 명덕황후(明德皇后)다. 지금의 황제는 이름이 단(亶)으로 아골타의 손자로 승과(繩果)의 아들이다. 승과는 시호를 경선황제(景宣皇帝)로 추증하였으며, 단의 배우자는 도고탄씨(屠姑坦氏)다.

– 홍호, 『송막기문』

▶ 女眞始祖揩浦, 出自新羅, 奔至阿触胡, 無所歸, 遂依完顏, 因而氏焉. 六十未娶. 是時, 酋豪以强凌弱, 無所制度. 浦劈木爲剋, 如文契約. 教人舉債生息, 勤于耕種者, 遂致巨富. 若遇盜竊鷄豚狗馬者, 以桎梏拘械, 用柳條笞撻外, 賠償七倍, 法令嚴峻, 果斷不私. 由是, 遠近皆伏, 號爲神明. 有邻寨鼻察異酋長, 姓結徒姑丹, 小名聖貨者. 有室女, 年四十余, 尚未婚, 遂以牛馬財用農作之具, 嫁之于浦. 後女眞衆酋結盟, 推爲首領

生訛辣魯, 繼其父業訛辣魯. 生佯海. 佯海生随闊, 自幼習射采生, 長而善騎射獵. 教人燒炭煉鐵, 刳木爲器, 制造舟車, 種植五谷, 建造屋宇, 梢有上古之風. 猶是鄰近, 每有不平, 皆詣所请, 遂號孛堇, 臣伏契丹. 生三子, 長曰兀列, 次曰失侶, 幼曰烏熟爲孛堇.

生貨迴, 比之五祖迴然超群, 由是契丹拜爲甯江軍節度使, 呼曰太師. 生五子, 長曰劾闍, 次劾姑遜, 次劾里孛, 次蒲辣叔, 次楊割. 太師劾里孛, 生长子兀囉束, 第二子兀古達達, 乃太祖大聖武元皇帝.

- 苗耀, 『神麓記』

여진 시조 긍포(揯浦)는 신라에서 달아나 아촉호(阿觸胡)에 도착하였으나 갈 곳이 없었으며 마침내 완안에 의지하였기 때문에 완안으로 성씨를 삼았다. 긍포는 60살이었으나 아직 장가를 가지 못하였다. 이때 여진의 각 추장들은 힘으로 약한 자들을 침범하였고 제도가 없었다. 긍포는 나무에 새겨 약속하도록 하여 문서로 계약하는 것과 같이 하였다. 사람들에게 돈을 빌려주고 이자를 받는 것을 가르쳤으며, 부지런히 농사지은 자는 마침내 큰 부자가 되었다. 만약 소, 닭, 돼지, 개, 말을 훔치는 자를 발견하면 차꼬와 수갑을 채우고, 버드나무 가지로 매질하는 외에 7배를 배상하게 하고 법령을 엄격하게 하여 사사로이 하지 못하도록 하였다. 이와 같이 하니 멀고 가까이 있는 자들이 모두 복종하고 신처럼 숭배하였다. 이웃 마을에 비찰이(鼻察異) 추장이 있었는데 성은 결도고단(結徒姑丹)이고 어렸을 때 이름은 성화자(聖貨者)이다. 그에게는 40여 세의 딸이 있었는데 아직 결혼하지 못하였다. 마침내 소와 말로써 농기구를 삼아 긍포에게 시집갔다. 후에 여러 여진 추장들은 연맹하여 긍포를 수령으로 추대하였다.

긍포는 와랄로(訛辣魯)를 낳았고 와랄로는 아버지의 업무를 계승하였다. 와랄로는 양해(佯海)를 낳았다. 양해는 수활(随闊)을 낳았다. 양해는 어려서부터 활쏘기를 배워 동물을 잡았고, 자라서는 말을 타고 수렵하는 데 능하였다. 그리고 사람들에게 석탄을 태워 철을 단련하고 나무를 구부려 무기를 만들고, 배와 마차를 제작하고, 오곡을 심고, 집을 짓는 것을 가르쳐 고대의 풍습이 사라지게 되었다. 아직도 이웃 사람들은 분쟁이 있을 때면 매번 그를 찾아가 답을 청했고 마침내 그를 패근(孛堇)이라 불렀으며 거란을 복종시켰다. 양해는 3명의 아들을 낳았는데 장자는 올렬(兀列)이고, 둘째는 실려(失侶)이고, 막내는 오숙(烏熟)으로 패근이 되었다. 오숙은 화형(貨迥)을 낳았는데 다섯 명의 조상에 비해 월등히 뛰어났기 때문에 거란은 영강군절도사(甯江軍節度使)에 임명하고 태사(太師)라 불렀다. 화형은 5명의 아들을 낳았는데 장자는 핵도(劾闍)이고, 둘째는 핵고손(劾姑遜)이고, 셋째는 핵리패(劾里孛)이고, 넷째는 포랄숙(蒲辣叔)이고, 막내는 양할(楊杨)이다. 태사 핵리패는 장자 올라속(兀囉束), 둘째 올고달(兀古達)을 낳았는데 이 분이 태조(太祖) 대성무원황제(大聖武元皇帝)이다.

- 묘요, 『신록기』

▶ 其初酋長, 本新羅人, 號完颜氏. 完颜猶漢言王, 爲首領. 完颜之兄弟三人, 一爲女眞酋長, 號萬戶. 其一適他國. 完顏年六十餘, 女眞妻之以女, 亦六十餘. 生二子, 其長即胡来也. 自此傳三人, 至楊哥太師, 以至阿骨打.

- 徐梦莘,『三朝北盟會編』卷3

여진 초기 추장은 본래 신라인으로 완안씨라고 불렀다. 완안은 한어로 왕(王)이라는 뜻으로 완안 추장은 수령이 되었다. 완안은 3형제가 있었는데 한 명은 숙여진의 추장이 되었는데 만호(萬戶)라고 불렀다. 다른 한 명은 다른 나라로 갔다. 완안은 60여 세였으며 여진인들은 여자를 그와 결혼시켰는데 역시 60여 세였다. 아들 둘을 낳았는데 장자는 호래(胡来)다. 이때부터 3대를 지나 양가태사(楊哥太師)에 이르고, 아골타(阿骨打)에 이르렀다.

- 서몽신,『삼조북맹회편』권3

▶『삼조북맹회편(三朝北盟會編)』권18은『신록기』와 완전히 일치하여 생략함.

▶ 女眞部族, 種類不同. 有夾谷, 赤盞, 溫熟, 馳満, 納合, 徒丹, 烏古論, 烏林答, 紇石烈等, 數十姓, 各以其先世所居地名爲列. 惟完顏一姓, 則有異焉. 蓋其遠祖, 因避罪, 自高麗而至. 女眞後立神功聖德碑, 于燕城之西. 参知政事韓昉作文, 翰林承旨宇文虛中書寫, 翰林待制吳激題篆額. 其碑自序出于高丽云.

- 文惟簡,『虜庭事實』

여진 부족은 서로 종류가 다르다. 협곡(夾谷), 적잔(赤盞), 온숙(溫熟), 치만(馳滿), 납합(納合), 도단(徒丹), 오고륜(烏古論), 오림답(烏林答), 흘석렬(紇石烈) 등 수십 개의 성이 있는데 각기 조상이 거주하던 곳의 지명을 이름으로 삼았다. 오직 유일하게 완안씨만이 이러한 규칙과 다른 점이 있었다. 그들의 먼 조상은 죄를 짓고 피하기 위해 고려에서 왔다고 한다. 여진은 후에 신공성덕비(神功聖德碑)를 연경성(燕京城) 서쪽에 세웠다. 참지정사(參知政事) 한방(韓昉)이 문장을 짓고, 한림승지(翰林承旨) 우문허중(宇文虛中)이 글을 쓰고, 한림특제(翰林待制) 오격(吳激)이 비석에 글자를 썼다. 그 비석은 서두에 '고려'라는 말이 나온다.

- 문유간, 『로정사실』

▶ 旻卽阿固達, 其先新羅人也. 金太祖實錄云, 太祖生于戊申七月, 其先爲完顔部人, 後因以爲氏. 洪皓松漠紀聞云, 女眞君長乃新羅人, 號完顔氏. 完顔猶漢言王也. 苗耀『神麓記』云, 女眞始祖堪布, 出自新羅, 奔至安春, 無所歸, 遂依完顔, 因而氏焉. 後女眞衆人, 結盟推爲首領.

- 李心傳,『建炎以來繫年要錄』卷1 建炎元年正月條

민(旻)이라는 사람은 아고달(阿固達)로 그 조상은 신라인이다. 금「태조실록(太祖實錄)」에 따르면 "태조는 무신(戊申)년 7월에 태어났는데 그 선조가 완안부 사람이기 때문에 후에 완안을 성씨로 삼았다"고 한다. 홍호(洪皓)의 『송막기문(松漠紀聞)』에 따르면 "여진의 수령은 신라인이며 완안씨라고 불렀으며 완안은 한어로 왕이라는 뜻"이라고 한다. 묘요(苗耀)는 『신록기(神麓記)』에서 "여진 시조 감포(堪布)는 신라에서 와서 안출(安春)로 도망하였으나 의지할 곳이 없었으며 마침내 완안에 의지하였기 때문에 완안을 성씨로 삼았으며, 후에 여진인들은 연맹하여 그를 수령으로 추천하였다"고 한다.

- 이심전, 『건염이래계년요록』 권1 건염원년정월조

▶ 完顔之始祖指浦者, 新羅人, 自新羅奔女眞, 女眞諸酋推爲首領. 七傳至旻而始大, 所謂阿骨打也.

- 李心傳, 『建炎以來朝野雜記』 乙集 卷19 邊防

완안의 시조 지포(指浦)는 신라인으로 신라에서 여진으로 도망 왔는데 여진족의 여러 추장들이 수령으로 추대하였다. 7대가 전하여 민(旻)에 이르러 번성하기 시작하였는데 바로 아골타다.

- 이심전, 『건염이래조야잡기』 을집 권19 변방

▶ 完顔之始祖浦者, 新羅人, 自新羅奔女眞, 女眞諸酋推爲首領. 七傳至而始大, 所謂阿固達也.

- 작가 미상, 『續編兩朝綱目備要』 卷13, 寧宗嘉定六年八月條

완안의 시조는 포(浦)라는 사람으로 신라인이다. 신라에서 여진으로 도망 왔으며, 여진의 여러 추장이 수령으로 추대하였다. 7대에 이르러 번성하기 시작하였는데 바로 아고달(阿固達)이다.

- 작가 미상, 『속편양조강목비요』 권13, 영종 가정 6년 8월조

▶ 女眞, 其初部族本新羅人, 號完顔氏. 完顔, 猶漢言王. 女眞妻之以女, 生二子, 其長烏古廼也. 自此傳三人, 至英格太師, 以至阿固達.

- 陳均, 『九朝編年備要』 卷28 徽宗皇帝政和七年條

여진의 초기 부족은 본래 신라인으로 완안씨라 불렀다. 완안은 한어로 왕이라는 뜻이다. 여진인들은 여자와 결혼시켰으며 아들 둘을 낳았는데 맏아들의 이름은 오고내(烏古廼)다. 이로부터 3대를 지나 영격태사(英格太師)에 이르고 아고달(阿固達)에 이르렀다.

- 진균, 『구조편년비요』 권28 휘종황제 정화 7년조

▶或又云, 其初酋長, 本新羅人, 號完顔氏. 完顔猶漢言王也. 女眞妻之以女, 生二子, 其長即胡來也. 其自此傳三人, 至楊割太師, 以至阿骨打.

- 宇文懋昭, 『大金國志』 「金國初興本末」

또는 여진의 초기 추장은 본래 신라인으로 완안씨라고 불렀다고 한다. 완안은 한어로 왕이라는 뜻이다. 여진인들은 여자와 결혼하게 하였는데 아들 둘을 낳았으며 장자의 이름은 호래(胡來)다. 이때로부터 3대를 지나 양할태사(楊割太師)에 이르렀고, 아골타(阿骨打)에 이르렀다.

- 우문무소, 『대금국지』 「금국초흥본말」

▶ 是歲, 女眞阿骨打稱帝, 姓王名倣旻. 本新羅人, 號完顔氏.

- 작자 미상, 『大宋宣和遺事』 元集

이때 여진 아골타는 황제를 칭하였는데 성을 왕(王)이라 하고 이름을 민(旻)이라 하였다. 아골타는 본래 신라인으로 호는 완안씨다.

- 작자 미상, 『대송선화유사』 원집

▶ 又云其酋本新羅人, 號完顏氏, 猶漢言王也. 女眞服其練事, 以首領推之, 其酋自龕福以下班班可紀. 龕福生訛魯, 訛魯生洋海, 洋海生随闊, 随闊生實魯, 實魯生胡來. 胡來三子, 伯曰核里頗, 叔曰蒲剌束, 季曰楊割. 楊割聚族帳最多, 謂之楊割太師, 能用其人, 遂稱强諸部.

- 馬端臨, 『文獻通考』 卷327 四裔考4 女眞

또는 여진 추장은 본래 신라인이며 완안씨라고 하였는데 한어로 왕이라는 뜻이라고 한다. 여진은 그가 세상일을 잘 아는 것에 탄복하여 그를 수령으로 추대하였다. 여진 추장의 일은 감복(龕福) 이후 자세히 기록되어 있다. 감복은 와로(訛魯)를 낳고, 와로는 양해(洋海)를 낳고, 양해는 수활(随闊)을 낳고, 수활은 실로(實魯)를 낳고, 실로는 호래(胡來)를 낳았다. 호래는 3명의 아들을 낳았는데, 장자는 핵리파(核里頗)이고, 둘째는 포랄속(蒲剌束)이고, 막내는 양할(楊割)이다. 양할은 가장 많은 부족을 모았기 때문에 양할태사(楊割太師)라 하는데 그는 사람을 능히 쓸 줄 알았기 때문에 마침내 여러 부족 중 강성하게 되었다.

- 마단림, 『문헌통고』 권327 사예고4 여진

▶ 在鴨綠江陽, 長白山之下, 古肅愼氏之國也. 始因新羅人完顔氏者奔于國, 遂家焉. 地多産金, 故女眞阿古答稱帝, 國號大金.

- 周致中,『異域志』卷上 女眞條

압록강의 북쪽, 장백산 아래 고대 숙신씨의 나라가 있었다. 여진 초기 신라인 완안씨는 이 나라로 와서 마침내 가정을 이루었다. 이 지역에서는 금이 많이 생산되기 때문에 여진 아고답(阿古答)은 제왕이라 칭하고 국호를 대금(大金)이라 하였다.

- 주치중,『이역지』권상 여진조

▶ 女眞, 金也. 世本新羅人, 號完顔氏. 完顔猶漢言王也. 世爲酋長, 服屬大遼二百年. 世襲節度使, 至龕福下四世. 妻女真女生二子, 長曰胡來. 胡來生三子, 長曰核里, 次曰蒲剌束, 季曰楊割. 楊割生三子, 長曰阿骨打, 次曰吳乞馬, 季曰思改. 思改生粘罕. 女眞至楊割太師始雄諸部.

- 釋覺岸,『釋氏稽古略』卷4

여진인이 금을 세웠다. 그 가계는 본래 신라인으로 완안씨라 한다. 완안은 한어로 왕이라는 뜻이다. 그 가계는 계속 추장이었으며 거란에 200년간 복속되어 있었다. 절도사를 세습하였는데 감복(龕福) 이하 4대까지 이어졌다. 감복은 여진 여자를 아내로 맞이하여 아들 둘을 낳았는데 장자는 호래(胡來)다. 호래는 3명의 아들을 낳았다. 장자는 핵리(核里)라고 하며, 둘째는 포랄속(蒲剌束)이라고 하고, 막내는 양할(楊割)이라고 한다. 양할은 아들 3명을 낳았는데, 장자는 아골타(阿骨打)이고, 둘째는 오걸마(吳乞馬)이고, 막내는 사개(思改)다. 사개는 점한(粘罕)을 낳았다. 여진은 양할태사에 이르러 여러 부족 중 가장 뛰어나게 되었다.

- 석각안, 『석씨계고략』 권4

# 4. 원나라

▶ 金國本名朱里眞, 番語舌音訛爲女眞, 或曰慮眞, 避契丹興宗宗眞名, 又曰女直直. 肅愼氏之遺種, 西海之別族也. 或曰三韓辰韓之後.

- 陳准, 『北風揚沙錄』

금나라는 본래 주리진이라 하며 거란 말로 설음화하여 여진(女眞) 또는 여진(慮眞)이라 하며, 거란 흥종의 이름인 종진(宗眞)을 피하여 여직(女直)이라 불렀다. 숙신씨의 후손이며 서해(西海)의 한 종류이다. 또는 삼한 중 진한의 후예라고도 한다.

- 진준, 『북풍양사록』

# 5. 청나라

▶ 金始祖本從新羅来, 號完顔氏, 所部稱完顔部. 新羅王金姓, 則金之遠派出于新羅. 又說, 新羅王, 金姓, 相傳數十世, 則金之自新羅来, 無疑建國之名亦應取此. 金史地理志乃云以國有金水源爲名. 史家附會之詞, 未足凭耳.

- 阿桂, 『满洲源流考』

금 시조는 본래 신라에서 왔으며 완안씨라 부르기 때문에 그 부족을 완안부라 한다. 신라 왕은 김씨이며 금의 먼 조상은 신라에서 나왔다. 신라 왕은 성씨가 김씨로 수십 대를 이은 것으로 보아 금이 건국할 때 김씨에서 성씨를 취하여 금이라 하였음은 의심할 바 없다. 『금사(金史)』「지리지(地理志)」에서는 금나라에 금수원(金水源)이 있기 때문에 국명으로 삼았다고 한다. 사가들은 이 말을 억지로 끌어다 붙이는데 근거가 없다.

- 아계, 『만주원류고』

# 미주

제1장

1 『金史』,「太祖」“遼以賓鐵爲號, 取其堅也. 賓鐵雖堅, 終亦變壞, 惟金不變不壞. 金之色白, 完顔部色尚白. 于是國號大金.”

2 『金史』,「地理志」“上京路, 即海古之地, 金之舊土也. 國言金曰按出虎, 以按出虎水源于此, 故名金源, 建國之號蓋取諸此.”

3 宇文懋昭, 『大金國志』, “以其國産金及有金水源, 故稱大金.”

4 劉浦江, 1998,「關于金朝開國史的眞實性質疑」,『歷史硏究』第6期, 69쪽.

5 李秀蓮, 2015,「大金國號考釋」,『黑河學院學報』第5期.

6 首都博物館 · 黑龍江省博物館 篇, 2013,『白山, 黑水, 海東青-紀念金中都建都860周年特展』, 文物出版社, 69쪽.

7 阿桂,『滿洲源流考』“金始祖本從新羅来, 號完顔氏, 所部稱完顔部. 新羅王金姓, 則金之遠派出于新羅. 又說, 新羅王, 金姓, 相傳數十世, 則金之自新羅来, 無疑建國之名亦應取此. 金史地理志乃云以國有金水源爲名. 史家附會之詞, 未足凭耳.”

8 현재의 지린성(吉林省) 푸위시(扶余市)에 위치한다.

9 현재의 헤이룽장성(黑龍江省) 자오위안현(肇源縣)에 위치한다.

10 『金史』,「列傳」外國下 高麗 “高麗世臣于遼, 當以事遼之禮事我.”

11 『金史』,「交聘表」上 “金人出於高麗, 始通好爲為敵國, 後稱臣.”

12 徐梦莘,『三朝北盟會編』卷71 “天生華夷, 自有分域, 中國豈吾所居.”

13 『金史』,「列傳」第15 完顔宗弼 “宋主遣端明殿學士何鑄等進誓表, 其表曰, 臣構言, 今来畫疆, 合以淮水中流爲界, 西有唐鄧州割属上國. 自鄧州西四十里并南四十里爲界, 属鄧州. 其四十里外并西南盡属光化軍, 爲弊邑沿邊州城. 既蒙恩造, 許備藩方, 世世子孫, 謹守臣節. 每年皇帝生辰并正旦, 遣使稱賀不絶.

歲貢银絹二十五万兩匹, 自壬戌年爲首, 每春季差人般送至泗州交納. 有渝此盟, 明神是殛, 坠命亡氏, 踣其國家. 臣今既進誓表, 伏望上國蚤降誓詔, 庶使弊邑永有凭焉."

14 『金史』,「列傳」第15 完顔宗弼 "世服臣職, 永爲屏翰."

15 『金史』,「列傳」張汝弼傳 "金國書至西夏, 夏王立受, 使者拜."

16 田浩, 2007,「西方學者眼中的澶淵之盟」,『澶淵之盟新論』, 上海人民出版社, 93쪽.

17 『金史』,「梁襄傳」"本朝與遼室異, 遼之基業根本在山北之臨潢. … 我本朝皇業根本在山南之燕."

18 『金史』,「海陵王」"命太保昂如上京, 奉遷始祖以下梓宮, 十月乙酉, 葬始祖以下十帝于大房山."

19 『金史』,「李通傳」"天下一家, 然後可以爲正統."

20 『續宋編年資治通鑑』卷八 乾道元年四月.

21 『金史 · 仆散忠義傳』"大定五年正月, 魏杞康湑入見, 其書曰, 侄宋皇帝昚謹再拜致書于叔大金聖明仁孝皇帝闕下. 魏杞還, 复書, 叔大金皇帝, 不名, 不書謹再拜. 但曰, 致書于侄宋皇帝, 不用尊號, 不稱闕下."

22 張新艳, 1998,「金統治下漢人的人口數量與身份地位-金統治下漢人研究之二」,『黑龍江民族叢刊季刊』第二期, 69쪽.

23 剪伯贊, 1983,『中國史綱要』, 人民出版社, 81쪽.

24 王曾瑜, 1993,「金朝戶口分類制度和階級結構」,『歷史研究』6期.

25 張新艳, 1998,「金統治下漢人的人口數量與身份地位-金統治下漢人研究之二」,『黑龍江民族叢刊季刊』第二期, 69쪽.

26 趙翼, 1985,『廿二史札記』卷28「金元俱有漢人南人之名」, 中華書局, 574쪽. "金朝以先取遼地人爲漢人, 繼取宋河南山東人爲南人, 是也."

27 徐梦莘,『三朝北盟會編』卷15 引馬擴『茆齋自叙』"漢人随事俯仰, 契丹至則順契丹, 夏國至則順夏國, 金人至則順金人, 王師至則順王師, 但营免殺戮而已."

28 『金史』,「世宗」"燕人自古忠直者鮮, 遼兵至則從遼, 宋人至則從宋, 本朝至則從本朝, 其俗詭随, 有自来矣. 雖屢經遷變而未嘗殘破者, 凡以此也. 南人劲挺, 敢言直諫者多, 前有一人見殺, 後復一人諫之, 甚可尚也."

29 徐梦莘,『三朝北盟會編』卷166 "按班勃极列謝謝(斜)也請皇太弟儲君, 嘗欲盡坑南人, 吴乞買不從其請."

30 『金史』,「海陵王」"甲戌, 遣引進使高植刑部郎中海狗分道監視所獲盜贼, 并凌遲处死, 或鋸灼去皮截手足. 仍戒屯戍千户謀克等, 後有獲者, 并處死."

31 徐梦莘,『三朝北盟會編』卷98 "有兵權钱谷, 先用女眞, 次渤海, 次契丹, 次漢."

32 『金史』,「太祖」"女眞渤海本同一家."

33 『三朝北盟會編』卷36「靖康中帙十一」所引『靖康遺錄』"賊之来, 雖有少鈔掠而不殺害人民. 比去, 所過皆殘破, 其所得漢人并削髮, 使控馬荷担, 得婦女好者掠去, 老丑者殺之."

34 『容齋随笔』「北狄俘虏之苦」"自靖康之後, 陷于金虏者, 帝子王孫, 宦門仕族之家, 盡没爲奴婢, 使供作務. 每人一月支稗子五斗, 令自舂爲米, 得一斗八升, 用爲猴粮. 歲支麻五把, 令緝爲裘, 此外更無一錢一帛之入. 男子不能緝者, 則終歲裸體, 虏或哀之, 則使執爨, 雖時負火得暖氣, 然才出外取柴, 歸再坐火邊, 皮肉即脱落, 不日輒死."

35 李心傳,『建炎以来繫年要錄』卷68 紹興 三年 九月, "金左副元帅宗維维, 悉起女眞土人散居漢地."

36 宇文懋昭,『大金國志』卷12 "凡屯田之所, 自燕之南, 淮隴之北俱有之, 多至五六萬人, 皆筑垒于村落間."

37 劉浦江, 2000,「女眞的漢化道路與大金帝國的覆亡」,『國學研究』第7卷.

38 劉浦江, 1994,「金代猛安謀克人口狀況研究」,『民族研究』, 第2期.

39 『金史』,「章宗」"尚書省言, 齊民與屯田户往往不睦, 若令遂相婚姻, 實國家長久安寧之計, 從之."

40 樓鈅, 1985,『攻媿集』卷11「北行日錄」下, 中華書局, 1578~1579쪽. "乾道五年, 樓鈅在使金途經雍丘

時, 就廳駕車人說, 向來不許人看南使, 近年方得縱觀. 在眞德府, 又見, 道旁老嫗三四輩指(使者)曰, … 我輩只見得这一次."

41 韓元吉, 1985,『南澗甲乙稿』卷16「書朔行日記後」, 中華書局, 322쪽. "避嫌疑, 緊閉車中, 一語不敢接."

42 작자 미상,『大金吊伐錄』卷3 "今随處既歸本朝, 宜同風俗, 亦仰削去頭髮, 短巾左衽. 敢有違反, 即是猶懷舊國, 當正典刑, 不得錯失."

43 首都博物館·黑龍江省博物館 篇, 2013,『白山, 黑水, 海東青-紀念金中都建都860周年特展』, 文物出版社, 73쪽.

44 李心傳,『建炎以来系年要錄』卷28 建炎三年九月乙亥条 "天會七年, 金元帥府禁民漢服, 又下令髡髮, 不如式者殺之. 令下之日, 各級官吏不遺余力, 不擇手段地加以執行. 如代州守劉陶, 執一軍人于市, 驗之頂髮稍長, 大小且不如式, 斬之. 解州耿守忠, 見小民有衣犢鼻者, 亦責以漢服斬之. 生民無辜被害不可勝紀."

45『金史』,「志」第16 礼八 "今諸人衽髮皆从本朝之制, 宜從本朝拜礼, 松言是也."

46『大金國志校正』卷13「海陵王上」"詔河南民, 衣冠許從其便."

47 範成大,『攬轡錄』"民亦久習胡俗, 態度嗜好與之俱化, 最甚者衣裝之類, 其制盡爲胡矣. 自過淮已北皆然, 而京師尤甚."

48『金史』,「禮八」"諸人衽髮皆从本朝之制."

49『金史』,「世宗」"海陵習學漢人風俗, 是忘本也. 若依國家舊風, 四境可以無虞, 此长久之計也."

50『金史』,「世宗」"會寧乃國家興王之地, 自海陵遷都永安, 女眞人寖忘舊風. 朕時嘗見女眞風俗, 迄今不忘. 今之燕飮音樂, 皆習漢風, 蓋以備禮也, 非朕心所好. 東宮不知女眞風俗, 第以朕故, 猶尚存之. 恐異時一變此風, 非長久之計. 甚欲一至會寧, 使子孫得見舊俗, 庶幾習效之."

51『金史』,「世宗」"上京風物朕自樂之, 每奏還都, 輒用感愴. 祖宗舊邦, 不忍舍去. 萬歲之後, 當置朕于太祖之側, 卿等無忘朕言."

52『金史』,「世宗」"女直舊風最爲純直. 雖不知書, 然其祭天地, 敬亲戚, 尊耆老, 接賓客, 信朋友, 禮意款曲, 皆出自然, 其善與古書所載無異. 汝輩當學習知, 舊風不可忘也."

53『金史』,「世宗」"上顧謂皇太子曰, 汝輩自幼惟習漢人風俗, 不知女直純實之風. 至于文字語言, 或不通曉, 是忘本也. 汝輩當體朕意, 至于子孫, 亦當遵朕教誡也."

54『金史』,「唐括安禮」"猛安人餘漢户今皆一家, 彼耕此種, 皆是國人. 即日簽軍, 恐防农作."

55『金史』,「唐括安禮」"朕謂卿有知識, 每事專效漢人, 若無事之际可務农作, 度宋人之意且起争端, 國家有事, 农作奚暇? … 所謂一家者皆一類也. 女直漢人, 其實則二. 朕即位東京, 契丹漢人皆不往, 惟女直人偕来, 此可謂一類乎? 又說, 朕夙夜思念, 使太祖皇帝功業不墜, 傳及萬世, 女直人物力不困. 卿等悉之."

56『金史』,「世宗」"五月戊戌, 禁女直人毋得譯爲漢姓."

57『金史』,「世宗」"十二月戊子, 禁女直人不得改稱漢姓, 學南人衣裝, 犯者抵罪."

58『金史』,「章宗」"禁稱本朝人及本朝言語爲蕃, 違者杖之."

59『金史』,「章宗」"九月壬寅, 敕女直人不得改寫漢姓及學南人裝束."

제2장

1 금 시조의 이름은 문헌에 따라 차이가 있다.『금사』에서는 함보(函普)라 하고,『송막기문』에서는 감복(龕福)이라 하고,『신록기』에서는 긍포(掯浦)라 한다. 이는 다른 민족의 언어를 한자로 표기하는 과정에서 등장한 이자(異字) 표기이다. 이 글에서는 함보로 통칭하겠다.

2 內藤虎次郎, 1921,「女眞種族の同源傳說」,『民族と歷史』6:1. 內藤虎次郎,『內藤湖南全集 第8卷』, 筑摩書房, 1969에 재수록.

3 池內宏, 1933,「金史世紀の硏究」,『滿鮮史硏究—中世 第一冊』, 吉川弘文館.

4 田坂興道, 1933,「完顏氏の三祖傳說について」,『歷史學硏究』 8:6.

5 小川裕人, 1937,「三十部女眞について」,『東洋學報』 24:4.

6 三上次男, 1941,「金室完顏家の始祖說話について」,『史學雜誌』 52:11. 三上次男,『金史硏究 3』, 中央公論美術出版, 1973에 재수록.

7 池內宏,「金史世紀の硏究」.

8 池內宏,「金史世紀の硏究」, 325쪽.

9 三上次男,「金室完顏家の始祖說話について」.

10 金毓黼, 1978,『東北通史』 上卷, 社會科學戰線雜志社, 翻印本, 345쪽.

11 孫進已, 1994,『東北亞民族史論硏究』, 中州古籍出版社, 428쪽.

12 張博泉, 1984,『金史簡編』, 遼寧人民出版社, 24쪽.

13 孟古托力, 2000,「女眞及其金朝與高麗關係中的幾個問題考論」,『满語硏究』 第1期, 67쪽.

14 程妮娜, 2001,『東北史』, 吉林大學出版社, 189쪽.

15 李治亭, 2003,『東北通史』, 中州古籍出版社, 252쪽.

16 董萬倫, 2003,「完顏女眞發祥黑龍江说應當重新認識」,『北方文物』 第2期, 62쪽.

17 趙永春, 2006,「金朝始祖函普族属考辨」,『满族硏究』 第1期.

18 都興智, 2017,「關于金始祖函普的幾個問題-族属, 遷徙, 婚姻及兄弟後裔」,『黑龍江社會科學』 第4 期.

19 王久宇, 2015,「金朝始祖函普若干問題考釋」,『北方論叢』, 第3期, 99~100쪽.

20 辛更儒, 2007,「金初的祖廟和十帝傳說」,『文史知識』 2期.

21 綦岩, 2013,「金代始祖函普略考」,『蘭臺世界』.

22 이병도, 1961,『한국사(韓國史): 중세편』, 을유문화사, 375~376쪽.

23 김상기, 1959,「금(金)의 시조(始祖)에 대하여」,『國史上의 諸問題』 5.

24 이동복, 1979,「金의 始祖傳說에 대하여」,『淸大史林』 3; 이동복, 1981,「金의 始祖傳說에 대한 一考察」,『동국사학』 16:1.

25 김위현, 1985,『요금사 연구』, 유풍출판사.

26 강준영, 2017,「금나라 시조의 출자지(出自地)에 관한 재론(再論)」,『東洋學』 第67輯.

27『高麗史』 卷13,「睿宗世家」"庚子, 御宣政殿南門, 引見裒弗史顯等六人, 宣問來由, 裒弗等奏曰, 昔我太師盈歌嘗言, 我祖宗出自大邦, 至于子孫, 義合歸附. 今太師烏雅束亦以大邦爲父母之國."

28 綦岩,「金代始祖函普略考」, 11쪽; 강준영,「금나라 시조의 출자지(出自地)에 관한 재론(再論)」, 83쪽.

29『高麗史』 卷13,「睿宗世家」"置九城, 使流亡靡所止歸. 故太師使我來請舊地. 若還許九城, 使安生業, 則我等告天爲誓, 至于世世子孫, 恪修世貢, 亦不敢以瓦礫, 投於境上. 王慰諭, 賜酒食."

30『高麗史』 卷14,「睿宗世家」"或曰, 昔我平州僧今俊, 遁入女眞, 居阿之古村, 是謂金之先, 或曰, 平州僧金幸之子克守, 初入女眞阿之古村. 娶女眞女, 生子曰古乙太師. 古乙生活羅太師, 活羅多子. 長曰劾里鉢, 季曰盈歌, 盈歌最雄傑, 得衆心. 盈歌死, 劾里鉢長子烏雅束嗣位, 烏雅束卒, 弟阿骨打立."

31『高麗史』 卷14,「睿宗世家」"癸丑, 金主阿骨打遣阿只等五人, 寄書曰, 兄大女眞金國皇帝, 致書于弟高麗國王. 自我祖考, 介在一方, 謂契丹爲大國, 高麗爲父母之邦, 小心事之. 契丹無道, 陵轢我疆域, 奴隸我人民, 屢加無名之師. 我不得已拒之, 蒙天之祐, 獲殄滅之. 惟王許我和親, 結爲兄弟, 以成世世無窮之好.」 仍遺良馬一匹."

32 綦岩,「金代始祖函普略考」, 11쪽.

33 강준영, 2017,「금나라 시조의 출자지(出自地)에 관한 재론(再論)」, 83쪽.

34『高麗史』 卷14,「世家」"睿宗十四年八月丁丑, 遣中書主事曺舜擧, 聘于金, 其書有况彼源發乎吾土之語, 金主拒不受."

35『金史』 卷73,「列傳」 第11,「阿離合懣傳」"爲人聰敏辨給, 凡一聞見, 終身不忘. 始未有文字, 祖宗族属時事并能默記, 與斜葛同修本朝譜牒. … 世祖嘗稱其強記人不可及也."

36 『金史』 卷73, 「列傳」 第11, 「阿離合懣傳」 "宗翰日往問之, 盡得祖宗舊俗法度."

37 『金史』 卷66, 「列傳」 第4, 「始祖以下諸子」 "宗翰好訪問女眞老人, 多得祖宗遺事."

38 『金史』 卷66, 「列傳」 第4, 勖記 "天會六年, 詔書求訪祖宗遺事, 以備國史, 命勖與耶律迪越掌之. 勖等采摭遺言舊事, 自始祖以下十帝, 綜爲三卷."

39 『金史』 卷66, 「列傳」 第4 勖記 "勖很有學問, 國人都叫他秀才."

40 『金史』 卷66, 「列傳」 第4 勖記 "所撰『祖宗實錄』成, 凡三卷, 進入, 上焚香立受之, 賞賚有差."

41 『金史』 卷1, 「本紀」 第1 世紀 "金之始祖, 諱函普, 初從高麗來, 年已六十餘矣. 兄阿古迺好佛, 留高麗不肯從, 曰, "後世子孫必有能相聚者, 吾不能去也." 獨與弟保活里俱. 始祖居完顔部僕幹水之涯, 保活里居耶懶. 其後胡十門以曷蘇館歸太祖. 自言其祖兄弟三人相別而去, 蓋自謂阿古迺之後. 石土門迪古乃, 保活里之裔也. 及太祖敗遼兵于境上, 獲耶律謝十, 乃使梁福斡答剌招諭渤海人曰, "女直渤海, 本同一家." 蓋其初皆勿吉之七部也. 始祖至完顔部, 居久之, 其部人嘗殺它族之人, 由是兩族交惡, 鬨鬥不能解. 完顔部人謂始祖曰, "若能爲部人解此怨, 使兩族不相殺, 部有賢女, 年六十而未嫁, 當以相配, 仍爲同部." 始祖曰, "諾." 迺自往諭之曰, "殺一人而鬥不解, 損傷益多. 曷若止誅首亂者一人, 部內以物納償汝, 可以無鬥而且獲利焉." 怨家從之. 乃爲約曰, "凡有殺傷人者, 徵其家人口一 · 馬十偶 · 牸牛十 · 黃金六兩, 與所殺傷之家, 卽兩解, 不得私鬥." 曰, "謹如約." 女直之俗, 殺人償馬 · 牛三十自此始. 旣備償如約, 部衆信服之, 謝以青牛一, 并許歸六十之婦. 始祖乃以青牛爲聘禮而納之, 并得其貲產. 後生二男, 長曰烏魯, 次曰斡魯, 一女曰注思板, 遂爲完顔部人. 天會十四年, 追諡景元皇帝, 廟號始祖. 皇統四年, 號其藏曰光陵. 五年, 增諡始祖懿憲景元皇帝."

42 李心傳, 『建炎以来系年要錄』 卷40 "距金國二百余里, 地苦寒, 四月草始生, 八月而雪. 土廬不満百, 皆右監軍希尹聚落."

43 洪适, 『松漠紀聞續』, "先君銜使十五年, 深陁穷漠, 耳目所接, 随笔纂錄. 聞孟公庾發篋汴都, 危變歸計, 創艾而火其書, 禿節来歸."

44 羅繼岩 · 辛時代, 2015, 「金朝始祖函普研究」, 『社會科學戰線』 第12期, 134쪽.

45 洪皓, 『松漠紀聞』 "女眞酋長, 乃新羅人, 號完顔氏, 完顔猶漢言王也. 女眞以其練事, 後隨以首領讓之. 兄弟三人, 一爲熟女眞酋長, 號萬戶. 其一適他國. 完颜年六十余, 女眞妻之以女亦六十余. 生二子, 其長即胡来也. 自此傳三人, 至楊哥太師無子, 以其侄阿骨打之弟謚曰文烈者爲子. 其後楊哥生子闥辣, 乃令文烈歸宗. 金主九代祖名龕福, 追謚景元皇帝, 號始祖, 配曰明懿皇后."

46 苗耀, 『神麓記』 "女眞始祖掯浦, 出自新羅, 奔至阿触胡. 無所歸, 遂依完顔因而氏焉, 六十未娶. 是時, 酋豪以强凌弱, 無所制度, 浦劈木爲克, 如文契約. 教人舉債生息, 勤于耕種者, 遂致巨富. 若遇盜竊鷄豚狗馬者, 以桎梏拘械, 用柳條笞撻外, 賠償七倍, 法令嚴峻, 果斷不私. 由是, 遠近皆伏, 號爲神明. 有邻寨鼻察異酋長, 姓結徒姑丹, 小名聖貨者. 有室女, 年四十余, 尚未婚. 遂以牛馬財用農作之具, 嫁之于浦. 後女眞衆酋結盟, 推爲首領."

47 『四庫全書總目提要』 卷51, 「史部雜史类」 『松漠紀聞』 "又嘗爲陳王延教其子, 故于金事言之頗詳. … 蓋以其身在金庭, 故所紀雖眞贋相參, 究非鑿空妄說者比也."

48 李秀蓮, 2018, 「女眞完顔家族的崛起」, 『哈爾濱學院學報』 第39卷 第3期, 7쪽.

49 『金史』 卷66, 「列傳」 第4 「始祖以下諸子」 "女直既未有文字, 亦未嘗有記錄, 故祖宗事皆不載."

50 文惟簡, 『虜廷事實』, "盖其遠祖, 因避罪自高麗而至."

51 『金史』 卷107, 「列傳」 第415 張行信 "況國初太祖有訓."

52 『金史』 卷66, 「列傳」 第4 「始祖以下諸子」 勗記 "賞賚有差."

53 『金史』 卷107, 「列傳」 第415 張行信 "貞祐四年二月 時尚書省奏, 遼東宣撫副使完顔海奴言, 參議官王澮嘗言, 「本朝紹高辛, 黃帝之後也. 昔漢祖陶唐, 唐祖老子, 皆爲立廟. 我朝迄今百年, 不爲黃帝立廟, 無乃愧於漢 · 唐乎."

54 『金史』 卷107, 「列傳」 第415 張行信 "按『始祖實錄』, 止稱自高麗而來, 未聞出於高辛. 今所據欲立黃帝廟, 黃帝高辛之祖, 借曰紹之, 當爲木德, 今乃言火德, 亦何謂也? 況國初太祖有訓, 因完顏部多尙白, 又取金之不變, 乃以大金爲國號, 未嘗議及德運. 近章宗朝始集百僚議之, 而以繼亡宋火行之絶, 定爲土德, 以告宗廟而詔天下焉. 顧澮所言特狂妄者耳." 上是之.

55 李東馥, 1981, 「金의 始祖傳說에 대한 一考察」, 282쪽.

56 文惟簡, 『虜庭事實』 姓氏 "女眞部族, 種類不同. 有夾谷, 赤盞, 溫熟, 馳满, 納合, 徒丹, 烏古論, 烏林答, 紇石烈等數十姓, 各以其先世所居地名爲列. 惟完顔一姓, 則有異焉."

57 阿桂, 1988, 『滿洲源流考』 卷7 部族 七, 遼寧民族出版社, 81쪽. "阿延, 满洲語, 尊大也. 舊作奥衍, 今改."

58 徐梦莘, 2008, 『三朝北盟會編』 卷3 政宣上帙 三, 上海古籍出版社, 22쪽. "韓企先訓字, 以王姓."

59 李秀蓮, 2018, 「女眞完顏家族的崛起」, 9쪽.

60 유창균, 1976, 「신라인명 표기용자에 대한 검토」, 『어문학』, 199~200쪽.

61 양주동, 1962, 『국학연구논고』, 을유문화사, 235~238쪽.

62 이기문, 1970, 「신라어의 福(童)에 대하여」, 『국어국문학』 49·50合, 201~204쪽.

63 韓延錫, 2012, 「文獻에 보이는 新羅의 人名·官名·地名·國名의 語言文字學的 探索」, 『漢文教育研究』 第39號, 380쪽.

64 李學成, 2016, 「女眞姓名風俗考」, 『黑龍江民族叢刊』 第3期, 98쪽.

65 劉文生·朱國忱, 2009, 「金代女眞人名解讀」, 『黑龍江民族叢刊』 第2期, 98~99쪽.

66 張博泉, 1984, 『金史簡編』, 24쪽.

67 孟古托力,2000, 「女眞及其金朝與高麗關係中幾個問題考論」.

68 孫進己·孫泓, 2010, 『女眞民族史』, 廣西師範大學出版社, 167쪽.

69 王久宇, 2015, 「金朝始祖函普若干問題考釋」, 99쪽.

제3장

1 『金史』卷129, 「列傳」 第617 李通 "海陵恃累世强盛, 欲大肆征伐, 以一天下, 嘗曰, 天下一家, 然後可以爲正统."

2 『金史』 卷5, 「本紀」 第5 海陵 "壬辰, 詔廣燕城, 建宫室."

3 『金史』 卷5, 「本紀」 第5 海陵 "四月丙午, 詔诏都燕京."

4 『金史』 卷5, 「本紀」 第5 海陵 "乙卯, 以遷都詔中外."

5 『金史』 卷5, 「本紀」 第5 海陵王 "命太保昂如上京, 奉遷始祖以下梓宫", "葬始祖以下十帝于大房山."

6 『金史』 卷5, 「本紀」 第5 海陵 "十月壬寅, 命會寧府毁舊宮殿諸大族第宅及儲慶寺, 仍夷其址而耕種之."

7 『金史』卷129, 「列傳」 第617 李通 "宋國雖臣服, 有誓約而無誠實."

8 『金史』 卷28, 「禮志」 "我國家絀遼宋主, 據天下之正, 郊祀之禮豈可不行."

9 『金史』 卷4, 「本紀」 第4 "上親祭孔子廟, 北面再拜. 退謂侍臣曰, 朕幼年游佚, 不知志學, 歲月逾邁, 深以爲悔. 孔子雖無位, 其道可尊, 使萬世景仰."

10 熊鳴琴, 2014, 「金人'中國'觀特質新論」, 『江西社會科學』 第8期, 152쪽.

11 文惟簡, 『虜廷事實』, "盖其遠祖, 因避罪自高麗而至. 女眞後立神功聖德碑于燕城之西. 参知政事韓昉作文, 翰林承旨宇文虚中書, 翰林待制吳激篆額. 其碑自序出于高麗云."

12 『金史』 卷4, 「本紀」 第4 熙宗 "四月丙子, 以齊南尹韓昉参知政事."

13 『金史』 卷4, 「本紀」 第4 熙宗 "十二月戊午, 参知政事韓昉罢."

14 『金史』 卷4, 「本紀」 第4 熙宗 "四月丙寅, 以臣宋告中外."

15 『金史』 卷68, 「列传」 第6 "國家立法, 貴賤一也, 豈以親貴而有異也."

16 徐孟莘,『三朝北盟會編』卷242 "雄偉如此, 秉史笔者不以正統帝紀歸之, 而以列傳第之, 悲夫. 又一日與翰林承旨完顏宗秀左參知政事蔡松年語曰, 朕每讀魯論至於, 夷狄雖有君不如諸夏之亡也. 朕竊惡之, 豈非渠以南北之區分同類之比周而貴彼賤我也."

17 『金史』卷9,「本紀」第9 章宗 "禁稱本朝人及朝言語爲蕃, 違者杖之."

18 王若虛 撰,『滹南王先生文集』卷之216 君事實辨下 "天下非一人之所獨有也. 此疆彼界, 容得分据而竝立, 小事大, 大保小, 亦各盡其道而已."

19 趙秉文,『閑閑老人滏水文集』"春秋諸侯用夷禮, 則夷之, 夷而進于中國, 則中國也."

20 王德明, 2006,『金代漢族士人研究』, 中國社會科學出版社, 153쪽.

21 張金吾 編,『金文最』卷59「集議德運省札」"本朝合繼火德已絶汴梁之宋以爲土德, 是爲相應."

22 趙永春 · 王觀, 2018,「10~13世紀民族政權對峙時期的'中國'認同」,『陕西師範大學學報(哲學社會科學版)』第1期, 29쪽.

23 趙秉文, "聖朝之興, 并滅遼宋, 俘宋二主, 遷其寶器, 宋爲已滅."(『大金德運圖說』, 文津閣四庫全書本, 318쪽에서 인용)

24 王寂,「瑞鶴鶴 · 上高節度壽」"拥牙旗金甲, 掀髯橫策. 威行蠻貊. 令萬卒, 縱橫坐畫. 蕩淮夷獻凱歸来, 斗印命之方伯."(唐圭璋, 1979,『全金元詞』, 中華書局, 37쪽에서 인용)

25 趙秉文,『閑閑老人滏水文集』,「平章左副元帅謝宣諭賜馬鉸具兔鶻匹段藥物表」"提虎旅之三千, 破島夷之數萬."

26 趙秉文,『閑閑老人滏水文集』卷10「謝宣諭破壽蔡州賊賜玉靶劍玉荷蓮盞一只金一百两内府段子十疋表」"蠢爾蠻荒, 干玆天討."

27 吉川忠夫, 2000,「島夷と索虜のあいだ: 典籍の流傳を中心とした南北朝文化交流史」,『東方學報』72.

28 齊春風, 2002,「論金朝華夷觀的演化」,『社會科學輯刊』第6期; 劉達科, 2008,「金人正統觀及其文學表現」,『民族文學研究』第1期.

29 에릭 홉스봄, 박지향 · 장문석 옮김, 2005,『만들어진 전통』, 26쪽.

30 제프리 K. 올릭, 강경이 옮김, 2011,『기억의 지도-집단기억은 인류의 역사와 사회, 그리고 정치를 어떻게 뒤바꿔놓았나?』, 옥당, 6쪽.

31 羅繼岩 · 辛时代, 2015,「金朝始祖函普研究」,『社會科學戰線』第12期, 133쪽.

32 範恩實, 2013,「論女眞族群的形成與演變」,『黑龍江社會科學』第3期, 137쪽.

33 『金史』卷1,「本紀」第1 世紀 "乃使梁福斡答剌招諭渤海人曰, 女直渤海本同一家."

34 『金史』卷2,「太祖」"女眞渤海本同一家."

35 『金史』卷1,「本紀」第1 世紀 "天會十四年, 追謚景元皇帝, 廟號始祖."

36 『金史』卷4,「本紀」第4 熙宗 "八月丙辰, 追尊九代祖以下曰皇帝皇后, 定始祖景祖世祖太祖太宗廟皆不祧."

37 『金史』卷4,「本紀」第4 熙宗 "甲申, 初立太廟社稷."

38 『金史』卷4,「本紀」第4 熙宗 "十二月戊申, 增謚始祖以下十帝及太宗徽宗."

39 『金史』卷1,「本紀」第1 世紀 "皇统四年, 號其藏曰光陵. 五年, 增謚始祖懿宪景元皇帝."

40 羅繼岩 · 辛时代, 2015,「金朝始祖函普研究」,『社會科學戰線』第12期, 133쪽.

41 『金史』卷5,「本紀」第4 熙宗 "乙未, 左丞相宗賢左丞禀等言, 州郡長吏當并用本國人. 上曰, 四海之內, 皆朕臣子, 若分別待之, 豈能致一. 諺不云乎, 疑人勿使, 使人勿疑. 自今本國及諸色人, 量才通用之."

42 『金史』卷88,「唐括安禮」"猛安人餘漢户今皆一家, 彼耕此種, 皆是國人. 即日簽軍, 恐防农作."

43 『金史』卷78,「劉筈」"今天下一家, 孰爲南北."

44 王明珂, 이경룡 옮김, 2008,『중국 화하변경과 중화민족』, 동북아역사재단, 105~112쪽.

45 『金史』卷77,「列傳」第15 完顏宗弼 "世服臣職, 永爲屏翰."

## 제4장

1 Shiba Yoshinobu, 1983, "Sung Foreign Trade: Its Scope and Organization," in Morris Rossabi, ed., *China Among Equals*, University of California Press, p. 98; 王小波, 2003,「对澶渊之盟的重新认识和评价」,『四川大学学报』127, 116~118쪽.

2 『遼史』卷46, 742쪽, "居四戰之區 虎踞其間, 莫敢與攖."

3 금대 대외 관계는 비교적 풍부한 사료가 남아 있어 비교적 상세히 파악할 수 있다. 가장 중요한 기록으로는『金史』와『宋史』외에 남송의 이도(李燾)가 40년에 걸쳐 편찬한『續資治通鑑長編』, 서몽신(徐夢莘)이 政和 7년(1117)부터 紹興 32년(1162)까지의 삼조(즉, 송나라의 휘종·흠종·고종) 시기 북조(즉, 거란과 금)와 맺은 맹약을 정리한『三朝北盟會編』, 이심전(李心傳)이 1127년부터 1166년까지 남송의 대략적인 역사를 편년체로 기술한『建炎以來繫年要錄』, 1123년부터 1127년까지 금과 송 사이에 교환되었던 國書, 誓詔, 冊表, 文狀, 牒檄 등 다양한 형식의 문서를 수록한 편자 미상의 금나라 측 기록인『大金弔伐錄』을 꼽을 수 있다.

4 『金史』卷2, 26쪽.

5 『遼史』卷2, 28쪽: 卷28, 333쪽; 조복현, 2011,「12세기 초 국제 정세와 여금 간의 전쟁과 외교」,『동북아역사논총』34, 63~64쪽.

6 『遼史』卷28, 332쪽;『金史』卷28, 332쪽.

7 『金史』卷28, 334쪽.

8 『遼史』卷28, 336~337쪽.

9 윤영인, 2013,「하-송의 5년 전쟁(1039~44)과 11세기 동아시아 세력균형」,『만주연구』16.

10 Ruth Dunnell, 1994, "The Hsi Hsia," in Denis Twitchett and John K. Fairbank, eds., *Cambridge History of China*, vol. 6, Cambridge University Press, pp. 168~172; 李华瑞, 1998,『宋夏关系史』, 河北人民出版社.

11 Paul Smith, 2006, "Irredentism as Political Capital," in Patricia B. Ebrey and Maggie Bickford, eds., *Emperor Huizong and Late Northern Song China*, Harvard University Asia Center, p. 123; Ari D. Levine, 2009, "The Reigns of Hui-tsung(1100~1126)," in Denis Twitchett and Paul J. Smith, eds., *Cambridge History of China*, vol. 5, part 1, Cambridge University Press, pp. 620~622.

12 『宋史』卷468, 13660쪽.

13 Ari D. Levine, 2009, pp. 622~627; Kao Yu-kung, 1962, "A Study of the Fang La Rebellion," *Harvard Journal of Asiatic Studies*, 24, pp. 17~63.

14 『遼史』卷29, 344쪽.

15 『三朝北盟會編』卷7, 4b~6b.

16 『金史』卷2, 39쪽.

17 『大金弔伐錄校補』, 74쪽, "維宣和五年, 歲次癸卯, 三月甲寅朔, 四日丁巳, 大宋皇帝致誓書於大金大聖皇帝闕下. … 昨以大金大聖皇帝創興, 並有遼國, 遣使計議五代以後陷入契丹燕地, 幸感好意, 特與燕京, 涿, 易, 檀, 順, 景, 薊並屬縣及所管民戶. 緣遼國尚為大金所有, 以自來與契丹, 銀二十萬兩, 絹三十萬匹, 並燕京每年所出稅利, 五六分中只算一分, 計錢一百萬貫文, 合值物色, 常年搬送南京界首交割, 色數已載前後往復議定國書."『三朝北盟會編』와『大金國志』에도 동일한 내용이 보인다.

18 『大金弔伐錄校補』, 81~82쪽, "本朝志欲協和萬邦, 大示誠信, 故與燕地兼同誓約. 苟或違之, 天地鑒察, 神明速殃, 子孫不紹, 社稷傾危. 如變渝在彼, 一準誓約, 不以所與為定."

19 『三朝北盟會編』卷1, 121~123쪽.

20 『金史』卷2, 39~41쪽;『宋史』卷22, 412쪽.

21 『金史』卷73, 1834쪽: 卷82, 1834쪽.

22 『宋史』 卷472, 13739쪽.

23 『金史』 卷135, 2884쪽; 『고려사』 卷14, 21a1~4: 卷15, 19b2~4: 卷15, 21a1~2; Michael C. Rogers, 1961, "The Regularization of Koryŏ-Chin Relations(1116~1131)," *Central Asiatic Journal*, 6, pp. 64~65; 김보광, 2019, 「고려 인종대 對여진(금) 관계 설정과 현실주의적 대응」, 『아시아문화연구』 51, 19~27쪽.

24 『遼史』 卷29, 347쪽.

25 『宋史』 卷21, 395쪽, 397쪽: 卷487, 14049쪽.

26 기병의 우월성은 1126년 금나라 기병 17기가 송나라의 2,000 보병을 상대로 대승을 거둔 『三朝北盟會編』의 기록을 통해 엿볼 수 있다(『三朝北盟會編』 卷36, 9b2~10a2).

27 『宋史』 卷23, 421쪽.

28 『大金弔伐錄校補』, 133~134쪽, "契勘太上皇與大聖皇帝浮海結約, 欲卜萬年. 偶因手詔平山張覺, 招納叛亡, 至使歡盟變為兵革, 遂至大金數路興師. 今大聖皇帝次子郎君先及京城, 事至於今, 雖悔何及! 專差知樞密院事李梲, 尚書工部侍郎鄭望之等趨詣軍前, 引過乞和. … 太上皇帝與大金大聖皇帝, 今皇帝義同兄弟, 今來國書, 當依契丹舊例, 禮從伯侄施行. 已許放黃河更不為界, 可太原, 中山, 河間等府一帶所轄縣鎮分畫疆至, 係自大金後, 比至立了疆界屯兵已前, 於內別有變亂處所, 當朝自當應管擒製交送. 至於尺土一民, 不令侵犯招納. … 除自來合交銀二十萬兩, 絹三十萬匹外, 更歲輸二百萬貫. 以金銀匹帛並雜物折納, 決無粗惡, 愆期."

29 『大金弔伐錄校補』, 136~137쪽, "事目, 皇弟康王, 少宰科一員前去相見, 以示信好, 便請遣回, 賞散河北, 河東路軍物帛並書籍下項：書五監, 金五百萬兩, 銀五千萬兩, 雜色表段一百萬匹, 裏絹一百萬匹, 馬, 牛, 騾各一萬頭匹, 駝一千頭 …"

30 『大金弔伐錄校補』, 146~147쪽.

31 당시 송나라 조정의 상황은 John W. Haeger, 1975, "1126~1127: Political Crisis and the Integrity of Culture," in John W. Haeger, ed., *Crisis and Prosperity in Sung China*, University of Arizona Press, pp. 143~161 참조.

32 『金史』 卷3, 54쪽; 『三朝北盟會編』에는 송군의 규모가 40만이 아닌 20만으로 기록되어 있다(『三朝北盟會編』 卷32, 3b~4a).

33 『宋史』 卷23, 425쪽.

34 『金史』 卷3, 55~56쪽.

35 『三朝北盟會編』 卷62, 8b~10a.

36 『宋史』 卷23, 433~434쪽.

37 『大金弔伐錄校補』, 526~528쪽.

38 『大金弔伐錄校補』, 306쪽, "今隨處既歸本朝, 宜同風俗, 亦仰削去頭發, 短巾左衽, 敢有違犯, 即是猶懷舊國, 當正典刑, 不得錯失."

39 『三朝北盟會編』, 115쪽.

40 朱希祖, 1955, 『偽楚錄輯補』, 臺北, 正中書局.

41 『金史』 卷3, 61쪽; James T. C. Liu, 1995, "The Jurchen-Sung Confrontation," in Hoyt C. Tillman and Stephen H. West, eds., *China under Jurchen Rule*, State University of New York Press, p. 40.

42 『金史』 卷3, 57~59쪽.

43 『金史』 卷3, 62쪽; 朱希祖, 1944, 『偽齊錄校補』, 重慶, 獨立出版社; 김용완, 1996, 「제국 황제 유예에 대한 소고」, 『역사와 담론』 22·23, 94~97쪽.

44 『建炎以來繫年要錄』 卷53, 9b.

45 김용완, 1999, 「유예의 제국과 남송과의 관계」, 『역사와 담론』 27, 128~145쪽.

46 Edward H. Kaplan, 1970, "Yüeh Fei and the Founding of the Southern Sung," Ph.D. diss., University of Iowa.

47 Jing-Shen Tao, 2009, "The Move to the South and the Reign of Kao-tsung," in Denis Twitchett and Paul J. Smith, eds., *Cambridge History of China*, vol. 5, part 1, Cambridge University Press, p. 677.

48 Jing-shen Tao, 1976, *The Jurchens in Twelfth-Century China*, University of Washington Press, p. 35.

49 『宋史』 卷259, 11270쪽; 黃寬重, 1990, 「酈瓊兵變與南宋初期政局」, 『中央研究院歷史語言研究所集刊』, 93~121쪽.

50 『大金弔伐錄』, 434~436쪽, 539~541쪽.

51 『宋史』 卷29, 537쪽; 『金史』 卷4, 74쪽.

52 『金史』 卷4, 75쪽.

53 『金史』 卷4, 76쪽.

54 『金史』 卷4, 77쪽; Herbert Franke, 1970, "Treaties between Sung and Chin," *Études Song/Sung Studies*, series 1, pp. 76~81.

55 『建炎以來繫年要錄』 卷142, 紹興 11년 11월 庚申, "今來畫疆, 合以淮水中流為界, 西有唐鄧二州割屬上國. 自鄧州南四十里西南四十里為界, 屬鄧州. 其四十里外南併西南盡屬光化軍, 為敝邑沿邊州軍. 生辰并正旦, 遣使稱賀不絶, 所有歲貢銀絹二十五萬匹兩, 自壬戌年為首, 每春季差人般送至泗州交納. 淮北京東西陝西河北, 自來流移在南之人, 經官陳理願歸鄉者, 更不禁約, 其自燕以北人, 見行節次遣發. 今後上國逋亾之人, 無敢容隱, 寸土匹夫, 無敢侵掠. 其或叛亾之人入上國之境者, 不得進兵襲逐, 但移文收捕…."

56 Michael C. Rogers, 1978, "The Chinese World Order in Its Transmural Extension," *Korean Studies Forum*, 4, p. 8. '서표'와 '서조'의 용어는 고려와 금의 관계에서도 보인다(『高麗史』 卷15, 인종 6년 12월 임신조).

57 『金史』 卷77, 1755~1756쪽, "皇統二年二月 … 宋主遣端明殿學士何鑄等進誓表, 其表曰, 臣構言 … 臣今既進誓表, 伏望上國蚤降誓詔. 庶使弊邑永有憑焉…."

58 『金史』 卷77, 1756쪽.

59 『宋史』 卷30, 556~557쪽.

60 Herbert Franke, 1970, p. 80.

61 James T. C. Liu, 1988, *China Turning Inward: Intellectual-Political Changes in the Early Twelfth Century*, Harvard University press.

62 Jing-shen Tao, 1976, pp. 47~51.

63 『金史』 卷4, 86~87쪽. 희종의 평판은 그를 시해하고 황위에 오른 해릉왕 세력에 의해 과장된 여지가 있다.

64 『金史』 卷5, 91쪽.

65 崔文印, 1987, 「略談金海陵王完顏亮的評價問題」, 『遼金史論集』; 최형섭, 2018, 「역사와 소설 서사에서 海陵王 형상과 그 내재적 의미」, 『중국소설논총』 54, 1~29쪽. 희종과 마찬가지로 해릉왕의 악명 역시 이후 반란을 일으켜 정권을 잡은 세종에 의해 크게 과장되었을 가능성이 있다.

66 『大金國志』 卷13, 103쪽.

67 『金史』 卷5, 100쪽.

68 『金史』 卷129, 2782쪽, "海陵與仲軻論漢書, 謂仲軻曰, 漢之封疆不過七八千里, 今吾國幅員萬里, 可謂大矣. 仲軻曰, 本朝疆土雖大, 而天下有四主, 南有宋, 東有高麗, 西有夏, 若能一之, 乃為大耳."

69 『金史』 5卷, 110쪽.

70 『金史』 5卷, 112쪽.

71 『金史』 5卷, 114쪽.

72 陶晋生, 1963, 『金海陵帝的伐宋與采石戰役的考實』, 國立臺灣大學文學院, 96~100쪽.

73 조복현, 2017, 「금 세종과 그의 대정지치에 대한 평가에 관하여」, 『동양사학연구』 138, 65~76쪽.

74 『宋史』 卷33, 618~620쪽; 『建炎以來繫年要錄』 卷200, 3392쪽.

75 『金史』 卷6, 131쪽; Wei Ai Gong, 2009, "The Reign of Hsiao-tsung(1162~1189)," in Denis Twitchett and Paul J. Smith, eds., *Cambridge History of China*, vol. 5, part 1, Cambridge University Press, p. 717; 林瑞翰, 1989, 『宋代政治史』, 臺北, 中正書局, 349쪽.

76 『續資治通鑑』 卷138, 3669쪽.

77 박지훈, 1998, 「남송 효종대 융홍화의와 화전론」, 『동양사학연구』 61, 88~93쪽.

78 『金史』 卷87, 193쪽.

79 『金史』 卷6, 147쪽.

80 『金史』 卷6, 147쪽; Ruth Dunnell, 1994, "The Hsi Hsia," in Denis Twitchett and John K. Fairbank, eds., *Alien Regimes and Border States*, vol. 6 of *The Cambridge History of China*, Cambridge: Cambridge University Press, p. 205.

81 『高麗史』 卷19, 33a1~34b9; 『金史』 卷7, 162쪽.

82 『金史』 卷7, 162~163쪽.

83 『金史』 卷8, 203~204쪽.

84 일본의 도야마 군지(外山軍治)는 금나라 멸망의 주요 원인으로 자연재해를 지목하였다(外山軍治, 1964, 『金朝史研究』, 京都大学文学部内, 565~592쪽).

85 Richard L. Davies, 2009, "The Reigns of Kuang-tsung(1189~1194) and Ning-tsung(1194~1224)," in Denis Twitchett and Paul J. Smith, eds., Cambridge History of China, vol. 5, part 1, Cambridge University Press, pp. 790~791.

86 衣川強, 2006, 「〈開禧用兵〉と韓侂冑政権」, 『宋代官僚社会史研究』, 汲古書院 참조.

87 『宋史』 卷38, 740쪽; 『金史』 卷12, 274~275쪽.

88 『金史』 卷12, 278쪽.

89 『金史』 卷12, 279쪽.

90 『金史』 卷12, 280쪽: 卷98, 2180쪽.

91 『金史』 卷12, 281~282쪽: 卷62, 1479쪽.

92 Herbert Franke, 1987, *Studien und Texte zur Kriegsgeschichte der südlichen Sungzeit*, Asiatische Forschungen no. 102. Wiesbaden.

93 『宋史』 卷243, 8656~8657쪽; Richard L. Davis, 1986, *Court and Family in Sung China*, Duke University Press, pp. 84~92.

94 『金史』 卷12, 284쪽; 『宋史』 卷395, 12061쪽.

95 위소왕은 시해된 후 폐위되어 묘호가 없으며 따로 실록을 편찬하지 않았고 『金史』의 위소왕 「본기」는 장종과 선종의 실록과 기타 기록들을 종합하여 재구성하였다(『金史』 卷13, 298쪽; Hok-lam Chan, 1982, "Wang O's Contribution to the History of the Chin Dynasty," in Chan Ping-leung et al., eds., *Essays in Commemoration of the Golden Jubilee of the Fung Ping Shan Library(1932~1982)*, University of Hong Kong Press, pp. 371~372).

96 『續資治通鑑』 卷155, 4180쪽.

97 Herbert Franke, 1994, p. 250.

98 Jing-shen Tao, 1976, p. 51.

99 『元史』 卷149, 3511쪽, "金人疑遼遺民有他志, 下令遼民一戶, 以二女真戶夾居防之."

100 『元史』 卷1, 5쪽.

101 『大金國志』 卷21, 23~24쪽, "敵人相攻, 中國之福, 吾何患焉"; 『金史』 卷12, 285쪽.

102 『元史』 卷1, 14쪽: 卷60, 1452쪽.

103 『宋史』 卷486, 14027쪽: 卷39, 760~761쪽.

104 『金史』 卷134, 2876쪽.

105 최윤정, 2010,「원대 동북 지배와 요양행성」,『동양사학연구』110, 191~199쪽.

106『金史』卷14, 302쪽.

107『金史』卷44, 994쪽: 卷80, 1809쪽.

108『金史』卷6, 132쪽.

109『金史』卷14, 302~305쪽.

110『金史』卷14, 302~304쪽;『元史』卷1, 17쪽.

111『金史』卷14, 304쪽.

112『金史』卷14, 304쪽: 卷101, 2232쪽.

113『金史』卷99, 2191쪽, "鑾輅一動, 北路皆不守矣. 今已講和, 聚兵積粟, 固守京師, 策之上也. 南京四面受兵. 遼東根本之地, 依山負海, 其險足恃, 備禦一面, 以為後圖, 策之次也."

114『元史』卷1, 16쪽: 卷149, 3511쪽; 최윤정, 2011,「몽골의 요동·고려 경략 재검토(1211~1259)」,『역사학보』209, 111쪽.

115『元史』卷1, 16쪽: 卷122, 3013~3014쪽; 윤은숙, 2006,「옷치긴과 칭기스칸의 금국 정벌전」,『중앙아시아연구』11, 57~59쪽.

116『金史』卷93, 2066쪽;『元史』卷149, 3512쪽.

117『元史』卷149, 3512쪽. 이 시기 금이 요동 평정에 동원한 60만과 40만의 기록은 13세기 초 남송과의 전쟁에 투입된 규모를 고려하면 매우 비현실적이며 실제로는 약 10만 정도로 추정된다.

118 허인욱, 2015,「13세기 초 몽골의 '位階' 지배 시도와 麗蒙 관계의 시작」,『한국사학보』61, 214~216쪽.

119『金史』卷5, 109~110쪽.

120 Hok-lam Chan, 1984, *Legitimation in Imperial China*, University of Washingtong Press, pp. 115, 194, n. 38.

121『金史』卷14, 303쪽.

122『金史』卷11, 260쪽; Hok-lam Chan, 1984, *Legitimation in Imperial China*, p. 112.

123『金史』卷62, 1483쪽.

124『宋史』卷39, 760쪽.

125『宋史』卷397, 12101쪽, "女直乃吾不共戴天之讎, 天亡此讎, 送死于汴. 陛下為天之子, 不知所以圖之, 天與不取, 是謂棄天. 未有棄天而天不我怒也."

126『元史』卷1, 18쪽.

127『金史』卷14, 309쪽.

128『金史』卷15, 328쪽.

129『金史』卷15, 327쪽.

130 사서에는 1220년의 남벌 기록이 보이지 않는다.

131 거란 제국 시기 한족 거주 지역의 한족 대 거란인의 비율은 3:1에 불과하였으나 금대의 한족 대 여진인 비율은 10:1에 달하였다고 한다(Herbert Franke, 1994, p. 279).

132 孫克寬, 1958,『蒙古漢軍及漢文化研究』, 臺北, 文星書店, 11~43쪽; 黃寬重, 1988,『南宋時代抗金的義軍』, 臺北, 聯經出版事業公司, 1~30쪽, 171~223쪽.

133 1224년 4월 남송은 홍오적의 수령 이전(李全) 등에게 포상금으로 30만 민[緡, 1민 혹은 1관(貫)은 1000문(文)에 해당]을 보낸다(『續資治通鑑』卷162, 4421쪽).

134『宋史』卷403, 12204쪽.

135『金史』卷16, 357~358쪽.

136『元史』卷1, 21쪽.

137『金史』卷16, 361쪽.

138『金史』卷16, 365~368쪽.

139 『金史』 卷14, 375쪽; 卷62, 1486~1487쪽.

140 『金史』 卷17, 376쪽.

141 『元史』 卷1, 21쪽; 卷120, 2956쪽.

142 『元史』 卷1, 24쪽.

143 『元史』 卷2, 29쪽, "汝主久不降, 使先帝老于兵間, 吾豈能忘也, 賵何為哉."

144 『金史』 卷17, 376쪽.

145 유기(劉祁, 1203~1250년)의 『歸潛志』 제11권 참조.

146 『金史』 卷18, 398쪽; 『元史』 卷2, 32쪽.

147 『金史』 卷18, 395~399쪽.

148 채주의 상황은 왕악(王鶚, 1190~1273년)의 『汝南遺事』에 상세히 기록되어 있다.

149 『金史』 卷18, 400쪽, "朕自即位以來, 戒飭邊將無犯南界. 邊臣有自請征討者, 未嘗不切責之. 向得宋一州, 隨即付與 … 今乘我疲敝, 據我壽州, 誘我鄧州, 又攻我唐州, 彼為謀亦淺矣. 大元滅國四十, 以及西夏, 夏亡及於我, 我亡必及於宋. 唇亡齒寒, 自然之理. 若與我連和, 所以為我者亦為彼也. 卿其以此曉之."

150 『金史』 卷18, 402쪽; 『宋史』 卷41, 798쪽; 『元史』 卷2, 32쪽.

151 Charles A. Peterson, 1975, "First Sung Reactions to the Mongol Invasion of the North, 1211~1217," in John W. Haeger, ed., *Crisis and Prosperity in Sung China*, Tucson: University of Arizona Press, pp. 245~250.

152 『金史』 卷18, 402쪽.

153 『金史』 卷18, 403쪽.

154 『金史』 卷44, 991쪽, "用兵如神, 戰勝攻取, 無敵當世, 曾未十年遂定大業."

155 James T. C. Liu, 1995, "The Jurchen-Sung Confrontation: Some Overlooked Points," in Hoyt C. Tillman and Stephen H. West, eds., *China under Jurchen Rule: Essays on Chin Intellectual and Cultural History*, Albany, NY: State University of New York Press, p. 40.

156 Wei Ai Gong, 2009, "The Reign of Hsiao-tsung(1162~1189)," in Denis Twitchett and Paul J. Smith, eds., *The Cambridge History of China, vol. 5, part one, The Sung Dynasty and Its Precursors, 907~1279*, Cambridge: Cambridge University Press, p. 710.

157 Thomas Barfield, 1989, *The Perilous Frontier*, Blackwell, pp. 182~184.

158 『金史』 卷7, 158쪽.

159 三上次男, 1938, 「金代中期に於ける女真文化の作興運動」, 『史學雜誌』 49.9, 3쪽; 三上次男, 1973, 『金史研究三, 金代政治: 社會の研究』, 東京: 中央公論美術出版, 233~234쪽; 外山軍治, 1964, 『金朝史研究』, 東洋史研究叢刊之十三, 東洋史研究会, 京都大学文学部内, 45쪽; 姚從吾, 1976, 『東北史論叢』, 臺北, 正中書局, 131쪽; 呂思勉, 1989, 『中國民族史』, 中國學術叢書, 第1編 歷史 · 地理類 80, 上海, 上海書店, 164쪽; 劉浦江, 2000, 「女真的漢化道路與大金帝國的覆亡」, 『國學研究』 7, 176쪽; 徐秉愉, 2001, 「金世宗時期女真民族的危機: 進世宗女真政策的背景」, 『漢學研究』 19.2, 274쪽.

제5장

1 漆俠 · 喬幼梅, 1998, 『遼夏金經濟史』 제3편.

2 이 글에서는 기본적으로 『국역 금사』 4책(이성규 · 박원길 · 윤승준 · 류병재 옮김, 2016, 『(國譯)金史』 1-4책, 용인: 단국대학교출판부)을 활용하였다. 원문은 대만중앙연구원 '漢籍電子文獻資料庫'를 활용하였다. 번역문은 필자가 문맥을 고려하여 일부 수정하였으며, 인용문의 이해에 원문이 필요한 경우 각주에 원문을

제시하였다.

3 이성규 외 옮김, 2016, 『국역 금사』 2, 권44지 제25병, 342쪽. "무릇 漢人과 渤海人들은 맹안·모극에 들어갈 수 없었다."(「식화지」 390쪽)

4 『요사(遼史)』 志45, 「백관지」 1.

5 韩茂莉, 2001, 「金代东北地区的农业生产与地区开发」, 『北京大学学报(哲学社会科学版)』, 95쪽.

6 沈岩, 2015, 「略论金代东北土地制度与农业发展」, 『文山学院学报』, 46쪽.

7 韩茂莉, 2000, 「论金代猛安, 谋克入迁中原与中原农业生产」, 『中國經濟史研究』, 124쪽.

8 『국역 금사』 1 「본기」 권8 세종 하, 241쪽. "上聞山東, 大名等路猛安謀克之民, 驕縱奢侈, 不事耕稼. 詔遣閱實, 計口授地, 必令自耕, 地有餘而力不贍者, 方許招人租佃, 仍禁農時飲酒." (179쪽)

9 張博泉, 1963, 「金代黄河流域农业生产的恢复, 发展与租佃关系」, 『吉林大学社会科学学报』, 67쪽.

10 『국역 금사』 2 권55지 제36 백관1, 633쪽. "勸農使司. 泰和八年罷, 貞祐間復置. 興定六年罷勸農司, 改立司農司. 使一員, 正三品. 副使一員, 正五品. 大司農一員, 正二品." (1243쪽)

11 『국역 금사』 1 「본기」 권9 장종1, 279쪽.

12 『국역 금사』 1 「본기」 권10 장종2, 310쪽.

13 徐光冀, 2011, 『中國出土壁畫全集, 山西』, 科學出版社, 167쪽.

14 『국역 금사』 2 권40지 제21악(樂) 하, 259~261쪽. "眾瑞畢至昭升平, 爰生嘉禾廼合穗. 膴膴大田無南東, 稼茂如雲成豐歲. 既刈既穫百室盈, 擊壤歌沸野老聲. 陶唐之民茲其比, 帝力何有若自遂." (913쪽) 요순시절에는 백성들이 임금이 있는 줄도 모르고 큰 걱정 없이 생업에 종사했다는 내용을 담은 '격양가'의 용법으로는 마지막 구절을 "임금의 힘이 나와 무슨 상관이 있는가? 그저 스스로 살아갈 따름이다"라는 정도의 의미로 읽을 수 있을 것이다. 필자는 황제의 힘과 의지를 강조하는 것으로 보고 그 맥락에서 번역하였다.

15 『국역 금사』 1 「본기」 권1 세기, 68쪽.

16 『국역 금사』 1 「본기」 권7 세종 중, 대정 17년 12월 임신일, 230쪽.

17 『국역 금사』 1 「본기」 권3 태종, 99쪽. 3년(1125) 10월 "임술일에 조서를 내려 이르기를 '올해는 대 풍년이 들었으나, 저축해 놓지 않는다면 무엇으로 기근에 대비할 수 있겠는가? 소 한 마리당 곡식 한 섬을 세금으로 내도록 하고, 모극마다 창고 하나씩의 곡물을 저장하도록 하라'고 했다."

18 『국역 금사』 1 「본기」 권6 세종 상, 대정 11년(1171) 정월, 207쪽.

19 『국역 금사』 1 「본기」 권7 세종 중, 대정 12년(1172), 215쪽.

20 『국역 금사』 1 「본기」 권7 세종 중, 229쪽.

21 『국역 금사』 1 「본기」 권11 장종3, 334쪽.

22 『국역 금사』 1 「본기」 권10 장종2, 310쪽.

23 『국역 금사』 1 「본기」 권8 세종 하, 243쪽.

24 『국역 금사』 1 「본기」 권10 장종2, 312쪽.

25 『국역 금사』 2 권49지 제30 식화4, 469쪽.

26 徐光冀, 2011, 『中國出土壁畫全集, 山西』, 科學出版社, 140쪽.

27 『국역 금사』 2 권46지 제27 식화1, 397쪽. "十二月, 上謂宰臣曰: 「猛安謀克多新強舊弱, 差役不均, 其令推排, 當自中都路始.」"(1038쪽)

28 『국역 금사』 2 권47지 제28 식화2, 431쪽. "(二十三年) 七月, 尚書省復奏其事, 上慮版籍歲久貧富不同, 猛安謀克又皆年少, 不練時事, 一旦軍興, 按籍徵之必有不均之患. 乃令驗實推排, 閱其戶口, 畜產之數, 其以上京二十二路來上." (1063쪽)

29 『국역 금사』 2 권49지 제30 식화4, 469쪽.

30 『국역 금사』 3 권90 「열전」 제28, 577쪽.

31 『국역 금사』 2 권47지 제28 식화2, 405쪽.

32 『국역 금사』 1 「본기」 권12 장종4, 346쪽.

33 『국역 금사』 1 「본기」 권12 장종4, 347쪽.

34 『국역 금사』 1 「본기」 권12 장종4, 359쪽.

35 『국역 금사』 2 권44지 제25병, 347쪽. "當是時, 多易置河北, 山東所屯之舊, 括民地而為之業, 戶頒牛而使之耕, 畜甲兵而為之備. 乃大重其權, 授諸王以猛安之號, 或新置者特賜之名. 制其奢靡, 禁其飲酒, 習其騎射, 儲其糧糒, 其備至嚴也. 是時宗室戶百七十, 猛安二百二, 謀克千八百七十八, 戶六十一萬五千六百二十四. … 至章宗明昌間, 欲國人兼知文武, 令猛安謀克舉進士, 試以策論及射, 以定其科甲高下." (996~997쪽)

36 『국역 금사』 1 「본기」 권9 장종1, 279쪽.

37 『국역 금사』 4 권119 「열전」 제57, 491쪽.

38 『국역 금사』 3 권88 「열전」 제26, 527쪽. "上問曰: 「宰臣議山東猛安貧戶如之何?」 奏曰: 「未也.」 乃問 安禮 曰: 「於卿意如何?」 對曰: 「猛安人與漢戶, 今皆一家, 彼耕此種, 皆是國人, 即日簽軍, 恐妨農作.」 上責安禮 曰: 「朕謂卿有知識, 每事專傚漢人, 若無事之際可務農作, 度宋人之意且起爭端, 國家有事, 農作奚暇? 卿習漢字, 讀詩, 書, 姑置此以講本朝之法. 前日宰臣皆女直拜, 卿獨漢人拜, 是邪非邪, 所謂一家者皆一類也, 女直, 漢人, 其實則二. 朕即位東京, 契丹, 漢人皆不往, 惟女直人偕來, 此可謂一類乎.」 又曰: 「朕夙夜思念, 使太祖皇帝功業不墜, 傳及萬世, 女直人物力不困. 卿等悉之.」 因以有益貧窮猛安人數事." (1963~1964쪽)

제6장

1 『金史』 卷2, 「太祖紀」, 19~20쪽.

2 『大金國志』 卷39, 「初興風土」.

3 『三朝北盟會編』 卷3, 「宣政上帙 3」, 21쪽.

4 『三朝北盟會編』 卷3, 「宣政上帙 3」, 21쪽.

5 『三朝北盟會編』 卷3, 「宣政上帙 3」, 21쪽.

6 『金史』 卷2, 「太祖紀」, 24쪽.

7 『遼史』 卷27, 「天祚皇帝 1」, 328쪽.

8 『金史』 卷2, 「太祖紀」, 25쪽.

9 『金史』 卷2, 「太祖紀」, 25쪽.

10 『金史』 卷2, 「太祖紀」, 26쪽.

11 『金史』 卷2, 「太祖紀」, 26쪽.

12 『三朝北盟會編』 卷3, 「宣政上帙 3」, 22쪽.

13 『金史』 卷2, 「太祖紀」, 26~27쪽.

14 『金史』 卷2, 「太祖紀」, 27쪽.

15 (清)楊賓, 『柳邊紀略』 卷4, 「完顏婁室神道碑」.

16 『金史』 卷2, 「太祖紀」, 28쪽.

17 『三朝北盟會編』 卷3, 「宣政上帙 3」, 21쪽.

18 『金史』 卷2, 「太祖紀」, 28쪽.

19 『契丹國志』 卷10, 「天慶5年 11月」.

20 金毓黼, 1995, 『渤海國志長編』, 黑龍江人民出版社.

21 『金史』 卷2, 「太祖紀」, 30쪽.

22 『金史』 卷2, 「太祖紀」, 30쪽.

23 『遼史』 卷28, 「天祚皇帝 2」, 336쪽; 『契丹國志』 卷10, 「天祚皇帝 上」.
24 『續資治通鑑』 卷93, 「徽宗重和元年 二月」.
25 『金史』 卷2, 「太祖紀」, 33쪽; 『遼史』 卷28, 「天祚皇帝 2」, 338쪽.
26 『金史』 卷2, 「太祖紀」, 33쪽.
27 『金史』 卷2, 「太祖紀」, 33~34쪽.
28 『遼史』 卷29, 「天祚皇帝 3」, 341쪽.
29 『金史』 卷2, 「太祖紀」, 36쪽.
30 『金史』 卷76, 「完顔杲傳」.
31 『金史』 卷2, 「太祖紀」, 40쪽에서 홍중부는 2월 초하루인 을유에 금나라에 항복하였는데, 10일이 지난 2월 계사에 다시 배신하였고, 『遼史』 卷29, 「天祚帝紀 3」, 346쪽에서는 "다시 성을 지켰다(復城守)"라고 하였다.
32 『金史』 卷2, 「太祖紀」, 41쪽; 『金史』 卷3, 「太宗紀」, 50쪽.
33 『金史』 卷3, 「太宗紀」, 51쪽.
34 『遼史』 卷29, 「天祚帝紀 3」, 349~350쪽.
35 『金史』 卷2, 「太祖紀」, 41쪽.
36 『遼史』 卷29, 「天祚帝紀 3」, 349쪽; 『遼史』 卷30, 「天祚帝紀 4」, 351쪽.
37 『金史』 卷44, 「兵志」, 992쪽.
38 宋 陳準, 『北風揚沙錄』; 李澍田, 1990, 『金史輯佚』, 吉林文史出版社, 151쪽.
39 『金史』 卷44, 「兵志」, 991쪽.
40 『大金國志校證』 卷36, 「兵制」, 521쪽.
41 宋 范仲熊, 『北記』; 李澍田, 1990, 『金史輯佚』, 吉林文史出版社, 43쪽.
42 『三朝北盟會編』 卷3, 「政宣上帙 3」, 19쪽.
43 徐光冀, 2011, 『中國出土壁畫全集』, 과학출판사.
44 『金史』 卷2, 「太祖紀」, 24쪽.
45 『金史』 卷65, 「鄆王昂傳」, 1553쪽.
46 『三朝北盟會編』 卷98, 「靖康中帙 73」, 721쪽.
47 『三朝北盟會編』 卷3, 「政宣上帙 3」, 19쪽.
48 『金史』 卷66, 「撻懶傳」, 1567쪽.
49 『宋史』 卷366, 「吳璘傳」, 11420쪽.
50 『三朝北盟會編』 卷3, 「政宣上帙 3」, 19쪽.
51 『建炎以來繫年要錄』 卷55, 「紹興2年 6月 丁巳」; 『宋史』 卷197 「兵志」; 『宋會要輯稿』 「輿服」 6, 28~29쪽; 王曾瑜, 1996, 『金朝軍制』, 河北大學出版社, 142쪽.
52 『三朝北盟會編』 卷30, 「靖康中帙 5」, 221~222쪽; 『三朝北盟會編』 卷99, 「靖康中帙七十四」, 730쪽.
53 『三朝北盟會編』 卷3, 「政宣上帙 3」, 19쪽.
54 『金史』 卷2, 「太祖紀」, 25쪽.
55 『三朝北盟會編』 卷3, 「政宣上帙 3」, 19~20쪽.
56 『金史』 卷44, 「兵志」, 992쪽.
57 都興智, 2004, 『遼金史研究』, 인민출판사, 149쪽.
58 『金史』 卷81, 「鶻謀琶傳」, 1815쪽.
59 『金史』 卷82, 「僕散渾坦傳」, 1844쪽.
60 『金史』 卷66, 「胡石改傳」, 1565쪽.
61 『金史』 卷2, 「太祖紀」, 24쪽.
62 『金史』 卷2, 「太祖紀」, 36쪽.

63 『三朝北盟會編』 卷3, 「政宣上帙 3」, 16쪽.
64 『遼史』 卷3, 「太宗紀上」, 30쪽.
65 『金史』 卷2, 「太祖紀」, 23쪽.
66 『契丹國志』 卷10, 「天祚皇帝 上」.
67 『金史』 卷2, 「太祖紀」, 28쪽.
68 『高麗史』 卷12, 「睿宗3年 3月 庚辰」; 『高麗史』 卷13, 「睿宗4年 7月 乙巳」.
69 『金史』 卷135, 「高麗傳」, 2884쪽.
70 『高麗史』 卷14, 「睿宗 10年 8月 乙巳」, 「睿宗 11年 4月 辛未」. 이 시기 고려와 금나라의 외교 관계에 대해서는 졸고, 2010, 「12세기 초기 高麗-金 관계의 전개와 상호 인식」, 『중국학보』 61권.
71 『金史』 卷2, 「太祖紀」, 29쪽.
72 『金史』 卷135, 「高麗傳」, 2884쪽.
73 『高麗史』 卷14, 「睿宗 12年 3月 癸丑」.
74 『高麗史』 卷97, 「金富儀傳」.
75 『高麗史』 卷14, 「睿宗 14年 2月 丁酉」; 『金史』 卷135 「高麗傳」에서는 이러한 국서를 보낸 것이 천보 2년(1116) 2월로 되어 있다.
76 『高麗史』 卷14, 「睿宗 14年 8月 丁丑」.
77 『金史』 卷135, 「高麗傳」, 2885쪽.
78 (淸)吳廣成, 『西夏書事』 卷31, 「遼殺夏主母梁氏」, 538쪽.
79 『金史』 卷134, 「西夏傳」, 2865쪽.
80 『西夏書事』 卷33, 「夏 元德四年 春三月」, 559쪽.
81 『金史』 卷134, 「西夏傳」, 2865쪽.
82 『西夏書事』 卷33, 「夏 元德四年 五月」, 559쪽.
83 『西夏書事』 卷33, 「夏 元德四年 五月」, 559쪽.
84 『西夏書事』 卷33, 「夏 元德五年 春正月」, 560쪽.
85 『西夏書事』 卷33, 「夏 元德五年 五月」, 560쪽.
86 『金史』 卷74, 「完顔宗望傳」, 1703쪽.
87 『遼史』 卷30, 「天祚帝紀四」, 351쪽.
88 『金史』 卷2, 「太祖紀」, 30쪽. 이 외에도 『三朝北盟會編』 卷1 「政宣上帙一」의 4월 27일 기묘, 卷2 「政宣上帙一」의 8월 4일 갑인, 윤9월 9일 무진, 12월 2일 기묘 등에 관련 내용이 상세히 기록되어 있는데, 『金史』의 기록과 약간의 시간적 차이가 있다.
89 『金史』 卷2, 「太祖紀」, 30쪽.
90 『三朝北盟會編』 卷4, 「政宣上帙 4」, 25~26쪽.
91 『三朝北盟會編』 卷7, 「政宣上帙 7」, 48쪽.
92 『三朝北盟會編』 卷8, 「政宣上帙 8」, 57쪽.
93 『三朝北盟會編』 卷9, 「政宣上帙 9」, 66쪽.
94 『三朝北盟會編』 卷11, 「政宣上帙 11」, 77쪽.
95 『大金國志校證』 卷2, 「太祖武元皇帝 下」, 30쪽.
96 『大金國志校證』 卷2, 「太祖武元皇帝 下」, 30쪽

제7장

1 심지어 日人學者 島田正郎과 같은 연구자는 "遼를 中國의 왕조 혹은 정복 왕조라고 보아서는 안 된다"

는 주장을 펴고 있다. 이에 대해서는 護雅夫, 1970, 「總說」, 『岩波講座 世界歷史』, 東京: 岩波書店, 8쪽 참조.

2 完颜宗翰(1080~1137년)은 國相인 完顔撒改의 長子였으며, 完颜宗望(?~1127년)은 태조 阿骨打 次子로서 통상 '二太子'라 칭해졌다.

3 『三朝北盟會編』(上海古籍出版社 影印本 1987) 卷106, 「炎興下帙 6」 建炎 元年 6월 5일, 「趙子崧家傳」, 780쪽의 下右.

4 『建炎李來繫年要錄』(北京: 中華書局, 1988) 卷4, 高宗 建炎 元年 4월 庚申, 87쪽.

5 『三朝北盟會編』 卷118, 「炎興下帙 18」 建炎 2년 10월 12일, 867쪽의 上左.

6 『建炎李來繫年要錄』 卷40, 高宗 建炎 4년 12월 辛未, 744쪽.

7 위와 같음.

8 『建炎李來繫年要錄』 卷48, 고종 紹興 元年 9월 癸亥, 854쪽.

9 『大金國志校證』 卷7, 「太宗文烈皇帝」.

10 이에 대해서는 『建炎李來繫年要錄』 卷48, 高宗 紹興 元年 9월 癸亥, 854쪽 참조.

11 莊綽, 『鷄肋編』 卷中, 叢書集成初編本, 61쪽.

12 熊克, 『中興小紀』 卷7, 建炎 3년 9월조, 叢書集成初編本, 北京: 中華書局, 80쪽.

13 熊克, 『中興小紀』 卷7, 建炎 3년 9월조, 80쪽.

14 『大金吊伐錄』 卷下, 「樞密院告諭兩路指揮」.

15 『建炎李來繫年要錄』 卷28, 高宗 建炎 3년 9월 乙亥, 560쪽.

16 『建炎李來繫年要錄』 卷28, 高宗 建炎 3년 9월 乙亥, 561쪽.

17 徐光冀, 2011, 『中國出土壁畫全集, 山西』, 科學出版社, 144쪽.

18 『三朝北盟會編』 卷115, 「炎興下帙 15」 建炎 2년 2월 19일, 宗澤의 上奏, 844쪽의 上右.

19 이에 대해서는 河內良弘, 1970, 「金王朝の成立とその國家構造」, 『岩波講座 世界歷史』 9, 東京: 岩波書店, 48쪽 참조.

20 『三朝北盟會編』 卷165, 「炎興下帙」 紹興 4년 12월 30일, 1194쪽의 上左.

21 『金史』 卷70, 「撒改傳」, 1614쪽.

22 『金史』 卷3, 「太宗本紀」, 天會 2년 2월 乙巳, 49쪽.

23 『大金國志校證』 卷27, 「粘罕傳」.

24 『宋史紀事本末』(北京: 中華書局, 1977) 卷67, 「金人立劉豫」, 696쪽.

25 위의 글, 697쪽.

26 『三朝北盟會編』 卷166, 「炎興下帙」 66, 紹興 5년 正月 13일, 1197쪽의 下右·下左.

27 雄州 歸信縣令으로 재직 시 수리 시설 축조에 진력하였다는 馬諷(『金史』 卷90, 「馬諷傳」, 1997쪽), 臨洮尹 겸 熙秦路兵馬都總管으로서 開渠溉田하였다는 龐迪(『金史』 卷91, 「龐迪傳」, 2012쪽), 同知臨洮尹 겸 權陝西諸路轉運使로서 관내에 三白渠 龍首渠 등을 수축하여 民田에 관개하였던 傅愼微(『金史』 卷128, 「傅愼微傳」, 2763쪽) 등이 그 대표적인 사례이다. 특히 馬諷은 歸信縣 境內에 八尺口라는 하천이 존재하여 매년 가을에 범람함으로 말미암아 民田에 막심한 피해를 주었는데, 이를 준설하고 제방을 쌓아 水路를 적절하게 유도함으로써 積年의 水患을 종식했다고 한다.

28 『大金國志校證』 卷14, 「海陵煬王」.

29 『金史』 卷4, 「熙宗本紀」 皇統 7년 正月, 83쪽. 이때 희종은 西京의 鹿囿를 民田으로 전환하라는 詔令을 내렸다.

30 『金史』 卷48, 「食貨志」 2, 「田制」, 1044쪽.

31 『金史』 卷89, 「移剌子敬傳」, 1989쪽.

32 이러한 사정은 章宗 시기 조정에서 拜禮를 논의할 때 司空 完顔襄이 '今諸人袵髮皆從本朝之制'라고 말하고 있는 것에서 단적으로 드러난다. 『金史』 卷35, 「禮志」 8, 828쪽.

33 『金史』 卷5, 「海陵王本紀」, 113쪽.

34 『金史』 卷48, 「食貨志」 3, 「錢幣」, 1069쪽. 당시 海陵王의 朝庭에서는 동전 발행에 필요한 銅을 확보하기 위해, "禁銅越外界 縣罪賞格, 括民間銅鍮器"(1069쪽)라는 조치를 취하고 있다.

35 『金史』 卷90, 「馬諷傳」, 1997~1998쪽.

36 『金史』 卷128, 「傅愼微傳」, 1763쪽. 傅愼微가 京兆·鄜延·環慶의 三路經濟使로 임명된 시점은 '宗弼復取河南地 起爲陜西經略使 尋權同州節度使事. 明年 陜西大旱 餓死者十七八 以愼微爲京兆鄜延環慶三路經濟使'라 하듯, 1140년(熙宗 天眷 3) 完顔宗弼이 河南을 수복한 직후의 일이었다.

37 『金史』 卷91, 「龐迪傳」, 2013쪽.

38 漆俠, 2010, 『遼宋西夏金代通史』 3, 社會經濟卷 下, 北京: 人民出版社, 765쪽.

39 『金史』 卷47, 「食貨志」 2, 「牛具稅」, 1064쪽.

40 『金史』 卷47, 「食貨志」 2, 「田制」, 1044쪽.

41 『金史』 卷106, 「張行簡傳」, 2332쪽.

42 『元好問全集』(太原: 山西人民出版社, 1990) 卷16, 「平章政事壽國張文貞公神道碑」, 467쪽.

43 『金史』 卷47, 「食貨志」 2, 「牛具稅」, 1063쪽.

44 이에 대해서는 河內良弘, 1970, 「金王朝の成立とその國家構造」, 『岩波講座 世界歷史』 9, 58쪽 참조.

45 이러한 조치에 대해 『金史』에서는 "又謂宰臣曰: 「猛安謀克人戶, 兄弟親屬若各隨所分土, 如漢人錯居, 每四五十戶結爲保聚, 農作時令相助濟, 此亦勸相之道也.」"(『金史』 卷46, 「食貨志」 1, 「戶口」, 1034쪽)라 적고 있다.

46 『金史』 卷70, 「完顔思敬傳」, 1626쪽.

47 『金史』 卷47, 「食貨志」 2, 「田制」, 1047쪽.

48 위와 같음.

49 위와 같음.

50 『金史』 卷89, 「移剌子敬傳」, 1989쪽.

51 漢族을 포함한 諸族에게 辮髮이 언제 재차 강요되었는지는 불분명하다. 『金史』 卷36, 「禮志」 9, 「臣下拜朝儀」에 따르면, "主事陳松曰: 「本朝拜禮, 其來久矣, 乃便服之拜也. 可令公服則朝拜, 便服則從本朝拜.」 平章政事張萬公謂拜禮各從所習, 不須改也. 司空完顔襄曰: 「今諸人衽髮皆從本朝之制, 宜從本朝拜禮, 松言是也.」 上乃命公裳則朝拜, 諸色人便服則皆用本朝拜."(827~828쪽)라 기록되어 있다. 이 대화가 오간 시점은 1200년(章宗 承安 5)이었다. 당시 '今諸人衽髮皆從本朝之制'라 일컬어지고 있는 것으로부터, 해릉왕 사후 章宗 承安 5년 사이의 어느 시점에 변발 강제가 이루어졌을 것은 분명하다. 아울러 章宗 면전에서의 대화임에도 불구하고 장종의 조치라는 사실이 特記되지 않은 것으로 보아, 이전 황제인 世宗 시기의 규정을 계승하고 있다는 사실을 시사한다고 판단된다.

52 『金史』 卷47, 「食貨志」 2, 「田制」, 1047쪽.

53 이에 대해서는 『金史』 卷47, 「食貨志」 2, 「田制」, 1048쪽 참조.

54 위와 같음.

55 이와 관련하여 1216년 당시 參政으로 있던 汝礪는 "河南官民地相半"(『金史』 卷47, 「食貨志」 2, 「田制」, 1052쪽)이라 말하고 있다.

56 『金史』 卷86, 「李石傳」, 1914~1915쪽.

57 『金史』 卷47, 「食貨志」 2, 「田制」, 1044쪽.

제8장

1 금 통치하의 한족 가운데 연운(燕雲) 출신 한족과 북송(北宋) 고지(故地) 출신 한족의 구별에 관한 지적은

張中政, 1983,「漢兒, 簽軍與金朝的民族等級」,『社會科學輯刊』26期. 금조의 민족 정책과 한족의 사회적 지위에 관해서는 劉浦江, 1996,「金朝的民族政策與民族歧視」,『歷史研究』第3期; 劉浦江, 1998,「說"漢人"-遼金時代民族融合的一个側面」,『民族研究』第6期 등. 금 치하의 하북에 남은 한족 사대부의 정신세계에 대해서는 沈圓圓, 2018,「選擇之后-金朝南人文士的心靈世界」, 山東大學 碩士論文. 한족 사대부들의 지역적 분포는 陳昭揚, 2008,「金代漢族士人的地域分布-以政治參與爲中心的考察」,『漢學研究』第26卷 第1期 등에서 다루어졌다. 陶晉生, 1971,「金代的政治衝突」,『中央研究院歷史語言研究所集刊』第43本 1分은 금조에 출사했던 한족 관원들 간의 당쟁에 관해서도 다루고 있다.

2 최근에 나온 대표적 연구로는 陳昭揚, 2007,「征服王朝下的士人-金代漢族士人的政治, 社會, 文化論析」, 臺灣: 國立青華大學 歷史研究所 博士學位論文; 王德朋, 2006,『金代漢族士人研究』, 中國社會科學出版社 등이 있다.

3 이 글을 작성하면서 이성규 교수 등이 번역한『國譯 金史』(단국대학교출판부, 2016)로부터 얻은 도움은 이루 말할 수 없이 크다. 다만,『金史』(北京: 中華書局, 1975)가 널리 통용되고 있으므로 인용할 때는 중화서국(中華書局)에서 간행한『金史』와『國譯 金史』를 대조하고『金史』의 페이지 수를 기입했다.

4 陳昭揚,「征服王朝下的士人-金代漢族士人的政治, 社會, 文化論析」; 孫孝偉, 2012,「金朝宰相制度研究」, 吉林大學 博士學位論文; 侯震, 2012,『金末漢人宰執研究』, 吉林大學 碩士學位論文 등.

5 『金史』卷55, 百官志1, 1216쪽.

6 『金史』卷4, 熙宗 본기, 70쪽(高慶裔, 蕭慶, 希尹), 72쪽(完顔奕), 73쪽(李德固); 卷76, 宗磐 열전, 1730쪽; 卷78, 韓企先 열전, 1777쪽.

7 『金史』卷55, 百官志1, 1217쪽.

8 『金史』卷5, 海陵王 본기, 106쪽; 이랄원의(移剌元宜)가 대정 2년(1162) 2월 平章政事에 임명되었다.『金史』卷6, 世宗 본기, 126쪽.

9 三上次男, 1973,「金朝における女眞人外戚の政治·社會的地位」,『金史研究 三: 金代政治·社會の研究』, 中央公論美術出版, 107쪽.

10 미카미 츠기오는 통계의 기초가 되었던 자신의 논문에서 발해인인 장호(張浩)를 한족으로 표시하기도 했다(三上次男, 1970,「金朝初期の三省制度」,『金代政治制度の研究』, 中央公論美術出版, 335쪽). 또한 무도(武都)가 참지정사를 역임했다고 하여 재집에 포함시키고 있는데, 이는 사료를 오독한 결과이다(三上次男, 1970,「金代における尙書省制度とその政治的意義」,『金代政治制度の研究』, 中央公論美術出版, 451쪽). 미카미는『金史』무도 열전을 근거로 들고 있는데, 무도 열전에는 "中都解圍, 爲河東宣武使. 俄以參知政事胥鼎代之."(中都의 포위가 풀리자 그(무도)를 하동선무사로 삼았는데, 잠깐 있다가 참지정사 서정이 그를 대신하도록 했다)라고 했다. 무도는 참지정사에 임명된 적이 없었고 얼마 후인 홍정 원년(1217) 사망했다.『金史』卷128, 武都 열전, 2772쪽.

11 張博泉 等, 1992,『金史論稿』卷2, 吉林文史出版社, 413쪽.

12 미카미 츠기오는「金朝における女眞人外戚の政治·社會的地位」의 각주 4번(121쪽)에서 자신의 통계는『金代政治制度の研究』(中央公論美術出版, 1970)에 실린「金朝初期の三省制度」와「金代における尙書省制度とその政治的意義」에 실린 표들을 참고해서 만들었다고 적고 있다. 하지만 이들 논문에 실린 재집의 임면에 관한 일련의 표는 상서성이 존재했던 전 시기를 포괄하고 있지 않으며 특히 각 재집의 민족에 관한 표시도 거의 없다.

13 陳昭揚,「征服王朝下的士人-金代漢族士人的政治, 社會, 文化論析」, 267~268쪽; 附錄一,「金代宰執簡表」.

14 『金史』卷118, 武仙 열전, 2578쪽.

15 孫孝偉,「金朝宰相制度研究」, 37쪽. 호우전(侯震)은 그의 논문「金末漢人宰執研究」에서 재상을 권섭(權攝)하도록 임명받은 사람들조차도 모두 재상에 포함시켜 논하고 있다. 하지만 선종이 지적하는 바대로 권섭을 명한 것은 그 자리에 어울리는지 試用하는 것이므로 진정한 재상은 아니었다.『金史』卷104, 溫

迪罕達 열전, 2293쪽.

16 孫孝偉,「金朝宰相制度硏究」의 表2.1 金朝宰相簡表, 38~42쪽.

17 孫孝偉,「金朝宰相制度硏究」, 40쪽.

18 閻鳳梧 主編, 2002,『全遼金文』, 山西古籍出版社, 下卷 3088쪽.

19『金史』卷89, 蘇保衡 열전, 1974쪽.

20 元好問 編, 張靜 校注, 2018,『中州集校注』, 中華書局, 2326쪽.

21『金史』卷9, 章宗 본기1, 225쪽.

22 孫孝偉,「金朝宰相制度硏究」, 41쪽.

23『金史』卷95, 程輝 열전, 2111쪽.

24 萬斯同 撰, 2005,「金將相大臣年表」,『宋遼金元明六史補編』卷1, 北京圖書館出版社, 419쪽.

25 萬斯同 撰,「金將相大臣年表」, 419쪽.

26 萬斯同 撰, 2005,「金將相大臣年表」,『宋遼金元明六史補編』卷1, 北京圖書館出版社, 403~420쪽 참조.

27 陳昭揚, 2008,「金代漢族士人的地域分布-以政治參與爲中心的考察」,『漢學硏究』26卷 第1期, 106~107쪽.

28 이 글의 〈표 1〉과 萬斯同 編,「金將相大臣年表」참조.

29 劉浦江, 1996,「金朝的民族政策與民族歧視」,『歷史硏究』第3期, 59쪽.

30『金史』卷78, 韓企先 열전, 1778쪽.

31 劉浦江,「金朝的民族政策與民族歧視」, 63쪽.

32『金史』卷89, 孟浩 열전, 1979쪽.

33『金史』卷89, 孟浩 열전(田瑴 附), 1981쪽.

34『金史』卷8, 世宗 본기 下, 184쪽.

35『金史』卷97, 賀揚庭 열전, 2151쪽.

36『金史』卷99, 賈鉉 열전, 2192쪽.

37『金史』卷77, 劉豫 열전(劉麟 附), 1762쪽.

38『金史』卷79, 張中孚 열전, 1788쪽.

39『宋會要輯稿』, 兵十四, 宣和7年.

40『金史』卷125, 蔡松年 열전, 2716쪽.

41『中州集』卷9, 劉右相長言(『中州集校注』2335~2336쪽).

42『金史』卷5, 海陵王 본기, 111쪽.

43『金史』「地理志」에 따르면, 과거 북송 지역의 호구가 6,363,919호인 반면, 요 지역의 호구는 1,948,778호이다. 陳昭揚, 2008,「金代漢族士人的地域分布-以政治參與爲中心的考察」,『漢學硏究』26卷 第1期, 117쪽.

44 陳昭揚, 2008,「金代漢族士人的地域分布-以政治參與爲中心的考察」,『漢學硏究』26卷 第1期, 118쪽.

45 陳昭揚, 2008,「金代漢族士人的地域分布-以政治參與爲中心的考察」,『漢學硏究』26卷 第1期, 117쪽.

46『金史』卷8, 世宗 본기 下, 184쪽.

47『金史』「忠義傳」에 정우 연간 초기 몽골, 하와의 전쟁 와중에 순국한 연운 출신 관원 송의(宋扆), 유덕기(劉德基), 왕의(王毅) 등의 열전이 실려 있다.『金史』卷121, 忠義1, 2649쪽(宋扆), 2651~2652쪽(劉德基), 2652쪽(王毅).

48『元史』卷147, 張柔 열전, 3471쪽; 史天倪 열전, 3478쪽; 史天祥 열전, 3486쪽; 卷149, 石天應 열전, 3526~3528쪽; 卷150, 李守賢 열전, 3547~3548쪽; 何實 열전, 3551~3552쪽; 趙瑨 열전, 354~355쪽; 劉亨安 열전, 3559~3560쪽 참조.

49『元史』卷147, 史天倪 열전, 3478~3479쪽.

50『元史』卷147, 史天祥 열전, 3486쪽.

51 『元史』卷147, 史天倪 열전, 3478~3480쪽; 史天祥 열전, 3486~3488쪽; 卷155, 史天澤 열전, 3657~3663쪽.

52 『金史』卷78, 韓企先 열전, 1777~1778쪽.

53 『金史』卷77, 劉豫 열전(劉麟 附), 1762쪽.

54 『金史』卷78, 劉筈 열전, 1771~1772쪽.

55 『金史』卷83, 張通古 열전, 1860쪽; 卷79, 張中孚 열전, 1788쪽; 卷125, 蔡松年 열전, 2715쪽.

56 『金史』卷78, 劉筈 열전, 1772쪽.

57 『金史』卷83, 張通古 열전, 1860쪽.

58 『金史』卷125, 蔡松年 열전, 2714쪽.

59 『金史』卷5, 海陵王 본기, 100쪽(劉萼), 109쪽(敬嗣暉).

60 『歸潛志』卷14, 歸潛堂記(中華書局, 2007) 171쪽.

61 『歸潛志』卷7, 76쪽.

62 陳昭揚, 「征服王朝下的士人–金代漢族士人的政治, 社會, 文化論析」, 97~99쪽. 하지만 영사뿐만 아니라 상서성 사관 역시 같은 이유로 재집에 이르는 첩경이라고 할 수 있는데, 사관에 대해서는 거의 언급하지 않았다.

63 『金史』卷55, 百官志1, 1217~1218쪽.

64 『歸潛志』卷7, 77쪽.

65 여진 영사는 진사 10명, 재집이나 종실의 자제 10명, 추밀원, 어사대, 각부, 통군사(統軍司) 등지의 영사 10명으로 구성되어 있었다. 한족 영사도 재집이나 종실 자제 출신이나 기타 각 아문 영사 중에서 상서성 영사로 선발된 사람도 있었다(『金史』卷55, 百官志1, 1218쪽). 가령, 정휘의 아들이 참지정사였던 아버지의 음덕으로 상서성 영사에 시용된 바 있었다(『金史』卷9, 章宗 본기1, 225쪽). 하지만 후일 재집에 이른 영사들은 모두 진사 출신의 영사였다.

66 『金史』卷12, 章宗 본기4, 268쪽.

67 『金史』卷95, 張萬公 열전, 2102쪽.

68 『金史』卷95, 董師中 열전, 2113쪽.

69 『金史』卷99, 孫卽康 열전, 2195쪽; 卷99, 賈鉉 열전, 2191쪽; 卷99, 孫鐸 열전, 2193쪽.

70 '냉암십준'에 관해서는 『金史』卷104, 孟奎 열전, 2290쪽; '서문십철'은 『金史』卷129, 胥持國 열전, 2794쪽.

71 『金史』卷95, 馬惠迪 열전, 2117쪽.

72 『金史』卷95, 張萬公 열전, 2102쪽.

73 『金史』卷55, 百官志1, 1217쪽.

74 孫孝偉, 『金朝宰相制度研究』, 147~148쪽.

75 孫孝偉, 『金朝宰相制度研究』의 「第3章 宰相職權的行使」 참조.

76 개인의 활약에 관한 연구는 찾아볼 수 있다. 선종 대에 우승상을 역임했던 고여려의 사상과 활동에 관해서는 梁錦秀, 1998, 「論金代漢族宰相高汝礪」, 『民族研究』第2期, 74~84쪽.

77 『金史』卷78, 韓企先 열전, 1778쪽.

78 『金史』卷125, 蔡松年 열전, 2716쪽.

79 陳昭揚, 「征服王朝下的士人–金代漢族士人的政治, 社會, 文化論析」, 105쪽.

80 『金史』卷92, 曹望之 열전, 2039쪽.

81 이복형은 재물과 출납을 관리하는 데 재주가 있는 사람으로 유능한 관리로 일컬어졌다(『金史』, 열전, 卷100). 이혜는 대사농을 역임했으며 정대(正大) 연간 초 참지정사가 되고 좌승, 우승으로 승진했는데 재정을 전담했다(『歸潛志』卷6, 60쪽).

82 『金史』卷88, 石渠 열전, 1960쪽.

83 호부상서 다음으로 많은 재집을 배출했던 관직은 지방관이다. 재집으로 임명되기 직전에 진수, 부사, 유수, 절도사 등 3품 지방관이었던 한족 관원이 7명이나 된다(〈표 3〉 참조). 이 역시 지방관이 백성들의 애환을 잘 알 수 있는 관직이었기 때문이었을 것이다.

84 『金史』, 百官志1, 1232~1237쪽.

85 호부의 영사가 72명(태화 연간에는 8명이 더 증원됨)이고 그중 여진족이 17명이었던 반면, 이부의 영사는 69명(태화 연간에는 10명이 더 증원됨)이고 그중 여진족이 29명, 예부는 영사 15명(이 중 여진족 5명), 병부는 영사 27명(이 중 여진족 12명), 형부는 영사 51명(이 중 여진족 22명), 공부는 영사 18명(이 중 여진족 4명) 등이었다. 『金史』, 百官志1, 1232~1237쪽.

86 『金史』 卷95, 馬琪 열전, 2118쪽.

87 『金史』 卷108, 열전, 2394쪽.

88 『金史』 卷108, 胥鼎 열전, 2373~2384쪽.

89 『金史』 卷108, 侯摯 열전, 2384~2389쪽.

90 孫孝偉, 「金朝宰相制度硏究」의 第4章, 第4節, 「宰相與樞密院(元帥府)的關係」, 164~172쪽 참조.

91 『金史』 卷108, 胥鼎 열전, 2375, 2378, 2382쪽; 侯摯 열전, 2386~2389쪽.

92 『三朝北盟會編』, 卷98, 13쪽(上卷, 725쪽, 上海古籍出版社, 2019).

93 G. L. Ulman, *The Science of Society, Toward an Understanding of the Life and Work of Karl August Wittfogel*(Hague: Mouton Publishers, 1978), pp. 232~233.

94 Karl August Wittfogel, *Feng Chia-sheng, History of Chinese Society, Liao, 907~1125*(Lancaster Press, 1949), p.8.

## 제9장

1 전통적 관점을 대표한다고 할 수 있는 陶晋生의 선구적인 연구는 기본적으로 금조의 한화 과정(sinicization)을 중원 문화에 대한 동화(assimilation) 과정이라고 인식하면서, 여진인과 같은 중원의 민족에 대한 하위(surbordinate) 민족이 지배적인 사회에 들어가기 위해서는 기존에 자신들이 갖고 있던 뒤떨어진(inadequate) 문화를 포기하고 대신 자신들의 고유한 문화의 흔적만을 남긴 채 우월한 문화를 완전하게 받아들이는 경향이 있다고 설명한다. Jing-shen, Tao, *The Jurchen in Twelfth-Century China: A Study of Sinicization*(Seattle: University of Washington Press, 1976).

2 특히 앞서 해릉왕의 연경 천도를 비롯한 급격한 한화 정책 노선에 반발하고 집권했던 세종은 소위 "여진위본(女眞爲本)" 정책의 일환으로서 여진부학, 여진국자학 등의 학교를 세워 여진 문자를 가르쳤고, 여진진사과를 설치해 여진족 관리를 양성했다. 또한 중국 고전을 여진어로 번역하고, 여진족이 중국식 성명을 쓰거나 한족의 복식을 입지 못하게 하는 등 한족에 동화되는 것을 막고자 노력했다. 그럼에도 불구하고 중원 통치에 필수적이나 여진 문화 속에 없었던 제도나 문화를 받아들이는 것에까지 반대하였던 것은 아니었다. 다만 세종은 필요한 경우 당송의 제도를 받아들이면서도 그것을 여진 문화와 융합하는 데 심혈을 기울였던 것으로 평가된다. 조복현, 2017, 「金 世宗과 그의 大定之治에 대한 평가에 관하여」, 『동양사학연구』 138, 90~97쪽.

3 徐浩, 2017, 「金代禮制硏究綜述」, 『通化師範學院學報』 38, 96쪽.

4 슈나이더(Julia Schneider)는 太宗 · 熙宗 그리고 해릉왕을 '한화'의 군주로 그리고 세종을 한화를 거부하고 여진 관습 부활을 주장했던 군주로서 도식적으로 구분하였던 陶晋生의 연구로 대표되는 전통적인 관점을 부정하고, 태종에서 세종에 이르기까지 이들 군주들의 정책은 서로 긴밀하게 상호 연결되어 연속성을 지니고 있었다고 설명한다. 즉 그는 세종의 경우에도 그의 정책이 일종의 '토착주의 운동(nativistic movement)'과 같은 성격이 아니라 정책적 필요에 따라서는 중원의 시스템을 적극적으로 채용하

였음을 강조한다. 금조의 군주들은 중앙집권화와 더불어 민족 분치(ethnic differentiation)를 지향하는 제도적 · 문화적 정치 수단을 통한 군주권 강화를 추구하였다는 점에서 서로 밀접한 관련이 있었던 것이다. Schneider, Julia, 2011, "The Jin Revisited: New Assessment of Jurchen Emperors" *Journal of Song-Yuan Studies 41*, pp. 343~344.

5 유럽 역사에서 로마 제국 붕괴 이후 동시 다발적으로 등장한 국가들이 로마의 법률과 제도 및 종교사상을 받아들였고, 이러한 현상에 대해서 역사가들은 단순히 '로마화'라고 보기보다는 봉건 시대를 개창한 새로운 문명의 탄생으로 바라본다. 이와 마찬가지로 당시 동아시아 여러 사회들 즉 서하, 요, 고려 및 일본에서 보편적으로 수용되고 있었던 중국의 법률과 관료 체제를 금조가 받아들이는 것은 대단히 자연스러운 현상이었고 이를 일방적인 한화로만은 볼 수 없을 것이다. 오히려 중국 역사에서도 찾아볼 수 있듯이, 그 과정은 멀리 북조 왕조와 수당으로 이어지는 胡漢 융합을 바탕으로 형성된 다원화된 사회체제의 경험이 금과 원 그리고 청으로 이어지면서 더욱 정교화되는 과정이었다고 이해할 수 있다.

6 徐洁, 2017,「金代禮制硏究綜述」,『通化師範學院學報』38, 93~96쪽.

7 武玉環, 1992,「論金代女眞的宗教信仰與宗教政策」,『史學集刊』第2期, 12~18쪽.

8 耶律大石이 이끄는 거란의 일부는 서쪽 중앙아시아로 옮겨 가 여러 유목 민족을 규합하여 西遼, 즉 카라 키타이(Kara Kitai)를 건국하였다.

9 『金史』卷4,「本紀」4, 71쪽. "(十四年) 三月壬午, 以太保宗翰, 太師宗磐, 太傅宗幹並領三省事."

10 『金史』卷44,「兵志」, 991~992쪽. "猛安謀克雜厠漢地, 聽與契丹, 漢人昏因以相固結. 迨夫國勢寖盛, 則歸土地, 削位號, 罷遼東渤海, 漢人之襲猛安謀克者, 漸以兵柄歸其內族."

11 이계지 저, 나영남 · 조복현 옮김, 2014,『요 · 금의 역사, 정복왕조의 출현』, 신서원, 384~386쪽.

12 李玉君, 2014,「중국사 연구에서 엥겔스의 민족관습법 이론 응용」,『중국사연구』93, 31~47쪽.

13 武玉環, 1992,「論金代女眞的宗教信仰與宗教政策」,『史學集刊』第2期, 12~18쪽.

14 김택민, 2005,『譯主 唐六典』中, 신서원, 408~410쪽, 418~419쪽.

15 中村治兵衛, 1992,『中国シャ—マニズムの研究』, 刀水書房.

16 『金史』卷2,「太祖本紀」, 22쪽. "歲癸巳十月, 康宗夢逐狼, 屢發不能中, 太祖前射中之. 旦日, 以所夢問僚佐, 衆皆曰:「吉. 兄不能得而弟得之之兆也.」是月, 康宗即世, 太祖襲位爲都勃極烈."

17 『金史』卷2,「太祖本紀」, 19쪽. "遼 道宗 시기에, 여러 차례 오색 운기(雲氣, 구름의 움직임)가 있었는데, 큰 것은 2천(斛)가량의 곳간(囷廩)과 같은 형상이었다. (遼朝의) 司天監인 孔致和가 남몰래 사람들에게 이르기를:「그 아래에 반드시 비범한 인물이 태어난 것이니, 비상한 일이 일어났으며 하늘이 조짐으로서 알려 준 것인데 사람의 힘으로는 어찌할 수 없다」라고 하였다. 咸雍 4年(1068) 戊申 7월 1일에 태조가 탄생하였다." "遼道宗時有五色雲氣屢出東方, 大若二千斛囷倉之狀, 司天孔致和竊謂人曰:「其下當生異人, 建非常之事. 天以象告, 非人力所能為也.」咸雍四年戊申, 七月一日, 太祖生."

18 『三朝北盟會編』政宣上帙 卷3. "其疾病, 則無醫藥, 尚巫祝, 病則巫殺猪狗以禳之, 或車載病人之深山大谷以避之."

19 『金史』卷65,「列傳」3, 1541쪽. "昭祖久無子, 有巫者能道神語, 甚驗, 乃往禱焉. 巫良久曰:「男子之魂至矣. 此子厚有福德, 子孫昌盛, 可拜而受之. 若生, 則名之曰烏古迺.」是爲景祖."

20 『金史』卷65,「列傳」3, 1540쪽. "國俗, 有被殺者, 必使巫覡以詛祝殺之者, 廼繫刃于杖端, 與眾至其家, 歌而詛之曰:「取爾一角指天' 一角指地之牛, 無名之馬, 向之則華面, 背之則白尾, 横視之則有左右翼者.」其聲哀切悽婉, 若蒿里之音. 既而以刃畫地, 劫取畜産財物而還. 其家一經詛祝, 家道輒敗."

21 『金史』卷3,「太宗本紀」, 48쪽. "己亥, 上京慶元寺僧獻佛骨, 却之."

22 『金史』卷3,「太宗本紀」, 61쪽. "五月癸卯, 禁私度僧尼及繼父繼母之男女無相嫁娶."

23 그동안 요조(遼朝)의 불교 흥성에 비해 금조의 불교 발전에 대해서는 대체로 학계의 주목을 받지 못했다. 이는 금조가 비한족이자 오랑캐인 여진에 의해 건국되었고 게다가 전통적인 중국 역사가들은 당시 화북 지역에서의 문화적 발전에 대해서는 거의 무관심하였다. 그러나 이는 요조의 불교에 대한 많은 관

심을 설명할 수 없었고, 금조의 불교에 대한 무관심은 다른 원인, 즉 남송 시기 유학, 특히 정주이학의 발전에 대부분의 역사가들의 관심이 집중되었기 때문이었다고 보는 것이 보다 적합한 설명일 것이다. 게다가 금대 불교 발전에 대한 전체적인 정보, 즉 문헌적 정보나 불교 건축물이나 고고학적 유물이 요대 불교의 것들에 비해 상대적으로 매우 제한적이라는 점도 금대 불교에 대한 관심을 축소시키는 주요한 원인이었다고 여겨진다.Lin, Hang, 2019, "A Sinicised Religion Under Foreign Rule: Buddhism in the Jurchen Jin Dynasty(1115~1234)" *The Medieval History Journal*, 22.1, pp. 24~25.

24 『金史』 卷64, 「顯宗昭聖皇后傳」, 1526쪽. "初讀孝經, 旬日終卷. 最喜佛書."

25 『金史』 卷6, 「世宗本紀」, 141쪽. "佛法에 이르러서 더욱이 아직 믿지 못하는 바이다. 양무제는 동태사의 노예가 되었고, 요 도종은 민호를 사찰과 승려들에게 내려주었고 다시 삼공의 관직을 더해 주었으니, 그 의혹이 심하였다." "至於佛法, 尤所未信. 梁武帝為同泰寺奴, 遼道宗以民戶賜寺僧, 復加以三公之官, 其惑深矣."

26 『金史』 卷6, 「世宗本紀」, 130쪽. "동경의 승려 법통이 요술을 이용해서 민중을 어지럽히자 도통부가 이를 토벌하여 평정하였다." "東京僧法通以妖術亂衆, 都統府討平之."

27 『金史』 卷7, 「世宗本紀」, 160쪽. 대정 13년 9월 "대명부의 승려 李智究 등의 사람들이 모반하였다가 주살당하였다." "大名府僧李智究等謀反, 伏誅."

28 『金史』 卷88, 「石琚傳」, 160쪽. "上問宰臣曰: 「南方尚多反側, 何也？」 琚對曰: 「南方無賴之徒, 假託釋道, 以妖幻惑人. 愚民無知, 遂至犯法.」"

29 『金史』 卷28, 「禮志」 1, 691쪽. "金人之入汴也, 時宋承平日久, 典章禮樂粲然備具. 金人既悉收其圖籍, 載其車輅, 法物, 儀仗而北, 時方事軍旅, 未遑講也. 既而, 即會寧建宗社, 庶事草創. 皇統間, 熙宗巡幸析津, 始乘金輅, 導儀衛, 陳鼓吹, 其觀聽赫然一新, 而宗社朝會之禮亦次第舉行矣. 繼以海陵狼顧, 志欲併吞江南, 乃命官修汴故宮, 繕宗廟社稷, 悉載宋故禮器以還. 外而黷武, 內而縱欲, 其猷既失, 奚敢議禮樂哉."

30 『金史』 卷28, 「禮志」 1, 691~692쪽. "世宗既興, 復收嚮所遷宋故禮器以旋, 廼命官參校唐, 宋故典沿革, 開「詳定所」以議禮, 設「詳校所」以審樂, 統以宰相通學術者, 於一事之宜適, 一物之節文, 既上聞而始彙次, 至明昌初書成, 凡四百餘卷, 名曰金纂修雜錄."

31 秦惠田 著, 『五禮通考』 卷第一, 味經窩初刻試印本, 聖環圖書公司, 臺灣. 民國83年, 1쪽.

32 『金史』 卷28, 「禮志」, 693쪽. "大定十一年始郊, 命宰臣議配享之禮. 左丞石琚奏曰: 「按禮記『萬物本乎天, 人本乎祖, 此所以祖配上帝也』」."

33 『大金國志』 卷27, 「斡離不」; 武玉环, 「论金代女真的宗教信仰与宗教政策」, 13쪽. "(금 태종 천회 3년 1125)(금나라 군이) 三河에 이르렀는데 郭藥師의 군대는 병기와 갑옷이 선명하였고 보병부대가 정숙하니 금나라 사람들이 처음 보고 또한 두려워하였다. 알리불(斡离不, 금 태종의 둘째 태자)은 이에 동쪽으로 해를 바라보고 절하였고 제 부장들을 호령하여 나아갔다."

34 『金史』 卷28, 「禮志」 1, 694쪽. "又謂宰臣曰: 「本國拜天之禮甚重. 今汝等言依古制築壇, 亦宜. 我國家絀遼˙宋主, 據天下之正, 郊祀之禮豈可不行.」 乃以八月詔曰: 「國莫大于祀, 祀莫大于天, 振古所行, 舊章咸在. …」 乃於前一日, 遍見祖宗, 告以郊祀之事. 其日, 備法駕鹵簿, 躬詣郊壇行禮."

35 『金史』 卷28, 「禮志」 1, 693쪽. "金之郊祀, 本於其俗有拜天之禮. 其後, 太宗即位, 乃告祀天地, 蓋設位而祭也. 天德以後, 始有南北郊之制, 大定, 明昌其禮寖備."

36 阿桂 · 梁国治 · 和珅 撰, 『皇清開國方略』 卷24, 文淵閣四庫全書本. 여진의 후손인 청 태종은 일찍이 말하길: "과거 금 희종과 금주량(해릉왕)은 祖宗의 衣冠 儀度를 변역하고 한인의 습속을 따르며 한인의 의관을 입으며 본국의 언어를 모두 상실하였다."

37 徐洁, 2012, 『金代祭礼研究』, 吉林大学博士论文, 25쪽.

38 『金史』 卷70, 「撒改傳」, 1615쪽. "천보 연간 후에 비로소 군신 간의 예를 바로잡았다." "天輔後, 始正君臣之禮焉."

39 『金史』 卷29, 「禮志」 2, 722쪽. "其親行朝日, 金初用本國禮, 天會四年正月, 始朝日于乾元殿, 而後受賀."

40 『金史』 卷29, 「禮志」 2, 721쪽. "齋戒, 陳設, 省牲器, 奠玉幣, 進熟, 其節並如大祀之儀."

41 『金史』 卷29, 「禮志」 2, 722쪽. "天眷二年, 定朔望朝日儀."

42 『金史』 卷29, 「禮志」 2, 722쪽. "皇帝服靴袍, 百官常服. 有司設爐案, 御褥位于所御殿前陛上, 設百官褥位于殿門外, 皆向日. 宣徽使奏導皇帝至位, 南向, 再拜, 上香, 又再拜."

43 『金史』 卷29, 「禮志」 2, 722쪽. "十八年, 上拜日於仁政殿, 始行東向之禮."

44 『遼史』 卷49, 「禮志」 1, 835쪽. "若旱, 擇吉日行瑟瑟儀以祈雨. 前期, 置百柱天棚. 及期, 皇帝致奠于先帝御容, 乃射柳. 皇帝再射, 親王, 宰執以次各一射."

45 『金史』 卷35, 「禮志」 8, 826쪽. "金因遼舊俗, 以重五˙中元˙重九日行拜天之禮. 重五於鞠場, 中元於內殿, 重九於都城外."

46 王弘力, 2018, 『古代风俗百圖』, 新星出版社.

47 『金史』 卷35, 「禮志」 8, 826쪽. "皇帝回輦至幄次, 更衣, 行射柳˙擊毬之戲, 亦遼俗也, 金因尚之."

제10장

1 歐陽修, 『本論』, "四夷不服, 中國不尊"; 『大宋宣和遺事』, "國家之大恥不能雪."

2 景愛, 2016, 「"大宋史"之說不可取」, 『中國社會科學報』; 2017, 「遼金史研究中的"大宋史"」, 『理論觀察』 7期.

3 張邦煒, 2015, 「應當怎樣看待宋元易代」, 『人文雜志』 11期.

4 李華瑞, 2020, 「說說"大宋史"」, 『中國社會科學報』. 중국에서 송대사 연구의 주류 중 하나인 덩광밍 → 치샤 → 리화루이와 두젠루로 연결되는 사승 관계를 고려하면, 세대별 인식의 차이도 있음을 알 수 있다.

# 찾아보기

## ㅇ

## ㅈ



## ㅊ



## ㅌ



## ㅍ

## ㅎ